JACQUES CALLOT
Pantalone

Peter Burke

Städtische Kultur in Italien
zwischen Hochrenaissance und Barock

Eine historische Anthropologie

Aus dem Englischen von Wolfgang Kaiser

Verlag Klaus Wagenbach   Berlin

Titel der Originalausgabe: *The Historical Anthropology of Early Modern Italy*, Cambridge University Press, Cambridge 1987

5. Tausend 1988
© 1987 Cambridge University Press, Cambridge
© für die deutsche Ausgabe: 1986 Verlag Klaus Wagenbach   Ahornstraße 4   1000 Berlin 30. Umschlaggestaltung: Rainer Groothuis unter Verwendung der zeitgenössischen Farbkopie eines Stichs von Jacques Callot aus einer 1622 in Neapel veröffentlichten Serie über Figuren der Commedia dell'Arte; in diesem Fall die *Capitani Babbeo* und *Cucuba*. Gesamtherstellung: Druckerei Wagner, Nördlingen. Gesetzt aus der Borgis Sabon Antiqua Linotype. Lithographien von Peter Rink Berlin. Printed in Germany. Alle Rechte vorbehalten. ISBN 3 8031 3533 8

Inhalt

An eine Kirchenecke gehefteter Zettel mit Beleidigungen
(Rom, 16. Juli 1621, gegen einen gewissen Francesco Riccio)

Vorwort

DIE FOLGENDEN VIERZEHN Kapitel beschäftigen sich mit Kulturgeschichte, genauer, mit der Italiens im sechzehnten und siebzehnten Jahrhundert. Ich habe sie in der Hoffnung geschrieben, daß zumindest einige nicht nur von Historikern gelesen werden, sondern auch von Spezialisten auf anderen Gebieten, der Kunst und Literatur, der Soziologie und der Anthropologie, an Italien interessierten und anderen. Deshalb habe ich versucht, Italien in einen komparativen Rahmen zu stellen und auch auf andere Teile Europas einzugehen. Ich beziehe mich häufig auf sozialwissenschaftliche Arbeiten, weniger um Anthropologen und Soziologen anzuziehen, sondern weil ich glaube, daß ihre Konzepte, Modelle und Theorien die Vergangenheit ebenso erhellen können wie die Gegenwart. Aus diesem Grund werden die Essays als Beiträge zur »historischen Anthropologie« bezeichnet, ein Begriff, der im ersten Kapitel erörtert wird.

Die Forschungen in Italien, auf denen dieses Buch beruht, wurden durch ein Fünf-Jahres-Stipendium des »Social Science Research Council« (wie er damals hieß) und eine Beihilfe des Research Fund des Emmanuel College, Cambridge, ermöglicht. Für beide bin ich außerordentlich dankbar.

Manche Kapitel wurden bereits als Essays veröffentlicht; ich habe sie allerdings überarbeitet, um neue Ideen und neues Material bereichert und versucht, diese Sammlung von Aufsätzen einheitlicher zu gestalten. Kapitel 4 erschien in *Religion and Society*, hrsg. von K. von Greyerz (London 1984); Kap. 7 im *History Workshop Journal* 1981; Kapitel 9 in den *Kwartalnik Historyczny Kultury Materialniej* 1982; Kapitel 11 in französischer Sprache in *Les jeux à la Renaissance*, hrsg. von P. Ariès und J. C. Margolin (Paris 1982); Kapitel 11 in *Past and Present* 99 (1983). Ich danke den Herausgebern und Verlagen für die Genehmigung zum Wiederabdruck. Ich bin ebenfalls dankbar für konstruktive Kritik der verschiedenen Zuhörerschaften, vor denen erste Entwürfe dieser Aufsätze ausprobiert wurden.

Ich stehe in der Schuld der zahlreichen Vorgänger auf den verschiedenen Gebieten, in die ich mich hier einmische; insbesondere aber von einigen, mit denen ich regelmäßig Probleme und Entdeckungen geteilt habe, vor allem Anton Block, Natalie Davis, Carlo Ginzburg, Gábor Klaniczay, Roy Porter, Simon Price, Bob Scribner und Keith Thomas, mein Mentor seit über fünfundzwanzig Jahren.

Neapel; allegorischer Kupferstich aus ›Meissners Schatzkästlein‹, 17. Jh.
Die deutsche Übersetzung der Bildunterschrift lautet:
»Diß ist einr Frommen Frawen zier / Welche nicht viel laufft vor die
Thür / Die da verschwiegen ist, daneben / Führt ein fein keusch und
züchtig Leben.«

Die Bibliothek der Dominikaner in SS. Giovanni e Paolo in Venedig;
Stich von VINCENZO CORONELLI, 1518

JACQUES CALLOT
Der Verliebte

Italien in der frühen Neuzeit aus der Sicht des historischen Anthropologen

Was heißt historische Anthropologie?

DIESE ESSAYS ÜBER das frühneuzeitliche Italien verstehen sich als ein Beitrag zur »historischen Anthropologie«. Der Begriff ist seit etwa zehn Jahren zunehmend in Gebrauch gekommen, um die Arbeiten von Carlo Ginzburg, Emmanuel Le Roy Ladurie, Keith Thomas und anderen zu bezeichnen. Ist er mehr als nur ein modischer neuer Begriff für die alte Sozialgeschichte? Und wenn ja, was zeichnet die historische Anthropologie aus?

Die auf diesem Gebiet arbeitenden Forscher decken ganz verschiedene Bereiche ab: manche beschäftigen sich vor allem mit Symbolen und symbolischem Verhalten, andere mit der materiellen Kultur; manchen geht es um Theorie und vergleichende Analysen, anderen darum, in einem begrenzten lokalen Rahmen in die Tiefe zu bohren. Trotzdem bezeichnet der Begriff »historische Anthropologie« einen spezifischen Ansatz der Geschichtsschreibung, der sich vor allem durch fünf Merkmale von anderen Arten der Sozialgeschichte unterscheidet.

1. Viele der neueren Arbeiten der Sozialgeschichte haben versucht, allgemeine Trends auf der Basis von quantitativen Quellenauswertungen zu beschreiben; die historische Anthropologie ist dagegen bewußt qualitativ und auf spezifische Fälle orientiert.

2. Zahlreiche Werke der Sozialgeschichte beschreiben das Leben von Millionen von Menschen. Arbeiten der historischen Anthropologie wählen dagegen häufig bewußt die mikroskopische Perspektive, konzentrieren sich auf kleine Gemeinschaften wie das Montaillou Le Roy Laduries, um tiefer schürfen und ihrer Darstellung mehr Farbe und Leben geben zu können.

3. Viele Sozialhistoriker bieten Kausalerklärungen für historische Trends an, die Zeitgenossen nicht verstanden hätten; denn sie waren mit Trends konfrontiert, die ihnen oft gar nicht bewußt waren. Dagegen versucht die historische Anthropologie etwas, das man in Anlehnung an Clifford Geertz (1973) häufig »dichte Beschreibung« nennt, mit anderen Worten eine Interpretation der sozialen Interaktion in einer gegebenen Gesellschaft in deren eigenen Normen und Kategorien.

4. Die Stellung von Symbolen und symbolischem Handeln im Alltagsleben ist tendenziell vernachlässigt worden – sowohl von Kulturhistorikern (die sich mit »Kunstwerken« beschäftigten) als auch von Sozialhistorikern (die es mit der sozialen »Realität« zu tun hatten). Historisch orientierte Anthropologen machten Symbole und symbolisches Verhalten zu einem ihrer Hauptanliegen; sie versuchen beispielsweise zu zeigen, »wie scheinbar triviale Routinehandlungen und Rituale eine bedeutende Rolle bei der Aufrechterhaltung oder Verstärkung einer bestimmten Weltsicht spielen« (Löfgren, 1981). Deshalb haben sie

auf die Bedeutung der Kleider geachtet, welche die Leute tragen, die Speisen, die sie essen, wie sie einander anreden oder gehen, auf ihre Körperhaltung und Gesten.

5. Die Sozialgeschichte speist sich direkt oder indirekt aus den Theorien von Karl Marx und Max Weber. Auch Anthropologen sind an Theorie interessiert, aber ihre »große Tradition« läuft von Emile Durkheim über Arnold van Genneps (1908) Arbeiten über die »rites des passage« und die von Marcel Mauss (1923-4) über die Bedeutung von Gaben zu zeitgenössischen Vertretern wie Geertz, Victor Turner und Pierre Bourdieu. Die historische Analyse könnte daraus Gewinn ziehen, wenn sie sich stärker auf diese Tradition stützen würde.

Diese Kontraste sollte man nicht übertreiben. Quantitative und qualitative, mikro- und makrosoziale Annäherungen an die Vergangenheit ergänzen sich eher als daß sie sich widersprechen, sie sollten es jedenfalls; denn Fallstudien sind nötig, um zu zeigen, wie geschichtsmächtige Trends das Leben der Einzelnen beeinflußten, statistische Analysen hingegen sind erforderlich, um zu zeigen, daß die untersuchten Einzelfälle auch wirklich typisch sind, und wofür. War Montaillou zum Beispiel ein typisches mittelalterliches Dorf? Ein typisches Dorf des Languedoc? Oder war es ganz und gar untypisch?

Die Grenze, die ich soeben zwischen Soziologie und Sozialanthropologie gezogen habe, war niemals so klar und hat sich inzwischen zunehmend verwischt. Beide Disziplinen können Durkheim für sich in Anspruch nehmen. Die »Chicago School of Symbolic Interactionism« bildete eine Bewegung innerhalb der Soziologie, die sich für kleine Gruppen interessierte sowie die Bedeutung von Symbolen und Situationsbestimmungen durch die Beteiligten (oder »Akteure«) betonte. Erving Goffman, der dieser Tradition viel verdankt, ist ein anderer Wissenschaftler, der gleichermaßen von der Anthropologie oder der Soziologie für sich reklamiert werden kann. Wenn ich dieses Buch eine historische Anthropologie nenne, habe ich jedenfalls weder die Absicht, die globale (makroskopische) Sicht zurückzuweisen noch quantitative Methoden, wo sie angemessen sind. Der Untertitel soll im wesentlichen darauf verweisen, daß die in den Essays diskutierten historischen Probleme an der Grenze zwischen der traditionellen »Sozial«- und der traditionellen »Kultur«-Geschichte liegen, und einem mikroskopischen, qualitativen Ansatz den geringsten Widerstand bieten.

Warum habe ich Wahrnehmung und Kommunikation betont? Eigentlich habe ich das überhaupt nicht getan; nachdem ich über einige spezifische Themen, die mich interessierten, gearbeitet hatte, stellte ich einfach fest, daß sie diese Aspekte gemeinsam hatten. Das ist kaum erstaunlich; Wahrnehmung und Kommunikation stehen im Mittelpunkt jeder denkbaren Idee von Kultur, ob vage oder präzise, weit oder eng gefaßt, hoch oder niedrig angesetzt. Eine Kultur kann als ein Kommunikationssystem betrachtet werden oder, wie die Strukturalisten sagen, als ein »Zeichensystem«, das wie ein Text »gelesen« werden kann. In ihrer Beschäftigung mit Systemen und umfassenden Generalisierungen über die Struktur des menschlichen Geistes haben die Strukturalisten jedoch zwei Themen vernachlässigt, die für historische Praxis zentral sind: den

kulturellen Wandel und den kulturellen Kontext. Vor fünfzig Jahren definierte
der amerikanische Politologe Harold Laswell gewohnt energisch und realistisch
das Studium der Kommunikation mit der Frage: »Wer sagt Was zu Wem, mit
welchen Mitteln und mit welchen Wirkungen« (Laswell, 1936). Die Formel
klingt heute grob behavioristisch, aber sie läßt sich verfeinern. Ein Kulturhistoriker könnte ergänzen: welche Absichten verfolgten diejenigen, welche die
Botschaften aussandten? Wie wurden diese von den Empfängern aufgenommen
und interpretiert? Wie veränderten sich auf lange Sicht die Kommunikations-
mittel (die Medien und »Codes«)? Diese Perspektive der Kommunikation hat
den Vorteil, daß die Historiker so dem groben alten Basis-Überbau-Modell
entrinnen können, nach dem die »Kultur« die Gesellschaft »widerspiegeln«
sollte.

Anthropologen hatten in letzter Zeit über Wahrnehmung wie Kommunikation gewichtiges beizutragen. Zur Wahrnehmung haben sie vorgebracht, daß
die »soziale Realität«, wie wir sie ganz locker nennen, nur als ein uns
gemeinsames Bild betrachtet werden sollte, eine Kollektivvorstellung, wie
Durkheim es nannte. Geschlecht oder Krankheit beispielsweise sind – so
natürlich sie überall erscheinen – in dem Sinn kulturelle »Konstrukte«, daß
Krankheit und Gesundheit, sowie Männern und Frauen zugeschriebene Cha-
rakteristika von einer Kultur zur anderen variieren. Folglich sind »Mann« und
»Frau«, »Heiler« und »Kranker« soziale Rollen, die man lernen muß (Ortner
und Whitehead, 1981; Kapferer, 1983). Ferner hat ein Soziologe aus der Schule
für symbolischen Interaktionismus argumentiert, daß »soziale Gruppen Abwei-
chungen schaffen, indem sie Regeln aufstellen, deren Bruch eine Abweichung
darstellt, und diese Regeln auf bestimmte Menschen anwenden und sie als
Außenseiter abstempeln« (Becker, 1963). Die Außenseiter können Wahnsin-
nige (Foucault, 1961), Hexen (Cohn, 1975) oder Bettler sein (s. u., Kap. 6).
Man kann die »dichte Beschreibung« der Anthropologen auch anders definieren: als Übersetzen, Offenlegen der impliziten Regeln einer gegebenen Kultur
für Menschen, die nicht zu ihr gehören. Sie gibt dem Leser eine »Gebrauchsan-
weisung«: wie verhält man sich beispielsweise höflich, wie beleidigend, wie als
Dieb oder als Heiliger (s. u., Kap. 5-8). Dieser Ansatz kann mit einer ähnlichen
Tradition in Literaturwissenschaft und Kunstgeschichte verbunden werden,
welche die Herausbildung, das Überleben und das Brechen von Stereotypen
untersuchte, eine Tradition, die mit dem Warburg Institute verknüpft ist
(Warburg, 1893; Gombrich, 1960; Baxandall, 1972). Die Wahrnehmung hat
eine Geschichte.

Kommunikationsformen wie etwa Rituale beschäftigen Anthropologen
bereits seit langem, aber die Kommunikation geriet ins Zentrum ihres Interesses, als sie mit dem Funktionalismus brachen, der erforschen wollte, wie Ideen
und Institutionen innerhalb eines sozialen (oder kulturellen) Systems aufeinander bezogen sind. Diese Methode erstickte jede Neugier für Konflikte und
Veränderungen; sie ist durch einen Ansatz verdrängt worden, der Prozesse
betont und die Gesellschaft in Begriffen der Interaktion oder »Transaktion«
betrachtet (Barth, 1967; Kapferer, 1976). Während diese Debatte noch im
Gange war, begründete eine Gruppe beteiligter amerikanischer Wissenschaftler

die Disziplin, die als Sprachsoziologie, Soziolinguistik oder Ethnographie der Kommunikation bekannt ist und sich als Erforschung der Botschaften – oder »Kommunikationsereignisse« –, ihrer Kanäle und Codes, Sender und Empfänger, der Situation und des Rahmens versteht (Hymes, 1964), oder kürzer: »Wer spricht welche Sprache zu wem und wann« (Fishman, 1965). Ein klassisches Beispiel – dessen Relevanz für Historiker Italiens ins Auge springt – ist ein Essay mit dem neugierig machenden Titel »Wie bestellt man bei den Subanum einen Drink«; tatsächlich handelt er über den gesamten Komplex von Konventionen, der in jener Kultur das Trinken umgibt (Frake, 1964).

Aus dieser ethnographischen Perspektive möchte ich einen Blick auf die verschiedensten Kommunikationsereignisse im frühneuzeitlichen Italien werfen: Sprechen und Schreiben, Höflichkeit und Beleidigungen, Texte und Bilder, offizielle und nichtoffizielle Rituale. Meine analytischen Begriffe stammen aus der eben genannten Tradition und aus dem symbolischen Interaktionismus: »Transaktion«, »Aushandeln«, »Situationsbestimmung«, »Selbstdarstellung« und »soziales Drama« werden auf den folgenden Seiten häufig auftauchen. Ich werde jedoch versuchen, diesen Ansatz einzubauen in das Anliegen des Kulturhistorikers, den Wandel von Symbolen und symbolischem Verhalten über drei- bis vierhundert Jahre hinweg zu verfolgen. Die Essays konzentrieren sich auf das sechzehnte und siebzehnte Jahrhundert, gehen aber darüber hinaus – in frühere oder spätere Zeiten –, wenn das Thema es erfordert.

Das städtische Mosaik

Diese Essays beschäftigen sich nicht mit dem gesamten Italien der frühen Neuzeit – zehn Millionen Menschen oder etwas mehr, von denen 90% auf dem Lande lebten –, sondern nur mit einigen der größten Städte: mit Mailand, Genua, Venedig, Florenz, Rom und Neapel. Eine historische Anthropologie der bäuerlichen Gesellschaft Italiens wäre zwar wichtig, aber sie wird hier nicht in Angriff genommen (für weitere Informationen siehe Doria, 1968; McArdle, 1978). Die von Stadtsoziologen und Anthropologen entwickelten Konzepte haben sich für die Untersuchung dieser Städte als besonders nützlich erwiesen.

In den Jahren nach 1910 empfahl Robert Park, Haupt der sogenannten »Chicago School« für Stadtsoziologie, »Feldforschung« in den Straßen. »Dieselben geduldigen Beobachtungsmethoden«, schrieb er, »die Anthropologen wie Boas und Lowie beim Studium von Leben und Sitten der amerikanischen Indianer angewandt haben, könnten vielleicht noch gewinnbringender bei der Untersuchung der Bräuche, Glaubensvorstellungen, sozialen Praktiken und allgemeinen Lebensauffassungen in Little Italy oder der Lower North Side in Chicago Verwendung finden, oder auch, um die ausgeklügelteren Lebensformen der Bewohner von Greenwich Village oder der Nachbarschaft des Washington Square in New York aufzuzeichnen« (Park, 1916). Mit der wuchernden Urbanisierung der Dritten Welt im letzten Vierteljahrhundert hat man begonnen, Parks Rat ernster zu nehmen. Sozialanthropologen haben ihre Aufmerksamkeit der Stadt zugewandt; mittlerweile gibt es einen beachtlichen Korpus von Arbeiten, die sich mit dem Leben der Einwanderer und ihren

»Dörfern« in der Stadt beschäftigen. Einige sind von großem Interesse für alle, die sich mit Wahrnehmung und Kommunikation beschäftigen.

Das entscheidende Argument brachte Park vor, als er die Stadt mit einem denkwürdigen Satz als »ein Mosaik kleiner Welten, die sich berühren, sich aber nicht durchdringen« beschrieb. »Der Raum spricht«, wie ein Anthropologe es ausdrückte (Hall, 1959, Kap. 10); in der Stadt ist die Territorialität ganz besonders hör- oder sichtbar. Alle italienischen Städte, von denen die Rede sein wird, waren in soziale Zonen gegliedert. In Florenz war die Gemeinde San Frediano ein Viertel mit niedrigen Mieten, das von den schlechtbezahltesten Arbeitern der Tuchindustrie bewohnt wurde – Leser der Romane von Vasco Pratolini werden sich erinnern, daß es auch nach dem Zweiten Weltkrieg zunächst noch ein Arbeiterviertel blieb. In Rom war Trastevere in der frühen Neuzeit wie in der klassischen Antike ein armes Stadtviertel; sein Name selbst weist bereits darauf hin, daß es auf der falschen Seite des Tiber lag. In Neapel bildeten Piazza Lavinaro, Piazza Mercato und Piazza Selleria ein Armenviertel, das 1647 der Hauptschauplatz von Masaniellos Aufstand war (s. u., Kap. 12). Auch die Oberschichten hatten ihre Zonen. In Venedig übernahmen sie beispielsweise zwischen fünf und acht Uhr abends den Hauptplatz der Stadt, die Piazza San Marco, und gaben damit eine klare Antwort auf die Frage, wem die Stadt gehörte. Die Adligen mochten es nicht, daß die Bürgerlichen ihnen zu nahe kamen; ein Genueser Patrizier berichtet selbstgefällig in seinem Tagebuch, daß er zu jemandem, der dies tat, »siehst Du mich nicht« *(non mi vedi)* sagte, ihm dann »eine saftige Ohrfeige gab« *(gli diedi un buon schiaffo)*, der er seinen Dolch folgen ließ, als der Mann sich wehrte. Er hatte ganz offensichtlich das Gefühl, daß man in sein »Territorium des Selbst«, wie Goffman es nennt, eingedrungen war.[1]

LUCA CARLEVARIS
Piazza San Marco in Venedig

Der territoriale Imperativ war bei den Genueser Patriziern vielleicht besonders stark, denn einige erhoben Anspruch auf bestimmte Plätze, die in anderen
Städten öffentlich gewesen wären. Die Piazza San Matteo gehörte zum Beispiel
zum Gebiet der Doria; um Piazza San Luca stritten sich 1565 die Spinola und
die Grimaldi: beide beanspruchten für sich das Recht, dort das Johannisfeuer
anzünden zu dürfen, natürlich auch, um ihre Besitzrechte symbolisch zu
bekräftigen (Grendi, 1975a). Das war ein Extremfall, aber territoriale Streitigkeiten zwischen Adligen scheinen im Spätmittelalter gang und gäbe gewesen zu
sein, als die Türme der Adelsfamilien sich rasch vermehrten, die den meisten
italienischen Städten das Aussehen gaben, das heute nur noch San Gimignano
behalten hat, und regelmäßig Ketten über die Straßen gespannt wurden, um
Reitern den Weg zu versperren (Heers, 1974, S. 146f).

Ein anderer Aspekt dieses »städtischen Mosaiks« betrifft die Koexistenz
von, wie Park sagte, »benachbarten, sonst aber stark voneinander getrennten
Welten« oder Subkulturen. In der Stadt wurde – und wird – der Status des
Einzelnen in hohem Maße durch das bestimmt, was Park »Front« – Fassade
oder Außenansicht – nannte: mit anderen Worten durch Kleidung, Gesten,
Ausdruck, Akzent und andere konventionelle Zeichen. Diese Zeichen werden
detailliert beschrieben in der pikaresken oder Schelmenliteratur, wo der Gau-
ner-Held lernt, rasch von einer städtischen Subkultur zu einer anderen zu
wechseln und so als jemand »durchzugehen«, der er nicht ist. Diese Literatur
entstand und entwickelte sich im frühneuzeitlichen Spanien; aber oft genug
spielte sie in italienischen Städten, und auf jeden Fall war sie in Italien sehr
beliebt, wie die Anzahl der Editionen und Übersetzungen zeigt (s. u., S. O.). Der
herausragende Beobachter dieser Art des *impression management*, wie er es
nannte, in unserer Zeit war Goffman; für seine dramaturgische Perspektive, so
hat man argumentiert, bildet die Stadt die natürliche Bühne (Hannerz, 1980).

Fassaden

Wenn der Raum spricht und Kleider kommunizieren, ist klar, daß die verschiedenen Formen des Sprechens und Schreibens und der Rituale ihre eigenen
Aussagen treffen. Die in diesem Buch untersuchten Kommunikationstypen
hätten leicht noch um einige erweitert werden können. Man hätte beispielsweise Tränen dazunehmen können, die in vielen Fällen ganz »natürlich«
flossen, aber gleichwohl kulturellen Konventionen gehorchten. In Italien und
anderen Teilen Europas war es in der frühen Neuzeit weder ungewöhnlich
noch unziemlich für Männer, in der Öffentlichkeit zu weinen, zumindest bei
bestimmten Anlässen. Eine wirksame Predigt über die Passion Christi sollte
beispielsweise die Gemeinde zu Tränen rühren. In Florenz erhielten Ende des
fünfzehnten Jahrhunderts die Anhänger von Fra Girolamo Savonarola, der
unter anderem ein Prediger mit beachtlicher Wirkung war, den Spitznamen
»die Heulsusen« *(piagnoni)*. Zorn konnte ebenso wie Frömmigkeit seinen
Ausdruck in Tränen finden, so zum Beispiel beim Streit zwischen Nikolaus von
Cusa und Papst Pius II., über den dieser in seiner Autobiographie berichtet
(7. Buch).

Scherze sind eine weitere Form der Kommunikation; man fängt gerade erst an, die Geschichte ihrer Konventionen zu schreiben (Thomas, 1977; Dekker und Roodenburg, 1984). Sie unterscheiden sich gewiß beträchtlich von Epoche zu Epoche. Wenn wir ins Italien der frühen Neuzeit reisen könnten, hätten wir vermutlich große Schwierigkeiten mit einem Humor, der heutzutage praktisch auf Kasernen (und Colleges, ihr ziviles Gegenstück) begrenzt ist. Sogar am Hof von Urbino, wie er in Castigliones *Hofmann* – stark idealisiert – beschrieben wird, bewarf man sich bei Tische mit Brotkügelchen. Handfeste Späße der verschiedensten Art waren sehr beliebt. Zahlreiche Quellen bestätigen den Hang für die *burle* oder *beffe*. Vergleicht man die Motive der italienischen Kurzgeschichte jener Zeit, der *novella,* mit denen von Volkssagen und Erzählungen aus anderen Ländern, so zeigt sich, daß die Italiener besonders von Kniffen und Gaunerei fasziniert waren, insbesondere aber vom Thema der Demütigung des Opfers (Rotunda, 1942). Handfeste Späße waren eingebaut in italienische Landhäuser wie die Medici-Villa in Pratolino aus dem sechzehnten Jahrhundert, wo der Gastgeber seine ahnungslos im Garten lustwandelnden Gäste durchnässen, die Zuschauer zum Schauspiel machen konnte.[2]

Der heutige Leser wird das Scherzen und das Weinen wahrscheinlich reichlich theatralisch finden, zumindest wenn er aus einer weniger demonstrativen nordeuropäischen Kultur kommt. Goffman trug seine Analysen vor, als ob sie für jede Gesellschaft Geltung beanspruchen könnten; das hat einiges für sich. Wir alle sind in der Öffentlichkeit Akteure – und vielleicht im Privatleben genauso. Manche Gesellschaften jedoch leisten diesem Verhaltensstil zu bestimmten Zeiten offenbar mehr Vorschub als andere; der dramaturgische Ansatz scheint Italien in der frühen Neuzeit, dem Zeitalter der Renaissance und des Barock, ganz besonders angemessen zu sein. Italien war eine »Theater-Gesellschaft« (*società spettacolo,* Titone, 1978, S. 116), in der man seine soziale Rolle mit einem gewissen Stil spielen – *fare bella figura* – und hart daran arbeiten mußte, ein »Image« aufzubauen, zu wahren und zu schützen. Für einen Nordeuropäer besteht natürlich die Gefahr, die italienische Gesellschaft durch die Brille von Stereotypen zu sehen; deshalb ist der Hinweis wichtig, daß in der Sprache der Zeit das Alltagsleben bewußt als ein Theater gekennzeichnet wird. In der Autobiographie, oder besser, den Erinnerungen und Reflexionen von Francesco d'Andrea, einem napolitanischen Juristen aus dem siebzehnten Jahrhundert, kritisiert der Autor einen einheimischen Adligen, der nichts besseres zu tun hat, als auf der Piazza anzugeben *(andar facendo il bello in piazza);* andererseits empfiehlt er seinen Neffen die juristische Laufbahn, weil sie die Gelegenheit bietet, »mit seinen Talenten etwas herzumachen« *(di far pompo del proprio talanto).*[3] In dieser Hinsicht war und ist Italien Teil der Mittelmeerkultur im ganzen. »Hier bist Du tot, wenn Du nichts hermachst«, wie ein libanesischer Dorfbewohner zu einem Anthropologen sagte (Gilsenan, 1976, S. 198). In der Mittelmeerwelt wird das Leben – genauer, das Leben der Männer – in der Öffentlichkeit gelebt, auf dem Platz, der für Darstellung und Beobachtung gleichermaßen geeignet ist.

Im Italien des sechzehnten Jahrhundert gab es keine Cafés. Diese Einrichtung tauchte erst mit der Ankunft des Kaffees im siebzehnten Jahrhundert auf und entwickelte sich im achtzehnten Jahrhundert – zumindest in Venedig und Mailand – zu einer gesellschaftlichen Institution. Es gab jedoch andere Formen der Geselligkeit. Die Adligen hatten ihre Loggias oder »portici« [Säulengänge], wo sie sich trafen (in Genua und Neapel verschiedene für die jeweiligen Fraktionen), oder sie nahmen – wie in Venedig – eine bestimmte Zeit des Tages die Piazza für den *broglio*, wie man ihn nannte, in Beschlag: ein politischer Markt, bei dem – begleitet von vielen Komplimenten, Verbeugungen und Handküssen – Geschäfte abgeschlossen wurden.[4] Die Kaufleute hatten ebenfalls ihre öffentlichen Treffpunkte wie den Rialto in Venedig oder den Mercato Nuovo in Florenz; auch hier wurde im Freien, unter den Augen von zahllosen Zuschauern gefeilscht. Anständige Frauen sollten zwar im Haus bleiben, aber sie konnten das öffentliche Treiben von ihren Balkonen aus ständig beobachten.

In einem solchen städtischen Rahmen mußte die Religion geradezu zwangsläufig einen besonders theatralischen Charakter annehmen, ob im Mailand von San Carlo Borromeo (1538-84), dem Rom Berninis oder dem Neapel der Jesuitenmissionen in der Mitte des siebzehnten Jahrhunderts. Feierliche Prozessionen wanden sich bei bedeutenden Anlässen durch die Straßen und über die Plätze, während sich die Stadtzentren durch die Errichtung von Standbildern oder Kreuzen – 33 im Mailand Borromeos, damit die Kreuzwegstationen im Freien absolviert werden konnten (Buratti, 1982) – in Bühnenbilder verwandelten. Ganze Plätze konnten zu liturgischen Zwecken umgestaltet werden. Die Prozessionen selbst waren – zumindest in einigen Fällen – hochdramatische Angelegenheiten. Während der Missionskampagnen der Jesuiten in den 1650er Jahren gingen in Neapel die Männer ohne Hut – zu jener Zeit ungewöhnlich – und barfuß, »mit Dornenkronen auf dem Kopf, Stricken um den Hals und Knochen, Totenschädeln oder kleinen Kruzifixen in den Händen«. Sie geißelten sich oder schlugen sich mit Steinen auf die Brust, bis Blut floß. Die Höllenqualen-Predigten während der Missionen waren ebenfalls dramatische, von Rufen und Musik begleitete Vorstellungen.[5]

In diesem Fall wurde die Gewalt nach innen, gegen das Selbst gewendet. Ebenso spektakulär waren jedoch die weltlichen, nach außen gerichteten Formen von Gewalt, ob als Duelle (bei den Adligen) oder Raufereien (bei den unteren Klassen). Die Berichte über viele Streitigkeiten deuten darauf hin, daß sie einen deutlich theatralischen Charakter hatten. In einem Tagebuch, das ein Genueser Patrizier zwischen 1583 und 1589 führte, finden wir zum Beispiel nicht selten Hinweise auf Dispute zwischen seinesgleichen. *E seguito una costione,* »dann kam es zum Streit«, ist eine häufig wiederkehrende Eintragung. Der Tagebuchschreiber hielt diese Ereignisse offensichtlich für erinnerungswert. Die Beteiligten kamen jedoch selten über das »der Lüge bezichtigen« *(una mentita)* und die Antwort, einen Schlag ins Gesicht, hinaus, bevor man sie trennte und von Dritten Frieden gestiftet wurde. Wie ein anderer Patrizier einige Jahre später bemerkte, kämpften die Genueser nicht gerne:[6] Die Händel der Patrizier waren wie die Kämpfe, die ein Anthropologe vor nicht allzu langer Zeit auf den Tory Islands beobachtet hat: gewöhnlich nicht mehr als eine stereotypisierte, ritualisierte Folge von Worten und Gesten, die umso gewalttätiger sein konnten, weil die Beteiligten damit rechnen durften, von ihren Freunden auseinandergebracht zu werden, bevor wirklich Blut floß (Fox, 1977).

Nicht nur unter den Kaufherren und Patriziern Genuas gab es ritualisierte Gewalttätigkeit. Die »Tätlichkeiten« *(eccessi)* und »Frechheiten« *(insolenze)*, die im sechzehnten und siebzehnten Jahrhundert vor das Tribunal des Gouverneurs von Rom gebracht wurden (s. u., Kap. 8), haben den gleichen stereotypen Charakter; fast hat es den Anschein, als ob die Akteure den Anweisungen eines Drehbuchs folgten, ihre Rolle auswendig gelernt und ihre Augen mindestens genauso auf die Zuschauer wie aufeinander gerichtet hätten. Ein Streit mußte einen dramatischen Auftakt haben, um die Umstehenden anzuziehen. Man konnte zum Beispiel heftig an die Tür eines Feindes hämmern, aus voller Kehle Beleidigungen rufen oder ihn verhöhnende Verse singen; oder aber, den Degen unterm Arm, die Straße auf und ab stolzieren und jedesmal, wenn man vorbeikam, in den Laden des anderen schauen – eine Aktion, die ganz natürlich zur stereotypisierten Sequenz führen mußte: »Wonach guckst Du?« »Ich gucke mir an, was ich will« *(Io guardo quello che mi pare)*. Für dieses Verhalten gab es ein besonderes Wort, das im sechzehnten Jahrhundert in Gebrauch kam: *bravare* [im Dt. gibt es das Fremdwort Bravade für Prahlerei oder Dreistigkeit/ A. d. Ü.].[7]

Ich möchte damit nicht behaupten, daß Drohungen mit Gewalt immer nur leere Drohungen waren; die juristischen Quellen sind voll von Belegen, die das Gegenteil bezeugen. Aber die Tatsache, daß gelegentlich wirklich Blut floß, macht das Geschehen nicht weniger dramatisch. Mir geht es hier um den Stil der Gewalttätigkeit, die kulturellen Regeln, denen Tätlichkeiten und Ausschreitungen folgten, die Notwendigkeit, seinen Part gut zu spielen – wenn es denn sein mußte bis zum Tod – vor einem Publikum, dessen Reaktionen die Akteure offenbar größte Aufmerksamkeit widmeten.

Wie der Haß hatte auch die Liebe ihre Regeln. In einer vor kurzem durchgeführten Untersuchung über venezianische Entführungsprozesse im achtzehnten Jahrhundert beschreibt die Autorin, wie man vor der Entführung den Hof machte und bemerkt: »Es ist überraschend, wie gut er [der Angeklagte] die Rolle des Liebhabers spielte« (Gambier, 1980, S. 547).

Für Nordeuropäer ist es schwierig, dieses Verhalten einigermaßen ernst zu nehmen, weil es ihnen wahrscheinlich übertrieben erscheint. Wie Joseph Addison bemerkte: »Die italienischen Epitaphe sind häufig extravaganter als die anderer Länder, weil diese Nation einen größeren Hang zu Komplimenten und Übertreibungen hat«. Petitionen an die Gerichte tendierten zu blumiger Sprache mit Formulierungen wie »ich werfe mich Euer Ehren zu Füßen, Tränen in den Augen ...«[8] Das scheint dick aufgetragen, und der Eindruck, daß es sich nur um einen Kunstgriff handelt, wird noch dadurch verstärkt, daß die Petitionen – wie die elegante Handschrift überdeutlich macht – nicht das Werk der Bittsteller, sondern öffentlicher Schreiber waren. Man könnte meinen, man liest Bruchstücke des Librettos einer italienischen Oper aus dieser Zeit. Einen ähnlichen Eindruck hinterläßt die Entdeckung, daß ein Stadthaus von bescheidenen Abmessungen in Italien als »Palast« bezeichnet wurde, die Gebäude aber, die sich hinter den grandiosen Marmorfassaden von Renaissance und

Barockkirchen verbergen, oft relativ niedrig sind (s. u., Kap. 9). Italien in der frühen Neuzeit war, so scheint es, ein Land der Fassaden.

Ein solches Urteil ist jedoch zu einfach. Von den Anthropologen können wir lernen, uns davor zu hüten, »sie« und »wir« kraß gegenüberzustellen. Goffmans Metapher des Alltagslebens als Theater war keineswegs nur für die Italiener, sondern für alle gedacht. Und dennoch: man muß zwischen den kulturellen Stilen Nord- und Südeuropas einen wesentlichen Gegensatz formulieren, wenn auch mit mehr Finesse und weniger ethnozentrisch.

Der Soziologe Norbert Elias (1939, S. 114f) hat die »Peinlichkeitsschwelle«, wie er sagte, in der westlichen Zivilisation beschrieben und dargestellt, wie sie im Laufe der Jahrhunderte angehoben wurde. In ähnlicher Weise ist es vielleicht sinnvoll, von einer »Schwelle der Aufrichtigkeit« zu sprechen, die zeitlich und örtlich variiert (vgl. Trilling, 1972). Wir könnten sagen, daß die Aufrichtigkeitsschwelle im Westen höher liegt als etwa in China oder Japan, im Norden Europas höher als im Süden; und daß sie zu verschiedenen Zeiten angehoben worden ist, vor allem im achtzehnten Jahrhundert (s. u., S. 186ff). Man könnte hinzufügen, daß hier mit einer Art Gleitskala operiert wird: wenn eine Kultur die Aufrichtigkeit betont, legt sie auf andere Qualitäten, etwa Höflichkeit, tendenziell nicht so großen Wert.

Einige Zeitgenossen, wie der bereits zitierte D'Andrea, waren sich des theatralischen Charakters des gesellschaftlichen Lebens in Italien sehr wohl bewußt. Das überrascht kaum. Auch wenn es auf den ersten Blick paradox erscheinen mag: Aufrichtigkeitskulturen brauchen ein höheres Maß an Selbsttäuschung als die anderen – denn wir sind schließlich alle Akteure –, während »Theaterkulturen«, wie wir sie nennen können, in der Lage sind, die von ihnen weniger hoch bewertete Selbstbewußtheit zu pflegen. In seinem berühmten Traktat über den Hofmann nimmt Baldassare Castiglione nicht etwa Goffman vorweg, er geht weit über ihn hinaus in seiner Diskussion jener Eigenschaft, die er »Lässigkeit« *(sprezzatura)* nennt, ein graziöser und scheinbar natürlicher Stil des Verhaltens, der beträchtliche Aufmerksamkeit (und zweifellos wiederholtes Einstudieren) erfordert, um die Illusion von müheloser Spontaneität zu erzeugen (1. Buch, Kap. 26). Die Literatur der frühen Neuzeit ist voller Anspielungen auf die »Masken« und »Deckmäntel«, welche die wahren Motive des Menschen verbergen. Es gab viele Diskussionen im frühneuzeitlichen Italien über die Kunst der Täuschung, die Kunst der Fassadenmalerei, wie man sagen könnte. Eine der gründlichsten Erörterungen dieses Themas, Torquato Accettos Essay *Della dissimulazione onesta* (1641), behandelt das Vergnügen, das eine Täuschung bereiten kann, die notwendigen Praktiken zu ihrer Vervollkommnung usw. Accetto empfiehlt aber nicht alle Formen von Täuschung und Betrug. Wie man aus dem Titel seines Traktats sehen kann, geht es ihm um *ehrenwerte* Täuschung. Die Einschränkung *onesta* ist der springende Punkt.

Sie ist entscheidend, weil sie die Idee der Ehre einführt, eine Idee, die für vergangene und heutige Theaterkulturen zentral ist; tatsächlich ist »Kulturen der Ehre« ein treffenderer Ausdruck. Ehre war ein« vieldiskutiertes Thema in Italien am Beginn der Neuzeit. Man debattierte darüber, wie man sie definiert (durch öffentliche »Reputation« usw.), gewinnt (durch Tapferkeit oder

»Pracht«, d. h. Luxuskonsum), bewahrt (indem man »eifersüchtig« auf sie achtet), verliert (wenn es einem an Tugend fehlt, man eine Beleidigung hinnimmt, oder durch den Ehebruch seiner Frau) und wiedererlangt (durch Gewalt oder Prozessieren).[9] Das Gegenteil der Ehre waren Scham und Schande – *vergogna*. Ehrbare Männer sprachen davon, vor Scham oder Schande zu »sterben« (wieder eine Übertreibung). Die sogenannten *poveri vergognosi* (schamhafte Arme) waren verarmte Adlige, die sich mindestens ebenso schämten zu betteln wie sie sich geschämt hätten zu arbeiten. Sie entkamen nicht selten ihrem Dilemma durch eine Form der Täuschung: sie bettelten maskiert.

Das war der Kodex für ehrbare Männer. Frauen wurden für ihre *vergogna* gepriesen, es war ihre Form der Ehre, weil damit ein Gefühl der Scham und Schicklichkeit verbunden war, das sie vor »schamlosem« Verhalten bewahrte, genauer vor dem Anschein solchen Verhaltens, denn darauf kam es in Wirklichkeit an. Selbst die Justiz erkannte das an; 1697 wurde die Anklage gegen eine Prostituierte niedergeschlagen, weil sie einen »Skandal« vermieden hatte, indem sie den Schein wahrte (Derosas, 1980, S. 460). Man könnte sagen, daß auf dieser Ebene des Scheins und der Erscheinung von Frauen geringe, von Männern hohe Sichtbarkeit verlangt wurde. In dieser Kultur wurde dem große Bedeutung beigemessen, was Goffman (1955) »Imagepflege« nannte und als »diejenigen Handlungen« definierte, »die von einer Person unternommen werden, um alles, was sie tut, mit dem Image in Übereinstimmung zu bringen«. Es war allgemeine Auffassung, daß man nicht hinter die Fassaden schauen sollte, obwohl natürlich die ganze Zeit geschnüffelt wurde. Zeugen begannen ihre Aussage oft mit dem stereotypen Satz »ich kümmere mich nur um meine Angelegenheiten« *(non tengo conto dei fatti d'altri)* und huldigten so dem Kult des Scheins. Dann fuhren sie fort und enthüllten die intimsten Details aus dem Privatleben ihrer Nachbarn.

Dieser Ehrenkodex, der auch für Handwerker und kleine Ladenbesitzer galt (wie Kap. 8 zu zeigen versucht), war Teil eines allgemeineren Wertesystems. Mein Ziel ist es, in den folgenden Kapiteln – man hätte sie »Szenen aus dem Drama des Alltagslebens« nennen können – durch die Analyse einer kleinen Auswahl verschiedener Botschaften diesen kulturellen Code in Aktion zu zeigen.

Die Quellen: Der fremde und der eigene Blick

GEDANKEN VON SOZIALANTHROPOLOGEN aufzugreifen, ist eine Sache, ihre Methoden zu übernehmen, jedoch eine ganz andere. Wie können Historiker »Feldforschung« unter den Toten betreiben? Was können sie an die Stelle direkter Beobachtung oder der Befragung von Gewährsleuten setzen? Historische Quellen können sinnvoll nicht nur in Primär- und Sekundärquellen unterteilt werden, sondern auch in Dokumente, die von Einheimischen bzw. von Außenstehenden produziert wurden. Instinktiv zieht der Historiker die »Insider« vor, die Einheimischen, die Zeitgenossen. Letzten Endes war es *ihre* Kultur. Darin liegt jedoch ein Problem. Es ist Historikern einigermaßen geläufig, aber für die Geschichte der Kommunikation und Wahrnehmung ist es ein besonders brennendes Problem: Einheimische sind sich selten ihrer eigenen kulturellen Codes bewußt. Sie nehmen vieles als selbstverständlich hin, was der Historiker gerade entdecken möchte. Wer sich mit der Geschichte des venezianischen Karnevals beschäftigt und sich zum Beispiel einem Tagebuchschreiber aus dem sechzehnten Jahrhundert zuwendet, findet dort vielleicht nicht mehr als einen kurzen, kryptischen, verlockenden Hinweis auf »die üblichen Festlichkeiten« (s. u., Kap. 11).

Der fremde Blick: die Zeugnisse der Reisenden

In dieser Situation spricht einiges dafür, die normale Ordnung der Dinge umzukehren und mit den Aussagen der Außenstehenden zu beginnen, mit anderen Worten: mit den ausländischen Italienbesuchern. Im Zeitalter der Renaissance und der »Grand Tour« war Italien ein beliebtes Reiseziel, trotz des Unbehagens, das gute Protestanten in einem katholischen Land beschlich. Spuren ihrer Eindrücke sind überliefert, gedruckt oder als Manuskripte, an Ort und Stelle notiert und hinterher aufgeschrieben.[1] Die Interessen dieser Reisenden waren, nichts natürlicher als das, äußerst verschieden; aber eine relativ große Minderheit war von Anfang an genau an den Themen interessiert – oder entwickelte dieses Interesse während der Reise –, die heute einige Kulturhistoriker faszinieren. Ihre Aussagen sind sehr direkt, sie besitzen die Frische eines ersten Eindrucks. Manche Berichte sind äußerst intelligent und scharfsinnig, einige auch sehr gut geschrieben. Montaigne und Montesquieu sind nach wie vor die berühmtesten Reisenden, aber das britische Kontingent zählte Männer vom Kaliber eines John Evelyn, Gilbert Burnet und Joseph Addison, dazu zwei, die ihren Ruf ihren Reisetagebüchern verdanken: Thomas Coryate und Fynes Moryson. Diese Zeugnisse verdienen es, ernst genommen zu werden.

Die Autoren ernstzunehmen, heißt natürlich nicht, jedes Wort zu glauben, das sie schreiben. Wie andere historische Quellen müssen die Berichte von Reisenden kritisch überprüft werden, um spezifische Ungenauigkeiten und allgemeine Verzerrungen aufzudecken. Manchmal wurden sie schon zu ihrer Zeit untersucht, wie etwa Samuel Sharps *Letters from Italy in the Years 1765 and 66,* die Giuseppe Baretti, ein Piemonteser, der sich 1751 in England niedergelassen hatte, so verärgerten, daß er seinen eigenen Bericht über die italienischen Sitten und Bräuche veröffentlichte. Er beginnt mit der Überschrift »Berichte von wenig vertrauenswürdigen Reisenden, und warum Mr. Sharp nicht fähig ist, die Italiener zu beschreiben« und fährt mit einigen harschen, aber zutreffenden Bemerkungen fort, über Leute, die »Länder von der Postkutsche aus inspizieren«, die Landessprache nicht kennen, aber gleichwohl sofort bereit sind, über die Bewohner verallgemeinernde Urteile zu treffen, ohne dabei auch nur von den leisesten Skrupeln gepackt zu werden.[2] Dieser Menschenschlag ist auch heute noch längst nicht ausgestorben.

Barettis Kritik war berechtigt. Reisende beschreiben nicht nur, was sie sehen, sie berichten vieles auch nur vom Hörensagen. Selbst wenn sie beschreiben, was sie selbst beobachtet haben, können sie die Bedeutung des Gesehenen falsch interpretieren, weil sie mit dem kulturellen Zusammenhang nicht vertraut sind. Coryate beschreibt beispielsweise eine Beerdigung, an der Leute teilnahmen, die er als »Mönche« bezeichnet; die Einzelheiten legen jedoch nahe, daß es sich in Wirklichkeit um Mitglieder einer Laienbruderschaft handelte, eine Einrichtung, die Protestanten nicht vertraut war.[3] Die einander widersprechenden Berichte über die Freiheit, die italienische Frauen genossen – oder nicht –, resultierten möglicherweise aus der Schwierigkeit für frisch angekommene Besucher, Kurtisanen von ehrbaren Damen zu unterscheiden. Wahrnehmung, so haben wir gelernt, heißt u. a. Interpretation in den mentalen Schemata des Wahrnehmenden (Gombrich, 1960). Den unschuldigen Blick gibt es nicht.

Selbst wenn die Berichte einander bestätigen, bleibt ein gewisses Mißtrauen, denn, Baretti wies darauf hin, die Reisenden schrieben möglicherweise voneinander ab oder lernten zumindest aus der Literatur, wie man das Leben wahrzunehmen hatte. Die Briten in Italien zum Beispiel waren durch die Bank von denselben Zügen jener fremden Gesellschaft fasziniert, von den Votivbildern in den Kirchen und den Geißlern bei den Prozessionen auf den Straßen. Ihre Berichte sind voller Topoi oder Gemeinplätze. Ein Besucher Neapels im achtzehnten Jahrhundert nach dem anderen macht Bemerkungen über den Müßiggang der »unteren Schichten des Volkes«, der sogenannten *lazzari,* deren »größtes Vergnügen ist, sich in der Sonne zu aalen und nichts zu tun« (s. u., Kap. 6). Sie fanden, was sie zu finden erwarteten. Oder: drei Briten, jeweils eine Generation voneinander getrennt, besichtigen die Biblioteca Ambrosiana in Mailand. Alle kommentieren übereinstimmend, daß man eher für das Gebäude als für Bücher Geld ausgibt. Wir sind beim ewigen Problem der Fassaden angelangt. Der erste, Richard Lassels, bemerkt: »über den obersten Regalreihen hat man die Bilder von gelehrten Männern angebracht, was mehr kostet als daß es Profit bringt, wenn man bedenkt, wie viele Bücher mehr man hätte kaufen können«. Der zweite, der schottische Geistliche Gilbert Burnet, generalisierte und moralisierte ausgehend von diesem Beispiel: »Die Bibliotheken … sind überall in Italien einfach skandalös, die Räume sind oft vornehm und reich geschmückt, aber Bücher gibt es nur wenige, sie sind schlecht gebunden und noch schlechter ausgewählt«. Addison reagierte ähnlich: »Ich sah die Biblioteca Ambrosiana, wo sie, um den italienischen Genius zu zeigen, mehr Geld für Bilder als für Bücher ausgegeben haben ... Bücher sind in der Tat das letzte, was man in italienischen Bibliotheken gewöhnlich an Einrichtungsgegenständen sieht; im allgemeinen sind diese mit Bildern, Statuen und anderem Schmuck ausstaffiert«.[4]

Besucher italienischer Bibliotheken in jüngerer Zeit mögen durchaus einige Sympathie für diese kritischen Bemerkungen empfinden. Aber wie immer auch die Ambrosiana zu jener Zeit ausgesehen haben mag: die Kommentare der Besucher enthüllen jedenfalls einiges über ihre Stereotypen von Italien und – über sie selbst. Eine ins einzelne gehende Analyse der Beschreibungen insbesondere von Burnet und Addison würde zeigen, wie diese Berichte um eine Reihe von Gegensatzpaaren gruppiert sind. Das katholische Italien wird als Land des Aberglaubens, der Tyrannei und des Müßiggangs vorgestellt, mit anderen Worten als Umkehrung der Aufklärung, der Freiheit und des Fleißes im protestantischen Britannien. Dieses Muster steht für ein wiederkehrendes Reisenden-Syndrom, das seit den Zeiten Herodots – sein Beispiel war Ägypten – nachgewiesen werden kann: die Wahrnehmung einer fremden Kultur als auf den Kopf gestellte Version der eigenen (vgl. Hartog, 1980).

Die ausländischen Reisenden waren also keine Kameras. Sie waren keine neutralen Beobachter, und ausländische Historiker Italiens laufen Gefahr, sich mit den Vorurteilen ihrer Landsleute zu identifizieren und so Schablonen als gute Geschichtsschreibung zu servieren. Auf jeden Fall aber waren die täglichen Beobachtungen der Besucher oft so frisch und unmittelbar wie die Notizen eines Ethnologen bei der Feldforschung. Einige besaßen einen »ethnographischen Blick« und ein Gespür für kulturelle Verhaltensmuster. Der Philosoph George Berkeley, der als Lehrer eines Adligen auf der Grand Tour geraume Zeit in Süditalien verbrachte, interessierte sich besonders für Heilrituale (s. u., Kap 13). Manche Reisende sammelten die Informationen systematisch für spätere Veröffentlichungen. Coryate behauptete sogar, er hätte die venezianischen Kurtisanen nur aufgesucht, »um ihren Lebensstil kennenzulernen und ihr Benehmen zu beobachten«. Er machte sich auch Notizen zu den Gesten, etwa zu dem für ihn »ungewöhnlichen Brauch«, »daß, wenn sich zwei Bekannte treffen, sie sich gegenseitig auf die Wangen küssen«. Ein Besucher im 18. Jahrhundert, John Moore, beobachtete mit der Aufmerksamkeit eines Mediziners die Körpersprache und stellte fest: »In ihrer äußeren Haltung sind die Italiener gesetzt und würdevoll«, sie haben nicht »die lebhafte Miene und das federnde Tänzeln, das man überall in Frankreich sieht; sie hingegen schreiten langsam und gemessen daher.«[5] Nur ein Außenstehender konnte das bemerken.

Zwei Reisende mit einem besonders scharfen ethnographischen Blick waren Michel de Montaigne und Philip Skippon. Montaigne, der 1580 Italien bereiste, hielt in seinem Tagebuch fest, was er sah und hörte. Nach dem Besuch der Messe in der Kathedrale von Verona berichtet er, wie überrascht er gewesen sei, Männer herumstehen und sich unterhalten zu sehen, den Hut auf dem Kopf und dem Altar den Rücken gekehrt; vom Gottesdienst nahmen sie bis zur

Elevatio der Hostie keine Notiz. In Rom sah er einer Prozession von über fünfhundert Geißlern zu und war wiederum erstaunt über das Verhalten der Italiener; er berichtet, daß sie, obwohl sie bluteten, anscheinend keine Schmerzen fühlten, sondern lachend und schwatzend durch die Straßen zogen. Er schaute sich aufmerksam ihr Schuhzeug an und schloß daraus, daß sie arme Leute sein mußten, die sich dazu verdingt hatten.[6]

Philip Skippon, der Sohn eines der Oberbefehlshaber von Oliver Cromwell, war ein junger Mann, der frisch aus Cambridge kam, als er 1663 mit seinem Tutor John Ray nach Italien reiste. Skippons Wahrnehmungen sind vielleicht durch die Begleitung dieses berühmten Botanikers geschärft worden, auch durch den Kulturschock, den der Kontakt mit dem katholischen Süden auslöste. Jedenfalls hielt er seine Augen und Ohren offen und füllte sein Tagebuch mit faszinierenden Beschreibungen des alltäglichen Verhaltens. Wie Montaigne, brachte ihn das Verhalten der Italiener in der Kirche etwas aus der Fassung. »Die Edelleute Paduas scheinen bei der Messe oder anderen Gottesdiensten nicht sehr andächtig zu sein«, schrieb er, »sie scherzen und unterhalten sich miteinander«. Er sah eine Geißlerprozession, diesmal in Genua, und wiederum ähnelte seine Reaktion der Montaignes. »Viele der Geißler, die in der Prozession gingen, schienen daraus nur einen Sport zu machen. Uns wurde gesagt, sie seien Träger und gemeine Leute, von den Reichen angeheuert, um diesen von den Priestern auferlegten Akt der Buße zu vollziehen«. Ein weiteres Beispiel für italienische Fassaden.[7]

Es ist natürlich möglich, daß Skippon vorher Montaigne gelesen und gelernt hatte, seine Erwartungen entsprechend einzustellen, aber er macht auch interessante Beobachtungen, für die es solche Parallelen nicht gibt. Beispielsweise beschreibt er eine Beerdigung bis in die Einzelheiten. Wenn er ins Theater ging, verbrachte er offenbar mehr Zeit damit, das Publikum zu beobachten, als das Stück anzuschauen; er notiert, daß die Zuschauer aus den Logen ins Parkett spuckten und daß »manche der Adligen, die nahe der Bühne standen, die Schauspieler häufig unterbrachen und sich mit ihnen unterhielten«. Er machte sich Notizen über die Art und Weise wie Italiener durch die Straßen gehen und erläuterte dies sogar anhand eines Diagramms. »Damit, wenn drei Leute zusammen gehen, jeder abwechselnd in der Mitte geht, gehen sie – ABC – während ihres gemeinsamen Gangs folgendermaßen. B macht einen Schritt zurück nach links, dann rückt A, der dahinter kam, in die Mitte; danach tritt A rechts zur Seite, und C, der dahinter kam, macht einen Schritt in die Mitte«. In einer Ancien-Régime-Gesellschaft, in der Vortritt und Vorrang sehr ernst genommen und in so vielen Details der Gesten und Posen ausgedrückt wurden, wechselte man sich in einer Gruppe von Gleichgestellten lieber in der Position des Ranghöchsten ab, als das Prinzip der Rangordnung ganz aufzugeben. Wieder ist es Skippon, der festhält: »Es ist hier Brauch, daß jene, die auf der Straße die Mauer zu ihrer Rechten haben, solange dort gehen können, bis sie jemandem, den sie treffen, ihren Gruß entbieten«. Oder: »Die feinen Damen werden nicht wie in England an der Hand oder am Arm geführt; sondern ein Diener hält seinen Arm hoch und die edle Dame stützt sich, indem sie ihre Hand auf ihn legt«. Skippons Tagebuch wird uns noch beschäftigen.

Blicke von innen: Persönliche Aufzeichnungen

Das frühneuzeitliche Italien wurde nicht nur wiederholt von ausländischen Reisenden beschrieben, es ist auch ungewöhnlich reich an persönlichen Aufzeichnungen von Italienern. Berühmt sind vor allem die Memoiren von Papst Pius II. (auf den sich Jacob Burkhardt in seiner Studie der italienischen Renaissance besonders stützte) sowie die Autobiographien von Benvenuto Cellini und dem Mailänder Arzt Girolamo Cardano. Man kann aber noch mehrere hundert Journale und Tagebücher verschiedenster Art dazuzählen, die vor allem in Florenz sehr zahlreich sind; am besten bezeichnet man sie wahrscheinlich mit ihrem zeitgenössischen Florentiner Namen als »Erinnerungen« *(ricordanze)*. Diese Aufzeichnungen, die weiter unten auf S. 82ff beschrieben werden, ergänzen die Beschreibungen von Reisenden um Innenansichten der Kultur. Trotzdem muß man auch ihnen mit kritischem Blick begegnen. Sie sind weder unschuldig noch neutral oder offen und durchsichtig, sondern mehr oder weniger raffinierte Darstellungen des Selbst und seines Ausdehnungsfelds – der Familie und der Stadt. Ob schlecht oder gut geschrieben, sie gehören zu einer literarischen Gattung, die ihre eigenen Modelle, Konventionen und Gemeinplätze besaß. Pius II. schrieb zum Beispiel »Kommentare« über sein Leben in der dritten Person, in der Art Julius Cäsars also – für ihn keine falsche Bescheidenheit. Cardano dagegen nahm sich die in freierem Stil verfaßten Meditationen des Stoikers und Kaisers Marc Aurel zum Vorbild. Cellini scheint sich nicht nach einem bestimmten Modell gerichtet zu haben, als er die Geschichte seines Lebens schrieb oder diktierte, aber ihm lag sehr viel daran, die Leser mit seinen Leistungen – sexuellen, militärischen und künstlerischen – zu beeindrucken und sich gegen die Verleumdungen seiner vielen Feinde zu rechtfertigen.[8] Wie das Leben in diesen Texten stilisiert wurde, sieht man wahrscheinlich am besten an einem Beispiel. Als Pius II. in der Nähe von Siena über Land reiste, bot ihm ein Kuhhirte Milch an; er »dachte an den Mann, der mit seinen Händen Artaxerxes Wasser anbot, lächelte und verschmähte die schwarze, schmierige Schale nicht, berührte sie mit seinen Lippen und tat so, als ob er daraus trinken würde *(tanquam biberet osculari catinum)* ... denn er wollte nicht als jemand erscheinen, der die Aufmerksamkeit und Ehrerbietung eines armen Bauern geringschätzt«. Ganz gleich, ob das eine wahre oder erfundene Begebenheit ist, es kam darauf an, einen klassischen Gemeinplatz zu präsentieren – ganz zufällig aus Plutarchs »Lebensbeschreibungen« entnommen –, um einen besonderen Eindruck auf den Leser zu machen. Die Pantomime des Trinkens ist ein gutes Beispiel für das Theater des Alltagslebens, mit dem Papst in der Rolle des guten Fürsten.[9]

Selbst wenn jemand, der seine Erinnerungen schreibt, nicht bewußt versucht, den Leser zu beeindrucken, wird er – im frühmodernen Italien handelt es sich fast immer um Männer – doch sein Leben durch die Brille der gängigen kulturellen Schemata sehen. Sogar die Träume, die er berichtet, sind stereotypisiert. Anthropologen wie Dorothy Eggan und Irving Hallowell (1966) haben nachgewiesen, daß die Menschen nicht nur in einer Kultur leben, sondern auch deren Träume träumen. Die Menschen der italienischen Renaissance machten da keine Ausnahme. Als Cellini zum Beispiel krank war, träumte er – genauer, er erinnerte sich an seinen Traum –, daß »ein schrecklicher Alter an mein Bette [kam], der mich gewaltsam in seinen ungeheuren Kahn reißen wollte«. Wie einer seiner Freunde klug bemerkte: Cellini »mußte Dante gelesen haben«, ein Dichter, der in der Florentiner Kultur des sechzehnten Jahrhunderts eine bedeutende Rolle spielte, denn der Künstler hatte offensichtlich den Tod in der Gestalt des Fährmanns Charon wahrgenommen, so wie ihn Dante im *Inferno* beschrieben hatte.[10]

Um diese persönlichen Aufzeichnungen zu lesen, insbesondere die mit mehr Bedachtsamkeit verfaßten Autobiographien, muß der Kulturhistoriker sich die Fertigkeiten eines Literaturwissenschaftlers aneignen, eines Wissenschaftlers – um genauer zu sein –, der Sinn für Geschichte und Interesse an Anthropologie besitzt sowie ein Gespür für die »Selbst-Stilisierung« (Greenblatt, 1980), die von den Menschen der Renaissance betrieben wurde. Wie im Falle der gemalten Porträts (s. u., Kap. 10) zeigt sich jedoch, daß die Gemeinplätze und Stereotypen, die die Autobiographien und Erinnerungen bevölkern, eher Hilfen als Hindernisse für den Historiker sind, um die Regeln oder Normen der Kultur zu rekonstruieren. Beim ersten Hinschauen mag Cellini dem Leser aus dem zwanzigsten Jahrhundert als krankhafter Prahlhans erscheinen, letztlich als ein Paranoiker. Wenn man jedoch bei Cardano, Pius II. und in anderen Quellen ähnliche Hinweise auf Verleumdung und Verrat, Ehre und Ruf entdeckt, wird einem klar, daß der Künstler – zuweilen recht bombastisch – seine Rolle nach dem Drehbuch spielte, das seine Kultur ihm lieferte. Man sollte sich die sozialen Rollen tatsächlich als Partien in einem Drehbuch vorstellen, oder besser – da sie flexibel und nicht vollständig festgelegt sind – als Rollenkerne, um die herum improvisiert wurde, wie die Figuren der *commedia dell'arte*.

Natürlich gab es auch eine literarische Gattung von Eingeweihten für Eingeweihte, die diese Drehbücher offenlegte, indem sie die Leser darüber belehrte, wie man sich in der Öffentlichkeit zu benehmen habe: die Anstandsbücher. Die berühmtesten waren und sind die im sechzehnten Jahrhundert entstandenen Traktate des Hofmanns Baldassare Castiglione und des Erzbischofs Giovanni Della Casa. Wie Elias (1939) nachwies, legen diese Traktate die »Tiefenschichten«, wie man diese Strukturen nennen könnte, ihrer Gesellschaft bloß; zum Beispiel die Normen des Sprechens und nicht-verbaler Verständigungsformen wie Gesten, Lachen, Tischsitten sowie der Körpersprache im allgemeinen. Diese Themen haben die Aufmerksamkeit von Anthropologen auf sich gezogen (Hall, 1959; Polhemus, 1978), und die Historiker fangen ebenfalls an, sich für sie zu interessieren.

Diese Texte sind jedoch ebensowenig neutrale Beschreibungen des Verhaltens oder der ihm zugrundeliegenden Einstellungen wie die Berichte der Reisenden oder der Verfasser von Erinnerungen. Castigliones Gespür für die Dramaturgie des Alltagslebens ist bereits erwähnt worden (S. 20). Seine Erörterung der Stellung des Lachens in einer kultivierten Gesellschaft, einschließlich seiner Definition des Komischen als »einer gewissen Mißbildung« (*una certa deformità*) ist berühmt. Es ist jedoch bekannt, daß Castiglione in diesem Abschnitt Cicero folgt, und daß sein Hauptziel nicht so sehr darin besteht, die Sitten und

Gebräuche seiner Welt zu interpretieren als vielmehr, sie zu ändern. Er wollte nicht alte Regeln explizit machen, sondern neue formulieren. Auf jeden Fall bleibt Castiglione ein entscheidender Zeuge für das Verhalten, das er ablehnt. Das gilt auch für Della Casa, der seinen Lesern unter anderem empfiehlt, »niemandem ein Glas Wein anzubieten, das Du gekostet und mit Deinen Lippen berührt hast, es sei denn, es ist ein enger Freund von Dir. Noch weniger solltest Du ihm eine Birne oder eine andere Frucht reichen, von der Du bereits abgebissen hast.«[11] So bezeugt er den fehlenden Sinn für persönliche Distanz, den der Kuhhirte von Pius II. anschaulich machte. Der Raum spricht.

Diese beiden Traktate, die zahlreiche Auflagen erlebten, haben wahrscheinlich auf lange Sicht beträchtlichen Einfluß ausgeübt und das Verhalten der italienischen Oberschichten nach ihren Vorstellungen gestaltet. Dennoch benötigen die Historiker direktere Zeugnisse über die Art, wie die Italiener in der frühen Neuzeit die Regeln ihrer Kultur wahrgenommen haben. Die Gerichtsakten und Protokolle bieten dafür wertvolle Belege. Die Übertretung bestimmter Regeln zwang Einzelne dazu, beispielsweise ihre Auffassung von einer guten Ehefrau oder einem guten Sohn offenzulegen. In den beiden folgenden Fällen geschieht genau das; bemerkenswert sind sie allein wegen der Genauigkeit, mit der Erwartungen dargelegt werden.

1612 brachte der einunddreißig Jahre alte Genueser Patrizier Marcello Doria einen Bericht zu Papier, den er zur »Besserung« – wie er es nannte – seiner Ehefrau Barbara Spinola verfaßt hatte; tatsächlich handelte es sich um eine Beschwerdeliste, vierzehn lange Seiten. Er beanstandete zum Beispiel ihre Bücher, etwa »Tasso und ähnliche Bücher«, weil sie von der Liebe handelten. Er beanstandete ihre Ärmel – oder daß sie keine trug: »Ich mag nicht, daß sie mit nackten Unterarmen herumläuft«. Er kritisierte ihre Sprache, daß sie »ich will nicht« statt »ich kann nicht« sagte. Er warf ihr vor, daß sie sich weigerte, aufzuschauen, wenn er den Raum betrat oder ihm entgegenzukommen, wenn er nach Hause kam. Kurz und gut, Barbara fehlte die demütige Bescheidenheit, die er meinte, zu Recht von seiner Ehefrau erwarten zu dürfen. Ihm zufolge bestand ihre Reaktion auf diese Kritik in dem Satz: »Ich bin nicht in Euer Haus gekommen, um Manieren zu lernen« *(io non son venuta ad imparar creanza in casa vostra)*. Diese Unmittelbarkeit fehlt in den »Gebrauchsanweisungen« der Zeit, wie der ziemlich faden »Erziehung der Ehefrau«, die 1587 von einem gewissen Pietro Belmonte veröffentlicht wurde.[12] Einen ähnlichen Einblick in die kulturellen Normen erhascht der Historiker mit einem Familienstreit, festgehalten in einem Schriftsatz, der 1597 in einem römischen Gefängnis vor dem Notar aufgesetzt wurde. Der Buchhalter Alessandro Ruggia gab vor Zeugen feierlich sein Wort, »Messer Fidele Ruggia, meinem Vater, und Madonna Prudentia, meiner Mutter, und meinen älteren Angehörigen ein liebender und gehorsamer Sohn zu sein«. Was sein Vater, ein Holzhändler, unter der Rolle eines guten Sohns verstand, kommt im Verlauf des Schriftsatzes heraus, in dem Alessandro nicht nur versprach, »von Frauen, ob sie verheiratet sind oder nicht, ob privat oder in der Öffentlichkeit, die Finger zu lassen«, sondern auch, sich »so zu kleiden, wie Messer Fidele, mein Vater, es wünscht« und morgens und abends zum Essen zu erscheinen.

ANDREA SACCHI
Die Kirche 'Il Gesù in Rom, 1639

Alessandro hielt jedoch nicht Wort, und ein noch lebhafteres Bild dessen, was man macht, wenn man kein guter Sohn ist, gewinnt man aus den Aussagen, die den Bruch seines vor neun Jahren gegebenen Versprechens bezeugen. Immer noch hieß es von ihm, er sei nur hinter den Frauen her. »Er wollte Geld für Kleider ausgeben, wie es ihm paßte«. Er beschimpfte und bedrohte seinen Vater, zog das Messer gegen ihn, nannte ihn einen »alten Narren« und machte laut seinem Ärger darüber Luft, daß er immer noch nicht gestorben war (»dieser alte Verräter ist schon zweimal gestorben, aber er kommt immer wieder auf die Beine«).[13] Ob Alessandro all das tat oder sagte, was man ihm zuschrieb, interessiert uns hier nicht. Der Wert dieses und des vorangegangenen Beispiels für den Kulturhistoriker besteht darin, daß sie normale Erwartungen ans Licht bringen und beispielsweise zeigen, daß ein römischer Vater über die Kleidung seines Sohns genauso streng urteilen konnte wie ein Genueser Ehemann über die seiner Frau.

Aus Gerichtsakten können wir noch sehr viel mehr entnehmen. Beleidigungsfälle enthüllen beispielsweise die Bedeutung von Ehre, Scham und Schande in der italienischen Kultur und zeigen, daß die Beleidigung eine Form der Kommunikation war, die strengen Regeln folgte (s. u., Kap. 8). Diese Fälle, in denen viel schmutzige Wäsche gewaschen und Privatleben an die Öffentlichkeit gezerrt wurde, kann man mit den Worten des Anthropologen Victor Turner (1974) als »soziales Drama« definieren.

Dramen im eigentlichen Sinn sind ebenfalls wertvolle Quellen. Insbesondere das sechzehnte Jahrhundert war das goldene Zeitalter der italienischen Komödie, nicht nur das Zeitalter Ariosts und Aretinos, sondern auch begabter zweitrangiger Autoren wie des Paduaners »Ruzzante«, während Venedig im achtzehnten Jahrhundert Goldoni vorweisen konnte. Die Theaterstücke spiegelten die gesellschaftliche Wirklichkeit nicht einfach wider; das macht Literatur nie. Die Charaktere der Komödie sind offensichtliche Stereotype: ungehobelte Bauern, hinterlistige Diener, würdige Väter, betrügerische Bettelbrüder usw. Doch gerade sie können die Werte und wichtigen Themen der Kultur offenlegen, in der sie gängige Münze sind. In einem gewissen Sinn macht gerade ihre Verzerrung der sozialen Realität die Theaterstücke zu guten Quellen für die Sozialgeschichte, weil sie zeigt, wie die Zeitgenossen einander oder zumindest manche Gruppen andere wahrnahmen. Kulturhistoriker wären gut beraten, nicht nur offizielle Erhebungen von Fakten wie den Zensus in mancher Hinsicht als Fiktion anzusehen, sondern auch Werke literarischer Fiktion, wie Stücke und Geschichten, in einem gewissen Sinne als Fakten.

Ein anderer nicht zu vernachlässigender Quellentyp betrifft die materielle Kultur: Bilder, Möbel, Häuser, Kleidung usw. Obwohl die Übersetzung derartiger stummer Zeugnisse in verbale Feststellungen über die Vergangenheit eigene brennende Probleme aufwirft, welche die modische Metapher der Kultur als »Text« eher vertuscht, müssen materielle Objekte als Modus oder Modi der Kommunikation betrachtet werden. Die Kapitel 9 und 10 versuchen, Porträts und andere Objekte des Luxuskonsums als ein Gegengewicht zur Betonung von Ritualen und Worten in diesem Band zu analysieren. Die Rekonstruktion einer verschwundenen Kultur ist ein ebenso vermessenes wie faszinierendes Unterfangen, bei dem die Historiker auf jede nur denkbare Hilfe angewiesen sind. Sie betreten erst dann sicheren Boden, wenn sie eine spezifische Interpretation mit verschiedenen Typen von Quellen belegen können; wenn das Zeugnis der materiellen Kultur das der Schriftquellen bestätigt, wenn die literarische Fiktion dieselbe Geschichte erzählt wie die »Fakten« und die Einheimischen mit den Außenstehenden übereinstimmen. Obwohl die einzelnen Kapitel sich häufig stark auf einen Quellentyp beziehen, habe ich doch das gesamte Buch hindurch bewußt versucht, die Bruchstücke, die uns die verschiedensten Quellenzeugnisse liefern, zu einem Bild zusammenzufügen.

GIACOMO CERUTI
gen. Pitocchetto, *Arbeitende Frauen*; ca. 1725

JACQUES CALLOT
Capitano dei Baroni (vgl. S. 70)

Zählen, Schätzen, Klassifizieren
Der Zensus als Kollektivvorstellung[1]

MEDIÄVISTEN HEGEN GEGENÜBER Chroniken zwiespältige Gefühle. Mit der sogenannten »kopernikanischen Revolution« in der Geschichtsschreibung, die mit dem Namen Leopold von Ranke verbunden wird, verlagerte sich die Aufmerksamkeit von literarischen oder narrativen Quellen zu den objektiveren Zeugnissen offizieller Aktenstücke. Es wurde jedoch bald deutlich – falls man es je vergessen hatte –, daß auch Chroniken – nicht trotz, sondern wegen ihres subjektiven Charakters – wertvolle historische Zeugnisse waren: Zeugnisse der Haltung und der Wertvorstellungen des Chronisten, seiner Zeit und der sozialen Gruppe, zu der er zählte (Galbraith, 1948, Kap. 1).

Ähnlich könnte man im Fall der offiziellen Dokumente argumentieren, denn sie sind keineswegs so reine Quellen, wie man früher angenommen hat. Ein Zensus reflektiert zum Beispiel durchaus nicht mit der Objektivität eines Spiegels die Gesellschaft, über die er einen Überblick gibt. Er unterliegt nicht allein menschlichen Irrtümern, die in ihm enthaltenen Informationen sind auch durch ein spezifisches Klassifikationssystem gefiltert. Zugunsten des Zensus kann man jedoch sagen, daß dieses Klassifikationssystem selbst wiederum etwas darüber aussagt, wie eine Gesellschaft sich selbst wahrnimmt, oder genauer, wie eine Gruppe den Rest der Gesellschaft wahrnimmt. Er legt die in dieser spezifischen Kultur gängigen Kategorien und Schemata bloß. Mit anderen Worten: der Zensus ist, was der französische Soziologe Emile Durkheim eine »Kollektivvorstellung« (s. o., S. 13) genannt hat. Aus dieser Sicht möchte ich die Volkszählungen und Erhebungen im Italien der frühen Neuzeit untersuchen. Dabei werde ich mich mit den sozialen Stereotypen und der Beschäftigungsstruktur, insbesondere aber mit der Grauzone zwischen beiden beschäftigen.

Um das sechzehnte Jahrhundert war der Zensus, örtlich bekannt unter Bezeichnungen wie *anagrafo, catasto, estimo* usw., in weiten Teilen Italiens zu einer festen Einrichtung geworden. In Venedig, wo die herrschende Schicht aus den bürokratischen Erfahrungen ihrer byzantinischen Vorgänger schöpfte, wurden bereits im zehnten Jahrhundert partielle Einwohnerlisten geführt, bereits 1338 die männlichen Erwachsenen gezählt. In der Toskana führte die Regierung im Jahre 1427 eine außergewöhnlich ambitiöse Erfassung aller Haushalte im Territorium von Florenz durch, d. h. von ungefähr 60000 Haushalten, etwa einer Viertelmillion Menschen. Die Zahl derartiger Erhebungen scheint im sechzehnten Jahrhundert sprunghaft angestiegen zu sein. Einen Zensus von Rom gibt es aus dem Jahre 1526; von Florenz 1527, 1552 und 1562; von Venedig 1509, 1540 und 1581; von Neapel 1547 und in den 1590er Jahren usw. Diese Erhebungen wurden im Verlauf der frühen Neuzeit immer detaillierter. Der Florentiner Zensus von 1630 ist zum Beispiel genauer als die aus dem sechzehnten Jahrhundert; die venezianische Erhebung aus den 1760er Jahren mit ihren vielen Tabellen war die detaillierteste von allen.[2]

Historiker der Neuzeit haben diese Quellen ausgiebig benutzt, um Veränderungen in der Bevölkerungsentwicklung und Sozialstruktur Italiens zu studieren. Mit einiger Sicherheit kann man darüber jedoch erst Aussagen machen, wenn man geprüft hat, wie und zu welchem Zweck diese »Quellen« fabriziert worden sind.

Für den *catasto* von 1427, das Florentiner Domesday Book, ist – wie für das Domesday Book selbst – diese Untersuchung bereits in exemplarischer Weise durchgeführt worden. Wir wissen jetzt: das Domesday Book war das Werk von Kommissaren, die in den verschiedenen Regionen Englands umherreisten, in jeder Gemeinde den Priester, den Vogt und sechs Dorfbewohner befragten; sie legten ihnen etwas mehr als zwanzig Fragen vor, sammelten die Antworten ein und übertrugen sie dann in ein Register. Man hat den Zensus, der möglicherweise von einem ähnlichen, in Sizilien auf Veranlassung des normannischen Grafen Roger I. entstandenen, inspiriert war (der selbst wiederum – wie die venezianischen Erhebungen – dem byzantinischen Modell folgte) –, als »die größte administrative Leistung des mittelalterlichen Königtums« (Galbraith, 1961) bezeichnet. Genauso könnten wir den *catasto* von 1427 als größte administrative Leistung der mittelalterlichen Stadtrepubliken bezeichnen. Wie groß sie war, wird deutlich, wenn man die peinlich genaue Aufstellung der Beamten (Schätzer, Kanzlisten usw.) liest, die ihn erstellten. Mehr noch, wenn wir uns anschauen, wie er entstanden ist, mit schriftlichen Antworten jedes Haushalts, die zur Überprüfung im Kreis der Nachbarschaft laut vorgelesen wurden, bevor man sie in einen der 66 Registerbände eintrug (Herlihy-Klapisch, 1978).

Wie beim Domesday Book können wir aus der Form, in der die Manuskripte des Zensus erhalten sind, eine Hypothese ableiten, wie die Erhebung durchgeführt wurde, und daraus schließen, welche Absichten die Organisatoren mit ihm verfolgten. Der Zensus von 1552 hat sich in zwei Versionen, beides Register, erhalten. Eine Version, im Archivio di Stato in Florenz, bezeichnen wir von nun an als »Text A«. Sie ist auf Papier geschrieben, die Handschrift zeigt Zeichen von Hast; aber sie ist in blauen Samt gebunden und mit Buchmalereien auf Pergament verziert. Die Bilder und eine an den Herzog gerichtete Einleitung legen nahe, daß es sich um die Abschrift handelte, die dem Herzog überreicht wurde, trotz der schlechten Handschrift (die Einleitung gibt dafür ausgiebige Entschuldigungen). Eine zweite Abschrift befindet sich heute in der Biblioteca Nazionale in Florenz; nennen wir sie »Text B«. In ihr fehlt das Schmuckwerk, aber sie ist durchgängig auf Pergament geschrieben, von einer flinken und geschulten Hand. Wahrscheinlich also ist dies die strapazierfähige, für den ständigen Gebrauch in der Verwaltung bestimmte Abschrift.[3]

Die beiden Texte stimmen nicht völlig überein. Text A gibt die Bevölkerung von Florenz mit 59 557 an (ohne den herzoglichen Haushalt mitzuzählen, als ob Cosimos Haushalt ausschließlich seine Angelegenheit war). Laut Text B beträgt die Bevölkerung von Florenz 59 179, ein Verlust von 378 Menschen. Wie lassen sich diese Diskrepanzen erklären? Hat man etwas ausgelassen, als

Ansicht von Florenz (Stich, 17. Jh.)

die zweite Version von der ersten abgeschrieben wurde? Ein Stichprobenvergleich zeigt jedoch, daß keiner der beiden Texte vollständig vom anderen abgeschrieben sein kann, da jeder Informationen enthält, die im anderen fehlen.[4] Ein Axiom der Textkritik lautet, daß es drei mögliche »Stemmata« oder Genealogien gibt, wenn zwei Handschriften eines gegebenen Textes vorhanden sind. Wenn A nicht (oder nicht völlig) von B abhängt, während B (zumindest zum Teil) von A unabhängig ist, müssen sich beide auf einen verlorengegangenen »Archetypus« beziehen. Wenn dieser Archetyp eine Loseblattsammlung war wie die ursprünglichen Antworten für das Domesday Book oder seine Entsprechung im Jahre 1427, können wir uns gut vorstellen, daß sie von zwei verschiedenen Kanzlisten (da die Handschrift unterschiedlich ist) in die beiden Register übertragen wurden. Dabei hat jeder der beiden einige Blätter vergessen und so die Diskrepanzen produziert. Da jedes Register Haushalte enthält, die im anderen nicht auftauchen, muß die Gesamtbevölkerung von Florenz höher gewesen sein als allgemein angenommen und eine gründliche vergleichende Überprüfung der beiden Manuskripte ist erforderlich.

Wie und von wem wurde der Zensus erstellt? Das Vorwort zu Text A ist das Werk eines gewissen Antonio Gianette (alias de Mucione), der ausführt, daß er die Daten in fünf Spalten angeordnet habe (Herd- oder Feuerstellen, Männer, Frauen, männliche und weibliche Bedienstete). Er erklärt nicht, wie

35

die Angaben gesammelt wurden, aber da sie nicht nach Gemeinden, sondern nach Straßen geordnet sind, kann man vermuten, daß dieses Mal die Kleinarbeit nicht vom stets greifbaren Ersatzbeamten, dem Pfarrpriester, geleistet wurde. In Venedig führte zumindest im siebzehnten Jahrhundert der Gemeindepriester die Erhebung durch, unterstützt von einem Adligen und einem Bürgerlichen pro Gemeinde – wahrscheinlich, um Angaben von ihnen sozial gleichrangigen zu erlangen, in der Annahme, daß Leute von sozial hohem Stand sich nicht die Mühe machen würden, die Fragen eines gewöhnlichen Geistlichen zu beantworten. Im achtzehnten Jahrhundert erwartete man hingegen, daß der Priester ganz auf sich allein gestellt die Erhebung durchführte.

Warum wurden diese Erhebungen durchgeführt? Im Italien der frühen Neuzeit – und auch anderswo in Europa – gab es dafür eine ganze Menge Gründe; vier sind vielleicht besonders wichtig. An erster Stelle waren es Steuererhebungen, so z. B. in Florenz 1427. Zweitens dienten sie der Wohlfahrt. Es konnte geschehen, daß die Obrigkeit angesichts gestiegener Brotpreise sicherstellen wollte, daß die Einheimischen und nicht etwa Fremde mit Brot versorgt wurden; so in Neapel 1591, wo jeder Marken erhielt, der zur Brotzuteilung berechtigt war.[5] Oder die Stadt wurde belagert wie Florenz 1527, oder es bestand die Gefahr einer Pestepidemie, was einer Belagerung gleichkam, die das betroffene Gebiet von der Außenwelt abschnitt. In Venedig übernahm 1586 die Gesundheitsbehörde die Verwaltung und Durchführung des Zensus. Während der Pest von 1630 wurde in Florenz eine Zählung in Teilen von Santa Croce durchgeführt, das unter Quarantäne gestellt werden mußte; eine ähnliche Erhebung unter Federführung der Gesundheitsbehörde gab es während der Pest in Rom im Jahre 1656.[6] Der Zensus gehörte zu den Techniken der Pestbekämpfung, in denen Italien Vorreiter war (Cipolla, 1976). Andere wurden kurz nach der Heimsuchung durch die Pest durchgeführt, um die Verluste zu zählen, so 1632 in Florenz, 1633 in Venedig und 1656 in Neapel.

Drittens gab es die Erhebungen der Kirche, die harmloseren, um festzustellen, wer die sogenannten »Osterpflichten«, Beichte und Kommunion, nicht erfüllte. Nach dem Trienter Konzil wurden sie regelmäßig durchgeführt; ein frühes Beispiel ist der Zensus von Bologna aus dem Jahr 1568, der vom Erzbischof Gabriele Paleotti, einem Reformer, angeordnet worden war (Prodi, 1967, S. 182). Diese Erhebungen waren ein Teil der zunehmenden Beschäftigung des Klerus mit den Gläubigen, die im nächsten Kapitel diskutiert werden soll. Schließlich gab es noch die Zählungen der wehrfähigen Männer zur Verteidigung der Stadt (der genuesische Zensus von 1531 verzeichnet, in welchem Haushalt es Arkebusen gab) oder man zählte, wie in Venedig, wer auf den Galeeren rudern konnte.[7]

Es ist deshalb so wichtig zu wissen, wofür eine Erhebung durchgeführt worden ist, bevor man sie als Quelle benutzt, weil der Zweck bestimmt, was aufgezeichnet wurde und was nicht. Fiskalische Erhebungen zählten *fuoche* (Herd- oder Feuerstellen) und ließen von der Steuer befreite Haushalte weg, die des Klerus zum Beispiel. Erhebungen für die Brotzuteilung zählten »Münder« und ignorierten noch nicht entwöhnte Säuglinge, die ihre eigenen Nahrungsquellen besitzen. Kirchliche Erhebungen zählten »Seelen« und beachteten Nichtkatholiken, vor allem Juden, nicht, möglicherweise auch nicht die Kinder, die noch nicht ihre erste Kommunion hinter sich hatten. Diese Auslassungen, so sehr sie moderne Demographen ärgern und zur Verzweiflung bringen mögen, hatten innerhalb des lokalen Kategoriensystems durchaus ihren Sinn. In manchen Fällen wurden diese technischen Begriffe sehr lax verwendet; ein Problem des Florentiner Zensus von 1552 besteht darin, daß er ständig zwischen »Herden«, »Seelen« und »Mündern« hin- und herwechselt. In all diesen Fällen jedoch sollten wir die frühmodernen Kategoriensysteme im Hinterkopf behalten, denn sie sind – zusammen mit den Fürsten, den Priestern und den ganz gewöhnlichen Bewohnern, die gerade auf die Fragen geantwortet haben – Vermittler zwischen uns und den Sozialstrukturen, die wir erforschen wollen.

Diese Kategoriensysteme sind hier das Hauptthema. Bevor wir sie im Detail untersuchen, muß aber etwas zu den Einstellungen gegenüber dem Zensus gesagt werden. Viele Italiener in der frühen Neuzeit wußten, daß der Zensus aus dem antiken Rom stammte, wo er alle fünf Jahre aus militärischen, finanziellen und politischen Gründen erhoben wurde (Nicolet, 1976, S. 52 f). Die 1569 in Pistoia durchgeführte Erhebung beruft sich zum Beispiel auf das antike Rom, um zu zeigen, daß der Zensus eine gute Sache ist; der venezianische Zensus von 1761 beginnt mit einem Verweis auf den römischen König Servius Tullius.[8] Er bezog sich auch auf Moses, denn der Zensus wurde auch in der Bibel erwähnt, im 4. Buch Mose 1.2. (Gottes Gebot an Mose, das Volk zu zählen) und im Lukas 2.1. (die Reise nach Bethlehem, weil »ein Gebot von dem Kaiser Augustus ausging, daß alle Welt geschätzt würde«). Über einer ganzen Seite voller Zahlen, die über Florenz im Jahre 1661 Auskunft geben, thront die stolze Inschrift: *In multitudine populi dignitas regis*, ein Zitat aus den Sprüchen Salomos (14.28.): »Wo ein König viel Volks hat, das ist seine Herrlichkeit«. Und weiter heißt es: »Wo aber wenig Volks ist, das macht einen Herrn blöde«.[9]

Es gibt natürlich viele Stellen in der Bibel, die anderen zu widersprechen scheinen. So lesen wir: »Und das Herz schlug David, nachdem das Volk gezählt war. Und David sprach zum Herrn: Ich habe schwer gesündigt« (2. Samuel 24.10). Diese Stelle zitierte der Dominikaner und Philosoph Tommaso Campanella als Kritik am napolitanischen Zensus der 1590er Jahre; noch im achtzehnten Jahrhundert wurde sie in England in dieser Absicht zitiert.[10] Aus der angelsächsischen Chronik wissen wir, daß auch das Domesday Book unpopulär war, wie sein nichtoffizieller Name vielleicht bereits erraten läßt: »Es gab – es ist eine Schande, es aufzuschreiben, aber anscheinend nicht schändlich für ihn, es zu tun – nicht einen einzigen Ochsen oder eine Kuh oder ein Schwein, die nicht in seiner Erhebung erfaßt worden wären«. Mancher Italiener im sechzehnten Jahrhundert reagierte ähnlich. Als der Herzog von Parma 1550 in seinem Herrschaftsgebiet eine Viehzählung durchführen ließ, wurden einige Schätzer von den Bauern umgebracht.[11] Ein Zensus ist nicht politisch neutral. Wissen bedeutet Macht.

Mit diesen Punkten im Hinterkopf können wir zum Zensus als Kollektivvorstellung zurückkehren: die Vorstellung von einer Gemeinschaft und zugleich eine Vorstellung, die bestimmte kollektive Kategorien und Stereotype benutzt. Es war nicht allein beabsichtigt, »das Volk zu zählen«, sondern auch, es zu klassifizieren.

Die Menschen waren in der Tat nicht die einzigen Untersuchungsobjekte. Wie wir bereits erfahren haben, konnten auch Tiere im Zensus auftauchen, natürlich in Klassen eingeteilt. Die toskanische Erhebung von 1632 hatte fünf Kategorien: Schweine, Ziegen, Schafe, »Lasttiere«, also etwa Maultiere, und »jochtragende Tiere« wie Ochsen. Der venezianische Zensus von 1671 ließ die Schweine weg, trennte ebenfalls die Schafe von den Ziegen und machte eine zusätzliche Unterscheidung zwischen Zugochsen und Mastochsen.[12] Im Zensus war sogar Raum für leblose Objekte wie Arkebusen (in Genua 1531, aus Gründen der Verteidigung oder zur Aufrechterhaltung der öffentlichen Ordnung), Gondeln (in Venedig im siebzehnten Jahrhundert, die Sorge um den Luxuskonsum widerspiegelnd) und Kutschen, ein noch spektakuläreres Beispiel für demonstrativen Konsum, die 1594 in Rom eine eigene Zählung wert waren.

Für die Menschen standen einige binäre Gegensatzpaare im Zentrum des Klassifikationssystems. Mit unterschiedlicher Präzision unterschied man Männer und Frauen, Erwachsene und Kinder, die Familie und die Bediensteten. Der Florentiner Zensus von 1552 unterteilte die Bevölkerung zum Beispiel in vier Gruppen (Männer, Frauen, männliche und weibliche Dienstboten), der von 1632 hatte dagegen sechs Kategorien, weil er bei Männern und Frauen altersmäßig trennte zwischen »unter fünfzehn« und »über fünfzehn«. Die Volkszählungen in Venedig unterschieden »Jungen« und »Mädchen« von »Männern« und »Frauen«; der Zensus aus dem achtzehnten Jahrhundert faßte hingegen alle Einwohner weiblichen Geschlechts in einer Gruppe zusammen, während er die »Männer« (zwischen vierzig und sechzig) von den »Jungen« und den »Alten« unterschied. Weltliche Erhebungen tendierten dazu, die Schwelle für den Eintritt ins Erwachsenenalter mit vierzehn oder fünfzehn Jahren anzusetzen, aus ökonomischen oder militärischen Gründen. Kirchliche Erhebungen gingen dagegen vom Alter bei der ersten Kommunion aus, das wesentlich niedriger lag.

Kirchliche Zählungen der »Seelen« wiederum benutzten ihre eigenen Kategorien. Hier mußten nicht nur Klerus und Laien unterschieden werden, sondern auch die Mönche und die Brüder der Bettelorden von den Säkularklerikern. Die Kirche befaßte sich mit der Zahl der Nonnen, der Armen (zumindest mit den institutionell betreuten sogenannten *poveri di spedali*, im Armenhospital lebenden), der Zahl der Juden und Muselmanen (»Türken« oder »Mohren«), weil sie über die Kommunion nicht erfaßt wurden. Schließlich zählte sie auch die Prostituierten, sei es, weil sie eine Quelle der Versuchung waren, die es zu kontrollieren galt, oder einfach, weil es sich um eine Gruppe handelte, die nicht am Abendmahl teilnehmen durfte, weil sie in Todsünde lebte.[13]

Weltliche Volkszählungen mochten zwar auch Priester, Bettelbrüder und Nonnen getrennt aufführen (wie in Florenz 1632), aber ihnen ging es stärker darum, die Laien durch ihren Status und ihren Beruf zu klassifizieren. Besonders ausgeprägt war dieses Anliegen im aristokratischen Venedig, wo die Volkszähler mit drei verschiedenen Blättern ausschwärmten, auf denen die Haushalte von »Adligen«, »Bürgern« und »Handwerkern« verzeichnet werden sollten. Manche paßten in keine dieser Kategorien so recht hinein, aber die Beamten taten ihr Bestes, sie hineinzupressen. Juristisch waren die »Bürger« eine begrenzte Kategorie in Venedig, eine Minderheit, die zahlenmäßig nur knapp unter dem »Patriziat« rangierte. Die Gesundheitsbeamten befahlen jedoch den Priestern, unter dieser Rubrik auch »Advokaten, Ärzte, Notare und andere Angehörige freier Berufe aufzuführen, ebenso nichtadlige Priester, wenn sie Haushaltsvorstände sind«. Die Rubrik »Handwerker« war so etwas wie eine Rubrik für »Sonstige«, die so gedehnt wurde, daß sie Gondolieri, Schulmeister, Witwen usw. umfaßte.[14]

Dieses dreigestaffelte System sagt einiges darüber aus, wie die venezianische herrschende Klasse die natürliche Ordnung der Dinge sah. Daran ist nichts ungewöhnliches; seit den Tagen des antiken Rom haben Zensusklassen soziale Klassen widergespiegelt und bestätigt. Andere Erhebungen sagen uns mehr über die Anliegen der Organisatoren der Volkszählungen; dazu gehört ihr Interesse für die Fremden und die Arbeitslosen.

Forestieri (Ausländer oder Fremde) bezieht sich im allgemeinen auf jeden, der außerhalb der Grenzen des Staates geboren ist, der die Erhebung durchführt. Bereits der Florentiner Catasto von 1427 gibt ihre Zahl an. Im Florentiner Zensus von 1552 taucht zwar die Rubrik Fremde bei den Gesamtzahlen nicht auf, dafür erscheinen aber häufig die Herkunftsorte im Register. Am deutlichsten ist das bei den Prostituierten, die auf andere Weise kaum identifiziert werden konnten, weil sie von ihren Familien völlig getrennt waren: »La Francesca spagnola«, »La Margherita francese«, »Daria Bolognese meretrice«, »Dianora pisana meretrice« usw. Wir stoßen jedoch auch auf Männer, die zum Beispiel als »Giovanni di Brizio da Pisa« bezeichnet werden, oder als »Giorgino d'Arezzo pittore« (mit anderen Worten Vasari). Ähnlich wie Spitznamen, die im Zensus nicht ungewöhnlich sind, helfen die geographischen Zuordnungen bei der Identifizierung; es wäre nicht allzu schwierig gewesen, die Fremden aus dem Register herauszuziehen und man fragt sich, ob das die Absicht des Herzogs oder seiner Beamten war. Auch in Venedig finden wir einige Beschreibungen dieser Art wie »Zuane Greco [der] Seemann« oder – im berüchtigten Kirchspiel San Zuan Bragola – »Barbara Todescha«, »Stella Greca«, »Elena Turca« und »Nicoleta Schiaona« (die wahrscheinlich aus Dalmatien stammte). Es bleibt jedoch der Eindruck bestehen, daß der Florentiner Zensus sich mehr um die Zahl der Fremden kümmerte, während dem venezianischen stärker die Unterscheidung zwischen Adligen, Bürgern und dem Rest am Herzen lag.

Ein weiteres Anliegen der Organisatoren von Volkszählungen war die Arbeit – oder fehlende Arbeit. Es wird manchmal behauptet, der Begriff »Arbeitslosigkeit«, der uns heute nur allzu vertraut ist, wäre vor dem frühen neunzehnten Jahrhundert in Europa unbekannt gewesen. Das abstrakte Substantiv hat es vielleicht nicht gegeben, aber die Erhebungen der frühen Neuzeit gehören zu den Quellen, die belegen, daß eine Vorstellung davon sehr wohl existierte, wenn auch die zeitgenössischen Einstellungen gegenüber denen, die nicht arbeiten konnten oder wollten, sich von unseren heutigen stark unterschieden. In Italien und anderswo wurde Adel oft als nicht arbeiten müssen definiert. Machiavelli bezeichnete als »Edelleute« (*gentilhuomini*) ausschließlich jene, die »müßig lebten«. Nicht selten nannte man die Adligen *scioperati* (wörtlich: Arbeitslose), was nicht hieß, daß sie Arbeit suchten; sie waren Rentiers.[15]

Der Müßiggang gewöhnlicher Sterblicher, ob freiwillig oder unfreiwillig, war jedoch eine andere Sache. Für die Organisatoren von Volkszählungen bildete er – mit seinem Gegenteil, der Arbeit, welche die Leute verrichteten – einen wichtigen Gegenstand ihres Interesses. Die venezianischen Gesundheitskommissare beauftragten zum Beispiel die Pfarrpriester, welche die Informationen für den Zensus sammelten, die Beschäftigung *(esercizio)* aller Haushaltsvorstände aufzuschreiben, die weder Adlige noch Bürger waren. Damit wollte man vielleicht das Problem des »record linkage«, wie man heute sagen würde, lösen; im siebzehnten Jahrhundert hatten viele Venezianer keinen Nachnamen. so daß ihre Berufstätigkeit die Identifizierung erleichterte. Die Berufe sind auch in den Florentiner Volkszählungen des sechzehnten und siebzehnten Jahrhunderts festgehalten, wahrscheinlich aus dem gleichen Grund, genauso in Steuerlisten wie den venezianischen »decime« von 1581 und 1711.[16] Es gibt jedoch noch andere Belege für diese offizielle Beschäftigung mit der Arbeit. Während der Pest von 1630 wurde zum Beispiel in Florenz eine gründliche Erhebung der ausgeübten und potentiellen Berufe der Bewohner von Santa Croce, eines unter Quarantäne stehenden Viertels, durchgeführt. Die wirtschaftliche Rezession des siebzehnten Jahrhunderts war wahrscheinlich der Grund die umfangreichen Erfassungen von Werkstätten und Gewerbezweigen, die für einige Städte erhalten sind, so für Rom aus dem Jahre 1622 (Delumeau, 1957, S. 371f) und für Siena 1640.

Was die Organisatoren der Volkszählungen besonders und zunehmend beschäftigte, war das Problem der – wie sie es sahen – untätigen Armen. Sie nahmen natürlich keine Notiz von den vielen Armen, die von Stadt zu Stadt zogen und Arbeit und milde Gaben suchten. Ebensowenig erfaßten sie die persönlichen Details der Armen in den Armenhospitälern. Ihnen ging es um die Armen mit festem Wohnsitz in der Stadt. In Florenz und Venedig zeigen die Erhebungen, wie sich die Wahrnehmung dieser Armen in bezeichnender Weise veränderte.

Im Florentiner Zensus von 1552 sind die Armen fast völlig unsichtbar. Man findet nur vereinzelte Hinweise auf jemanden, der bettelt *(accatta)* oder verkrüppelt ist *(storpiato)*. Vom Zensus des Jahres 1562 erhält man ziemlich den gleichen Eindruck. Ich habe nur einen Hinweis auf einen Bettler gefunden, drei Haushaltsvorstände wurden als »blind«, drei als »arm« und zwei als »lahm« bezeichnet, wie »Bartolomeo povero zoppo« aus S. Maria Novella. Im Zensus von 1632 dagegen steigt die Zahl so charakterisierter Haushaltsvorstände dramatisch an, so daß man sich fragt, ob das Problem in diesen Rezessionsjahren besonders unter den Nägeln brannte oder ob die Pest von 1630 das offizielle Wahrnehmungsvermögen für die Armen geschärft hatte. Man sollte vielleicht hinzufügen, daß »blind« als Berufsbezeichnung zu interpretieren ist und sich ausschließlich auf jene bezog, die mit ihrem Gebrechen ihren wenn auch armseligen Lebensunterhalt bestritten, d. h. bettelten. Manchmal spezifiziert der Zensus, daß sie für andere bettelten, »für die Nonnen« oder »für die

Gefängnisse«; in einem Fall dem der blinden Witwe Dianora, erfahren wir hingegen, daß sie »bettelt und behält, was sie bekommt« *(accatta e non rende)*.

Ein ähnlicher Trend, der die Armen zunehmend in Erscheinung treten läßt,
kann in den venezianischen Erhebungen ab Mitte des siebzehnten Jahrhunderts
festgestellt werden (ein merkwürdiges zeitliches Nachhinken, wo doch die Pest
von 1630 Venedig genauso hart traf wie Florenz). Der Zensus von 1633
bezeichnet nur wenige Haushaltsvorstände als blind, verkrüppelt oder als
Bettler, abgesehen vom Gebiet um San Marco, wo die einträglichsten Plätze
zum Betteln lagen. Die Volkszählung von 1642 gibt 41 Haushalte von Bettlern
auf dem Dorsoduro an. Im Zensus von 1670, von dem nur die Antworten aus
zwei Stadtvierteln erhalten sind, werden zwölf Frauen in Cannaregio und 30
Haushaltsvorstände in Santa Croce als blind, Bettler oder beides bezeichnet. Im
achtzehnten Jahrhundert schließlich hat sich die Sprache der Klassifizierung
gewandelt, weil das offizielle Bewußtsein für das Problem der Armen sich
geschärft hat. Statt auf die quasi-Berufsbezeichnung »Bettler«, »blinde Frau«
o. ä. treffen wir jetzt auf eine besondere Rubrik Arbeitslose *(senza impiego* oder
senza mestiere), in die Haushaltsvorstände ohne Unterhaltsquelle eingetragen
werden müssen (Rentiers waren etwas anderes). Nicht weniger als 866 arbeitslose Familienvorstände erfaßte man 1768, eine Zahl, die Zeitgenossen für
unrealistisch niedrig hielten.[17]

Die Arbeitslosen, einst »Gottes Arme« und später »eine Last für die
Gesellschaft« (s. u., S. 75f), bilden eine Art soziologisches Lackmuspapier; sie
enthüllen die Beziehung zwischen der Wahrnehmung der sozialen Strukturen
und weitergefaßteren Kollektivvorstellungen. Während der frühen Neuzeit
gerieten sie immer stärker ins Blickfeld. Ein zweites Testergebnis liefern uns die
arbeitenden Frauen, auch sie eine untergeordnete, unterworfene Gruppe, die
zumindest offiziell durch die Brille der dominierenden männlichen Interessen
und Stereotype wahrgenommen worden ist (vgl. Ardener, 1975).

Während des siebzehnten Jahrhunderts lebten normalerweise ungefähr
60 000 Frauen in Venedig. Nur eine Minderheit waren Haushaltsvorstände,
und nur eine Minderheit dieser Minderheit wurden durch eine andere Berufstätigkeit als die der »Witwe« charakterisiert (so füllte der Gemeindepriester im
allgemeinen die Rubrik *esercizio* aus). Man könnte also sagen, daß die Frauenarbeit kaum sichtbar wurde, zumindest in den Augen der Männer, die natürlich
die Zensuslisten fabrizierten. Im siebzehnten Jahrhundert könnte sie jedoch
stärker ins Blickfeld geraten sein, denn es tauchte eine neue Art von Gedichten
auf, die das Werk von Gianbattista Marino und seinen Nachfolgern waren. Sie
beschreiben hübsche Mädchen bei der Arbeit; sie nähen, spinnen und sticken,
tauchen aber auch als Wäscherinnen, Geflügelhändlerinnen, Schneiderinnen,
Quacksalberinnen, Wahrsagerinnen und sogar als Buchbinder(innen) auf.[18]
Auf jeden Fall bleiben, wenn man weibliche Dienstboten *(massere)* und Nonnen ausklammert, über neunhundert Frauen übrig, die in den nur unvollständig
erhaltenen Akten der venezianischen Volkszählungen von 1633, 1642 und
1670 durch eine Berufstätigkeit identifiziert werden.

Besonders überraschend ist, daß sie mit nicht weniger als 112 berufsbe-
zeichnenden Adjektiven charakterisiert werden; wenn man Synonyme einkal-

kuliert, bleiben etwa hundert Beschäftigungskategorien übrig (ähnlich wie in Amsterdam im siebzehnten Jahrhundert; Tas, 1938), die sich in drei Gruppen einteilen lassen: ungefähr 100 Frauen arbeiten im Klein- und Einzelhandel, etwa 400 sind Handwerkerinnen, und über 400 bieten verschiedenste Dienstleistungen an.

Nach den Forschungen über andere Städte in der frühen Neuzeit, von Tas (1938) bis zu Wood (1981), war zu erwarten, daß Frauen im Einzelhandel eine bedeutende Stellung einnahmen. Die zahlreichste Gruppe waren die Frauen, die mit gebrauchten Kleidern handelten (*revedina*, *strazzaruola* oder *venderigole* lauten die verschiedenen Bezeichnungen für sie); das läßt sich auch mit den Protokollen der Krämerzunft belegen. Außerdem gab es Frauen, die mit Früchten, Käse, Kräutern, Mandeln, Blumen, Perlen, Wein, Wasser und Schnaps handelten.

Die Frauen im Handwerk waren, ebenfalls wie zu erwarten, im Textilsektor konzentriert. Die meisten waren Seiden- und Wollspinnerinnen; nicht selten gibt es jedoch Hinweise auf Putzmacherinnen, Posamentiererinnen (*passamanere*), Schneiderinnen, Hutmacherinnen, Bandwirkerinnen, Besatzwirkerinnen und natürlich die Segelmacherinnen, die für das venezianische Arsenal arbeiteten. Einige Frauen tauchten im Zensus als Bootsbauerin, Knopfmacherin, Tischlerin (*marangona*), Küferin, Glasmacherin, Spiegelmacherin, Schuhmacherin und Seifensiederin auf.

In all diesen Fällen mag der Zensus genügend objektiv erscheinen, aber wir könnten ernstlich in die Irre geführt werden, wenn wir uns der Vermittler nicht bewußt bleiben. Die Sozialhistoriker Venedigs haben allen Grund, den Gemeindepriestern dankbar zu sein, die von Haus zu Haus gingen und Daten sammelten, die heute noch genutzt werden können. Aber ihnen muß klar sein, daß die Aufzeichnungen dieser Geistlichen durch ihre Denkkategorien gefiltert worden sind. In einigen Gemeinden, besonders im Viertel von Sante Croce, scheinen diejenigen, die den Zensus von 1670 erhoben, besonders auf Frauenarbeit geachtet zu haben. Sie notierten die Berufe nicht nur – wie eigentlich gefordert – von weiblichen Haushaltsvorständen, sondern auch von den Ehefrauen und Töchtern. In anderen Gemeinden notierte der Priester hingegen nichts anderes als »Witwe«. Es ist kaum wahrscheinlich, daß in diesen Kirchspielen kein einziger weiblicher Haushaltsvorstand irgendeine Arbeit verrichtete. Der Priester muß also daran gescheitert sein, die Begriffe »Berufstätigkeit« und »Frau« miteinander zu verknüpfen. Aus diesem Grunde ist es nicht möglich, sinnvolle Vergleiche zwischen Gemeinden anzustellen oder die Gesamtzahl arbeitender Frauen, die in Venedig einen Haushalt führten, zu berechnen. Der Florentiner Zensus von 1632, auch er voll mit Details über Frauenarbeit (insgesamt über vierzig Berufe), zeigt ähnliche Unterschiede zwischen den Stadtvierteln; alle Schlüsse statistischer Natur, die auf dieser Quelle beruhen, sollte man deshalb mit Vorsicht genießen (vgl. Brown und Goodman, 1980).

Am deutlichsten ist die Gegenwart des Vermittlers jedoch bei der dritten Hauptgruppe, den Frauen, die Dienstleistungen anbieten. Zum Beispiel sind 32 Gastwirtinnen erfaßt, eine von ihnen ist auf Schauspieler spezialisiert *(Isabella che tiene comedianti);* aber diese Gruppe ist immer noch erstaunlich klein für eine Stadt wie Venedig, die von Besuchern überquoll. Das läßt den Verdacht aufkommen, daß die Geistlichen »Gastwirtin« nicht immer als Beruf angesehen haben. Nur achtzehn Frauen werden als Hebammen *(comare, allevatrice)* bezeichnet, was noch verdächtiger ist. Der Priester, der mit einem weißen Formular loszog, auf dem *artifici* stand, hat »Hebamme« vielleicht nicht für eine Qualifikation gehalten, besonders wenn die Hebamme zugleich eine Witwe war. Es tauchen auch keine heilkundigen oder weisen Frauen auf, es sei denn, wir zählen zwei Wahrsagerinnen dazu; und das, obwohl man in den Inquisitionsakten der Zeit Griechinnen entdecken kann, die im Castello-Viertel als heilkundige Frauen arbeiteten. Ihre Händel mit der Obrigkeit haben sie und andere vielleicht davon abgehalten, diese spezifische Tätigkeit bei der Erhebung anzugeben.[19]

Mit Händen zu greifen ist die Gegenwart des Vermittlers bei einer anderen Dienstleistung: der Prostitution. In den venezianischen Erhebungen können fast 200 Haushaltsvorstände mit einiger Sicherheit als Prostituierte identifiziert werden; der Priester bezeichnet sie allerdings nur selten ausdrücklich so. Das Tabu wird durch Auslassungen, Euphemismen, einen moralisierenden Kommentar von selbst sichtbar. Im Kirchspiel von San Zuan Bragola finden wir zum Beispiel außer den vier bereits erwähnten exotischen Figuren (S. 39) 38 alleinlebende Frauen, die nur mit ihrem Vornamen bezeichnet werden. In der Gemeinde San Marcilian stoßen wir 1642 auf weitere siebzehn. Aber hier hat jemand (der Geistliche oder der Kanzlist der Gesundheitskommission) ein großes M vor jeden Namen geschrieben und weiter unten erklärt, es stünde für *Meretrici Publici*, stadtbekannte Prostituierte also. Im gleichen Jahr wurden in San Paternian dreizehn Frauen hervorgehoben und in einer Randbemerkung als »Huren« bezeichnet (mit dem umgangssprachlichen Ausdruck *puttane*). Im Viertel San Marco erstellte man eine gesonderte Liste von 96 »alleinstehenden Frauen aus verschiedenen Ländern«, wie es ziemlich schüchtern und zimperlich heißt: *donne sole di diversi paesi*. In allen Fällen signalisiert die Sprache Entrüstung oder Verlegenheit.

In Florenz, wo die Schätzer wahrscheinlich Laien waren, behandelt man dagegen *meretrice* als Berufstätigkeit wie jede andere, die ganz normal, ohne weiteren Kommentar eingetragen wird; 106 Haushaltsvorstände 1562, 95 im Jahre 1632. Eine Ausnahme im Jahre 1632 ist von anderem Kaliber. Der Kanzlist muß eine ziemlich intime Kenntnis der via del Pino im Viertel von San Giovanni besessen haben, denn er registriert drei Bewohnerinnen folgendermaßen (die Großbuchstaben stammen von ihm): MARGHERITA PISANA PUTTANA SCORTESE (»ungehobelte Hure«), MARGHERA PUTTANA A FIORI L'ANNO 90 (»1590 in voller Blüte«) und schließlich, etwas mysteriös, LA BELLUCCIA PUTTANA RIFATTA LIQUIDA E STREGA (»wieder aufbereitet, aus dem Leim gehend und eine Hexe«). Vom Euphemismus sind wir bei der Verleumdung angelangt. So weit zur Objektivität eines Zensus von Frauen, durchgeführt und aufgezeichnet von Männern.

Dieser Schleier von Vorurteilen war jedoch nicht völlig undurchdringlich. Einige weibliche Berufstätigkeiten, die man nicht erwartet, kommen bei den Volkszählungen zum Vorschein. 1632 finden wir in Florenz eine Pfandleiherin.

In Venedig stoßen wir auf dreizehn Schulmeisterinnen und elf weibliche Barbiere. Wir wissen nicht, ob sie sich darauf spezialisiert hatten, Frauen die Haare zu schneiden, oder – da Barbiere zugleich als Wundärzte fungierten – mehr wegen medizinischer Hilfe gefragt waren. Zu den exotischeren weiblichen Berufen gehörten: *balottina* (sie zählte die Stimmen der Patrizier im Dogenpalast), Wahrsagerin, Zahnreißerin, Schornsteinfegerin, Stauerfrau *(formentina)*, Lastträgerin *(fachina)*, Musikantin *(sonadora)*, Bootsfrau *(barcaiola)* und, zu meiner größten Verblüffung, weiblicher Seemann *(marinera)*. Zehn weibliche Seeleute an der Spitze eines Haushalts gab es in der entsprechenden Gemeinde, San Piero in Castello: *Isabella marinera, Lucietta marinera* usw. Fuhren sie wirklich zur See?[20]

In diesem Zusammenhang ist jedoch wichtig, daß einige der Schätzer bereit waren, diese Qualifizierung zu akzeptieren. Vielleicht bestanden die Frauen darauf. Auf jeden Fall empfiehlt es sich, die Liste der Berufe im Zensus, so unpersönlich sie vielleicht aussieht, als Ergebnis eines Prozesses zu sehen, den man als »Aushandeln« bezeichnen könnte: zwischen den Beamten, die den Zensus und seine Kategorien ausgearbeitet haben, den Kanzlisten, die das Register führten, den Priestern und den anderen, die von Haus zu Haus gingen und die Fragen stellten, und den Haushaltsvorständen selbst. Diesen Begriff des »Aushandelns« werden wir weiter unten ausführlicher diskutieren (Kap. 5).

Der Zensus ist also ein Zeugnis für die frühmodernen Mentalitäten, mehr noch als für die sozialen Strukturen. Insbesondere die frühreifen und ausgeklügelten florentiner und venezianischen Volkszählungen deuten darauf hin, daß in diesen Städten schon früh eine »Rechen-Mentalität«, wie man sie nennen könnte, aufkam. Im fünfzehnten Jahrhundert hatte man in Florenz bereits ausgerechnet, daß die durchschnittliche Haushaltsgröße bei fünf lag. Peter Laslett brauchte vierhundert Jahre später nur noch die Dezimalstelle hinter dem Komma zu ergänzen.[21] Die gedruckten, in Spalten und Reihen eingeteilten venezianischen Formulare *(facciate)* aus dem siebzehnten Jahrhundert sind ein beeindruckendes Zeichen eines wohlgeordneten, bürokratischen Herangehens an die Zählung und Klassifizierung des Volkes. Im Laufe der Zeit wurden die Erhebungen ausgefeilter. Mehr Fragen wurden gestellt, die Tabellen differenzierter. Man begann, Vergleiche zu früheren Jahren einzubauen, wie wir sowohl in den römischen Volkszählungen sehen können wie in der monumentalen Erhebung über Venedig und sein Herrschaftsgebiet aus der Mitte des achtzehnten Jahrhunderts.

Die im Zensus festgehaltenen Zahlen, zumindest die wichtigsten, scheinen Allgemeinwissen geworden zu sein. Sansovinos Venedig-Führer aus dem sechzehnten Jahrhundert zitiert einige der Statistiken, ein Florentiner Patrizier im siebzehnten Jahrhundert hatte offenbar Zugang zu römischen Zensusdaten.[22] Daß diese Informationen verfügbar waren, hat die Menschen sicher dazu ermuntert, mehr in quantitativen Begriffen zu denken. Ganze Rubriken in den Formularen ausfüllen zu müssen, kam für die Gemeindepriester in Venedig einer Art Ausbildung in Statistik gleich. So hat der Zensus nicht nur die Kollektivvorstellungen oder frühmodernen Mentalitäten festgehalten, er hat auch etwas dazu beigetragen, sie zu verändern.

SEIT DEN PIONIERARBEITEN von Gabriel Le Bras (1955-56) haben sich Histo-
ker, die sich mit der Volksreligion beschäftigen, immer wieder als retrospektive
Soziologen betrachtet. Wenn sie könnten, würden sie gern Meinungsumfragen
unter den Toten durchführen, und natürlich haben sie sich begierig auf Quellen
gestürzt, die dokumentieren, daß Zeitgenossen – vor allem Inquisitoren (Dedieu, 1979) und Bischöfe – eine Art Interview durchführten, einen Fragebogen
handhabten und ein paar Zahlen sammelten.

Inzwischen hat sich – wie so oft, wenn die Vertreter einer Disziplin bei einer
anderen Anleihen machen – die Soziologie verändert. Die Soziologen der
Achtzigerjahre sind nicht mehr so von der Verläßlichkeit ihrer Methoden und
der Objektivität ihrer Ergebnisse überzeugt wie ihre Kollegen aus den Fünfzi-
gerjahren. Sie messen jetzt weniger und suchen stärker nach Sinn und Bedeutung. Ihnen ist klar geworden, daß die Art, wie eine Frage gestellt wird,
beträchtlichen Einfluß auf die Antwort hat, die man erhält (Payne, 1951). Wie
die Sozialanthropologen haben auch sie gemerkt, daß die Realität sozial
konstruiert ist, und daß im gesellschaftlichen Leben Stereotype und Etiketten
eine große Rolle spielen. Dieses Bewußtsein brauchen auch Sozialhistoriker.
Wenn sie sich mit der Volksreligion beschäftigen, täten sie gut daran, anzunehmen, daß Visitationsakten, Verhöre vor dem Inquisitor und andere kirchliche
Dokumente keine Thermometer, keine objektiven Messungen der religiösen
Inbrunst einer gegebenen Gemeinde sind. Den Inquisitoren, Missionaren und
Visitatoren der Diözesen, welche die Laien nach ihren Glaubensvorstellungen
befragten, hat man wahrscheinlich – wie seither den Soziologen und Ethnologen – die Antworten gegeben, die sie hören wollten, oder die, von denen man
glaubten, sie wollten sie so hören.

Diese Kontamination der kirchlichen Quellen über volkstümliche Glau-
bensvorstellungen ist bei den Inquisitionsprotokollen am offensichtlichsten;
hier bestimmte das Stereotyp des Ketzers sowohl die gestellten Fragen wie die
Interpretation der Antworten. Zeitgenössische Berichte aus dem siebzehnten
Jahrhundert über Missionen in zurückgebliebene Gegenden Europas sind
weniger deutlich kontaminiert, aber auch sie verraten Stereotype und leitende
Fragestellungen. In der Mitte des siebzehnten Jahrhunderts hielten einige
Jesuiten ihre erstaunte Reaktion auf die Glaubensvorstellungen einer Gruppe
von Hirten fest, der sie in der Nähe von Eboli begegneten (dort, wo der
norditalienische Schriftsteller Carlo Levi 300 Jahre später ein ganz ähnliches
Erstaunen verzeichnen sollte). »Gefragt, wie viele Götter es gäbe, antwortete
einer ›hundert‹, ein anderer ›tausend‹, ein dritter eine noch höhere Zahl«.[1]
Vielleicht waren Jesuiten-Missionare verpflichtet, genau diese Frage zu stellen,
denn einige Jahre später stellte ein anderer Jesuit, Julien Maunoir, fest, daß die
Bewohner der Insel Ushant vor der bretonischen Küste »nicht in der Lage

waren, die Frage zu beantworten, wie viele Götter es gibt«.[2] Vielleicht wußten die Leute von Eboli und Ushant wirklich so wenig über die Grundsätze des christlichen Glaubens, wie die Jesuiten meinten. Falls sie aber mehr darüber gewußt hätten, wären sie über die Frage genauso überrascht gewesen wie die Missionare über ihre Antwort – sie hätten in diesem Fall gar nicht gewußt, wie sie antworten sollten. Natürlich sollte man das Erstaunen der Missionare nicht zu ernst nehmen, es ist ein rhetorisches Erstaunen zur Erbauung des Lesers. Missionare, die in die zurückgebliebenen Gegenden Europas gingen, rechneten mit solchen Schwierigkeiten. Süditalien und Südspanien als Europas »Indien«, von »Heiden« bevölkert dazurstellen, war ein Gemeinplatz der Zeit (Prosperi, 1982). Die Erwartungen der Missionare, ihre Stereotype von den hinterwäldlerischen, dunklen Ecken auf dem Lande bestimmten ihre Fragen, die Interpretation der Antworten – oder des Schweigens.

Auch bei den bischöflichen Visitationen lohnt es sich, die Kategorien und Stereotypen aus der Nähe zu betrachten, besonders das Kleriker-Stereotyp der »Laienschaft« und das gelehrte Stereotyp »des Volkes«. Man muß fragen, wonach die »Visitatoren« Ausschau hielten, was sie zu finden meinten, wie ihre Absichten und Erwartungen sich historisch veränderten. Das hat Le Bras nicht getan, vielleicht, weil er ein katholischer Priester war, der sich mit dem Klerus, identifizierte und dessen Auffassung teilte, daß die Teilnahme an der Messe und die Erfüllung der »Osterpflichten«, der Beichte und der Kommunion, verläßliche Indikatoren für religiöse Inbrunst seien.

In jüngerer Zeit hat Dominique Julia (1973) dagegen die Aufmerksamkeit auf die Visitatoren selbst gelenkt und dafür plädiert, die Geschichte ihrer Fragen zu erforschen. Das ist eine lange Geschichte, denn bereits im zehnten Jahrhundert stellte Regino von Prüm einen 96 Punkte umfassenden Fragebogen auf.[3] In den folgenden Jahrhunderten änderten sich die Fragen nur langsam, so daß jede Generation von Visitatoren darin bestärkt wurde, die Diözese mit den Augen ihrer Vorgänger zu sehen. Gleichwohl gab es Veränderungen. Ihre Geschichte muß man schreiben, um die Visitationsakten interpretieren zu können. Das wäre ein eigenständiges Thema, ein Strang in der Geschichte der »Sozialerhebungen«, wie wir heute sagen, der Geschichte der Neugier, des Interesses für kollektive Glaubensvorstellungen und kollektives Verhalten.

Dieses Kapitel bietet einige Anmerkungen zu dieser Geschichte, einige Gedanken über Visitationen in Italien in der frühen Neuzeit – genauer, zwischen 1437 und 1865 –, wobei der Schwerpunkt darauf liegt, das Bild des Klerus von der Volksreligion zu untersuchen. Die vierzehn hier diskutierten Visitationen sind ganz einfach jene, die zufällig ganz oder teilweise gedruckt vorliegen. Sie sind nur die Spitze eines kirchlichen Eisbergs, aber in chronologischer Folge untersucht, reichen sie aus, um zumindest bestimmte langfristige Trends zutage treten zu lassen und so Anregungen zu geben, in welche Richtung sich die zukünftige Forschungsarbeit bewegen müßte.[4]

Vor dem Konzil von Trient (1545-63) scheinen sich die Visitatoren nur wenig für den Volksglauben interessiert zu haben. Sie beschäftigten sich mehr mit dem Zustand der Gebäude als mit dem der Menschen, schenkten dem Hirten mehr Aufmerksamkeit als seiner Herde. Während der Visitation der

Das Konzil von Trient

Diözese von Treviso durch Ludovico Barbo im Jahre 1437 wurden – den Antworten zufolge – die Laien lediglich gefragt, ob sie zur Kirche gingen und ihren Osterpflichten nachkamen. Ein einfaches Ja, ohne Zahlenangaben, scheint als Antwort ausgereicht zu haben (Pesce, 1969, S. 30). 1463 in Pisa wurden die Pfarrpriester auch nach der Zahl der Laien gefragt. Eine typische Antwort lautet: »er sagt, er habe 200 Seelen und alle sind in dem Alter, daß sie zur Beichte und Kommunion gehen können« (Caturgeli, 1950, S. 118). Während der Visitation von Kardinal Ercole Gonzaga in Mantua in den 1540er Jahren wurden die Priester aufgefordert, die Namen derer anzugeben, die nicht am Abendmahl teilnahmen, unter Angabe der Gründe für diese Verletzung der christlichen Pflichten; sie sollten ebenfalls die Sexualmoral ihrer Gemeindemitglieder beurteilen (Ehebruch, Konkubinat, Heirat innerhalb der verbotenen Verwandtschaftsgrade usw.). Fragen nach den Glaubensvorstellungen der Laien wurden nicht gestellt.[5] Gian Matteo Giberti von Verona wird oft und mit Recht als ein Modellbischof bezeichnet, er sorgte sich intensiv um Häresie, Gotteslästerung und magische Praktiken in seiner Diözese. Die zwanzig Abschnitte seines Visitationsfragebogen erwähnen die Laien jedoch nur unter den drei Überschriften: »Über jene, die sich Konkubinen halten und andere, die ein skandalöses Leben führen«; »über Händel und Streitigkeiten«; »über jene, die während der Messe vor der Kirche bleiben« (Prosperi, 1969, S. 206, 267).

Das Konzil von Trient zeigte ein beträchtliches Interesse für Visitationen (wie oft und von wem sie durchgeführt werden sollten). So überrascht es kaum, daß der Bischof von Brescia, der venezianische Patrizier Domenico Bollani, 1566 in der Diözese einen Fragebogen benutzte, der – nach den Antworten zu urteilen – detaillierter auf die Laien einging als alle anderen, die wir bisher gesehen haben. Die Pfarrpriester mußten einen ganzen Fragenkatalog zur Moral ihrer Gemeindemitglieder beantworten, wie die folgende Antwort zeigt: »er sagt, er habe 3000 Seelen oder etwas mehr, von denen 1800 berechtigt sind, die Kommunion zu nehmen; es gibt niemanden, der im Konkubinat lebt, niemanden, der nicht zur Beichte geht, und auch keine bekannten Glücksspielern«. Zum ersten Mal in dieser Serie von Texten muß es auch eine Frage nach den Glaubensvorstellungen der Laien gegeben haben, die von der Furcht vor einer möglichen Verbreitung von Ketzerei zeugt, denn es gibt Antworten wie »in dieser Gemeinde gibt es niemanden, der den Glauben und die Dogmen der Kirche kritisiert«. Nach meinem Eindruck handelt es sich jedoch nicht um eine Untersuchung, die wirklich etwas in Erfahrung bringen wollte. Die Zahlen der Teilnehmer am Abendmahl sind verdächtig rund, mehr als ein Priester bekennt ganz einfach, »die Gesamtzahl nicht zu wissen«; obwohl häufig auf die im Konkubinat lebenden hingewiesen wird, gibt andererseits keiner zu, von Ketzern zu wissen.[6] Erzbischof Altovitis Visitation der Diözese von Florenz zwei Jahre später, 1568, enthielt auch eine Frage nach dem Glauben und der Moral der Laien, wie man an der folgenden Antwort sehen kann: »Alle führen ein christliches Leben, keiner ist exkommuniziert, ein bekannter Krimineller oder der Ketzerei verdächtigt«.[7]

Während des Pontifikats von Gregor XIII. wurden eine Reihe sogenannter »apostolischer« Visitationen durchgeführt, d. h. von nicht zur Diözese gehö-

DANIELE CRISPI
S. Carlo Borromeo; 1628

renden Visitatoren. Ein bekanntes Beispiel ist die Visitation Bergamos durch Carlo Borromeo im Jahre 1575. Der gedruckte Visitationsbericht vermittelt gewiß den Eindruck großer Gründlichkeit. Den Laien wurde jedoch weniger Aufmerksamkeit gewidmet als bei Bollani oder Altoviti. Eine typische Antwort lautet etwa: »500 zur Kommunion berechtigte Seelen ... zwei leben mit Konkubinen (siehe die Prozeßakten)«.[8]

In den 1580er Jahren geben drei Traktate über Visitationen der Untersuchung der Glaubensvorstellungen der Laien beachtlichen Raum. Fuschus widmet dem Thema 54 Abschnitte. Timotheus zählt 31 die Laien betreffende Artikel auf, während Ninguarda 45 Punkt auflistet, darunter Ketzerei, ehrfürchtiges Verhalten in der Kirche und das Tanzen bei Festen.[9] Der Dominikaner Ninguarda war Bischof von Como und visitierte seine Diözese zwischen 1589 und 1593. Bei seiner eigenen Visitation benutzte er jedoch einen weitaus begrenzteren Fragenkatalog, und was die Laien anging, so fragte er lediglich nach ihrer Aufmerksamkeit beim Abendmahl und ob daran »schädliche« Leute teilnehmen, wozu er Ketzer, Gotteslästerer, Wucherer und Leute zählte, die Konkubinen hielten. Mit anderen Worten, er ging nicht über Bollani hinaus.[10]

Ob das in der ersten Hälfte des siebzehnten Jahrhunderts überhaupt jemand tat, ist schwer zu sagen, weil bisher keine Visitationen aus diesem Zeitraum gedruckt vorliegen. In der zweiten Hälfte des siebzehnten Jahrhunderts findet man jedoch einen Fragenkatalog, der an detaillierten die Laien betreffenden Fragen Bollani und Ninguarda weit übertrifft. Er war das Werk von Vincenzo

Maria Orsini, Kardinal und Erzbischof von Siponto von 1675 bis 1680, der spätere Papst Benedikt XIII. Orsini fordert in seinen Instruktionen für die Visitatoren nicht nur statistische Angaben über die Familien, Zahl der Seelen und Teilnehmer am Abendmahl, sondern auch über die Zahl der Schulmeister, Doktoren, Wundärzte, Hebammen, Notare, Buchhändler, Gastwirte und Artisten. Er wollte so genau wie möglich den Bildungsgrad der Laien, die Bücher, die sie lasen, die Bilder, die sie anschauten, überprüfen und sehen, ob sie auf anständige, christliche Weise auf die Welt kamen und sie auch wieder so verließen. Seine Fragen zur Moral der Gläubigen beziehen sich auf Ehebrecher, Wucherer und Glücksspieler. Auch ihre Glaubensvorstellungen wurden erforscht; die Visitatoren sollten fragen, »ob es jemanden gibt, der als Ketzer verdächtigt wird, oder jemanden, der verbotene Bücher besitzt oder liest; ob es Gotteslästerer oder Hexen *(malefici)* gibt«.[11] Giuseppe Crispino, ein Bewunderer Orsinis, Bischof vom Amelia von 1690 bis 1721, schürfte bei seinen Untersuchungen noch tiefer im Leben der Gläubigen, insbesondere interessierte er sich für volkstümliche Bräuche. Seine 51 Fragen zu diesem Bereich beschäftigen sich nicht nur mit Häresie und Hexerei, sie wollen auch herausfinden, ob Witwen, »um ihre Trauer zu zeigen« der Messe fernbleiben, und wie lange, ob junge Mädchen, die verlobt sind, das gleiche tun, »um Sittsamkeit zu zeigen«. Gefragt wird, »welche Mißbräuche es gibt«, wenn Frauen den Tod eines Verwandten betrauern (er bezieht sich auf die Klagerituale, die man bis heute in Süditalien antreffen kann).[12] In dieser Traditionslinie können wir auch Giovanni Angelo Anzani stellen, der von 1736 bis 1770 Bischof von Campagna und Satriano war und regelmäßige Untersuchungen insbesondere über Magie und Hexerei durchführte.[13]

Im neunzehnten Jahrhundert ändert sich das Bild erneut. Die kürzlich veröffentlichten Protokolle von vier Visitationen im Veneto zwischen 1803 und 1865 zeigen ein deutlich zunehmendes Interesse für die Glaubensvorstellungen einfacher Leute und für den Prozeß sozialen Wandels.

Bei Ludovico Flanginis Visitation von Venedig im Jahre 1803 wurden zu den Laien nur zwei formale Fragen gestellt (ihre Zahl und wie sie unterrichtet wurden), aber sie wurden ergänzt durch eine offene Rubrik »Beobachtungen über das Volk«. Die Standardantwort lautete »es gibt keine bekannten Sünder« oder »keiner hat es versäumt, zu beichten«. Aber wie bei den venezianischen Erhebungen des siebzehnten Jahrhunderts (s. o., S. 42ff) zeigen die Protokolle auf der Gemeindeebene ganz unterschiedliche Interessen, Aufmerksamkeit und Besorgnisse. Einige Priester ergriffen die Gelegenheit beim Schopf, von der Tradition beträchtlich abweichende Stellungnahmen abzugeben. Manche gaben ihren Antworten eine soziale Färbung, indem sie sagten, daß die Soldaten oder die »Leute von niederem Stand« *(gente bassa)* nicht zur Beichte gingen o. ä. Oder sie betonten die zeitliche Dimension und sagten: »In diesen Zeiten hören die Leute nicht auf uns«, »wir leben in schlechten Zeiten«, »wir leben in schwierigen Zeiten«. Wenigstens hier können wir die Stimme des Gemeindepriesters vernehmen.[14]

Als Giovanni Ladislao Pyrker 1821 die gleiche Diözese visitierte, interessierte er sich mehr als sein Vorgänger für die Gläubigen. Die Pfarrpriester wurde nach Leuten gefragt, die Gott lästerten, mit Konkubinen zusammenlebten oder nicht zur Beichte gingen, die Laien hingegen, ob sie jemanden kannten, der sich gegen den katholischen Glauben äußerte. Die Antworten bezeugen ebenfalls ein schärferes Gespür für die sozialen Probleme als früher. Die Priester achten häufig darauf, die soziale Zusammensetzung der Gemeinde zu beschreiben: »hauptsächlich arme Leute«, »in der Mehrheit Kaufmannsfamilien« usw. Manche benutzen den Begriff der Klasse. Das Kirchspiel S. Maria Formosa wird als »aus allen Klassen zusammengesetzt« bezeichnet, S. Stefano hingegen ist eine Gemeinde »der oberen Klassen« *(le classi più distinte)*. Was S. Giovanni in Bragora betrifft, von der wir bereits gehört haben (S. 39), so gilt sie als »eine Lasterhöhle ... jeder weiß, was mit der Bragora los ist« [it. *brago* = Morast, A. d. Ü.]. Außer solchen Beiträgen zur Sozialtopographie Venedigs lieferten die Priester auch Beobachtungen über einzelne soziale Gruppen. Gotteslästerung wird zum Beispiel mit den »Plebejern« assoziiert, insbesondere den Bootsleuten, als Ergebnis ihrer »mangelhaften Bildung«. In der Rubrik »Sonstiges« prangert schließlich der Rektor von S. Marcuola, der ein Viertel seiner Gemeindemitglieder zu den Armen zählt, die mangelnde Sorge um die an, die man so lange in Glaubensfragen unwissend gelassen und als »den Abschaum der Gemeinde« statt als »einen bedeutenden Teil der Herde der Kirche« behandelt habe.[15] Dabei ist klar, daß die Veränderungen in den Visitationsakten ebenso auf die gewandelte Einstellung von Pfarrpriestern wie von Bischöfen zurückgehen.

Giuseppe Grassers Visitation von Treviso in den Jahren 1826-7 ist weniger informativ, vielleicht, weil die Stadt relativ klein war. Klassenbegriffe fehlen, das Bewußtsein für soziale Fragen ist weitaus niedriger als in Venedig.[16] In Padua dagegen, das zwischen 1859 und 1865 von Federico Manfredini visitiert wurde, weichen Fragen und Antworten in bezeichnender Weise von der Tradition ab. Die Priester wurden nach der jeweiligen Zahl von Männern und Frauen in der Gemeinde und nach den Teilnehmern an der Kommunion gefragt. Man erwartete schriftliche Antworten von ihnen; ihre Beobachtungen über die Moral ihrer Gemeindemitglieder wurden als »geheim« klassifiziert und getrennt abgeheftet. bei den Antworten ist am bemerkenswertesten, daß einige Priester versuchen, die Situation in ihrer Gemeinde« nicht nur zu beschreiben, sondern auch zu erklären. Da in manchen Gemeinden eine beachtliche Minderheit ihren Osterpflichten nicht nachkam, waren solche Erklärungsversuche auch gewiß nötig, ob in traditionellen Begriffen wie »Faulheit und Herzenskälte« oder neuartigen wie »das soziale Chaos, das 1848 begonnen hat und schlimmer und schlimmer wird«. Ein Priester unterscheidet die offizielle von der Volksreligion, um die letztere anzuprangern: »An die Stelle der bewährten und gefestigten christlichen Werke setzt die Plebs religiöse Praktiken, die allein ihren eigenen Launen entspringen«.[17]

Um das bisher gesagte zusammenzufassen: die Visitationsakten zeigen, daß der Klerus sich zunehmend um die religiösen Praktiken und Vorstellungen der Laien kümmerte, insbesondere um populäre Einstellungen. Genauer, es gab drei Wendepunkte in der Einstellung des Klerus zu den Laien: das späte sechzehnte Jahrhundert, die zweite Hälfte des siebzehnten und das frühe neunzehnte Jahrhundert. Um diese Veränderungen zu erklären, ist es sinnvoll, sie in den lokalen und in einen vergleichenden Zusammenhang zu stellen.

In den Jahren nach dem Konzil von Trient lag der Grund für das zunehmende Interesse der Visitatoren für die Laien auf der Hand: Es war die Furcht vor Häresien. Wenn diese Erklärung stimmt, müßte das Interesse an den Glaubensvorstellungen der Laien in jenen Diözesen weitaus größer gewesen sein, die engere Berührung mit Protestanten hatten als Florenz oder Verona. Das war auch tatsächlich der Fall. Johann Hoya zum Beispiel visitierte die Diözese Münster in den Jahren 1571-73. Er verteilte einen 84 Punkte umfassenden Fragenkatalog zu den Glaubensauffassungen, darunter die Frage, ob Gemeindemitglieder eine unfromme, ehrfurchtslose oder gar »unflätige« Haltung zur Messe einnähmen. Eine ungewöhnliche Frage, aber es handelte sich auch um eine ungewöhnliche Diözese. Keine vierzig Jahre vorher hatten die Wiedertäufer in Münster für kurze Zeit die Macht übernommen und tatsächlich wurde auch gefragt, ob es in der Gemeinde Wiedertäufer gäbe.[18]

Im siebzehnten und achtzehnten Jahrhundert scheint die Präsenz von Häretikern in einer Diözese den Bischof darin bestärkt zu haben, sorgfältiger als anderswo die Gläubigen zu beobachten und zu befragen. Man denke zum Beispiel an die Diözese von La Rochelle mit ihrer hugenottischen Minderheit oder – um ein anglikanisches Beispiel zu nehmen – an den Bischof von Oxford im achtzehnten Jahrhundert, der seinen Klerus fragt: »Gibt es Papisten in Eurer Gemeinde? ... Gibt es in Eurer Gemeinde Presbyterianer, Freikirchler oder Anabaptisten? Gibt es Quäker in Eurer Gemeinde?«

Vom Ende des siebzehnten Jahrhunderts an spiegeln die Visitationsakten nicht nur die Sorge um mögliche Häresien wider, sondern auch ein wachsendes Interesse für volkstümliche Bräuche, das auch in anderen Quellen dieser Zeit wie etwa Reiseberichten sichtbar wird (s. o., S. 22ff). Man könnte es als »ethnographisches« Interesse bezeichnen, nicht um die Bischöfe modern erscheinen zu lassen, sondern um einen Strang des kulturellen Erbes der Ethnographie zu benennen. Auch muß man darauf hinweisen, daß einige der Missionare in Italien im siebzehnten Jahrhundert in anderen Kontinenten persönliche Erfahrungen gesammelt hatten, etwa der Jesuit Francesco Bressani (der unter den Irokesen gearbeitet hatte) und der Kapuziner Giovanni Francesco Romano (der im Kongo missioniert hatte). Deutlicher noch ist diese Beschäftigung mit Bräuchen in Frankreich erkennbar. 1687 erstellte zum Beispiel in der Normandie der Bischof einen besonders detaillierten, 140 Punkte umfassenden Fragenkatalog – in dieser Hinsicht ein echtes Mitglied der Familie Colbert –, zu dem Fragen nach Charivaris und Volksfesten gehörten: »Geschehen zu Weihnachten, am Abend vor Allerheiligen oder bei anderen Gelegenheiten ungehörige Dinge? ... Werden Wiederverheiratungen durch Tumulte, Lärm und lächerliche Zusammenrottungen entehrt?« (Join-Lambert, 1953). Aus dem Tonfall der Fragen wird deutlich, daß dieses Interesse, Informationen über nichtoffizielle religiöse Praktiken zu sammeln, in Frankreich und Italien Teil einer Bewegung war, sie zu entwurzeln und auszurotten, die ich an anderer Stelle als »Reform der Volkskultur« (Burke, 1978, Kap. 8; dt. 1981) bezeichnet habe. Diese Bewegung war im siebzehnten und achtzehnten Jahrhundert nichts neues, aber sie scheint im katholischen Europa in dieser Zeit intensiver geworden zu sein. In Italien ist Ludovico Muratori ein gutes Beispiel für einen Priester, der wissenschaftliches Interesse für überkommene Bräuche mit dem Wunsch verband, Andacht und Frömmigkeit von »Aberglauben« zu reinigen. Sein Einfluß auf einen der bereits erwähnten Bischöfe, Giovanni Angelo Anzani, ist bekannt (Bertelli, 1960; De Rosa, 1971, S. 71 f).

Das zunehmende Gespür des Klerus im neunzehnten Jahrhundert für unterschiedliche religiöse Praktiken und das wachsende Interesse, diese Unterschiede zu erklären, verdankt sich in großen Teilen den weltlichen Sozialerhebungen, die sich in dieser Zeit vervielfachten. Nach Soziologie riecht die Visitation von Monsignor Dupanloup in seiner Diözese von Orléans im Jahre 1850. Er widmet 40 von 58 Fragen den Gläubigen – ein nie dagewesener Anteil – und fragt nach der Berufstätigkeit der Gemeindemitglieder ebenso wie nach ihren »abergläubischen Vorstellungen«, auch nach der sozialen Umgebung der Gemeinde, dem Zustand der Straßen, Fabriken usw. (Marcilhacy, 1962, Kap. 1; Marcilhacy, 1964, S. 38-41). Es wäre schön zu wissen, ob italienische Bischöfe im neunzehnten Jahrhundert wie Pyrker oder Manfredini sein soziologisches Interesse teilten.

Wie bei den Zählungen der Seelen (s. o., S. 37) sehen wir auch hier, daß sich die Kirche Methoden der zu weltlichen Zwecken durchgeführten Sozialerhebungen zu eigen macht. Aber dieser Austausch ging in beide Richtungen. Die Sorge, diejenigen herauszufinden, die ihren Osterpflichten nicht nachkamen, machte den Klerus zum Pionier in der Anwendung quantitativer Methoden, etwa mit der Ausgabe von Karten (»schedae« oder »cedole«), die bei der Beichte und Kommunion abgegeben werden mußten. Weltliche Untersuchungen über Volksbräuche an der Wende vom achtzehnten zum neunzehnten Jahrhundert übernahmen von den bischöflichen Visitationen die Form des Fragebogens und sogar einige der Fragen.[20] Kurz, in jeder Geschichte der Sozialwissenschaften haben die Bischöfe einen Platz verdient.

Wie wird man ein Heiliger der Gegenreformation?

HEILIGE VERDIENEN NICHT nur deshalb die Aufmerksamkeit von Kulturhistorikern, weil sie als Individuen interessant sind, sondern auch, weil sie wie andere Helden die Werte der Kultur widerspiegeln, die sie in einem heroischen Licht sieht. Die westliche Kultur hat sich im Laufe der Jahrhunderte verändert und mit ihr auch die als Heilige verehrten: Märtyrer, Asketen, Bischöfe usw. Noch komplizierter wird die Geschichte aber dadurch, daß sich auf lange Sicht auch die Wege zur Heiligkeit veränderten. Heilige gingen immer aus einer Interaktion hervor: zwischen Klerus und Laien, Zentrum und Peripherie, Kultur der Gebildeten und Volkskultur, aber zu bestimmten Zeiten, und dazu gehört die Gegenreformation, verschob sich das Kräfteverhältnis zugunsten des Zentrums.

In der alten Kirche war Heiligkeit wie heute noch im Islam im wesentlichen ein nichtoffizielles Phänomen (Gellner, 1969; Gaborieau, 1978). Menschen wurden nach ihrem Tod Gegenstand eines Kults, und manche dieser Kulte verbreiteten sich über ihren Ursprungsort hinaus. Schrittweise jedoch wurde der Prozeß, in dessen Verlauf ein Heiliger entstand, formalisiert und zentralisiert. Gegen Ende des vierten Jahrhunderts zogen die Bischöfe ihn an sich (Brown 1981). Am Ende des elften Jahrhunderts betonte Papst Urban II., daß es für die Tugenden und Wunder der Kandidaten für den Heiligenstatus Zeugen geben müsse. Im dreizehnten Jahrhundert formalisierte Gregor IX. die Verfahrensregeln der Kanonisierung weiter. Der gleiche Gregor IX. führte auch das Inquisitionstribunal ein – und das war kein Zufall. Wie einem guten Juristen ging es Gregor darum, Heilige und Ketzer, die beiden entgegengesetzten Enden der christlichen Skala, genau zu definieren. In beiden Fällen benutzte er ähnliche juristische Methoden: Gerichtsverfahren. Der Prozeß der Heiligsprechung erforderte Zeugen, Richter und den bekannten Advocatus diaboli, das Gegenstück zum Vertreter der Anklage (Toynbee, 1929; Kemp, 1948; Vauchez, 1981). Ein britischer Besucher Roms gegen Ende des achtzehnten Jahrhunderts hat uns einen lebendigen Bericht über das Plädoyer des Advocatus diaboli im Prozeß der Seligsprechung von Bonaventura von Neapel vor einer großen Zuhörerschaft im Petersdom hinterlassen.[1]

Seite an Seite mit diesen von der zentralen religiösen Autorität, in Rom formell kanonisierten überlebten auch solche Heilige, die ihren Status auf informellem Wege erlangt hatten, deren Kult nur lokalen Charakter und nicht allgemeine Verbreitung genoß, der zwar erlaubt, aber nicht verpflichtend war. Wir haben ein zweigleisiges System vor uns, analog der dualen Struktur von lokalen Märkten und internationalem Handel, und man hat argumentiert, daß die mittelalterlichen Heiligenlegenden den Konflikt und die Versöhnung zwischen zentralen und lokalen Kräften darstellen (Klaniczay, 1983).

Heilige Menschen gibt es nicht nur im Christentum. Ausschließlich christlich scheint jedoch die Auffassung zu sein, daß Heilige nicht nur äußerst tugendhafte Menschen sind, sondern auch wirksame Fürsprecher für die Lebenden bei Gott. Mit anderen Worten, sie sind tot nützlicher und mächtiger als lebendig. Diese Auffassung geriet natürlich in der Reformation unter heftigen Beschuß. Erasmus zum Beispiel wies darauf hin, daß die Heiligenverehrung »nicht weit entfernt vom Aberglauben derer« sei, die Herkules und Neptun Opfer brachten.[2] Bestimmte Heilige wurden von den Humanisten und Reformatoren mit den Helden der klassischen Mythen identifiziert, der hl. Georg zum Beispiel mit Perseus, der auch ein Ungeheuer besiegt hatte.

Diese Kritiken beunruhigten die kirchlichen Autoritäten, wie man an der Diskussion über das Problem der Heiligen auf einer der letzten Sitzungen des Trienter Konzils sehen kann. Die in Trient versammelten Kirchenväter räumten ein, daß es Mißbräuche gegeben hatte. Das Dekret jedoch, das bei ihren Verhandlungen herauskam, bekräftigte ganz einfach die Verehrung der Heiligenbilder und Reliquien; die Wallfahrt zu ihren Schreinen sei wünschenswert. Der hl. Georg überlebte die Kritiken und wurde bis zum heutigen Tag nicht aus dem Kalender entfernt. Es gab zwar Änderungen, aber nur in Grenzen. Eine betraf die Vergangenheit, die andere die Zukunft.

Erstens wurde der Versuch unternommen, die anerkannten Heiligenleben zu korrigieren und zu verbessern, sie nach den von den Humanisten erarbeiteten Kriterien historischer Kritik zu überprüfen und verläßlicher zu machen. Der

Ansicht von Rom (anonymer Stich, 18. Jh.)

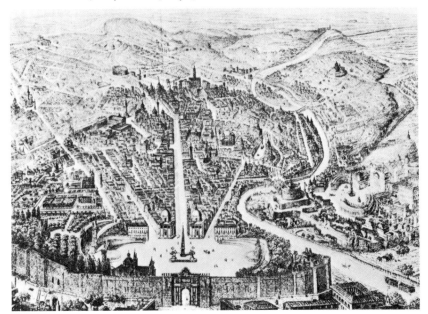

systematischste und am sorgfältigsten ausgeführte Versuch der Kritik und Korrektur kam von den *Bollandisten* im siebzehnten Jahrhundert. Aber Erasmus selbst hatte dazu bereits mit seiner Biographie des Hieronymus den Weg gezeigt.[3]

Zweitens wurde das Verfahren für die Zulassung neuer Heiliger verschärft. Die letzten Kanonisierungen nach dem alten Verfahren waren die des hl. Bruno (1514), des hl. Franz von Paula (1519), des hl. Benno und des hl. Antonius von Florenz (beide 1523). Danach klafft eine Lücke von fünfundsechzig Jahren, in denen niemand heiliggesprochen wurde. Dieser Hiatus läßt sich durchaus mit einer Schwächung des Papsttums erklären, und man kann von einer »Krise der Kanonisierung« sprechen, in einer Zeit, in der die Idee des Heiligen selbst im Kreuzfeuer der Kritik stand. Im lutheranischen Sachsen wurde zum Beispiel die Kanonisierung des hl. Benno, im elften Jahrhundert Bischof von Meißen, mit einer Spott-Prozession begangen, bei der Pferdeknochen die Reliquien darstellten. Andererseits entwickelten die Protestanten Kulte ihrer eigenen heiligen Menschen, vor allem der Märtyrer, Opfer katholischer Verfolgung. Die katholischen Autoritäten gerieten so in ein Dilemma. Hörten sie auf, neue Heilige zu schaffen, so überließen sie den Protestanten die Initiative bei der Propagierung des Glaubens, mit der Heiligsprechung aber zog man Hohn und Spott auf sich. Die katholische Kirche probierte erst die eine, dann die andere Lösung ihres Problems aus. Erst 1588, fünfundzwanzig Jahre nach Abschluß des Konzils von Trient, begann man wieder, Heilige zu schaffen. Den Anfang machte der hl. Didacus [Jakob], auch als Diego de Alcalá bekannt. Im sechzehnten Jahrhundert blieb nur noch Zeit für eine weitere Heiligsprechung (des hl. Hyacinthus), aber im siebzehnten gab es vierundzwanzig und im achtzehnten neunundzwanzig Kanonisierungen.[4]

Dieses Wiederaufleben der Heiligsprechung wurde begleitet von einer zunehmenden zentralen Kontrolle über das Heilige bzw. das Recht, zu bestimmen, was heilig ist. 1588 ist nicht nur das Jahr der Erhebung des hl. Didacus, in diesem Jahr wurde auch die Kongregation für die heiligen Riten und Zeremonien eingerichtet, ein ständiges Komitee von Kardinälen, das auch für Kanonisierungen zuständig war. Ein Traktat aus dem Jahre 1610 bekräftigt, daß »die Macht, Heilige zu kanonisieren, allein dem römischen Pontifex zukommt«.[5] Papst Urban VIII. sorgte 1625 und 1634 dafür, daß die Verfahren noch strenger und förmlicher wurden. Die Unterscheidung zwischen vollwertigen Heiligen und denen zweiter Klasse, den *beati* (Seligen), wurde mit der Einführung der formellen Seligsprechung verschärft. Man schuf eine Fünfzig-Jahre-Regel: mit anderen Worten, ein Prozeß der Kanonisierung durfte erst fünfzig Jahre nach dem Tod des Kandidaten angestrengt werden. Das war ein bemerkenswerter Bruch mit der Tradition. Carlo Borromeo und Filippo Neri waren zum Beispiel sechsundzwanzig bzw. siebenundzwanzig Jahre nach ihrem Tod heiliggesprochen worden. Der Einführung der Fünfzig-Jahre-Regel folgte ein weiterer Hiatus; diesmal dauerte er dreißig Jahre: zwischen 1629 und 1658 gab es keine neuen Kanonisierungen. Letzte Hand an das neue System legte schließlich 1734 der Kirchenrechtler Prospero Lambertini, der spätere Papst Benedikt XIV.[6]

Gemäß den Regeln des neuen Systems wurde Heiligkeit ausdrücklich durch einen »heroischen« Grad der Tugend, entsprechend der aristotelisch-thomistischen Auffassung, definiert (Hofmann, 1933; De Maio, 1972). Die Anerkennungsverfahren für die Besitzer dieser heroischen Tugend wurden, in Max Webers Sinn des Wortes, »bürokratischer«. Zwischen heilig und profan wurde schärfer unterschieden, gleichzeitig wurden die Rekrutierungsverfahren für Heilige einheitlicher und formalisierter. In den Prozessen der Kanonisierung wurde mit zunehmender Sorgfalt definiert, etikettiert, eingestuft. Das Heilige wurde immer mehr zentraler Kontrolle unterworfen, zum Nachteil lokaler, nichtoffizieller, »wildwuchernder« Kulte. Mit Erfolg war ein päpstliches Monopol auf die Schaffung von Heiligen verkündet worden. In einer Zeit, in der die Monarchien, zu denen auch das Papsttum gehörte, in wachsendem Maße zentralisiert wurden, gestaltete man die nächste Welt nach dem Bilde dieser um.

Diese Veränderungen bedeuteten jedoch nicht, daß die nichtoffiziellen Heiligen allesamt verschwanden. Die neuen Regelungen galten nicht rückwirkend, und Einzelne behielten weiter einen ziemlich zweifelhaften Status, so zum Beispiel der Pestheilige Rochus oder Rocco. Sein Kult hatte in der zweiten Hälfte des fünfzehnten Jahrhunderts weite Verbreitung gefunden, und Päpste hatten Bruderschaften und Messen in seinem Namen genehmigt. Während der großen Pest von 1576, also während der erwähnten Lücke in den Heiligsprechungen, verliehen die Venezianer seinem Kult einen offiziellen Status. Es konnte jedoch kaum behauptet werden, daß der Kult seit Menschengedenken existierte, denn Rochus hatte im vierzehnten Jahrhundert gelebt. Ein kniffliger Fall, wie die Päpste selbst zugaben. Laut dem venezianischen Gesandten in Rom gedachte Sixtus V. »ihn entweder zu kanonisieren oder zu streichen« *(o di canonizzarlo o di cancellarlo)*, aber er starb, ohne sich entschieden zu haben. Urban VIII. genehmigte eine dem hl. Rochus gewidmete Messe, aber selbst er, der so vieles definierte, klärte den zwiespältigen Status dieses Heiligen nicht.[7]

Lokale Kulte lebten nicht nur weiter, es schossen auch neue aus dem Boden. Manche waren einfach verfrühte Ehrungen für jemanden, dessen Erhebung in den Heiligenstand man mit Fug und Recht erwarten durfte. In Mailand wurde Carlo Borromeo bereits vor seiner Kanonisierung im Jahre 1610 verehrt und Szenen aus seinem Leben wurden in der Kathedrale dargestellt (Wittkower, 1958, S. 61). Ähnlich malte Rubens bereits um 1617 in Antwerpen die Wunder von Ignatius von Loyola und Franz Xavier, obwohl die beiden offiziell erst 1622 Heilige wurden (Martin, 1968, S. 29f). 1631 schufen die Venezianer einen offiziellen Kult für ihren früheren Patriarchen Lorenzo Giustinian, der aber erst 1690 heiliggesprochen wurde (Niero, 1965).

Andere nichtoffizielle Heilige entsprachen noch weniger der Konvention. Luisa de Carrión, die 1636 starb, wurde in Kastilien bei Hof und im Volk als Heilige und Wundertäterin verehrt, obwohl die Inquisition sie der Hochstapelei, ja der Hexerei anklagte (Christian, 1981, S. 133). In Neapel galt der vom Fischer zum Rebellen gewordene Mansaniello nach seiner Ermordung im Sommer 1647 weithin als Heiliger (s. u., S. 167). Die Jansenisten besaßen im 17. Jahrhundert in Frankreich ihre eigenen nichtoffiziellen Heiligen samt ihren Wundern, obwohl einigen Jansenisten diese Art der Verehrung von Männern und Frauen nicht recht geheuer war. Sogar mitten im Rom konnten neue Kulte emporsprießen, so zum Beispiel 1648: »Im Kloster der Quattro Coronati starb eine Schwester namens Anna Maria, die im Ruf stand, eine Heilige zu sein; ihr Körper wurde drei Tage lang öffentlich gezeigt.«[8] Der Franziskaner Carlo da Sezze, der 1670 starb, galt in Rom, wo er lebte, als Heiliger und wurde gelegentlich von Papst Clemens IX. um Rat gefragt.

Für solche im Ruf der Heiligkeit stehenden Menschen konnte jedoch fünfzig Jahre lang kein Verfahren angestrengt werden, und wenn sie in diesem durchfielen, wurde ihr Kult unterdrückt. Viele wurden geprüft, aber nur wenige kamen durch; allein im Königreich Neapel gab es zwischen 1550 und 1800 etwa hundert erfolglose Kandidaten (Sallmann, 1979a). Über die Gescheiterten gibt es wenig Untersuchungen, obwohl dieser Ansatz interessant und wichtig sein könnte, um das Heiligen-System zu verstehen. Zu den wenigen gehören die kürzlich publizierten Artikel über vier Napolitanerinnen im sechzehnten und siebzehnten Jahrhundert (Sallmann, 1984) und über die Florentiner Nonne Schwester Domenica, die als Heilkundige galt und von der man während der Pest von 1630 meinte, sie könne der Stadt helfen (Calvi, 1984). Der Rest dieses Kapitels wird sich deshalb mit den Erfolgreichen, den »Happy few«, beschäftigen: mit den fünfundfünfzig formell Heiliggesprochenen zwischen 1588, als die Praxis wiederbelebt wurde, und 1767, auf welches Jahr eine weitere Pause, diesmal von vierzig Jahren folgt.

Die Idee, Kollektivbiographien der Heiligen könnten Wertvolles zum Verständnis der katholischen Kultur beitragen, ist nicht neu. Eine Reihe von Historikern und Soziologen, angefangen von Coulton (1925) und Mecklin (1941), haben die sich ändernde soziale Herkunft und die Karrieremuster der Heiligen als Indikatoren für soziale und kulturelle Trends untersucht (Sorokin, 1950; George und George, 1953-4; Delooz, 1969, Vauchez, 1981; Weinstein und Bell, 1982 etc.). Dabei haben sie Themen diskutiert wie den Aufstieg der Märtyrer im sechzehnten Jahrhundert oder den der Mittelschichten in die Welt der Heiligen im achtzehnten und neunzehnten Jahrhundert. Häufig jedoch entging diesen Historikern und Soziologen ein zentrales methodisches Problem: man muß entscheiden, ob man die Heiligen als Zeugen für die Zeit, in der sie gelebt haben, betrachtet oder für die Zeit, in der sie heiliggesprochen wurden. In einigen Fällen ist das kein brennendes Problem, weil sie so schnell kanonisiert wurden, etwa die bereits erwähnten Carlo Borromeo und Filippo Neri. Andererseits wurden einige jetzt als Heilige verehrte Persönlichkeiten der Gegenreformation erst sehr lange nach ihrem Tod in diesen Stand erhoben. Johannes Berchmans zum Beispiel starb 1621, wurde aber erst 1888 kanonisiert, der Jesuit und Missionar Petrus Canisius starb 1597, mußte aber bis 1925 warten. Es stimmt, daß bereits 1614 und 1616 Biographien von Canisius veröffentlicht wurden und daß sein Prozeß der Seligsprechung über 250 Jahre dauerte, aber wenn er zu den Heiligen der Gegenreformation gezählt werden soll, dann auch jeder andere, dessen Prozeß in dieser Zeit begann. Schließlich mögen sie alle eines schönen Tages heiliggesprochen werden. Umgekehrt sind unter den zwischen 1588 und 1767 kanonisierten Heiligen acht, die im fünfzehnten Jahrhundert starben, sechs im vierzehnten, vier im dreizehnten,

LUCA GIORDANO
S. Carlo Borromeo und S. Filippo Neri, 1704

einer, Isidor, gar im 12. Jahrhundert. Die meisten, die über die Heiligen gearbeitet haben, nahmen sie als Zeugen für die Zeit, in der sie gelebt hatten. Als Individuen waren sie das ganz offensichtlich auch. Jeder, der an der Geschichte der Wahrnehmung interessiert ist, muß sie jedoch vor allem als Zeugen für die Zeit, in der sie kanonisiert wurden, behandeln; es gibt keine andere Rechtfertigung für die Auswahl einer Gruppe, die über formale Kriterien definiert ist. Auch lohnte es, sich die Heiligen anzuschauen, die in dieser Zeit »reaktiviert« wurden (wie Sallmann, 1982, es für Neapel getan hat, wo er die Bedeutung des hl. Antonius von Padua feststellte). Da jedoch die Kriterien für diese Reaktivierung ziemlich unpräzise sind, mag es in diesem kurzen Überblick nützlicher sein, sich auf die neu Kanonisierten zu konzentrieren. Man hätte auch die formell Seliggesprochenen dazunehmen können; von ihnen gibt es dreiundzwanzig zwischen 1662 und 1767 (vierundzwanzig Individuen und die kollektive Seligsprechung der neunzehn Märtyrer von Gorkum). Aber das würde bedeuten, die Auswahlkriterien in der Mitte des untersuchten Zeitraums zu verändern, da die formelle Seligsprechung erst im siebzehnten Jahrhundert eingeführt wurde. Auf jeden Fall wurden sechzehn *beati* im späteren Verlauf des hier untersuchten Zeitraums auch heiliggesprochen, so daß es die Schlußfolgerungen nicht sehr stark beeinflussen würde, wenn man diese Gruppe mit hinzunähme.

Da die Gesamt-»bevölkerung« der Heiligen ein gutes Stück unter hundert liegt, haben präzise Statistiken bis auf Prozentzahlen wenig Sinn. Wie auch immer, in der Vergangenheit ist, relativ gesprochen, den »objektiven« Faktoren wie soziale Herkunft und Karrieremuster zu viel Bedeutung beigemessen worden. »Heiligkeit«, sagte ein Sozialanthropologe, »liegt vielleicht mehr als alles andere im gesellschaftlichen Leben im Auge des Betrachters« (Gilsenan, 1976, S. 210). Wie der Soziologe Pierre Delooz (1962, 1969) feststellte, müssen Heilige als ein Beispiel der Sozialgeschichte der Wahrnehmung studiert werden. Deshalb werden hier die objektiven Faktoren nur kurz gestreift.

Wer hatte während der Gegenreformation die besten Chancen, diese besondere Form sozialen Aufstiegs zu absolvieren? Wie im Mittelalter (Schulenburg, 1978) hatten Männer größere Chancen als Frauen, dreiundvierzig Männern stehen zwölf Frauen in unserer Gruppe gegenüber. Wie schon in anderen, bereits diskutierten Bereichen (s. o., S. 21), blieben Frauen auch hier weitgehend unsichtbar. Wie das Geschlecht beeinflußte die Geographie das Ergebnis: mit sechsundzwanzig Mitgliedern der Gruppe standen die Italiener sehr viel besser da als die anderen. Die Spanier folgten mit siebzehn Heiligen und ließen dem Rest nur noch zwölf Plätze (vier Franzosen und Französinnen, drei Polen, zwei Portugiesen, ein Deutscher, ein Tscheche, Jan Nepomuk, und eine Peruanerin, Rosa von Lima). Adlige besaßen größere Chancen als Bürgerliche, kanonisiert zu werden. Mindestens sechsundzwanzig der fünfundfünfzig Heiligen waren adliger Herkunft, davon kamen einige aus führenden Familien wie den Borjas und den Gonzagas, den Corsini und den Pazzi, in den Adern von Isabella von Portugal floß sogar königliches Blut. Für eine Reihe von Heiligen gibt es nur wenige oder keine genauen Informationen über ihre soziale Herkunft, aber mindestens fünf waren bäuerlicher Abstammung, zwei weitere arbeiteten eine

Zeit als Hirten (Pascual Baylón und Johannes von Gott), einer als Ackersmann (Isidor). Was die »Mittelschichten« betrifft, wissen wir zumindest, daß Johannes vom Kreuz Sohn eines Seidenwebers war, Jean-François Régis Sohn eines Kaufmanns und Filippo Neri der Sohn eines Anwalts.

Um gute Chancen zu haben, ein Heiliger zu werden, war man besser Kleriker als Laie, und noch günstigere Aussichten eröffneten sich, wenn man Mitglied eines religiösen Ordens war. Unter unseren fünfundfünfzig finden sich nur sechs Laien, und von ihnen war Margherita von Cortona Franziskaner-Terziarin, während Johannes von Gott mit den Barmherzigen Brüdern und Francesca Ponziani mit den Benediktinerinnen verbunden waren. Drei der fünfundfünfzig waren Laienbrüder, standen also an der Grenze zwischen der Welt der Laien und der des Klerus (Pascual Baylón, Felice von Cantalice und Serafino von Montegranaro). Weitere acht der fünfundfünfzig stellte der Säkularklerus.

Damit bleiben achtunddreißig Vollmitglieder religiöser Orden übrig. Den größten Anteil stellten die Franziskaner, mit einer Nonne (Caterina von Bologna) und sieben Brüdern, aber die Dominikaner und die Jesuiten folgten dicht dahinter. Die Dominikaner hatten vier Brüder und drei Nonnen, während sechs Jesuiten in diesem Zeitraum kanonisiert wurden. Die Karmeliter stellten zwei Nonnen und zwei Brüder, die Serviten eine Nonne und zwei Brüder; die Kapuziner hatten zwei Brüder (ohne die beiden bereits erwähnten Laienbrüder). Die Theatiner brachten zwei Heilige hervor, die Benediktiner und die Augustiner je einen; vier Heilige gründeten ihren eigenen Orden. Natürlich sind die fünfundfünfzig Männer und Frauen nicht repräsentativ, sie bilden keine Zufallsstichprobe der katholischen Gesamtbevölkerung. Es bleibt jedoch die Frage, warum gerade diese Individuen Anerkennung fanden und nicht die vielen anderen mit ähnlichem sozialen Hintergrund. Hervorzuheben, daß sie »heroische Tugenden« besaßen, reicht nicht aus; ein Sozialhistoriker wird auch wissen wollen, wer sie als tugendhaft ansah. An zwei Orten kann man nach einer Antwort auf diese Frage suchen: an den Graswurzeln, wo neue spezifische Kulte auftauchten, und im Zentrum, wo sie offiziell anerkannt wurden.

Beginnen wir mit der Peripherie. Delooz hatte sicher zurecht die Heiligen als ein Problem in der Geschichte der Wahrnehmung oder, mit Durkheim, der »Kollektivvorstellungen« (s. o., S. 33) betrachtet. »Man ist nie ein Heiliger – außer für andere Menschen«. Einige Gesellschaften sind, wie er sich ausdrückte, darauf »programmiert«, Heiligkeit wahrzunehmen, andere hingegen nicht. Insbesondere Italien war eindeutig darauf programmiert. Heilige wurden gleichfalls auf stereotype Weise oder Weisen wahrgenommen; es gibt eine relativ geringe Zahl von Heiligenrollen oder Wegen zur Heiligkeit. Fünf lassen sich unterscheiden.

Der erste ist der des Ordensgründers. Nicht weniger als zwölf von unseren fünfundfünfzig fallen unter diese Kategorie. Francesca Ponziani gründete die Oblatinnen, Teresa von Avila die unbeschuhten Karmeliterinnen, Ignatius von Loyola die Jesuiten. François de Sales und Jeanne de Chantal gründeten gemeinsam den Orden von der Heimsuchung Mariä (Visitantinnen oder Salesianerinnen). Gaetano von Thiene war einer der Gründer der Theatiner.

Vincent de Paul gründete die Congregatio Missionis und die Barmherzigen Schwestern. Camillo de Lelis gründete die Kamillianer, Girolamo Miani die Somasker und José de Calasanz die Piaristen. Filippo Neri gilt heute als Gründer der Oratorianer, obwohl er nicht an eine förmliche Institution gedacht hatte; er verabscheute Förmlichkeit. In ähnlicher Manier kann Johannes von Gott als posthumer Gründer der Barmherzigen Brüder bezeichnet werden.

Ein zweiter wichtiger Weg zur Heiligkeit war der des Missionars. Unter diese Rubrik fallen neun von den fünfundfünfzig, wenn wir Tommaso von Villanueva dazuzählen, der Missionen organisierte, ohne selbst Spanien zu verlassen. Diego von Alcalà, mit dem die Wiederbelebung der Heiligsprechungen 1588 begann, war Missionar auf den Kanarischen Inseln, Raimundo Peñaforte in Nordafrika, Franz Xavier im Fernen Osten. Luis Bertrán und Francisco Solano arbeiteten beide in Spanisch-Amerika (im heutigen Kolumbien und Peru). Jean-François Régis versuchte die Hugenotten der Cévennen zu bekehren, während Fidelis von Sigmaringen bei der Missionsarbeit unter den Schweizer Calvinisten den Tod fand. Giuseppe von Leonessa missionierte sowohl im heimatlichen Italien wie außerhalb Europas.

Der dritte Weg zur Heiligkeit war der des Seelsorgers, des guten Hirten. Dazu gehörten sieben aus der Gruppe, von denen der Modellbischof der Gegenreformation, Carlo Borromeo, sicher der berühmteste ist, dicht gefolgt von François de Sales, Bischof von »Genf« (in Wirklichkeit saß er in Annecy). Die anderen sind Papst Pius V., Turibio, Erzbischof von Lima, Lorenzo Giustinian, Patriarch von Venedig, Tomaso von Villanueva, der sich mit den Missionaren überschneidet, und Jan Nepomuk aus Prag, der angeblich ermordet wurde, weil er sich geweigert hatte, das Beichtgeheimnis preiszugeben.

Der zweite und dritte Weg waren für Männer reserviert. Der vierte und fünfte standen, wie der erste, auch Frauen offen. Die vierte Kategorie ist die Barmherzigkeit und Wohltätigkeit. Es gibt sieben ganz deutliche Beispiele in der Gruppe, drei Frauen (Isabella von Portugal, Margherita von Cortona, Caterina von Genua) und vier Männer. Vincent de Paul ist berühmt wegen seiner Arbeit unter den Galeerensklaven. Johannes von Gott wirkte unter den Kranken in Granada, während José de Calasanz in Rom Schulen für die Armen gründete.

Der fünfte und letzte Hauptpfad zur Heiligkeit war der des Mystikers oder Ekstatikers, der Trancen, Schwebezuständen usw. unterworfen war. Auch hier gibt es wiederum sieben klare Fälle, vier Frauen und drei Männer. Die Frauen waren Teresa von Avila (die auch in der ersten Kategorie anzutreffen ist), Rosa von Lima, Maria Maddalena de'Pazzi und Caterina de'Ricci; die Männer hingegen waren Johannes vom Kreuz, Pedro Regalado und Giuseppe von Copertino.

Natürlich gab es Heilige, die in keine dieser Kategorien paßten. Luigi (Aloysius) Gonzaga und Stanislas Kostka zum Beispiel – beide Jesuiten-Novizen, die ein asketisches Leben führten und jung starben. Aber die aufgezählten Rollen und Wege scheinen bei weitem die wichtigsten gewesen zu sein.

Einige weiße Stellen mag man zu Recht erstaunlich finden. Unter den Heiligen der Gegenreformation findet sich kein Theologe, es gibt kein Gegenstück zu Thomas von Aquin, wenn man nicht den weniger bedeutenden Jan Kanty dazuzählt, der Professor in Krakau war. Nikolaus von Cusa wurde zur Heiligsprechung vorgeschlagen, aber ohne Erfolg. Ebenso überraschend ist die geringe Zahl von Märtyrer-Heiligen, denn immerhin starben in dieser Zeit viele Katholiken für ihren Glauben, und einige von ihnen wurden später auch kanonisiert. Hinzukam, daß die Verehrung der Märtyrer aus frühchristlicher Zeit durch die Entdeckung der römischen Katakomben gegen Ende des sechzehnten Jahrhunderts eine beträchtliche Wiederbelebung erfuhr. Von unseren fünfundfünfzig Heiligen zählen jedoch nur Jan Nepomuk und Fidelis von Sigmaringen zu den Märtyrern. Natürlich wurden die neunzehn von den Calvinisten hingerichteten Märtyrer von Gorkum 1675 seliggesprochen, und wahrscheinlich wurden andere Märtyrer inoffiziell als Heilige angesehen. Ein Historiker der Mission nach Japan aus dem frühen achtzehnten Jahrhundert bezeichnet die Missionare, die den Märtyrertod starben, als Heilige. Aber in seinem Vorwort fügte er hinzu, daß er, »um dem Dekret von Papst Urban VIII. Folge zu leisten«, diesen Ausdruck nicht im strikten Sinn gebraucht habe.[9] War das ein Fall widerstrebenden Gehorsams?

Daraus, daß sich unsere fünfundfünfzig Heiligen um fünf Rollen gruppieren, läßt sich schließen, daß ein Schlüsselfaktor bei der Attribution oder »Zuschreibung« von Heiligkeit darin liegt, ob seine oder ihre Lebensbahn und die am besten bekannten Stereotypen korrespondieren, ineinander »verzahnt« sind. Dieser Prozeß ist natürlich zirkulär, sich selbst bestätigend. Zum Beispiel gibt es wenige Heilige, die Laien waren, weil die Stereotypen den Klerus begünstigen; die Stereotypen wiederum sind z. T. deshalb bereits schon so vorgeprägt, weil der Klerus in der Vergangenheit die Mehrheit der Heiligen stellte. Neue mußten sich den alten Rollen anpassen. Sie werden als denen ähnlich wahrgenommen, die bereits als Heilige anerkannt sind.

In einigen Fällen wissen wir, daß sich der spätere Heilige ganz bewußt nach einem früheren Prototyp modelliert – ein weiteres Beispiel für die Darstellung des Selbst (s. o., S. 17). Damit will ich nicht behaupten, die Betreffenden seien nicht ernsthafte und aufrichtige Menschen gewesen. Wie wir alle – und erfolgreicher als die meisten von uns – folgten sie kulturellen Modellen. Von Maria Maddalena de'Pazzi und Rosa von Lima sagten ihre Zeitgenossen, sie hätten Caterina von Siena nachgeahmt, die im fünfzehnten Jahrhundert kanonisiert worden war; Carlo Borromeo formte sich nach dem Bilde des hl. Ambrosius, seines großen Vorgängers als Erzbischof von Mailand.[10] Ebenso läßt sich vermuten, daß der für seine Demut und Fröhlichkeit gerühmte Filippo Neri als ein zweiter hl. Franziskus angesehen wurde, Francisco Borja, General der Jesuiten, als ein zweiter hl. Ignatius, Ignatius selbst als ein zweiter hl. Dominikus (ein anderer Spanier, der einen Orden gründete), und Aloysius Gonzaga, für seine heldenhafte Keuschheit berühmt, als ein zweiter hl. Alexius, der für die gleichen Qualitäten in Poesie und Drama des Mittelalters gepriesen wurde. Natürlich gab es noch eine Menge weniger bedeutender Nachahmer von Heiligen. Einer der wesentlichen Gründe für die Verehrung von Heiligen war nach offizieller Auffassung der Kirche die Notwendigkeit, den Gläubigen Vorbilder an die Hand zu geben, mit denen sie sich identifizieren konnten.

Bei dieser Zuschreibung von Heiligkeit waren Nähe und Berührung ebenso wichtig wie die Ähnlichkeit, bzw. – in den von Roman Jakobson (1971) berühmt gemachten Begriffen – die Metonymie war ebenso wichtig wie die Metapher. Das Heilige scheint ansteckend zu wirken. Jedenfalls gruppieren sich auffallend viele Heilige um bedeutende Persönlichkeiten. So sind Franz Xavier, Filippo Neri, Pius V. und Felice von Cantalice alle persönlich mit Ignatius von Loyola verbunden; Felice, Camillo de Lelis, Maria Maddalena de'Pazzi und Caterina de'Ricci wiederum mit Filippo Neri; Francisco Borja, Pedro von Alcántara und Johannes vom Kreuz mit Teresa von Avila; schließlich Andrea Avellino und Aloysius Gonzaga mit Carlo Borromeo.

Soviel zu den an der Peripherie aufkommenden Kulten. Uns bleibt der Versuch zu erklären, warum bestimmte Kulte vom Zentrum religiöser Macht übernommen und offiziell anerkannt wurden, andere hingegen nicht. Die heroische Tugend des Kandidaten mußte die Prüfer zufriedenstellen. Um zu verstehen, was geschah, ist es notwendig – wenn auch nicht allein ausreichend –, die Prozesse selbst zu untersuchen. Man sollte auch daran erinnern, daß bestimmte Päpste an den Heiligsprechungen ein besonderes Interesse zeigten: zum Beispiel Sixtus V., der mit frischer Energie den ganzen Prozeß 1588 wieder in Bewegung setzte; Paul V., der selbst zwar nur zwei Heilige kanonisierte, aber seinen Nachfolgern fünf anhängige Verfahren hinterließ; Clemens X. und Alexander VIII., die fünf Heilige auf einmal kanonisierten; Benedikt XIII., der acht innerhalb eines Jahres heiligsprach, und Benedikt XIV., der, als er noch Prospero Lambertini hieß, einen Traktat über dieses Thema verfaßt hatte.

Mit den päpstlichen Interessen läßt sich auch die Wahl bestimmter Heiliger erklären. Nur ein Papst, Clemens XI., kanonisierte einen anderen, Pius V.; regionale Loyalitäten aber waren äußerst stark. Im fünfzehnten Jahrhundert hatte der Katalane Calixtus III. den Katalanen Vinzenz Ferrér heiliggesprochen, der Sienese Pius II. Caterina von Siena. Ähnlich kanonisierte der Römer Paul V. die Römerin Francesca Ponziani. Der Florentiner Urban VIII. sprach einen Florentiner, Andrea Corsini, heilig und eine Florentinerin selig: Maria Maddalena de'Pazzi. Der Venezianer Lorenzo Giustinian wurde vom Venezianer Alexander VIII. kanonisiert. Ein anderer venezianischer Papst, Clemens XIII., sprach seinen Mitbürger Girolamo Miani heilig, einen anderen selig: Gregorio Barbarigo, der wie der Papst Bischof von Padua gewesen war. In einem Fall stoßen wir auf Treue zu den »Schulfarben«: Benedikt XIV., Schüler der Somasken, sprach den Ordensgründer (Miani) selig. Alexander VII. hingegen setzte sich über die Fünfzig-Jahre-Regelung hinweg und kanonisierte seinen alten Freund François de Sales.

Das Zentrum traf nicht einfach eine Auswahl aus den Kandidaten, die ihm von der Peripherie präsentiert wurden. Manchmal gab es dem Druck von außen nach. Die religiösen Orden waren besonders mächtige »Pressuregroups«; der hohe Anteil von Heiligen aus ihren Reihen muß zum Teil daraus erklärt werden (Delooz, 1962; Vauchez, 1981, S. 131f). Von Robert Bellarmin, dem in Rom strategisch gut plazierten Jesuiten, behauptet man zum Beispiel, er sei führend verantwortlich für die Seligsprechung seines Ordensgründers gewesen. Es gab auch Druck von weltlichen Herrschern. Wenn es eine (der italienischen allerdings nur nachgeordnete) »spanische Vorherrschaft« auf dem Gebiet der Heiligkeit gab, läßt sie sich mit einer ähnlichen (diesmal uneingeschränkten) Vorherrschaft auf dem Feld der internationalen Beziehungen verknüpfen. Der erste Heilige der Gegenreformation, Diego von Alcalà, wurde auf Druck von Philipp II. heiliggesprochen; die Bulle, die Ignatius von Loyola kanonisierte, folgte hingegen Bitten von Philipp II. und Philipp III. Philipp III. war es auch, der nach Kräften die Kanonisierung von Raimundo Peñaforte, von Isidor, dem spanischen Ackersmann, und von Carlo Borromeo betrieb, dessen Mailänder Diözese zu seinem Königreich gehörte. Sigismund von Polen erreichte die Heiligsprechung des polnischen Klerikers Hyacinthus (Jacek), Ludwig XIII. die von Caterina von Genua. Franz I., Henri IV., Ferdinand II. und Maximilian von Bayern sind weitere Herrscher, die sich zugunsten bestimmter Kandidaten einsetzten. Für Andrea Corsini arbeitete eine ganze Allianz, gebildet von seinem Orden, den Karmeliten, dem Herrscher seines Heimatstaats, der Toskana, und von seiner eigenen Familie, Florentiner Patriziern.[11] Den Druck, den die Familie ausübte, darf man nicht vergessen; es war Carlo Borromeos Vorteil, daß sein Neffe und Nachfolger Federigo für ihn plädieren konnte (Federigo selbst hingegen fand solche Unterstützung nicht). Wie Addison sagte, haben »die Interessen bestimmter Familien, religiöser Orden, Konvente oder Kirchen sehr großen Einfluß bei ihrer Kanonisierung« gehabt.[12] Ausländische Italienbesucher, Katholiken wie Protestanten, waren zweifellos zynisch genug und nur allzu bereit, Klatsch über Zahlungen für Kanonisierungen nachzubeten, aber auch ein Mann wie Burnet behauptet, die Heiligsprechung Borromeos hätte »die Stadt hunderttausend Kronen« gekostet, was sie unwillig machte, sich auch zugunsten seines Neffen ins Zeug zu legen; Montesquieu spricht bei Andrea Corsini von einer Zahlung von 180 000 Kronen.[13]

Solche Geschichten muß man nicht zu wörtlich nehmen. Begnügen wir uns mit dem Hinweis, daß die Erlangung des Heiligenstands allein mit den persönlichen Qualitäten kaum erklärt werden kann, oder gar mit den Qualitäten, die Zeugen in diesem Menschen verkörpert sahen. Jemandem Heiligkeit zuzuschreiben sollte wie das Gegenteil, jemanden der Ketzerei bezichtigen (insbesondere der Hexerei), wie andere Formen des Etikettierens als ein Prozeß der Interaktion, des »Aushandelns« zwischen Zentrum und Peripherie betrachtet werden, wobei jede Seite ihre eigene Bestimmung der Situation mitbringt. Zu diesem Prozeß gehört, daß die offizielle Seite mit inoffiziellen Kulten umgehen muß, die wie die religiösen Visionen dieser Zeit manchmal bestätigt, manchmal zurückgewiesen wurden.

Dazu gehört aber auch, daß offizielle Kulte an der Peripherie in anderen als ihren Ursprungsregionen eingepflanzt wurden, eine Frage, der Religionshistoriker weit mehr Aufmerksamkeit als bisher schenken sollten. Der Kult des hl. Isidor zum Beispiel wurde in Frankreich von seinem Biographen Richard Dognon, einem Freund von St. Vincent de Paul, verbreitet. Er spielte auch in Polen eine bedeutende Rolle (Tazbir, 1969). Gegen Ende des siebzehnten Jahrhunderts hatten die Kulte von Heiligen der Gegenreformation wie Filippo Neri, Franz Xavier und Ignatius von Loyola – in dieser Reihenfolge – im Königreich Neapel Wurzeln geschlagen (Sallmann, 1982). Die Verehrung von

MASSIMO STANZIONI
Die Jungfrau mit Johannes dem Täufer und Andrea Corsini, ca. 1640

Loyola und Xavier scheint im Laufe des siebzehnten und achtzehnten Jahrhunderts auch Teil der deutschen katholischen Volkskultur geworden zu sein. Dieser Prozeß kam zustande durch ihre Assimilierung mit früheren lokalen Kulten, durch ihre »Folklorisierung«. Heilende Eigenschaften wurden von nun an zum Beispiel dem »Ignatiuswasser« zugesprochen. Dieser Korpus von Heiligen kann also als ein Zeichensystem angesehen werden, aber ein System, das weder statisch noch geschlossen war oder ist. Anders gesagt, die Heiligen sind kulturelle Indikatoren, eine Art Lackmuspapier, das auf das sich verändernde Verhältnis zwischen Kirche und Gesellschaft empfindlich reagierte.

IM FEBRUAR 1595 wurde im Gefängnis an der Sixtinischen Brücke in Rom ein junger Mann vor einem Notar verhört und machte folgende Aussage: »Ich werde Pompeo genannt, bin in Trevi bei Spoleto geboren, ich bin ungefähr sechzehn Jahre alt und habe keine feste Stellung. Ich wurde von Euren Männern in der Kirche von S. Giacomo degli Spagnoli verhaftet, weil ich während der Messe um Almosen bettelte.«

Gefragt, ob er von anderen armen Bettlern in Rom wisse und ob sie eine oder mehrere Organisationen bildeten *(an omnes sint sub una tantum secta an vero sub diversis sectis)*, antwortete er: »Herr, unter uns Bettlern gibt es verschiedene Bruderschaften *(compagnie)*; die erste nennt sich die Bruderschaft de Grancetti, das sind jene, die beim Betteln in den Kirchen und in der Menge der Beutelschneiderei nachgehen ... Die zweite heißt die Bruderschaft der Sbasiti, das sind jene, die eine Krankheit vortäuschen, auf dem Boden liegen und unter Stöhnen nach Almosen verlangen. Die dritte wird die Bruderschaft der Baroni genannt, sie sind alle völlig gesund und stehen aufrecht *(stanno in piedi)*; das sind hartnäckige Bettler, die nicht arbeiten wollen ...«

Pompeo nannte im Verlauf des Verhörs insgesamt neunzehn verschiedene Gruppen von Bettlern, darunter die Rabrunati, die Epilepsie oder Besessenheit vortäuschten und denen, dank eines Stücks Seife, stets gebührend viel Schaum vorm Mund stand. Die Dabbelolmi behaupteten, aus türkischer Gefangenschaft entronnen zu sein; sie trugen eiserne Ketten um den Hals und murmelten »Bran, bran, bran, bre, bre, bre«. Die Formigatti gingen als entlassene Soldaten, die Pistolfi gaben sich als Priester aus. Die Burchiaroli stahlen das Brot von den Karren, die Biganti waren Kinder, die an den Straßenecken standen und Litaneien wie »O Maria Stella« sangen. Pompeo selbst gestand, er sei Mitglied der Sbasiti; er nannte den Namen ihres Anführers *(capo)* und ihre Treffpunkte: Piazza Navona, Ponte, S. Angelo, Campo di Fiore und die »Rotonda« – mit anderen Worten, das Pantheon.[1]

Ungefähr sechs Wochen später wurde im selben Gefängnis ein gewisser Girolamo verhört:

»Ich bin in Rom geboren und der Sohn des verstorbenen Antonio Fornaro aus dem Rione Colonna in der Nähe der Fontana di Trevi. Ich heiße Girolamo, bin zweiundzwanzig Jahre alt und habe keine Stellung *(non ho esercitio alcuno)*, außer daß ich vier Monate im Jahr in den Salzgruben arbeite.«

Befragt nach Pompeos Liste und der Richtigkeit seiner Angaben, antwortete er:

»Herr, wer immer Euch diese Liste gegeben hat, er war nicht sorgfältig unterrichtet, denn in ihr sind nicht alle aufgeführt ...« Er fuhr fort, indem er weitere siebzehn Gruppen nannte, von denen sich einige mit den von Pompeo genannten deckten; andere jedoch waren bis dahin noch nicht bekannt, darun-

JOHANNES INGELBACH
Piazza Navona (17. Jh.)

ter die Marmotti, die sich als Stumme ausgaben, und die Spillatori, die ihren Lebensunterhalt in Schenken mit betrügerischen Tricks beim Karten- und Würfelspiel verdienten. Girolamo nannte weitere Einzelheiten über die Anführer *(capi et maggiorenghi)* – die in Rom blieben, während die anderen herumzogen –, über ihren geheimen Informationsdienst und ihr Rotwelsch (ihr Jargon wird in Kap. 7 diskutiert).[2]

Diese beiden Protokolle, ob echt oder nicht – darauf werden wir zurückkommen müssen –, sind eine gute Einführung in die komplexe Beziehung zwischen den Stereotypen des Bettlers und Diebs und der sozialen Realität, die ihnen zugrundeliegt. (Die Verbindung zwischen Bettlern und Dieben – oder zumindest zwischen bestimmten Bettlern und bestimmten Dieben – wurde von den Zeitgenossen sehr ernst genommen.) Dieses Kapitel wird sich mehr mit der Geschichte der Wahrnehmung der Bettler und Diebe beschäftigen, weniger mit der Struktur und Organisation ihres »Gewerbes«, wie Girolamo es nannte: »Es sind keine Bruderschaften *(compagnie)*, sondern Gewerbe *(arti)*, ganz wie die Schuhmacher, Schneider, Goldschmiede usw. ...« Die Bettler und Diebe im frühneuzeitlichen Italien – nennen wir sie der Einfachheit halber Gauner – wurden häufig so wie bestimmte Subkulturen heute wahrgenommen, erkennbar an ihrem Jargon *(gergo)*, übrigens ein Wort, das in diesem Zusammenhang zum ersten Mal auftaucht. Manchmal betrachtete man die Gauner als eine Gegenkultur, die mit der gesamten Gesellschaft in Konflikt steht (Yinger, 1960); oder, wie man zu jener Zeit sagte, eine »Verkehrte Welt« *(mondo alla rovescia)*, woraus sich zweifellos der moderne Begriff »Unterwelt« herleitet. Diese auf den Kopf gestellte Welt wurde je nachdem als komische, karneva-

68

leske Verkehrung der natürlichen sozialen Ordnung oder – wie im Fall der Hexerei – als teuflisch angesehen. Für die Gauner galten beide Gesichtspunkte.

Von wessen Wahrnehmungen ist hier die Rede? Sah die herrschende Klasse die Gauner so, waren es die gewöhnlichen Leute, oder sahen sich die Gauner selbst in diesem Licht? Für das frühneuzeitliche Italien gibt es eine ganze Menge überlieferter Bilder und Texte – »literarische« und »dokumentarische«, eine klassische Unterscheidung, die sich in diesem Fall nur schwer aufrechterhalten läßt –, die uns helfen, diese Frage zu beantworten. Das Quellenmaterial ist nicht leicht zu interpretieren, und in mancher Hinsicht wird die Untersuchung ohne Ergebnis bleiben. An dieser Stelle möchte ich betonen, daß die Texte und Bilder als Zeugnisse einer kulturell stereotypisierten Wahrnehmung betrachtet werden müssen und man sich nicht in die gegensätzlichen Kategorien der literarischen »Fiktion« und belegbarer »Tatsachen« zwängen lassen sollte.

Insbesondere am Ende des sechzehnten und zu Beginn des siebzehnten Jahrhunderts entstanden eine ganze Reihe von Texten und Bildern, welche die Kultur der Gauner darstellten, oder in zeitgenössischen Begriffen – weniger spezialisiert als die von Pompeo und Girolamo verwendeten – die Kultur der *bari, bianti, calchi, furbi, furfanti, guidoni, pitocchi, scrocchi, sgherri* usw. Unserer heutigen Sprache fehlt die Fülle des Wortschatzes, die in diesem Bereich vonnöten ist, aber Falschspieler, Gauner, Spitzbuben, Strolche, Bettler, Schnorrer und Vagabunden mögen als Annäherung genügen.

Zu den bekanntesten Texten, unter denen sich Gedichte und Prosa, förmliche Traktate und Theaterszenen finden lassen, gehören die Abhandlung über Gauner in Tommaso Garzonis *La piazza universale de tutte le professioni del mondo* (1585) und *Il Vagabondo*, ein Buch, das 1621 von einem gewissen »Raffaele Frianoro« veröffentlicht wurde. Hinter dem Pseudonym verbarg sich der Dominikaner Giacinto de'Nobili. Bis zum Ende des siebzehnten Jahrhunderts erlebte sein Buch mindestens vierzehn Auflagen in italienischer und französischer Sprache.[3] Die berühmtesten Bilder sind Caravaggios Falschspieler, die wie Girolamos *spillatori* im Rom der 1590er Jahre entstanden, und

Das Pantheon
(Radierung von Zuccagni nach Giulio Orlandini, 17. Jh.)

Callots 25 Radierungen von Bettlern, die um 1622-23 entstanden. Zu dieser Zeit war der Lothringer Callot gerade von einem mehrjährigen Aufenthalt in Italien zurückgekehrt; eine italienische Inschrift auf einer Radierung verrät ihre Herkunft: *Capitano dei baroni*. Diese »hartnäckigen Bettler« gehörten zu den Gruppen, die Pompeo genannt hatte. Callot illustriert zwar nicht Frianoro, aber das Buch hat ihm vielleicht Anregungen gegeben.[4]

Aufgrund dieser und einer Reihe weniger bekannter Beispiele können wir zu Recht von einer Welle der Gaunerdarstellungen in dieser Zeit sprechen. Das Interesse an der Welt der Gauner war jedoch nicht auf Italien oder auf die Zeit um 1600 beschränkt. Es ging sehr weit zurück; Gauner sind – wie die wirklich Armen – immer unter uns; überall in Europa konnte man ihnen begegnen. In Spanien zum Beispiel kam zu dieser Zeit die »pikareske«, die Gaunerliteratur auf (*picaro* = Gauner), insbesondere mit dem anonymen *Lazarillo de Tormes* (1554) und Mateo Alemáns *Guzmán de Alfarache* (1599-1604), die beide schon bald ins Italienische übersetzt wurden, Alemán bereits 1609. Guzmán, der Held, absolviert seine Gaunerlehre in Madrid, hat aber noch viel zu lernen, als er in Rom ankommt. Der Anführer *(protopobre)* nimmt ihn beiseite und klärt ihn über die verschiedenen Arten des Bettelns auf; sie werden in der gleichen allgemeinen Weise wie von Garzoni und den anderen beschrieben. Cervantes erzählt in seinem *Rinconete y Cortadillo* eine ähnliche Geschichte über die Unterwelt von Sevilla.[5] In Frankreich unterscheidet *La vie généreuse des gueux* (1596) von »Pechon de Ruby«, ein Buch, das bis 1627 mindestens sechs Auflagen erlebte, ebenfalls verschiedene Typen von Bettlern (nur sechs diesmal) und beschreibt ihre hierarchische Organisation.[6] In England erschienen Thomas Harmans *Caveat for Common Cursitors* (1566) und Robert Greenes »Cony Catching« [Dummenfang], Pamphlete aus den 1590er Jahren. Beide beziehen sich nicht auf Italien und wurden auch nicht ins Italienische übersetzt, aber die Londoner Unterwelt, die sie beschreiben, ist der Roms und Madrids sehr ähnlich. Die hauptsächlichen Unterschiede zwischen Rom und London liegen darin, daß in London die neuen »katholischen« Gaunerkategorien fehlen (falsche Priester und Pilger, Bettler, die Heiligenbilder tragen usw.), in Rom hingegen die vielen Spielarten von Gaunerinnen, die für das elisabethanische London genannt werden: dells, doxies, walking morts, bawdy baskets usw. (Dirnen, Huren, obszöne Idioten usw. – in etwa). Pompeos und Girolamos Hinweis auf *landre* (junge Frauen) und *cagnarde* (Alte) wirkt im Vergleich geradezu tödlich langweilig.[7]

Darstellungen dieser Art entstanden auch in der Schweiz, in Deutschland, den Niederlanden, Polen und anderen Ländern. Sie häuften sich im sechzehnten und siebzehnten Jahrhundert, aber das Thema oder das Stereotyp des Gauners im allgemeinen und des verschlagenen Bettlers im besonderen kann über die komischen Szenen in mittelalterlichen Mysterienspielen, etwa Castellanis *San Tommaso* (1509), bis in die klassische Antike zurückverfolgt werden, insbesondere zum Protagonisten von Lukians Dialog *Der Parasit*, der schmarotzen eine (handwerkliche) »Kunst« *(techne)* nennt (Kraemer, 1944).

Wir scheinen uns weit vom Verhör der beiden Gefangenen in Rom im Jahre 1595 entfernt zu haben. Aber der Schein trügt. Garzonis zehn Jahre vorher veröffentlichter »Universeller Marktplatz« unterscheidet, ohne sie beim Namen zu nennen, mindestens siebzehn verschiedene Arten von betrügerischen Bettlern. Sechs gehören zu Pompeos, fünf zu Girolamos Kategorien, darunter die falschen Epileptiker, Pilger und Soldaten und die vorgeblichen Gefangenen der Türken. Sie rufen »Illalla, Illalla, Maumeth rissollala«, was sich etwas mehr nach Arabisch anhört als Pompeos »Bran Bran Bran«; tatsächlich handelt es sich um einen Teil des moslemischen Glaubensbekenntnisses (»außer Gott, außer Gott, ist Mohammed der Bote Gottes«). Garzoni erwähnt auch ihre hierarchische Organisation.[8] In der Chronologie folgen dann unsere beiden Gefangenen, die Gemälde Caravaggios und Alemáns Bericht. Alemán erwähnt die *baroni* des Campo di Fiore und nennt Betteln ein »Gewerbe« *(l'arte guidantesca)*. Schließlich haben wir die Radierungen Callots und das Buch von Frianoro. Er beschreibt vierunddreißig Haupttypen von Bettlern. Viele kennen wir bereits, darunter die Priester, die Pilger, die Epileptiker und die den Türken Entkommenen. Aus ihrem Gemurmel wird diesmal »Allah allah allah elhemdu lillahi la illah« (Gott Gott Gott, Preis sei Gott, es gibt keinen Gott . . .). Das ist die erste Hälfte des von Garzoni zitierten Glaubensbekenntnisses; wenn man beides zusammenfügt, wird daraus das berühmte »Es gibt keinen Gott außer Gott, und Mohammed ist sein Prophet«.[9] Man fragt sich, was die Almosenspender wohl getan hätten, wenn sie gewußt hätten, was diese Worte bedeuteten. Die beiden Satzteile, die wie eine Verzahnung ineinanderpassen, zeigen auch, daß Frianoro hier nicht einfach bei Garzoni geborgt hat, obwohl die Passagen so ähnlich sind. Man hat jedoch vor kurzem aufgedeckt, daß sein Buch selbst ein geistiger Diebstahl ist. Mit Ausnahme von einigen Details handelt es sich um die freie, nicht als solche gekennzeichnete Übersetzung eines lateinischen Texts aus dem späten fünfzehnten Jahrhundert, verfaßt von einem gewissen Teseo Pini.[10] Sogar in ihren Einzelheiten haben Darstellungen der Gaunerwelt eine lange Geschichte.

Was können wir mit all dem anfangen? Zwei Hauptprobleme stellen sich. Die offenkundigste Schwierigkeit betrifft die Entscheidung darüber, ob die Quellenzeugnisse echt oder erfunden sind. Zweitens gibt es das Problem des historischen Wandels: Veranschaulichen die Bilder von Gaunern nur eine überdauernde Tradition, oder können wir darüberhinaus historische Veränderungen ausmachen?

Gehen wir die Probleme eins nach dem anderen an und beginnen wir mit der »realistischen« oder »Common-sense«-Hypothese. Sie besagt, daß Italien wie andere Teile Europas in der frühen Neuzeit von Gaunern wimmelte, die sich in allen nur denkbaren Rollen erbarmungswürdiger Existenzen spezialisiert hatten, um das Mitleid der Öffentlichkeit zu erregen. Texte und Bilder sind demnach getreue Widerspiegelungen der sozialen Realität, glaubwürdige Berichte über Betrügereien. Sadouls Studie über Callot (1969) bezeichnet diesen im Untertitel als »Spiegel seiner Zeit«. Aus dieser Sicht heraus galten Pini und Frianoro als respektable Kleriker, die ihre Leserschaft eher warnen als unterhalten wollten. Für diese Hypothese sprechen die Gerichtsakten und andere dokumentarische Quellen, die in einigen Aspekten die literarischen Zeugnisse bestätigen.

Die spektakulärsten unter diesen Quellen sind natürlich die Zeugenaussagen von Pompeo und Girolamo, mit denen das Kapitel begann, aber im Venedig des sechzehnten Jahrhunderts mußten die Richter ganz ähnliche Entdeckungen machen wie der englische Edelmann Thomas Harman, der sich mit einem falschen Krüppel unterhalten haben will.[11] In der Mitte des sechzehnten Jahrhunderts fanden die Gesundheitsbeamten beispielsweise heraus, daß der blinde Vettore 325 Dukaten in öffentliche Anleihen investiert hatte, obwohl er nach wie vor betteln ging; der lahme Tommaso ging in schäbigen Kleidern betteln, war bei anderen Gelegenheiten aber wohlgekleidet; ein anderer Mann hatte »sich gelb angemalt, um betteln zu gehen«; ein anderer täuschte heftiges Zittern am ganzen Leibe vor (wieder die *accadenti*); wieder andere brachten Kindern das Betteln bei (ganz wie im elisabethanischen London, wo ein Richter ein Trainingszentrum für Beutelschneider entdeckte).[12] Nicht daß den Behörden diese Tricks gänzlich neu waren, was sie vor allem schockierte, war die Tatsache, daß sie von den Armen der Stadt praktiziert wurden, die einen festen Wohnsitz in Venedig hatten, nicht etwa von Fremden und Vagabunden. Möglicherweise verdankt sich die lange literarische Tradition der Darstellungen der Kniffe des Gewerbes dem Umstand, daß diese Kniffe und Tricks selbst eine lange Tradition aufweisen, weil sie in der Gegenkultur der Gauner über die Bettlerschulen weitergegeben wurden. Eine Tradition übrigens, die sich bis in unsere Tage erhalten hat, wie zwei lebendige Berichte aus den Sechzigerjahren dieses Jahrhunderts zeigen: Der amerikanische Schriftsteller Morris West (1967, S. 16f) behauptet, er habe in Neapel einen Jungen mit Schaum vorm Mund zu Boden fallen sehen – statt der traditionellen Seife hatte er wohl eher Magnesiumzitrat geschluckt –, während seine Kameraden für ihn Geld sammelten. Dieser »Seifentrick«, wie wir ihn nennen könnten, wird in Texten des fünfzehnten Jahrhunderts aus Frankreich und der Schweiz ebenso berichtet wie aus Italien. Ein Taschendieb namens Gino beschrieb die Schulen und Anwerbeplätze seines Gewerbes in Palermo: »Wenn ein Kind sein Handwerk gelernt hatte, bestand sein Problem darin, die Leute zu überzeugen, daß sie ihm trauen konnten, und jemanden zu finden, der es aufnahm ... fast jede Familie in meiner Straße beherbergte einen Jungen wie mich, der gerade lernte, ein guter Taschendieb zu werden« (Dolci, 1966, S. 26).

Soviel zugunsten der Verteidigung literarischer Quellen. Was spricht zugunsten der Anklage? Das erste, augenfälligste Argument ist, daß die Beschreibungen der Gauner zu dicht aufeinander folgen, um jeweils aus direkter Beobachtung stammen zu können. Sie schreiben voneinander ab, wiederholen traditionelle Gemeinplätze oder Topoi. Gerade weil sich die Zeugen in Details gegenseitig bestätigen, müssen wir ihre Aussagen anzweifeln. Wenn man einen bestimmten Text liest, findet man nur schwer heraus, ob er aus einem literarischen Werk, einem Schelmenroman stammt oder nicht. Bevor Historiker solche Texte für ihre Zwecke benutzen, sind sie gut beraten, wenn sie ihnen zunächst einmal mit »literarischen« Fragen zu Leibe rücken – z. B. was sie für ihre ursprünglichen Verfasser und Leser bedeuteten.

Der Pikaro- oder Schelmenroman wurde wie die Komödie im »niederen Stil« geschrieben und beschäftigte sich mit »niederem Leben«; er wollte

MICHELANGELO CARAVAGGIO
Die Falschspieler

unterhalten und gleichzeitig eine Moral vermitteln. Die – wie man annahm – ehrenwerte Leserschaft würde »niederes Leben« als solches bereits ergötzlich und merkwürdig finden und praktische und moralische Belehrung aus Büchern ziehen, welche die Kniffe und Tricks der Unterwelt darstellten. »Es zeigt das Geschick, die Betrügereien, die Fertigkeiten und die Tricks, damit Ihr auf sie nicht hereinfallt, nicht zur Nachahmung«, heißt es im Prolog zur italienischen Übersetzung der Abenteuer des Picaro Lazzarillo.[13] Die Texte und Bilder zielen auf ein aristokratisches Publikum. Caravaggio malte seine Falschspieler für einen Kardinal. Barezzi, der wichtigste Übersetzer der spanischen Schelmengeschichten, widmete sie venezianischen Patriziern; eine nie veröffentlichte konkurrierende Übersetzung des *Lazzarillo* war Kardinal Scipione Borghese zugeeignet. Beim Karneval des Jahres 1614 gab es am Hof des Großherzogs der Toskana Cosimo ein »Maskenspiel der Zigeuner« (Callot hielt sich zu dieser Zeit am Hof auf, und einige seiner Radierungen enthalten möglicherweise Anklänge an die Ausstattung und den Szenenaufbau). Natürlich war der Karneval die traditionelle Gelegenheit, verkehrte Welt zu spielen (s. u., Kap. 11).[14]

Die Gaunerwelt als eine auf den Kopf gestellte Welt mit eigenen Gesetzen, eigener Organisation, Ausbildung, eigenem Herrscher darzustellen, konnte gleichzeitig zum Lachen reizen und eine Moral vermitteln, die etwas zwiespältig und womöglich mehrdeutig war. Die Leser sollten über die Hypokrisie der Kriminellen lachen, die erfolglos die normale Gesellschaft nachzuäffen versuchten; oder, alternativ dazu, über die Arglist der wohlanständigen Welt, die nicht besser ist als die von ihr verachteten Gauner. Klassische Beispiele dieser Strategie sind Cervantes' Beschreibung der Unterwelt von Sevilla und ihres Anführers Monipodio sowie Gays »Beggar's Opera«. Aber auch Alemáns Bericht über den »Generalissimo« der römischen Unterwelt und die »Regeln« (oder besser »Anti-Regeln«) für das professionelle Verhalten der Bettler folgt diesem Muster. Wir erfahren beispielsweise, daß kein Bettler in neuen Kleidern auf der Straße erscheinen darf, um anderen kein »schlechtes Beispiel« zu geben.

Die Moral für die zeitgenössischen Leser ist deutlich genug; aber wie steht es mit der Moral für den Historiker? Roger Chartier argumentiert in seinem scharfsinnigen Aufsatz über Pechon de Ruby und andere französische Beschreibungen von Bettlern (1974), daß uns diese Berichte nur etwas über die Einstellungen der Adligen, Kleriker und anderer Mitglieder der Elite mitteilen, die sie verfaßt haben; genauer, daß sie die Welt der Gauner als eine »Gegenkultur« sahen, die nach dem Modell eines Königreichs oder einer Zunft organisiert war. Wie sieht es dann mit den Quellen aus, mit denen das Kapitel begann? Sie fügen sich gut – ja, zu gut – in diesen literarischen Kontext ein, denn sie benutzen gleichfalls das Zunftmodell und unterscheiden sich nur graduell von Pinis Bericht und dem Garzonis, der erst kurz zuvor veröffentlicht worden war. Hinzukommt, daß die beiden Verhöre heute in den römischen Archiven unauffindbar sind. Am besten bekannt sind sie über eine Abschrift, die einige Jahre später angefertigt wurde und sich in der früheren Kaiserlichen Bibliothek in Berlin befand. Die Kopie trägt den ziemlich literarischen Titel einer »ergötzlichen Untersuchung« der Gauner, *il dilettevole essamine de'guidoni, furfanti o calchi* (alle drei Ausdrücke benutzte Garzoni in seinen Kapitelüberschriften, und zwar in derselben Reihenfolge). Wann und warum die Abschrift angefertigt wurde, bleibt im Dunkeln, aber wir müssen zumindest die Möglichkeit in Betracht ziehen, daß diese Dokumente überhaupt keine echten Verhörprotokolle sind. Die Quellen scheinen im gleichen Maß Beispiele für Diebstahl und Betrug zu liefern wie zu ihrer Aufdeckung beizutragen.[15] Mein eigener Verdacht, daß Pompeos und Girolamos Aussagen nur literarische Qualität haben, wurde sehr viel stärker, nachdem ich eine Reihe von Verhören von Dieben im Jahre 1593 – zwei Jahre vorher also – vor dem Tribunal des Gouverneurs von Rom gelesen hatte. Ungefähr dreißig Leute wurden verhört; es dauerte über einen Monat und man verbrauchte fast 130 Seiten, um ihre Aussagen festzuhalten, die manche freiwillig, andere nach Anwendung der Folter machten. Gefragt, ob er nachts Kleider stehle – was im Rom der 1590er Jahre so verbreitet gewesen zu sein scheint wie in den Achtzigerjahren des zwanzigsten Jahrhunderts der Handtaschenraub –, antwortete ein Mann, daß er jenes »Gewerbe« *(arte)* niemals ausgeübt habe. In anderen Aspekten zeichneten die Zeugen jedoch ein weitaus weniger farbiges Bild als Pompeo und Girolamo. Sie arbeiteten in kleinen Gruppen, auf Brücken, in Kirchen und anderen Plätzen, wo es Menschenansammlungen gab, nahmen Bauern, die sich auf der Piazza ausschliefen, die Bündel weg oder benutzten Leitern und Stangen, um Kleider und Tischwäsche zu stehlen, die aus den Fenstern hing. Die gestohlenen Sachen verkauften sie sofort an die Juden, der Erlös wurde in der nächsten Schenke in Speis und Trank umgesetzt. Es gab keine Spezialisierung, keine Anführer, nur einen Pool von Männern, die einander kannten, aus dem sich die Tagesbanden bildeten. Diebe und Bettler sind nicht dasselbe, aber einige der Männer werden in den Protokollen als Vagabunden bezeichnet, und Pompeos »Burchiaroli« und »Grancetti« und Girolamos »Strascinatori« kombinierten jedenfalls Betteln und Diebstahl.[16]

Die eigentlich wichtige Frage betrifft jedoch nicht allein diese beiden Texte, sondern die Gattung als ganze. Ich bin für meinen Teil mit der Antwort der totalen Skeptiker wie Chartier genauso unzufrieden wie mit der der Realisten. Einerseits ist es ganz offensichtlich naiv, jeden Text, jedes Glied in einer Kette von Zeugnissen so zu behandeln, als ob er vollkommen unabhängig und unbefleckt wäre von den Gaunergeschichten, die bereits seit Hunderten von Jahren in verschiedenen Teilen Europas zirkulierten und äußerst drastisch die Feindseligkeit der Habenichtse gegenüber den Besitzenden und der Seßhaften gegenüber Nomaden zeigen. Wenn wir jedoch auf der anderen Seite nicht bereit sind, sämtliche in europäischen Archiven auffindbaren Quellen als Fälschungen beiseitezuschieben, müssen wir einräumen, daß Bettler nicht nur ihren eigenen Jargon besaßen, um sich innerhalb ihrer Subkultur zu verständigen, sondern auch, daß sie über eine Reihe von Strategien verfügten, um sich in günstigem Licht darzustellen, eine gewisse Arbeitsteilung und – zumindest in einigen Fällen – ein Repertoire betrügerischer Kniffe wie den »Seifentrick«, die von Generation zu Generation weitergegeben wurden. Mit anderen Worten, wir haben es weder mit reinen Tatsachen noch mit purer Erfindung zu tun, sondern hier wie an anderen Stellen dieses Buchs mit stereotypisierten Wahrnehmungen der sozialen Realität. Das stereotype Bild der Bettler und Diebe wurde mündlich, handschriftlich und gedruckt weitergegeben. Vielleicht hilft die Vorstellung einer Art Gerücht, das wie bei Gerüchten üblich der Weitergabe entstellt und verdreht wird. In einem berühmten, vor über vierzig Jahren veröffentlichten Aufsatz (Allport und Postman, 1945) haben zwei Sozialpsychologen drei solcher Entstellungsprozesse unterschieden: »levelling« (Einebnen, die Vereinfachung einer komplizierten Geschichte), »sharpening« (Zuspitzen, mit anderen Worten, selektives Hervorheben) und schließlich »assimilation« (Anpassung der Geschichte an die Interessen des Zuhörers). So sehen wir, wie verschiedene Arten von Bettlern zu einem einzigen Bild des Gauners vereinfacht werden; und was möglicherweise eine ziemlich informelle Struktur war, wird als extrem formalisierte Organisation wahrgenommen, mit einer genauen Hierarchie, scharfer Arbeitsteilung usw. Es ist nicht einfach, genau den Augenblick festzuhalten, in dem ein Beobachter ein wahrgenommenes Verhalten in eine Schablone preßt; aber vielleicht können wir trotzdem etwas in Erfahrung bringen, wenn wir nach Veränderungen im Bild des Bettlers im Laufe der frühen Neuzeit Ausschau halten.

Im Mittelalter stand man in Italien und anderen Teilen Europas den Armen traditionell positiv gegenüber. Sie waren »Gottes Arme«, die Armut selbst galt als heilig. Im dreizehnten Jahrhundert erklärte der hl. Franziskus, er sei mit der »Dame Armut verheiratet« und gründete einen Bettelorden. Ähnlich gründete ein Jahrhundert später Giovanni Colombi, nachdem er seinen Besitz verteilt hatte, 1360 die Jesuaten, die für die Armen betteln sollten. Religiöse Bruderschaften betätigten sich in der Armenpflege und anderen praktischen Werken der Barmherzigkeit. In der Toskana war es im vierzehnten und fünfzehnten Jahrhundert nicht ungewöhnlich, daß Bettler als Paten für Neugeborene ausgewählt wurden (Klapisch, 1985b, S. 72). Diese Einstellung hielt sich bis in die frühe Neuzeit. In seinem 1549 veröffentlichten Buch konnte der lombardische Adlige Saba da Castiglione die Armen als »das getreue Ebenbild unseres Herrn Jesus Christus« beschreiben.[17] Etwa ab 1350 und verstärkt nach 1500 kommt jedoch eine sehr viel negativere Haltung gegenüber den Armen auf, in Italien wie anderswo, die anscheinend das Ergebnis einer zunehmenden Polarisierung der Gesellschaft in Arme und Reiche war (Geremek, 1980, Kap. 3). Etwa um 1520 brach eine Art malthusianischer Krise aus, die Subsistenzmittel, die zur Verfügung standen, reichten für die angewachsene Bevölkerung nicht mehr aus. Diese Krise förderte die Reorganisation des städtischen Armenwesens und brachte ein System der Armenpflege hervor, das genauer unterschied und wirkungsvoller war, aber zugleich weniger menschlich als das System, das es ersetzen sollte. Man unternahm ernsthafte Anstrengungen, um die »Fremden« von den einheimischen Armen und natürlich die wirklich Armen von den Schwindlern zu trennen; und man begann, die arbeitsfähigen Armen einzuschließen und zur Arbeit zu zwingen (Geremek, 1973).

In Venedig beispielsweise folgten neue Armengesetze auf die Hungersnot von 1528-29. Sie verboten Betteln ohne offizielle Erlaubnis, befahlen den Gemeinden, sich um ihre Armen zu kümmern, wiesen die »Fremden« und die hartnäckigen Bettler aus und die Kranken in die Hospitäler ein. 1545 wies ein Marineoffizier die Stadtoberen auf die Möglichkeit hin, Vagabunden auf den Galeeren der Republik einzusetzen. In den Jahren darauf unternahmen die Gesundheitsbeamten ungewöhnliche Anstrengungen, um Bettler zur Strecke zu bringen. Eine neuerliche Hungersnot führte in den 1590er Jahren zur Einrichtung des Mendicanti, eines besonderen Hospitals oder Arbeitshauses für Bettler (Pullan, 1963-4, und 1971, Teil 2).

Ähnliche Anstrengungen, das Betteln unter Kontrolle zu stellen, wurden im Laufe des sechzehnten Jahrhunderts in anderen italienischen Staaten unternommen. In Florenz gab zum Beispiel ein Dekret 1576 den Vagabunden eine Frist von zehn Tagen, um die Stadt zu verlassen; wen man danach erwischte, der wurde auf die Galeeren geschickt.[18] In Genua wurde 1539 eine Armenbehörde gegründet und 1582 angeordnet, daß Vagabunden im alten Hospital für die Aussätzigen eingesperrt werden sollten; die Beamten erhielten für jeden Bettler, den sie fingen, eine Kopfprämie (Grendi, 1975). In Palermo ging man 1590 gegen Vagabunden vor. In Rom, das man in der frühen Neuzeit als Mekka der Bettler bezeichnen könnte – gerade weil die Stadt so viele echte Pilger anzog –, wurden in der zweiten Hälfte des sechzehnten Jahrhunderts eine ganze Reihe von Maßnahmen ergriffen. 1561 verbot Pius V. das Betteln in den Kirchen und auf den Straßen (mit einem besonderen Hinweis auf die »baroni« des Campo de'Fiori), während seine Nachfolger Gregor XIII. und Sixtus V. Bettler in Arbeitshäuser einsperren ließen (Delumeau, 1957-9, Teil 2, Abschnitt 2).

Das Bettlerproblem verschwand jedoch nicht, die Regierenden mußten sich während der gesamten frühen Neuzeit damit befassen. Dies zeigt sich beispielsweise im Sammeln von Informationen über die Armen und Arbeitslosen in italienischen Volkszählungen (s. o., Kap. 3); bezeichnenderweise waren die Gesundheitsbeamten in Venedig für Bettler und Zensus gleichermaßen zuständig (s. o., S. 40). Der zunehmende Hang zur Klassifizierung der Bettler und Gauner, den die Texte offenlegen, ist möglicherweise ein indirektes Resultat der Entstehung des bürokratischen Staates; einige der reichhaltigsten Berichte über die Subkultur der Bettler und »Gauner« erschienen nach Feldzügen gegen das Betteln: beispielsweise in Venedig 1545 oder in Rom in den 1590er Jahren, als Pompeo und Girolamo verhört wurden. Obwohl diese Behauptung unbeweisbar ist, scheint die Annahme doch plausibel, daß das neuartige Herausstreichen des müßigen und betrügerischen Vagabunden in Kunst, Literatur und in offiziellen Dokumenten – der »Gauner-Mythos«, wie man ihn nennen könnte – ein Mittel war, um die Unterdrückungsmaßnahmen gegen Menschen zu legitimieren, die einst als »Gottes Arme« galten, jetzt aber zunehmend als nutzlose Mitglieder des Gemeinwesens angesehen wurden. Wie bei den Hexenprozessen der Zeit erkennen wir hier eine Überreaktion der Gesellschaft auf eine vermeintliche Bedrohung; man kann sie – wie Reaktionen jüngeren Datums auf »Halbstarke« – als eine »moralische Panik« bezeichnen, die mehr über die Phantasien wohlanständiger Leute aussagt als über das Objekt ihrer Ängste (Cohen, 1972).

Wenn ich vom »Mythos des Gauners« spreche, meine ich nicht etwa, daß betrügerische Bettler, Diebe, Hochstapler, Schwindler und andere Missetäter auf der Bühne des frühneuzeitlichen Italien gar nicht aufgetaucht wären. Ich will darauf hinweisen, daß die Armen von den Wohlhabenderen mehr und mehr fast ausschließlich in diesen Begriffen wahrgenommen wurden. Um das Argument zuzuspitzen: man könnte sagen, die Gesellschaft war zunehmend mit der Arbeit und ihrem Gegenteil beschäftigt, ja von ihr besessen (das eher als »Müßiggang« oder »Untätigkeit« statt als »Arbeitslosigkeit« gesehen wurde). Ein interessanter Indikator für diese veränderte Wahrnehmung sind die sogenannten *lazzaroni* von Neapel. Der Ausdruck »lazzaroni« oder »lazzari« wurde in der Mitte des siebzehnten Jahrhunderts geprägt, zur Zeit des berühmten Aufstands von Masaniello (s. u., Kap. 12), als die Furcht der Mittel- und Oberschichten vor dem »Mob«, wie ihre englischen Klassenbrüder ihn nannten, mit einigem Grund besonders stark war. Der Ausdruck ruft mehrere Assoziationen wach: man denkt an den berühmten Gauner aus der Literatur, Lazzarillo de Tormes, an die »lazzaretti«, die alten Aussätzigenlazarette, die jetzt benutzt wurden, um die Bettler einzuschließen, und schließlich an den armen Lazarus, der vom Reichen zurückgestoßen wird. Diese »lazzari« tauchen auf einigen napolitanischen Gemälden aus der zweiten Hälfte des siebzehnten Jahrhunderts auf. Sie beeindruckten auswärtige Besucher Neapels, insbesondere im achtzehnten Jahrhundert. Montesquieu, der 1728 in Neapel war, schrieb zum Beispiel in sein Tagebuch, daß es in Neapel 50 bis 60 000 Männer gäbe, die überhaupt nichts, noch nicht einmal Arbeit hätten und sich nur von Gemüse ernährten. Ein englischer Besucher notierte, daß es 6000 »lazzaroni« gäbe, die auf der Straße schliefen und »dazu verdammt sind, sich einen großen Teil des Tages unter den Palastmauern zu sonnen«; sie lebten von milden

Gaben der Konvente und vom »Klauen und Betteln«. Ein andrer Engländer nahm den folgenden Eindruck von Neapel mit nach Hause: »Die natürlichen Bedürfnisse werden hier so einfach befriedigt, daß die unteren Klassen des Volkes nur wenig arbeiten; ihr größtes Vergnügen ist es, sich in der Sonne zu aalen und nichts zu tun«.[19] Man erkennt leicht, wie ein Mythos Gestalt annimmt. Die Reisenden lasen die Berichte der anderen, sie sprachen mit ehrbaren Neapolitanern; sie wußten also, was sie zu erwarten hatten. Wenn sie Männer in der Sonne liegen sahen, erkannten sie in ihnen »lazzari« und preßten sie so in eine vorgefertigte Kategorie, ähnlich der »faulen Natur«, die Europäer im Fernen Osten im Gepäck hatten (Alatas, 1977). In dieser Piazza-Kultur war Müßiggang äußerst auffällig. Aber wie sollte ein Außenstehender einen »lazzaro« von einem Mann unterscheiden können, der nur eine kurze, wohlverdiente Ruhepause zwischen zwei Arbeitsrunden genoß? Wie das Bild der arbeitenden Frauen (s. o., S. 42ff) hängt das der nichtarbeitenden Männer von den Interessen und Vorurteilen des Betrachters ab.

Dieses Argument gilt nicht allein für auswärtige Besucher; auch Einheimische haben ihre Vorurteile, oder genauer: jemand, der in einer Kultur gewissermaßen ein Einheimischer ist, kann gleichwohl ein Außenseiter sein, bezogen auf eine spezifische Subkultur. Die Verhöre Pompeos und Girolamos, einmal angenommen, sie sind echt, zeigen sehr deutlich die Stellung von Vorurteil und Stereotyp. Eine der ersten gestellten Fragen lautet, ob die Bettler zu einer oder mehreren »Sekten« gehören, eine Suggestivfrage, die einen gewissen Grad formaler Organisation impliziert, selbst wenn der Anklang an Ketzerei, der im Wort »Sekte« mitschwingt, anachronistisch erscheint. Wie in anderen Fällen, insbesondere bei Hexenprozessen, erzählten die Bettler, was ihrer Meinung nach die Beamten von ihnen hören wollten. Sie müssen sich der Stereotype ganz genau bewußt gewesen sein, in denen die anständige Welt die verkehrte Welt der Gauner wahrnahm.

Wahrscheinlich werden wir nie mit einiger Gewißheit etwas über den Grad an innerer Organisation der Bettler und Diebe Italiens in der frühen Neuzeit erfahren. Wie die Gemälde und literarischen Texte sind auch die offiziellen Dokumente hoffnungslos durch Vorurteile, Stereotypen und Mythen kontaminiert. Aber gerade diese Vorurteile, Stereotypen und Mythen können Kultur- und Sozialhistoriker sehr viel lehren, wenn die Historiker sie nicht einfach ganz hinunterschlucken und in ihren Arbeiten wiederholen, sondern statt dessen fragen, wer wen auf diese Weise mit einem Etikett versieht und warum er es tut. Sie sollten nicht alles glauben, was sie in den »Dokumenten« lesen, aber auch nicht alles zurückweisen, was Literatur und Kunst ihnen bieten können.

PIETRO LONGHI
Das Rhinozeros (vgl. S. 154)

GABRIELE BELLA
›*Zuoba Grassa*‹ in Venedig (vgl S. 147)

DIESES KAPITEL BESCHÄFTIGT sich im wesentlichen mit der gesprochenen Sprache. Sein Ziel ist, eine retrospektive Ethnographie des Sprechens zu rekonstruieren, die Sprechkultur des frühmodernen Italiens zu beschreiben, oder genauer, die Konturen der wichtigsten mündlichen Sub- und Gegenkulturen zu umreißen. Das Thema ist nicht nur für sich genommen faszinierend, es bildet einen wesentlichen Teil der Sozial- und Kulturgeschichte, weil die Sprache ein empfindlicher Indikator für soziale Beziehungen – etwa für Ehrerbietung, Vertrautheit, Solidarität usw. – und nicht zuletzt auch eine aktive Kraft in der Gesellschaft ist, ein Vehikel für soziale Mobilität oder die Assimilierung von Neulingen in eine Gruppe usw.[1] Trotz ihrer Bedeutung ist die Sozialgeschichte des Sprechens aber bisher von Historikern ziemlich vernachlässigt worden.

Es gibt natürlich gute Gründe für diese Vernachlässigung. Das Unterfangen ist, gelinde gesagt, ziemlich vermessen. Wie studiert man Sprechakte zwei- bis vierhundert Jahre nach ihrem Geschehen? Historiker, welche dieses Interesse hegen, müssen sich, soviel ist klar, nicht nur darauf beschränken, mündliches vermittelt durch schriftliches zu studieren, sondern auch, die Sprache gewöhnlicher Menschen über Quellen zu erforschen, die zum größten Teil von Mitgliedern der kulturellen Elite stammen. Für das frühneuzeitliche Italien muß man jedoch die Masse und die Bandbreite schriftlicher Zeugnisse für die Geschichte des Sprechens hervorheben.

Mindestens seit den Tagen Dantes haben sich gebildete Italiener für das interessiert, was sie die »Sprachfrage« nennen, für die beste, in Wort und Schrift zu benutzende Form (Hall, 1942; Vitale, 1960). Die Kontroverse darüber erzeugte zugleich ein Problembewußtsein für den eigenen wie den Sprachgebrauch anderer Leute. Zusätzlich zur Literatur über diese Kontroverse gibt es einige sehr reiche Quellen, die aus sehr verschiedenen Gründen entstanden sind. Die Predigten von San Bernardino von Siena wurden z. B. zu Beginn des fünfzehnten Jahrhunderts, während er sie hielt, in Kurzschrift notiert, damit die Botschaft des Predigers nicht verlorenging. Über diesen beabsichtigten Zweck hinaus aber ist das Ergebnis zugleich ein wertvolles Zeugnis für den Sprech-»Code« des Predigers, denn der Text zeichnet sich durch seinen umgangssprachlichen Ton aus.[2] Gerichtsakten, in denen Zeugen in Streitfällen aussagen, besitzen oft einen ähnlichen Tonfall von gesprochener Sprache. Verhöre der Inquisition fangen in ihrem Bemühen um Genauigkeit das geäußerte Wort häufig mit sichtlicher Genauigkeit ein. Die Anweisungen an die Verhörführenden waren hier recht detailliert, sie schrieben vor, »sicherzustellen, daß der Notar nicht nur alle Antworten des Angeklagten aufschreibt, sondern auch all seine Kommentare, Gesten und alles, was er unter der Folter sagt, samt seinen Seufzern, Schreien, Klagen und Tränen.«[3] Eine ähnliche Prozedur war am Tribunal des Gouverneurs von Rom in Gebrauch. Die Akten sind voll von Ausrufen wie »ich Armer« *(poveraccio me)*, »Erbarmen» *(miseri-cordia)*, »heilige Maria von Loreto, hilf mir« oder »laßt mich runter, laßt mich runter, und ich sage die ganze Wahrheit« *(calatemigiù, calatemigiù che dirò tutta la verità)*. Theaterstücke sind eine weitere gute Quelle, der man Belege für Sprechkonventionen entnehmen kann, trotz der Schwierigkeit, direkte Transkription von Stilisierung oder Parodie zu unterscheiden. Sie erlauben z. B. den Schluß, daß im sechzehnten Jahrhundert die Sprache toskanischer Bauern archaischer war als die von Städtern (Brunet, 1976). Am vielleicht wertvollsten aber sind die Kommentare von älteren Leuten, die sich ihre Jugend ins Gedächtnis rufen, denn sie beschäftigen sich immer wieder mit dem Wandel. So stellt etwa der in der zweiten Hälfte des siebzehnten Jahrhunderts schreibende Florentiner Patrizier Tommaso Rinuccini mit Bedauern fest, daß in seinem Milieu die Förmlichkeit in Wort und Schrift auf dem Vormarsch sei.[4]

Dieses weitgespannte Thema verdient ein ebenso weitausgreifendes Buch, auf den Spuren der bekannten Geschichte der italienischen Sprache seit 1860 (De Mauro, 1976). Ich werde mich hier darauf beschränken, die Bedeutung der mündlichen Kultur im frühneuzeitlichen Italien hervorzuheben, die Vielfalt der von den verschiedensten Leuten oder zu unterschiedlichsten Zwecken benutzten Sprachen, Codes und Register zu beschreiben und schließlich einige der auffälligeren und wichtigeren Veränderungen in diesem Zeitraum zu erörtern. Beginnen wir mit der Kultur des Sprechens. Wie hoch seine Bedeutung im Verhältnis zum Schreiben, Malen, Drucken und zu anderen Medien veranschlagt wurde, kann man natürlich unmöglich kalkulieren, aber einen im letzten Drittel des zwanzigsten Jahrhunderts lebenden britischen Historiker muß es überraschen und beeindrucken, welche zentrale Rolle das gesprochene Wort im frühmodernen Italien spielte. Sprechen war eine Kunst, eine Art Aufführung, die im sechzehnten und siebzehnten Jahrhundert vermutlich noch wichtiger war als im heutigen Italien. Die klassische Kunst der Rhetorik wurde zwar im mittelalterlichen Italien nicht im geringsten vernachlässigt, aber von der Renaissance an maß man ihr ein womöglich noch größeres Gewicht bei. Ein Weg, die Bedeutung des Sprechens zumindest in der Kultur der Elite zu zeigen, eröffnet sich, wenn man die beiden berühmtesten Anstandsbücher des sechzehnten Jahrhunderts, Castiglione und Della Casa (s. o., S. 27ff), auf den Raum hin untersucht, der dort dem Sprechen gewidmet ist. Zehn von dreißig Kapiteln beschäftigen sich bei Della Casa mit diesem Thema, während die Hofleute Castigliones einen großen Teil des ersten Buchs darüber diskutieren, wie der vollkommene Hofmann sprechen sollte; sie kehren zu diesem Thema in den über vierzig Kapiteln über Scherze im zweiten Buch zurück, und noch einmal im dritten Buch, wenn sie sich mit der Sprache der Liebe beschäftigen. Besonders überraschend und beeindruckend finde ich den Reichtum des Wortschatzes in den beiden Traktaten, wenn es um die Erörterung von Sprechakten geht. Della Casa möchte seine Leser lehren, in einer Weise zu sprechen, die angenehm *(piacevole)*, ehrenwert *(onesta)* und anmutig *(leggiadra)* ist und nicht langweilt, oberflächliches Dahinreden und Ungehobeltheit vermeidet. Castiglione für sein Teil betont die Anmut; Affektiertheit soll man vermeiden, »vor allem beim Sprechen«. Er schätzt Leichtigkeit, »Reichtum« und »Fülle«

der Rede – worin sich italienische Redner immer noch hervortun –, Vielfalt, Witz, und eine Zunge, die schnell *(pronte)*, scharf und bissig *(mordace)* ist. Ein ähnliches Bild dafür, wie wichtig Witz und schlagfertige Sprüche *(detti* oder *motti)* waren, ergibt sich aus den Geschichten von Matteo Bandello und anderen Autoren der Zeit, die nicht selten die Schlagfertigkeit ihrer Figuren betonen und manchmal eine Geschichte nur schreiben, um bei einer besonders bissigen oder ergötzlichen Erwiderung zu landen.[5] Um in Gesellschaft einen guten Eindruck zu machen, mußte man offensichtlich ein guter Redner sein. Einem Vater machte man über seinen Neugeborenen das Kompliment, er würde bestimmt später ein *bel parlatore* (guter Redner). Er selbst riet seinen Söhnen, Geschichtsbücher, Kurzgeschichten und Scherzsammlungen zu lesen, um Epigramme zu finden, die »Euch in einer Konversation Ehre machen können«.[6] In dieser Kultur waren das Sprechen und die Gesten, die es begleiteten, von entscheidender Bedeutung für die Selbstdarstellung. Jedes Wort war Teil einer Aufführung, nicht zuletzt, wenn Beleidigungen ausgetauscht wurden (s. u., Kap. 8).

Förmliche Sprechperformanzen waren häufig und riefen großes – zustimmendes und kritisches – Interesse hervor. Die meisten dieser Aufführungen und Vorträge – Lieder, Geschichten, Stücke, Predigten, Reden, Verkaufstiraden der Scharlatane usw. – waren improvisiert, oder genauer gesagt, halb-improvisiert. Die Sprecher übten ein, was sie sagen wollten, machten von der klassischen Gedächtniskunst Gebrauch, die für jeden Gedanken einen »Ort« in einem imaginären Gebäude vorsah, in einer Kirche oder einem Theater des Geistes. Aber im Unterschied zu uns machten sie einen schlechten Eindruck, wenn sie einen geschriebenen Text laut vorlasen oder ihn ganz auswendig lernten. Improvisation wurde hoch gepriesen, in der berühmten »commedia dell'arte« – einer italienischen Spezialität – ebenso wie außerhalb der Bühne. Man rühmte sie bei den Dichtern, und *cantatore improviso* (Stegreifsänger) war ein Beruf. Es wäre gut, mehr darüber zu wissen, was wirkliche – »live« – Beredsamkeit ausmachte, im Gegensatz zu den gedruckter Predigten und Reden, aber echte »gesprochene Texte« wie die Transkription von San Bernardinos Predigten sind kaum zu finden. Wie stand es mit der Reaktion der Zuhörer? Nicht wenige solcher Reaktionen sind uns überliefert – von Einheimischen wie Außenstehenden. Eine Reihe ausländischer Besucher Italiens waren ausreichend beeindruckt von solchen Sprechperformanzen in der Öffentlichkeit, um ziemlich detailliert über sie zu berichten. Zu Beginn des siebzehnten Jahrhunderts berichtete ein englischer Besucher Venedigs zum Beispiel vom Wortschwall eines Scharlatans in voller Fahrt (s. u., S. 179f). Goethe, der 1786 in Venedig war, beschreibt den Vortrag eines öffentlichen Geschichtenerzählers. Fünf Jahre vorher hatte ein britischer Besucher in Neapel ähnliche Beobachtungen gemacht. »Als ich zu später Stunde die Strada Nuova entlangschlenderte, bemerkte ich eine Gruppe von Leuten, die mit großer Aufmerksamkeit einer Person lauschten, die mit erhobener, feierlicher Stimme, heftig gestikulierend zu ihnen sprach ... Männer, Frauen und Kinder brachten Stühle aus den benachbarten Häusern herbei, auf die sie sich um den Redner herum setzten. Er trug Stanzen aus Ariost vor, in einem schwülstigen Rezitativton, der den Italienern eigen ist; er hatte ein Buch

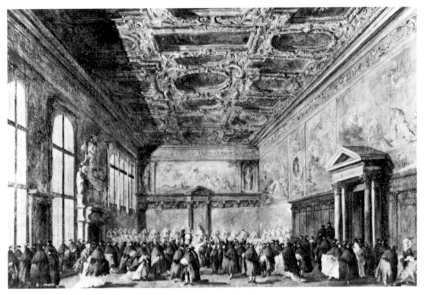

FRANCESCO GUARDI
Dankansprache des Dogen an den Großen Rat

in der Hand, als Gedächtnisstütze, falls dieses ihn verlassen sollte ... Als er dabei anlangte, die Abenteuer Orlandos zu erzählen ... nahm er die kriegerische Haltung und die finstere Miene jenes Helden an; mit äußerst lebhaften Gesten führte er vor, wie er seinen Speer mit einem Mal durch sechs seiner Feinde bohrte«.[7]

Daß eine örtliche Zuhörerschaft sich des Stils und der Grenzen eines bestimmten mündlichen Vortrags äußerst bewußt war, mag angesichts der bereits zitierten Belege selbstverständlich erscheinen. In sehr amüsanter Weise zeigt sich dies jedoch in einem der Notizbücher des Tagebuchschreibers Marino Sanudo, zu Beginn des sechzehnten·Jahrhunderts. Sanudo ging regelmäßig zu den Sitzungen des Senats und hatte so Gelegenheit, viele Reden zu hören – tatsächlich kam er gar nicht drum herum. Irgendwann einmal vertrieb er sich damit die Zeit, eine Liste der bevorzugten Klischees der vierunddreißig Senatoren zu erstellen: »Lassen Sie mich sagen« (Lasséme favolar), »Welch eine Grausamkeit« (Che crudeltà è questa), »Es gibt keinen Gehorsam» (Non è obedientia), »Das ist es, was ich sagen will« (Voio dir cussi) usw. Sanudo wird kaum der einzige Senator gewesen sein, dem diese Wendungen auffielen, denn acht von seinen Eintragungen werden als »vor meiner Zeit« bezeichnet, d. h. sie müssen – in spöttischer Absicht – auf der Piazza zitiert worden sein.[8] Abwechslung und Vielfalt, nicht Wiederholung, zeichneten den gewandten Redner aus.

Nach diesen ganzen Aussagen über das Reden sollte man meinen, daß es über das Schweigen – jedenfalls ein noch schwerer greifbarer Gegenstand – gar nichts zu sagen gäbe. Um eine mündliche Kultur zu verstehen, muß man jedoch ihr Schweigen studieren, denn, wie ein Anstandsbuch des sechzehnten Jahrhunderts feststellt: »Wer nicht schweigen kann, der kann auch nicht reden« *(chi non sa tacere non sa parlare).*[9] Glücklicherweise erlauben die Quellen zumindest eine kurze Skizze der Sozialgeschichte des Schweigens. Damit meine ich, wer, wann, wo, und bei welchen Themen schweigen sollte, Kinder sollten in Gegenwart von Erwachsenen nicht viel sprechen.[10] Frauen wurde empfohlen, wenig zu reden, insbesondere in der Öffentlichkeit; das galt als Zeichen der Schamhaftigkeit, der *vergogna* (s. o., S. 21).[11] Insbesondere sollten sie nicht in der Kirche schwatzen, obwohl der Geräuschpegel in italienischen Kirchen während der Messe, wie wir bereits gehört haben, zumindest einige ausländische Besucher überraschte. Bei einem Verhör stumm zu bleiben, war wenigstens für manche eine ihrer Hauptsorgen. Dafür gab es ein magisches Hilfsmittel, »il maleficio della taciturnità«, wie einige Kleriker es nannten, ein Stück Papier, auf dem etwa die folgenden Worte standen:

O santa corda che legasti Cristo
lega la lingua mia
che non dica nè bono nè tristo.
Sator Aror Doroi
*Alor Arafa Aramor.**[12]

Am meisten überrascht angesichts des vorangegangenen jedoch die in manchen Anstandsbüchern vertretene Ansicht – wenn auch nicht bei Castiglione –, der Edelmann solle sparsam mit Worten umgehen. Schwatzen galt als etwas für Scharlatane, und daher haben sie auch ihren Namen bekommen, denn schwatzen heißt auf Italienisch »ciarlare«.[13]

Bis jetzt haben wir das Sprechen im frühneuzeitlichen Italien auf ziemlich allgemeiner Ebene behandelt. Es wird Zeit, die Sprechvarianten, die wichtigsten Codes und Register, wie Soziolinguisten sie bezeichnen, zu erörtern: ein »Code« ist eine Variante einer gegebenen Sprache, die von einer bestimmten sozialen Gruppe gesprochen, ein »Register« hingegen eine Variante, die in einer spezifischen Situation verwendet wird (Halliday, 1978, S. 31f, 65f).

Im frühneuzeitlichen Italien existierten nicht nur eine große Zahl von Codes und Registern nebeneinander, sondern auch eine Reihe von verschiedenen Sprachen im engeren Sinn. Im Norden gab es Gruppen mit Deutsch oder Dalmatinisch als Muttersprache (zu dieser Zeit war »Serbokroatisch« noch nicht kodifiziert); im Süden wurde zum Teil Griechisch oder Albanisch gesprochen. Zu diesen Seßhaften kommen noch die Nomaden, insbesondere die Söldner, deutschsprachige Landsknechte *(lanzichenecchi),* Griechisch oder Albanisch sprechende *stradiotti* (Stratioten). Wichtiger, zahlenmäßig bedeutender waren die Zweitsprachen, vor allem Latein, aber auch Französisch und Provenzalisch. Die beiden letzteren hatten, geschrieben und gesprochen, in Norditalien insbesondere im Spätmittelalter eine wichtige Rolle gespielt. Tatsächlich wurden einige der wichtigsten Werke der italienischen Literatur des dreizehnten und vierzehnten Jahrhunderts in französischer Sprache verfaßt, darunter

---

* O heiliger Strick, der Dich gebunden, Christus / Binde meine Zunge / Damit ich nichts sage, weder gutes noch schlechtes.

der »Trésor« von Dantes Lehrer Brunetto Latini, Martin da Canals »Cronique des Veniciens« und Marco Polos Bericht über seine Reisen, »Le divisament dou monde«, der vermutlich den Formen der gesprochenen Sprache folgt, denn er schrieb ihn nicht nieder, sondern diktierte ihn. Französisch oder »Italo-Französisch«, wie man diese Form oft nennt, scheint besonders in der Sprechdomäne des Rittertums gebräuchlich gewesen, nicht nur bei den Rittern selbst, sondern auch bei Moritatensängern, wenn sie die Geschichte Karls des Großen oder Rolands (der noch nicht »Orlando« war) erzählten. Die Sprache der Liebe andererseits war das Provenzalische, die Sprache der Troubadoure; viele italienische Dichter schrieben in ihr, nicht nur Sordello, Brownings Held, der im dreizehnten Jahrhundert in Mantua lebte (Larner, 1980, Kap. 5). Neben Französisch und Provenzalisch muß die ursprüngliche »lingua franca« erwähnt werden, die Sprache des Mittelmeerhandels, in der Französisch mit Venezianisch, Griechisch, Arabisch usw. verbunden war (Folena, 1968; Whinnom, 1977). In der frühen Neuzeit scheint davon nur noch wenig übriggeblieben zu sein, aber auf der anderen Seite erweiterte das Latein seinen Geltungsbereich.

Die Stellung des Lateins in der europäischen Kultur der frühen Neuzeit ist zu gut bekannt, um hier lange Kommentare zu erfordern, obwohl darauf hingewiesen werden muß, daß es in drei verschiedenen sozialen Kontexten oder Sprechdomänen eine gesprochene, nicht nur eine Schriftsprache war (Fishman, 1965). Erstens wurde es im Bereich der Kirche gesprochen. Es war nicht nur die Lingua franca des Klerus – ein Punkt von großer praktischer Bedeutung, besonders in Rom – sondern auch die Sprache der Liturgie und als solche mehr oder minder auch den Laien vertraut, selbst wenn sie die Sprache nicht formell studiert hatten. Zweitens scheint es im juristischen Bereich geschrieben und gesprochen worden zu sein, zumindest an einigen Gerichten, vornehmlich kirchlichen. Es ist natürlich schwierig herauszufinden wie genau die mündlichen Verhandlungen bei Gerichten abliefen, deren Akten und Protokolle in Latein verfaßt wurden. In diesem Zusammenhang sollten wir uns die Klage von Menocchio Scandella ins Gedächtnis rufen, dem Müller aus dem Friaul, der von Carlo Ginzburg vor kurzem wiederbelebt worden ist: »Ich denke, Latein zu sprechen, ist ein Betrug an den Armen, weil die Armen in Prozessen nicht wissen, was gesagt wird, und zermalmt werden; und wenn sie vier Worte sagen wollen, brauchen sie einen Anwalt« (Ginzburg, 1975, dt. 1979). In England hatte das sogenannte »Juristenfranzösisch« eine ähnliche Funktion. Schließlich wurde auf akademischem Gebiet weitgehend Latein benutzt. Vorlesungen an den Universitäten wurden in lateinischer Sprache gehalten, desgleichen die »Disputationen«, in denen Studenten lernten zu argumentieren und in denen sie geprüft wurden. Die »Deklamationen«, die ihnen rhetorische Praxis vermittelten – so wie die Disputationen logische – verliefen ebenfalls auf Latein. In den Lateinschulen war Latein nicht nur hauptsächlicher Unterrichtsgegenstand, sondern auch Unterrichtssprache. Lateinische Grammatiken waren in lateinischer Sprache verfaßt. Die Schüler sprachen im Unterricht Latein, ob sie Szenen aus Stücken darstellten oder nur einfach um Entschuldigung baten. Und schließlich wurde von ihnen verlangt, daß sie auch beim Spielen lateinisch redeten; ein Spitzel (»lupus«, d.h. Wolf) wurde ernannt, der jeden melden sollte, der in die Umgangssprache abglitt. Davon abgesehen, insbesondere zu Beginn unseres Zeitraums, scheinen gebildete Männer ziemlich häufig ihr Italienisch, oder sogar ihren Dialekt, schriftlich und beim Sprechen mit lateinischen Ausdrücken gespickt zu haben, etwa »per viscera misericordiae Dei« (bei den Eingeweiden der Barmherzigkeit Gottes), »Est non dubito« (Es gibt/ist, ich zweifle nicht …), et cetera.[14]

Was bei der Soziolinguistik des frühmodernen Italien am meisten auffällt, ist die Vielfalt regionaler Codes, Dialekte und Mundarten, vom Piemontesischen und Lombardischen (in seinen vielfältigen Formen) bis zum Neapolitanischen und Sizilianischen. Der Gebrauch dieser Dialekte allerdings ist bis heute ziemlich unklar geblieben und bedarf noch einiger Forschungsarbeit. Wahrscheinlich haben die meisten Gebildeten während der Zeit, die wir im Auge haben, zumindest einen Dialekt beherrscht und bei Gelegenheit auch gesprochen. Das Problem ist, bei welchen Gelegenheiten, d. h. es bleibt zu klären, nach welchen Regeln man von einem Code zum anderen wechselte, vom Dialekt zum höher rangierenden Toskanisch, das dann schrittweise zum Standard-Italienisch wurde. Wahrscheinlich sprach ein städtischer Patrizier, der Landgüter besaß, mit seinen Bauern in der Mundart. Sprach er mit seinen Dienern im Palast in der Stadt Dialekt? Unterhielt er sich mit seiner Frau im Dialekt? Über die Erziehung und Bildung von Frauen in dieser Zeit ist zu wenig bekannt (vgl. Masetto Zannini, 1980), aber es scheint eher unwahrscheinlich, daß viele Frauen etwas anderes als ihre heimatliche Mundart fließend gesprochen hätten. Einen spezifischen Dialekt zu sprechen, konnte auch zur Hervorhebung, als Symbol eines besonderen gesellschaftlichen Ereignisses dienen. In Mailand entschied sich zum Beispiel um 1600 eine Festgesellschaft, zu der einige Adlige und der Maler Lomazzo gehörten, miteinander in der Mundart des Val di Bregno zu sprechen, der Gegend, aus der die Weinträger der Stadt Mailand stammten, so als ob dieser Dialekt für sie ein Zeichen für Wein und festliches Treiben war.[15]

Der Dialekt kann jedoch im frühmodernen Italien kaum das Symbol für Informalität gewesen sein, zu dem er später wurde, denn man sprach ihn auch bei offiziellen Gelegenheiten. Nehmen wir Venedig als ein Beispiel, das recht gut erforscht ist (es ist allerdings noch zu früh zu entscheiden, ob es in der Art seines Dialektgebrauchs ein besonders typisches Beispiel war). In Venedig sprachen Patrizier nicht nur privat miteinander Venezianisch, sondern beispielsweise auch bei Sitzungen des Großen Rats und des Senats (Georgelin, 1978, S. 977, Anm. 230; Finlay, 1980, S. 229). Advokaten sprachen bei Gericht Venezianisch, im Unterschied zum Latein, das, wie wir bereits erwähnten, bei kirchlichen Gerichten in Gebrauch war (Vianello, 1957). Diese Wahl ist nicht schwer zu erklären: der Gebrauch des Dialekts symbolisierte die venezianische Autonomie. Andererseits war der Dialekt verbunden – oder wurde es zunehmend – mit gewöhnlichen Leuten und der Volkskultur. In Ruzzantes Stücken vom Anfang des sechzehnten Jahrhunderts sprechen Paduanische Patrizier wie Sier Tomao Dialekt; in den Stücken Goldonis, in der Mitte des achtzehnten Jahrhunderts, sprechen die Patrizier Italienisch und überlassen den Dialekt ihren Dienern oder Bootsleuten und Bauern. Der Dialekt begann, an Ansehen

RAFFAEL
Baldassare Castiglione

TIZIAN
Kardinal Pietro Bembo

zu verlieren, er wurde zunehmend als Nicht- oder Anti-Sprache betrachtet (so daß das Wort »lingua« entweder Sprache im allgemeinen oder Standard-Italienisch bedeuten konnte). Es gibt noch andere Belege für diesen Rückzug aus dem mundartlichen Sprachgebrauch, der parallel auch in Frankreich und anderswo zu beobachten ist; das ist nicht unwichtig, denn Stücke sind zwiespältige Zeugnisse. Die gedruckten Texte sind mehr oder wenig zuverlässige Belege für diese wichtige Form gesprochener Sprache. Von ihnen aber auf den Sprachgebrauch im Alltagsleben zu schließen, ist sehr viel gefährlicher, weil sowohl die Codes wie die Botschaften der Stücke mehr als eine Bedeutungsebene haben. Ruzzante zum Beispiel, mit richtigem Namen Angelo Beolco, schrieb seine Stücke in der Mundart des Paduaner Umlands, um die städtischen Patrizier Paduas und Venedigs zu amüsieren. Er schrieb zu einer Zeit, als der gehobene Stil des literarischen Italienisch kodifiziert wurde – zufällig von einem venezianischen Patrizier, Pietro Bembo. Sein Gebrauch des Dialekts könnte sowohl Bembos Empfehlung folgen, über »niedere« Themen in »niederem« Stil zu schreiben, als auch – im Gegenteil – eine Kritik an Bembos gehobenem Stil zum Ausdruck bringen. An einer Stelle sagt Ruzzante, der Bauer (gespielt von Ruzzante, dem Dramatiker): *»no è pi belo a dire mi ca io?«* [»ist es nicht schöner, ›ich‹ im Dialekt zu sagen?« Unübersetzbar: die ich-Form im Dialekt ist mi, die gehobene io. Eine Unterscheidung, die es im Frz. (moi, je) oder Engl. (me, I) ebenfalls gibt/A.d.Ü.].

Eine Landkarte mit den Varianten der gesprochenen Sprache im frühneuzeitlichen Italien würde sich nicht auf Dialekte beschränken. Es gab auch Sprachen, die mit bestimmten Berufen verknüpft waren, Formen des Slang, des Jargons, des Argot. Eine der bekanntesten und am höchsten entwickelten war das Rotwelsch der Gauner, von dem im Kap. 6 die Rede war, eine echte »Anti-Sprache« für eine Gegenkultur. Wir sind darüber relativ gut unterrichtet, weil es während der Renaissance das Interesse einiger Autoren auf sich zog. Der Florentiner Luigi Pulci zum Beispiel, im fünfzehnten Jahrhundert lebend und Verfasser komischer Gedichte, hinterließ ein kleines Manuskript, einen Wortschatz des Jargons der Bettler und Diebe mit 51 Worten und Ausdrücken. Das Fenster hieß zum Beispiel »das windige« *(ventosa)*; die Straße hieß »die staubige« *(polverosa)*, Geld »die kleinen Braunen« *(brunetti)* usw. Ein hand-schriftliches Wörterbuch, von unbekannter Hand etwa um 1500 zusammenge-stellt, enthält fast 250 Ausdrücke dieser *lingua furbesca* [etwa: Sprache der Gerissenen/A.d.Ü.]; einer der faszinierendsten ist *turcare* für gehen. Das erste gedruckt veröffentlichte Wörterbuch dieser Art war die »Neue Methode, den Jargon zu verstehen« *(Nuovo modo di intendere la lingua zerga)* aus dem Jahre 1545, das Verse mit einem Wortschatz von über 600 Ausdrücken kombiniert, darunter lebendige Ausdrücke für stehlen (»lüpfen«, *alzare*, »fischen«, *pescare*, »jäten«, *gramignare*, usw.), sprechen (»singen«, *canzonamento* oder *contra-punto*), gehängt werden (»in die Picardie gehen«, ein Wortspiel mit dem normalen Wort, *impiccare*, und den *picardi*, den Zigeunern).[16] Eine Reihe von Ausdrücken aus der letzten Sammlung tauchen in den Aussagen von Pompeo und Girolamo wieder auf (s. o., S. 68), samt dem Bericht über eine Vollver-sammlung der Gauner, die ihr Rotwelsch ändern wollten *(mutare il gergo di parlare)*, weil Außenstehende es durchschaut hatten.

Es gibt eine Reihe anderer Berufsjargons oder Sprechdomänen, obwohl keine so reich belegt ist wie die Anti-Sprache der Unterwelt. Ein Ehrenplatz gebührt der »höfischen Sprache« *(la cortegiana lingua)*, einer Sprachvariante, die von bestimmten Leuten, an bestimmten Orten, für gewisse Themen verwen-det wurde. Für sie bleibt Castigliones berühmter »Hofmann« der beste Führer, das Werk eines teilnehmenden Beobachters, der diese Sprechdomäne von innen kannte, aber genügend Abstand besaß, um ihre Grundzüge analysieren zu können. Will man den Hof als eine Subkultur analysieren (die Sprache einge-schlossen), so besteht eine der Hauptschwierigkeiten darin, daß er ein kultu-relles Modell darstellte. Es ist deshalb schwierig, seinen Jargon von dem zu unterscheiden, was bereits in den allgemein höflichen Sprachgebrauch Eingang gefunden hatte. Auch einige an Berufe gebundene Sprachvarianten lassen sich im frühneuzeitlichen Italien feststellen. Am deutlichsten tritt die Sprache der Juristen hervor, »ein barbarischer Jargon, den sie die Sprache des Rechts nennen«, wie Giuseppe Baretti damals urteilte.[17] Juristen waren dafür bekannt, in einer Mischung aus Latein und Umgangssprache zu reden und zu schreiben, *macaronica verba*, wie ein Autor sie beschrieb, ein Ausdruck, den man in etwa mit »Knödeldichtung« übersetzen könnte. Der Autor war Teofilo Folengo (1496-1544), der sich einen Ruf als Verfasser komischer Verse in Makkaroni-Latein erwarb, d. h. einem Latein, das so behandelt wurde, als ob es Italienisch wäre. Es ist mehr als wahrscheinlich, daß er eine gesprochene Sprache oder Anti-Sprache für literarische Zwecke ausschlachtete, eine Sprache, in der sich Studenten über die akademische Kultur mokierten, mit ihrem steifen, gezwun-genen Latein, das sie wohl oder übel ertragen mußten (vgl. Paoli, 1959). Eine weitere Subkultur war die Welt der Soldaten, die ihre eigene Sprache besaßen, oder besser, einen ganzen Satz von Sprachen, darunter das Deutsch-Italienisch der Landsknechte (der »lanzichenecchi«, wie die Italiener sie nannten), eine Sprechvariante, die einem Linguisten zufolge die typischen Züge eines Pidgin aufweist (Coates, 1969).[18]

Keine Sprachkarte des frühmodernen Italien aber kann sich auf regionale oder berufsgebundene Sprechvarianten beschränken. Die Art, in der sich verschiedene soziale Gruppen miteinander verständigten, verdient ebenfalls Erwähnung. Für den modernen Leser ist einer der erstaunlichsten und in der Tat fremdartigsten Züge der Texte aus dieser Zeit die Sprache der Hierarchie, die Förmlichkeit der Anredeformen, der ausgeklügelte Wortschatz, mit dem man Ehrerbietung ausdrückte. Sie alle konnte man in der Schriftsprache ebenso antreffen wie im mündlichen Sprachgebrauch. Ein klassisches Beispiel einer Anredeform, welche die soziale Hierarchie zugleich zum Ausdruck brachte und stärkte, ist das nicht-reziproke »tu«, das natürlich nicht auf Italien beschränkt war (Brown und Gilman, 1960). Als 1378 in Florenz ein Schuster den Patrizier Carlo degli Strozzi mit »tu« anredete, war dieser Vorfall eine Notiz in einer Chronik wert, als ein Zeichen, daß der Aufstand der ungelernten Wollkämmer, der Ciompi, die Welt auf den Kopf zu stellen begann.[19]

Einige der wichtigsten Punkte, auf die man in der Sprache der Hierarchie achten muß, hat der Genueser Patrizier Andrea Spinola, ein Kritiker der gesellschaftlichen Ungleichheit in seiner Zeit, dem frühen siebzehnten Jahrhundert, angenehmerweise für uns festgehalten. Er warnte junge Männer seiner Schicht davor, den Granden zu spielen, indem sie zu den Nachtwachen »tu« sagten. Er beschrieb, wie seine Mitbürger – »mit Geld und Phantasie besser ausgestattet als mit Weisheit« – zwischen dem Grüßen von Gleichgestellten – etwa »ich empfehle mich« *(mi raccomando)* oder »ganz der Ihre« *(son tutto suo)* – und dem Gruß unterschieden, der Höhergestellten galt – »küß die Hand« *(bacio le mani)* oder »Ihr Sklave« *(vostro schiavo)*. Die Höhergestellten gewidmeten Grüße bezeugten eine Ehrerbietung, die Spinola als »einer freien Stadt unwürdig« verwarf.[20] Genua besaß wie Venedig und Florenz eine lange republikanische Tradition. Diese Formen der Höflichkeit und Ehrerbietung müssen in ihrem sozialen Kontext gesehen werden, im Rahmen einer Gesellschaft also, in der es natürlich war, andere als höher oder niedriger stehend wahrzunehmen und sich entsprechend zu verhalten. In dieser Umgebung wurde Ehrerbietung nicht allein dadurch ausgedrückt, daß man »Ich küsse Ihre Hände« sagte, sondern es auch wirklich tat, durch den Tonfall, dadurch, daß man Meinungsverschiedenheiten mit einem Ranghöheren vermied oder sie zumindest in mehrere Schichten von Umschreibungen hüllte usw., wie Della Casa empfiehlt (Kap. 22-23).

Nachdem man auf so viele Beispiele der Sprache gestoßen ist, in denen Rangunterschiede ausgedrückt werden, überrascht die Entdeckung, daß im Jesuitenkolleg von Bologna im siebzehnten Jahrhundert die Lehrer alle Schüler mit dem höflichen »voi« anredeten (es muß auch damals überraschend gewirkt haben, denn jemand machte sich die Mühe, es festzuhalten). Waren die Jesuiten Pioniere der Gleichheit? Wahrscheinlicher ist, daß sie so dem Widerspruch zwischen ihrem höheren Rang – als Lehrer – und dem höheren Rang ihrer Schüler – als Adlige – zu begegnen versuchten. Entsprechend redeten sie Schüler mit Namen zum Beispiel als »Conte Pepoli« an, statt als »Pepoli« oder »Signor Conte« (Vornamen wurden nicht benutzt, und falls zwei Brüder in derselben Klasse waren, sprach man wie in englischen Public Schools vom »jüngeren Gonzaga«, oder genauer »Marchese Gonzaga Minore«)[21]

Nach dieser Kartenskizze der Sprechvarianten im frühneuzeitlichen Italien ist es Zeit, die am wichtigsten erscheinenden Veränderungen während dieser Zeitspanne zu umreißen. Vier Punkte in einem Komplex von miteinander verknüpften Veränderungen lassen sich unterscheiden.

1. Der Niedergang des gesprochenen Französisch und Latein. Für das Französische war dieser Niedergang um 1500 bereits weitgehend abgeschlossen; der des Latein ist beträchtlich schwieriger zu datieren. Der Vorschlag einer Gruppe von Kirchenreformern im Jahre 1513, die Landessprache in der Liturgie – und von Notaren – zu benutzen, hatte keinen Erfolg (Prosperi, 1981, S. 206), denn er geriet bald in den Geruch reformatorischer Lehren. Das Italienische begann jedoch, in den akademischen Bereich einzudringen. Wenn auch die Jesuiten auf dem Gebrauch von Latein in ihren Schulen bestanden – andere Orden wie die von Calasanzo gegründeten Piaristen (s. o., S. 62), die sich auf arme Kinder konzentrierten, führten die Landessprache ein (Brizzi, 1976, S. 23, 225). Mitte des achtzehnten Jahrhunderts begannen sich auch die Universitäten zu ändern. In Neapel zum Beispiel war der große Politökonom Antonio Genovesi der erste Professor, der seine Vorlesungen in italienischer Sprache hielt. Schrittweise vergrößerte die Landessprache ihren Geltungsbereich.

2. Mit den Funktionen der Landessprache wandelten sich auch ihre Formen. Um 1300, zur Zeit Dantes, und wieder um 1500, zur Zeit Bembos, gab es anscheinend ein stärkeres Bedürfnis als zuvor nach einer – gesprochenen und geschriebenen – Landessprache, die »korrekt« war, einem »Standard« folgte. Es gab eine lange Debatte über die Form dieser gereinigten Umgangssprache, die *questione della lingua*. In der Praxis kam die Aufgabe dem Toskanischen zu, das sich in anderen Regionen verbreitete, zumindest unter Männern hohen Ranges, aber es läßt sich nicht mit letzter Sicherheit bestimmen, wann sich dieser Wandel vollzog und wie weitgehend das Toskanische bei seiner Übernahme modifiziert wurde.

Als sich das Toskanische verbreitete, versuchten einige Intellektuelle, es zu kodifizieren, Regeln für das Sprechen und Schreiben aufzustellen, die sich auf den Sprachgebrauch der großen Autoren der Vergangenheit stützten, vor allem auf Dante, Petrarca und Boccaccio. Das wurde zum Beispiel von Bembo verfochten, während die Florentiner Akademie 1550 ein Komitee bildete, das eine Grammatik vorbereiten sollte. Der große Sprachrichter aus dem letzten Drittel des sechzehnten Jahrhunderts, Leonardo Salviati, gründete eine andere Akademie, die *Crusca*, um das Mehl von der »Kleie« zu trennen, nach der sie benannt ist. 1612 hatte diese Akademie ihr Wörterbuch fertiggestellt.

Von einem vergleichenden Standpunkt aus muß die relative Autonomie des Aufstiegs des Toskanischen betont werden. Die Sprachhegemonie des südöstlichen Englisch, des nordöstlichen Französisch, Kastilisch und Mandarin-Chinesisch zum Beispiel erscheint immer als ein Ergebnis der politischen Dominanz dieser Regionen über ihre Nachbarn. In Italien jedoch ist dieser Prozeß vermutlich ganz anders abgelaufen. Die Hegemonie des Toskanischen von Florenz über andere Formen, etwa das Sienesische, ließe sich noch vernünftigerweise politisch erklären, nicht aber die Vorherrschaft des Toskanischen über andere regionale Dialekte. Damit wird nicht gesagt, die Sprachfrage sei in der frühen Neuzeit ein von der Politik völlig losgelöstes Problem. Im Gegenteil: Cosimo de'Medici, der erste Großherzog der Toskana, zeigte ein reges Interesse an einer Förderung des Toskanischen, das er als Prestigequelle für sein Regime zu betrachten schien; er gründete die Florentiner Akademie zum Teil in dieser Absicht (Bertelli, 1976). Seine absolute Monarchie – oder Mini-Monarchie – war der in Frankreich unter Richelieu und Ludwig XIV. entwickelten nicht unähnlich (und die von Richelieu gegründete Académie Française verdankt Cosimos Beispiel einiges). Die Großherzöge der Toskana übten jedoch keinerlei Hegemonie über Italien aus, so daß die Verbreitung dessen, was man das »Standard-Toskanische« nennen könnte, nicht politisch, sehr wohl aber kulturell erklärt werden kann. Dante, Petrarca und Boccaccio waren allesamt Toskaner; es waren ihre literarischen Leistungen, die zur Verbreitung ihrer Sprache führten. Die Toskanisierung ist der Triumph eines kulturellen, nicht eines politischen Zentrums über seine Peripherie. Das Argument, das ein Historiker der politischen Geschichte höchstens anbringen könnte, wäre, daß diese Freiheit von politischem Druck selbst eine politische Erklärung hat: das politische Gleichgewicht – oder Vakuum – im Italien dieser Zeit, das den kulturellen Faktoren freien Lauf ließ. Die Verbreitung des Buchdrucks ist ein weiterer Faktor, der in jeder Diskussion der Toskanisierung in Betracht gezogen werden muß, aber wie die Politik spielte auch er nur eine zweitrangige Rolle. Im frühneuzeitlichen Europa förderte die Verbreitung des Buchdrucks primär die Normierung der Schriftsprache, erst zuletzt auch die der gesprochenen Sprache. Aber erklärt wird dadurch, wie der Gewinner dieses Wettrennens zwischen Dialekten seinen Vorsprung vor seinen Konkurrenten vergrößerte, nicht, wie er den ersten Platz erobern konnte.

3. Ein weiterer Trend in der Sprachentwicklung des sechzehnten und siebzehnten Jahrhunderts ist, daß die Anredeformen zunehmend förmlicher und ausgefeilter wurden. Ein berühmtes Beispiel ist das Aufkommen eines neuen Pronomens für die höfliche Anrede, »lei« (Er, Sie – 3. Pers. Sing.), das eine Reihe von Traditionalisten des sechzehnten Jahrhunderts wie Annibale Caro, Girolamo Muzio, Girolamo Ruscelli und Claudio Tolomei bedauerten (Croce, 1917; Weise, 1961, Kap. 3; Brunet, 1978). Außerdem schossen Titel wie Pilze aus dem Boden. Wenn wir zeitgenössischen Klagen Glauben schenken wollen, waren »Messer« und »Signore« oder »Signora« auf der sozialen Stufenleiter so tief gesunken, daß sogar Lastträger und Prostituierte erwarteten, damit angeredet zu werden. Leute von höherem Rang fühlten sich dadurch wiederum genötigt, die Sprachinflation anzuheizen, indem sie sich die ehemals aristokratischen »Eccellenza«, »Magnificenza« usw. zulegten. Wie ein Satiriker klagte, »brauchst Du ab jetzt ein Nachschlagewerk, um richtig zu sprechen«

(bisognerà tenerne un calendario). Man muß solche Bemerkungen nicht wörtlich nehmen, um zu erkennen, daß es einen realen Trend zur Titelinflation gab, ein sprachliches Äquivalent zum wachsenden demonstrativen Konsum in der frühen Neuzeit (s. u., Kap. 9). Damit einher ging ein Trend zur Kodifizierung. 1630 zum Beispiel wurde den Kardinälen ein Titel förmlich verliehen, mit dem sie seither angeredet werden: »Eure Eminenz« (Pastor, Bd. 13.2, S. 703 und Anm. 1). Als sich der bereits erwähnte Florentiner Patrizier Tommaso Rinuccini an seine Jugend erinnerte, bemerkte er, daß damals in seinen Kreisen Männer einander mit »Vostra Signoria« anredeten, was aber durch »Hochverehrtester« *(illustrissimo)* ersetzt worden sei, im mündlichen wie in der Schriftsprache. Auch dieser Ausdruck habe sich mit der Zeit so sehr abgenutzt, daß »sogar gewöhnliche Leute ihn gegenüber Edelleuten verwendeten, sogar die Armen, wenn sie um Almosen betteln«. Auch wenn wir seine Sehnsucht nach einer Welt, die er verloren hatte, berücksichtigen, wir sollten Rinuccinis Zeugnis dennoch ernstnehmen. Es weist uns darauf hin, daß die Bemerkungen ausländischer Reisender, Engländer vor allem, über die blumigen Anredeformen in Italien in einen chronologischen Kontext eingefügt werden müssen. Fynes Morison zum Beispiel, der in den 1590er Jahren in Italien war, notierte, daß der Ausdruck »Signore« so »abgewertet« sei, daß jedermann damit angeredet würde. Coryate beobachtete 1608, daß ein Italiener eine ähnliche »Umschreibung« auch benutzen würde, wenn er Lateinisch redete: »Zum Beispiel wird er nicht sagen, Placet ne tibi (möge es Dir gefallen), sondern Placet ne dominationi tuae oder vestrae (möge es Deiner oder Euer Gnaden gefallen). So daß sie ganz gewöhnlich jene Umschreibung gebrauchen, sogar gegenüber dem Geringsten.« John Ray, in den 1660er Jahren in Italien, traf eine ähnliche Feststellung über die Umgangssprache. »Ich denke, daß die Epitheta, die sie Personen von niederem Stand verleihen, etwas extravagant, um nicht zu sagen lächerlich sind, wenn sie etwa einen gewöhnlichen Kaufmann ›Signor molto magnifico‹ oder ähnlich betiteln«.[22]

Warum es zu diesem Wandel kam, ist eine Frage, die Historiker genauso fasziniert hat wie die Zeitgenossen. Die traditionelle Erklärung, die auf die frühe Neuzeit selbst zurückgeht – auf Traiano Boccalini zum Beispiel – und in der Folge von Historikern wie etwa von Benedetto Croce übernommen wurde, lautet: unter dem Einfluß Spaniens, das seit der Mitte des sechzehnten Jahrhunderts in Mailand, Neapel und Sizilien herrschte, und dessen Kultur bereits für ihren förmlichen und zeremoniellen Charakter berühmt war.[23] Die Inflation von Formen der Höflichkeit und Ehrerbietung war jedoch bereits in den 1540er und 1550er Jahren vermerkt worden, so daß spanischer Einfluß – der in anderen Bereichen, zum Beispiel in der Kleidermode und möglicherweise im Ritual feststellbar ist – nur eine bereits begonnene Entwicklung beschleunigt haben kann, nicht mehr (Brunet, 1978, S. 308). Einen wichtigen Anhaltspunkt bei der Suche nach einer Erklärung liefert, was man die politische Geographie der Ehrerbietung nennen könnte. Die Opposition gegen diesen Trend war in den überlebenden Republiken am größten: in Venedig, wo Boccalini lebte und schrieb, und wo 1632 ein Patrizier einen anderen denunzierte, weil er den Ausdruck »Exzellenz« (Eccellenza) benutzt hatte; und in Genua, wo der bereits zitierte Andrea Spinola ähnliche Töne anschlug. Es ist durchaus plausibel, daß der wesentliche Grund für die Veränderung der Anredeformen in Italien ein politischer war: der Niedergang der Stadtrepubliken mit ihrer Ideologie der Gleichheit und der Aufstieg der Mini-Monarchie mit ihrer Ideologie übertriebener Ehrerbietung. Man kann das Argument auch so wenden, daß scheinbar triviale Veränderungen in der Sprache wie das Aufkommen von »illustrissimo« Indikatoren für Veränderungen in den Sozialbeziehungen sind oder – noch spekulativer –, daß die Inflation oder Demokratisierung ehrender Bezeichnungen ein Mittel war, mit dem sich Handwerker und Ladenbesitzer gegen eine striktere soziale Hierarchie, die ihnen aufgezwungen wurde, zur Wehr setzten, um zugleich ihren eigenen Sinn für Ehre zu bekräftigen. Einige Historiker würden diesen Wandel als Teil der »Refeudalisierung« der italienischen Gesellschaft im sechzehnten und siebzehnten Jahrhundert beschreiben. Ich selbst möchte diesen Begriff lieber nicht benutzen, der früher eine präzise technische Bedeutung hatte, jetzt aber selbst in Gefahr ist, durch inflationären und wahllosen Gebrauch entwertet zu werden. Und ich bin nicht gerade glücklich über Versuche, den Aufstieg der Ehrerbietung wesentlich ökonomisch statt politisch und sozial zu erklären. Obwohl ich selbstverständlich mit den Vertretern der Refeudalisierungsthese (die weiter unten, im Kap. 10, erneut diskutiert wird) darin übereinstimme, daß kulturelle Veränderungen dieser Art isoliert von ihrem sozialen und politischen Kontext nicht zu verstehen sind.

4. Diese Trends zu Förmlichkeit, zu Regeln und zur Toskanisierung waren nicht unumstritten. Wie wir gerade gesehen haben, protestierten eine Reihe von Autoren, republikanische Patrizier und andere, gegen den wachsenden Wortschatz der Ehrerbietung. In der Mitte des achtzehnten Jahrhunderts, wenn nicht bereits vorher, hatten diese Proteste die Dimensionen eines Trends erreicht. In Venedig gründete zum Beispiel Gasparo Gozzi 1747 die Accademia Granellesca, um Schlichtheit in der Sprache zu fördern. Ein Artikel, den er 1760 in der »Venezianischen Gazette« veröffentlichte, warf die Frage der Anredeformen auf und plädierte dafür, Niedriger- und Gleichgestellte am besten mit »Signor« oder nur mit dem Nachnamen anzureden, das sei herzlicher und aufrichtiger. In Mailand vertrat der Patrizier Pietro Verri, ein Bewunderer Rousseaus, in seinem Artikel über »Tu, Voi und Lei« einige Jahre später eine ähnliche Position: er belustigte sich über seine italienischen Landsleute, weil sie als »Signoria« angeredet werden wollen, wie »so viele Sultane«, pries die Quäker für ihre schlichte Sprache und empfahl, ihrem Beispiel zu folgen.[24] In Rom war Papst Benedikt XIV., ehemals ein Bologneser Patrizier, dafür bekannt, daß er schlichtes, zwangloses Sprechen schätzte (Pastor, Bd. 16.1, S. 23-30).

Andere reagierten nicht weniger entschieden auf den Versuch von Pietro Bembo u.a., Regeln für korrektes Sprechen durchzusetzen. Mit ziemlicher Sicherheit zum Beispiel hat Pietro Aretino seine Dialoge, Briefe und Stücke aus den 1520er und 1530er Jahren auch als Repliken auf Bembo konzipiert. Die umgangssprachlichen Ausdrücke, Flüche und Zoten, die er so freigebig in seine Texte einstreut, waren ein bewußter Gebrauch dessen, was Bembo als »Anti-Sprache« betrachtet hätte. Die Anspielung auf Bembo ist besonders durchsichtig, wenn Aretino eine Frau erwähnt, die erklärte, daß man ein Fenster einen »balcone« zu nennen habe, nicht eine gewöhnliche »finestra«, daß ein Gesicht als »viso« statt als vulgäre »faccia« bezeichnet werden müsse usw.[25] Man sollte nicht vergessen, daß Aretino Sohn eines Handwerkers war; offensichtlich hielt er akademische Regeln für unnötig und hochtrabendes Geschwätz. Er wurde darin von dem Florentiner Schuhmacher Gianbattista Gelli unterstützt, dessen Reaktion auf die Ernennung eines Komitees der Florentiner Akademie, das eine Grammatik der Landessprache vorbereiten sollte – immer noch ein ungewöhnliches Unterfangen – in der Frage bestand »Was kommt zuerst? Schaffen Regeln Sprachen, oder Sprachen Regeln?«[26] Widerstand gegen die Toskanisierung zeigt sich am deutlichsten am Beispiel Paolo Benis. Beni, der an der Universität von Padua lehrte, veröffentlichte 1612 ein Buch mit dem Titel »Anticrusca«, mit anderen Worten einen Angriff auf die Autorität des kurz zuvor veröffentlichten Wörterbuchs der Accademia della Crusca und eine Verteidigung der »Anti-Sprache« – in den Augen der Crusca – gegen das Standard-Toskanisch. Der Erzherzog der Toskana schrieb sofort an den venezianischen Senat und forderte ihn auf, Benis Buch zu verbieten, eine Forderung, welche die Bedeutung unterstreicht, die zumindest einige Herrscher im siebzehnten Jahrhundert der Sprachpolitik zumaßen. Diese Beispiele des Widerstands gegen die neue Orthodoxie sprechen für sich selbst; andere sind problematischer. Sollten wir zum Beispiel Ruzzantes Stücke mit ihrer Paduaner Mundart dazuzählen? Und wie halten wir es mit den venezianischen Patriziern, die im siebzehnten und achtzehnten Jahrhundert weiterhin Gedichte im Dialekt schrieben? Der Dialekt mag ein unbewußter Ausdruck regionalen Konservativismus sein. Aber er mag auch bewußt gebraucht worden sein, um ein Publikum zu belustigen, das jetzt auf Toskanisch eingestimmt war. Vielleicht aber äußert sich darin auch ein Protest gegen die sprachliche Hegemonie des Toskanischen. Jeder Fall muß natürlich für sich in seinem jeweiligen Kontext betrachtet werden, aber eine allgemeine Schlußfolgerung scheint sich doch aus diesen in Fülle vorhandenen, zwiespältigen Einzelfällen zu ergeben: Der Effekt der Standardisierung bestand nicht so sehr darin, die Alternativen zum korrekten Sprechen aus dem Rennen zu werfen, als vielmehr ihre Bedeutung zu wandeln. Klassizismus und Anti-Klassizismus, Sprache und Anti-Sprache entwickelten sich zusammen und nährten einander (vgl. Segre, 1953, und Borsellino, 1973).

Nicht das unwichtigste Resultat der Kontroversen über die korrekte Sprache im frühneuzeitlichen Italien bestand darin, daß das Sprachbewußtsein der Menschen auf ein bis dahin beispielloses Niveau gehoben wurde und sie sich auch stärker als bisher für die Geschichte ihrer Sprache interessierten. Im fünfzehnten Jahrhundert debattierten zwei italienische Humanisten über die Frage, ob die Römer Latein oder Italienisch gesprochen – im Gegensatz zu geschrieben – hätten (Grayson, 1960). Im sechzehnten Jahrhundert erforschten Gelehrte wie Vincenzo Borghini ernsthaft die Ursprünge und Varianten des Toskanischen.[27] Wie bei vielen anderen Einrichtungen war das Interesse an der Geschichte der Sprache das Nebenprodukt von Debatten über ihre Reform.

Beleidigung und Gotteslästerung im frühneuzeitlichen Italien

»Meglio è morir che viver con vergogna«
(Lieber sterben als in Schande leben)

EINES TAGES, WIR schreiben das Jahr 1620, erlebte Ferdinando Fredini eine böse Überraschung. Der Sticker aus Mailand, der in Rom lebte, wachte eines Morgens auf und mußte entdecken, daß in der Nacht ein Unbekannter ein Stück Papier an seine Tür geheftet hatte, das sich in einer Weise über seine Ehre und die seiner Frau ausließ, die keinen Zweifel duldete. In unbeholfenen Großbuchstaben geschrieben, lautete der Text folgendermaßen:

QUI STAN LI GRAN[DISSI]MI BECCO
FERDINANDO RACAMATOR
E PUTANISSIMA SUA MOGLIE
RIFIUTO DE' GIUDEI
CHE SOL IL BOIA RESTA
CHI NE VOL DE INFAMI
VENGA CON POCHI QUATRIN
DAMI LA QUERELA BECCONE
CHE TE HO IN CULO
OVE SOLETE TENERE IL CAZZO
CHE VE SE TAGLIARA LI MOSTICCI.[1]

In der Nachbarschaft war dieser Vorfall zweifellos eine zeitlang einigen Klatsch wert, der durch die nachfolgende offizielle Untersuchung noch mehr Nahrung erhielt. Wenn man jedoch einen längeren Zeitraum ins Auge faßt, sieht man, daß es sich durchaus nicht um einen isolierten Einzelfall handelte. Aus der Sicht des Tribunals des Gouverneurs von Rom, das die Untersuchung leitete, war dieser »cartello infamante« – oder, wie ein Engländer zu der Zeit gesagt hätte, dieser ehrabschneiderische Anschlag – nur einer in einer ganzen Reihe. Neunundachtzig solcher Fälle sind in knapp hundert Jahren, von 1565-1666, belegt. Die »Dunkelziffer« von Anschlägen, die nicht untersucht und verfolgt wurden, läßt sich natürlich nicht berechnen. Zu diesen schriftlichen kommen noch die ebenfalls dokumentierten mündlichen Beleidigungen hinzu, die von Zeugen vor dem Tribunal in zahlreichen Fällen tätlicher Beleidigung belegt wurden.[2] (Der Ausdruck »insulto« kann Beleidigung in Worten oder tätliche, d. h. physische Gewalt bedeuten). Wie das Tribunal beschäftige auch ich mich mit dem Fall Fredini als einem in einer ganzen Serie, wenn auch von einem ziemlich verschiedenen Standpunkt aus – dem der Ethnographie der Kommunikation (vgl. oben s. 12ff). Dieses Kapitel versucht, Beleidigungen in ihren sozialen und kulturellen Zusammenhang einzuordnen und zu zeigen, wie diese Handlungen in einem bestimmten Sinn die Regeln brachen – und zum Eingreifen des Tribunals führten –, in einem anderen sich aber genauso eng an Regeln hielten wie ein Sonett. Sie waren stereotyp oder, wie der Linguist William Labov in einer Untersuchung über Beleidigungen in den USA sagt, »ritualisiert« (Labov, 1972). Wie das Sonett boten jedoch auch diese Regeln den schöpferischen Fähigkeiten und dem Erfindungsreichtum beachtlichen Spielraum.

Definieren wir eine Beleidigung als einen Akt der Kommunikation, der gegen ein anderes Individuum, gegen eine Gruppe oder Institution gerichtet ist. Einige moderne Linguisten (Brown und Levinson, 1978) sprechen von »Face Threatening Acts« (abgekürzt FTAs), Drohung mit Gesichtsverlust, ein Begriff, der gut zu einer Kultur paßt, in der es so sehr ums »Image« geht wie im frühmodernen Italien. Zeitgenossen sprachen je nachdem von »affronto«, »calunnia«, »parole contumeliose«, »diffamazione«, »deturpazione« (ein technischer Ausdruck, auf den wir zurückkommen müssen), »infamia«, »ingiuria«, »insolenza«, »insulto«, »maldicenza«, »mentita«, »vilipendio«, »vituperazione« usw. (Schmähung, Verleumdung, üble Nachrede, Verunstaltung, Ehrabschneiden, Beleidigung, Unverschämtheit, Beleidigung oder Beschimpfung, Lästern, freche Lüge, Verunglimpfung, Hohn und Spott). Die Fülle von Worten, mit denen man schmähte, verleumdete, beleidigte, die mannigfaltigen Bedeutungsschattierungen und feinen Unterscheidungen teilen uns bereits etwas wichtiges mit über die Kultur, in der sie gebraucht wurden. Ein Autor der Zeit widmete einen Traktat ausschließlich der *mentita* (d. h. der Lüge), und seine 68 Kapitel geben nicht nur einen guten Eindruck von der Komplexität des Themas, sondern auch davon, wie empfindlich Zeitgenossen auf diese »FTAs« reagierten. In dieser Kultur, in der – wie heute noch in weiten Bereichen der Mittelmeerwelt – Ehre, Scham und Schande eine überragende Bedeutung zukam, zerstörte eine Beleidigung das Opfer gesellschaftlich, bis sie durch eine Aktion gegen den Aggressor vergolten und ausgelöscht worden war (vgl. Berger, 1970; Bourdieu, 1969). Die in diesem Traktat über die *mentita* vorgebrachten Argumente sind also vielleicht nicht so trivial wie sie heute scheinen mögen. Kann man aus Spaß lügen, und wie soll das Opfer in diesem Fall antworten? Kann sich der Aggressor entschuldigen, ohne seine eigene Ehre anzutasten? Wie lange kann man eine Provokation hinnehmen? Welchen Unterschied macht es, wenn die Beleidigung von einem Mann ausgestoßen wird, der eine Maske trägt? usw.[3]

Soweit ich weiß, erörterten Zeitgenossen nicht das »Beleidigungs-System«, wie man es nennen könnte, als ganzes: den Wortschatz, die Medien, welche Leute – aktiv oder passiv – beteiligt waren. Dieses System muß jedoch – zumindest in Umrissen – rekonstruiert werden, bevor spezifische Fälle wie der Fredinis interpretiert werden können.

Beginnen wir mit dem stereotypen Wortschatz. In den römischen Akten waren die gängigsten Ausdrücke für Männer »Dieb« (*ladro*), »Gauner« (*furfante*), »Verräter« (*traditore*), »Faulpelz« (*poltrone*), »Spitzel« (*spia*), »Lügner« (*bugiarone*), »Zuhälter« (*ruffiano*), vor allem aber »Hahnrei« (*becco, beccone, beccaccia*) – die Italiener sind Meister der Verachtung ausdrückenden Endung – *becco contento, becco cornuto, becco fottuto, grandissimo becco* (wie im Fall Fredinis) usw. Wörtlich heißt *becco* »Ziegenbock«. Diese Tiermetapher war als Beschimpfung sehr populär, weil der Ziegenbock es zuläßt, daß sein Weibchen von anderen bestiegen wird. In einer Untersuchung der Kollektivvorstellungen in der heutigen Mittelmeerwelt hat der Anthropologe Anton Blok den komplementären Gegensatz zwischen Schafböcken (Symbol männlicher Stärke) und den dummen Ziegenböcken hervorgehoben, einen Gegensatz, den er als »einen Schlüssel zum mediterranen Ehrenkodex« bezeichnet, wahrscheinlich ein Überbleibsel aus den Zeiten der Hirtengesellschaften (Blok, 1981). Wenn man sich auf die vor dem Tribunal des Gouverneurs produzierten Zeugnisse stützt, erfreute sich dieser Code, jedenfalls die Ziegenbockhälfte, in einer europäischen Metropole des siebzehnten Jahrhunderts noch lebhafter Benutzung (nur in einem *cartello* habe ich gefunden, daß Nachbarn gewarnt und aufgefordert werden, ihre Ehefrauen einzuschließen, weil der lokale »Schafsbock« umgehe). Nach diesem auf männliche Stärke zentrierten Code beleidigte man Männer, indem man sie symbolisch in die weibliche Position brachte, mit Ausdrücken wie *becco fottuto, te ho in culo* usw., Ausdrücke, für die es heute noch Äquivalente in der Mittelmeerwelt gibt (Dundes, Leach und Ozkok, 1972; Dundes und Falassi, 1975; Brandes, 1981; Driessen, 1983). Der Wortschatz von Beleidigungen, die gegen Frauen gerichtet wurden, war ebenfalls voller Stereotype. *Bugiarona* und *poltrona* tauchen in den Dokumenten auf, zusammen mit *vigliaccha* (ein anderes Wort für Faulpelz), aber die populärsten Ausdrücke waren »Hexe« (*strega, fattuchiara*), »Kupplerin« (*ruffiana*) und vor allem »Hure« (*puttana, bagascia* usw.), mit verschiedenen unerfreulichen Adjektiven wie »schmutzig« oder »pockig« (*scrofolosa*). Während der Mann beleidigend mit einem Ziegenbock und manchmal einem Hund verglichen wird, so ist das am meisten gebrauchte Tier bei der Beschimpfung der Frau die »Sau« (*porca*; vgl. Leach, 1964).

Die Gerichtsverfahren wegen tätlicher Beleidigung zeigen im Übermaß, daß die Umgangssprache reich an solchen Beleidigungen war, wie es sich von einer Kultur erwarten läßt, in der auf Redegewandtheit großer Wert gelegt wurde und wird, Schlagfertigkeit eingeschlossen, die schnell und bissig sein muß. »Eine bissige, scharfe Zunge« (*lingua mordace*), so beschreibt man in dieser Zeit nicht selten einen Menschen, und es ist im allgemeinen schwer zu entscheiden, ob die Untertöne mißbilligend, bewundernd oder beides sind. Sogar spontane Streitereien konnten leicht zu richtigen Aufführungen werden. Ein etwas formalerer Sprechgebrauch war die Praxis, vor dem Haus seines Feindes obszöne Lieder zu singen.[4] Zusätzlich verfügten – und verfügen – die Italiener über ein reichhaltiges Repertoire an beleidigenden Gesten. Sie sind gut illustriert bei Morris (1979, Nr. 10-12), obwohl er dem Kontext zuwenig Aufmerksamkeit schenkt und nicht entscheiden kann, wie ernst die verschiedenen kulturellen Gepflogenheiten der nackten Affen im Vergleich zu ihren biologischen Trieben zu nehmen sind (vgl. Cocchiara (1932), S. 77 f.). Ein Traktat über Gesten aus dem frühen siebzehnten Jahrhundert zählt in seinem Abschnitt über Beleidigungen nicht nur auf, seinem Feind die Zunge rauszustrecken, ihn am Bart zu ziehen und ins Gesicht zu spucken, sondern auch die spezifischer mediterranen Gesten: »die Hörner zeigen« (*fare le corne*) und »die Feige bieten« (*fare le fiche*), die in einem altmodischen Italienisch-englischen

Bockssatire
(anonymer Stich, Ende 15. Jh.)

Wörterbuch definiert wird als »eine Geste frecher Verachtung, die darin besteht, die Hände auszustrecken, wobei die Daumen zwischen Zeige- und Mittelfinger geklemmt werden.«[5] Die Feige stand für die weiblichen Genitalien. Der Traktat Bonifacios, der sich mehr mit der Literatur als mit dem Leben befaßt zu haben scheint, schöpfte das zeitgenössische Repertoire beleidigender Gesten, das Gerichte, Reisende und andere Quellen uns überliefert haben, in keiner Weise aus. Als im sechzehnten Jahrhundert die berühmte römische Kurtisane Isabella de Luna eine Vorladung wegen ihrer Schulden erhielt, tat sie, als wollte sie sich mit ihr den Hintern wischen; die Geste wurde als schwere Beleidigung des Gouverneurs von Rom angesehen, denn letzten Endes kam die Vorladung von ihm.[6] In Genua im siebzehnten Jahrhundert sah John Evelyn, ein englischer Besucher, der gerne Menschen beobachtete, wie sich ein Bootsmann vor einen anderen drängte. Der Beleidigte »steckte den Finger in den Mund und biß ihn, hart am Gelenk, fast ab, dann zeigte er ihn seinem Gegner als Versicherung für eine blutige Rache«. Man muß kein überzeugter Freudianer sein, um diese Geste als Kastrationssymbol zu deuten.[7] Im vierzehnten Jahrhundert gab es so ausgeklügelte Beleidigungsrituale wie etwa, unter den Mauern einer belagerten Stadt Wettrennen von Prostituierten zu veranstalten, um ihre Bürger zu demütigen (Trexler, 1984).

Beleidigungen konnten auch bildliche Formen annehmen. In Florenz, Venedig und anderen Städten bestrafte die Kommune treulose oder hinterlistige *condottieri*, Rebellen, Bankrotteure und andere Kriminelle, indem sie ihr Bild an mehreren auffallenden Stellen und öffentlichen Plätzen anbringen ließ, vom *Palazzo del podestà* bis zum öffentlichen Bordell am Rialto, nicht selten kopfüber aufgehängt. Die Bedeutung dieser Bilder ist von Historikern erörtert worden; die Hypothesen reichen von der utilitaristischen (dem Äquivalent eines Steckbriefs, der allerdings nützlicher gewesen wäre, wenn er richtig herum gehangen hätte) bis zur magischen (analog zum Brauch, Nadeln ins Bild seines Feindes zu stechen). Die plausibelste Vermutung ist jedoch, daß diese Form symbolischer Vernichtung auf die Ehre der betroffenen Personen abzielte (Ortalli, 1979; vgl. Edgerton, 1985, bes. S. 76 f). Ähnliche Methoden wurden von Privatleuten bei nichtoffiziellen Racheakten verwendet. In Verona wurden zum Beispiel im Jahre 1475 zwei Adlige angeklagt, sie wären des Nachts mit Fackeln und bewaffneter Begleitung zum Haus eines anderen Adligen gezogen, mit dem sie eine *vendetta* hatten – zufällig nicht die Montagus und Capulets – und hätten zwei Maler bestellt, die Fassade mit obszönen Figuren zu bemalen, um Schande über das Opfer und seine Familie zu bringen (Simeoni, 1903). Ikonoklasmus hatte eine ähnliche Funktion. Beim Tod einiger Päpste – wie Julius II. und Sixtus V. – kam es zu Attacken auf ihre Statuen. 1610 in Rom kam ein Fall vor das Tribunal des Gouverneurs, bei dem es sich darum drehte, daß jemand Tinte auf das Wappenschild des Großherzogs der Toskana, das über einem Laden hing, gespritzt hatte. Die *cartelli*, mit denen sich dieser Aufsatz vorrangig beschäftigt, waren hingegen nicht selten mit obszönen Zeichnungen ziemlich stereotyper Art illustriert. Der beleidigende Mißbrauch von Leichen kann auch als eine Art Ikonoklasmus angesehen werden: sie an den Füßen schleifen, ihre Genitalien abschneiden, einen abgeschlagenen Kopf mit Orangenschalen bedecken usw. (s.u., S. 165).

Kommen wir schließlich zu schriftlichen Beleidigungen, die in Rom eine lange Tradition hatten. Lateinische Graffitti haben sich von der Antike bis zu uns erhalten. Italienische Graffitti gibt es mindestens seit dem elften Jahrhundert, in dem ein solcher, erkennbar in dieser Sprache, an eine Kirchenmauer in Rom geschrieben wurde. Er besteht aus drei Worten, »fili dele pute« (Hurensohn).[8] Die Fälle, die im sechzehnten und siebzehnten Jahrhundert vor das Tribunal des Gouverneurs kamen, betrafen ein Blatt Papier, das an die Tür des Opfers geheftet oder geklebt wurde, als symbolische Verletzung seines oder ihres häuslichen Bereichs. Diese Fälle sind offenbar von den Gerichten sehr viel ernster genommen worden als die nur mündlichen Gegenstücke, die lediglich aufgezeichnet wurden, weil eine tätliche Beleidigung folgte. Dauerhaftigkeit und Öffentlichkeit des Geschriebenen machten es in dieser nur halbwegs lese- und schreibkundigen Kultur zu einer mächtigen Waffe gegen die Ehre des Individuums.

Wer beleidigte wen? Folgen wir einem führenden Kirchenrechtler des Mittelalters, bekannt als »Hostiensis«, weil er Bischof von Ostia war; in seinem Kapitel über Flüche (»de malefidicis«) unterscheidet er Beleidigungen von Gleichrangigen, Höher- und Niedrigergestellten. Auch zwischen Gleichrangigen ausgetauschte Beschimpfungen waren strafbar. Die Stiftungsurkunde des Domkapitels von Montepulciano enthielt die Regelung, daß ein Domherr 20 Lire zahlen mußte, wenn er seinesgleichen beleidigte, während die Strafe halbiert wurde, wenn ein Kaplan betroffen war (das jährliche Einkommen eines Arbeiters oder Kaplans lag bei ungefähr 50 Lire im Jahr, Kanoniker erhielten etwas mehr).

Allgemein gesprochen wurden Beleidigungen von niedriger gegenüber höher gestellten sehr ernst genommen. In Venedig im vierzehnten Jahrhundert

GIOVANNI BELLINI
Leonardo Loredan, 1505

Pasquino
(Stich, 16. Jh.)

wurde »Gewalt in Worten« gegen den Dogen oder niedriger rangierende Beamte schwer bestraft (manchmal schnitt man dem Missetäter die Zunge ab). Im sechzehnten Jahrhundert zahlte Isabella de Luna teuer für ihre »äußerst schwerwiegende Respektlosigkeit« gegenüber dem Gouverneur von Rom – sie wurde ausgepeitscht. In Mailand wurde im Jahre 1629 ein Kaufmann wegen Mißachtung des Gerichts mit einer Geldstrafe belegt, nur weil er, als ein Bote von einem bestimmten Tribunal kam, gesagt hatte, »Ach du Schwanz, Ihr kommt bestimmt vom Richter» (Cazzo, sete stato dal sindicatore). Die bloße Verknüpfung der beiden Worte »cazzo« und »sindicatore« wurde als Beleidigung des Gerichts gewertet.[9]

Die Obrigkeit beleidigte man meist in der weniger riskanten Form von anonymen Parolen und Inschriften. Im Jahre 1500 wurden zum Beispiel über die Tür eines venezianischen Adligen, der das Amt des Stadtanwalts (»avogador del comune«) innehatte, Flugblätter (»bollettini«) gehängt, auf denen er als Dieb und Verräter bezeichnet wurde: »Paulo Pisano ladro e traditor del stato de Venetiani«. Fünf Jahre später brachte man am Rialto einen Anschlag mit einer Karikatur des Dogen an (Leonardo Loredan, zumindest in England bestens bekannt durch sein würdevolles Porträt von Bellini, das jetzt in der National Gallery hängt), mit einer Sprechblase, in der es hieß: »Mir ist alles schnuppe, solange ich fett werde, ich und mein Sohn Lorenzo«.[10] In Rom wurde diese Art, die Obrigkeit zu beleidigen, zu einer festen Einrichtung: um 1500 bildete sich eine Tradition heraus, bissige Verse in der Umgangssprache an die verstümmelte antike Statue zu heften, die als »Pasquino« bekannt war – sie gab den »Pasquinaden« ihren Namen.[11] Mit den Graffitti, die in Italien eine lange Tradition haben, wird aus Beleidigungen im Laufe der Zeit politischer Protest.

Die schwerwiegendste Beleidigung Ranghöherer durch niedriger gestellte war natürlich die Lästerung Gottes und der Heiligen. Sie scheint aber ziemlich verbreitet gewesen zu sein, jedenfalls als Abschluß einer farbigen Palette von Flüchen. Wenn wir den Zeugen venezianischer Komödien des 16. Jahrhunderts trauen können, fluchten verschiedene soziale Gruppen deutlich unterschiedlich. In dem anonymen Stück »Die Venezianerin« (*La Venexiana*) zum Beispiel sagt die sozial hochrangige Witwe Angela »bei der Liebe Gottes« (*per l'amor di Dio*), die Dienerin Oria »bei diesem Kreuz« (*per questa Crose*), der Diener Bernardo hingegen rangiert zwischen »zum Teufel« (*diavol*), »Krebsgeschwür« (*cancar*), und »Scheißblut« (*chigasang*). In den bereits besprochenen Stücken Ruzzantes (s. o., S. 87ff) können wir mindestens drei Gruppen unterscheiden, die mehr oder weniger heftig fluchen. Es gibt Mädchen wie Dina, die sich auf »bei meinem Glauben« (*sora questa fe*) beschränken; die ein Gewerbe ausübenden Männer und Patrizier wie Messer Andronico und Sier Tomao, die »zum Teufel« sagen, »bei meinem Leib« (*al corpo di mi*) oder »beim Leib der heiligen Käthe« (*al corpo die Santa Cataruza*), »beim Leib, den ich nicht nennen will« (*al corpo che no digo*); schließlich die Bediensteten und Bauern, rauhe Typen, die »beim Blut des Krebsgeschwürs« (*al sangue del cancaro*), »Blut der Wolfskrankheit« (*sangue del mal della loa*) oder einfach »Fotze« (*pota*) sagen. Diese Variation scheint die Spannung zwischen zwei Prinzipien zu verdeutlichen. Wenn man mal beiseite läßt, wie stark man bei bestimmten Gelegenheiten aus der Fassung gebracht wird, so ist klar, daß kräftiges Fluchen die Männlichkeit bestätigt, sanftes hingegen zeugt von Vornehmheit.[12]

Zumindest am kräftig fluchenden Ende des Spektrums können wir dieses Ergebnis mit anderen Quellen belegen. Benvenuto Cellini hält zum Beispiel fest, was er als spezifische Blasphemie nach Art der Peruginer identifiziert, obwohl er – oder sein Schreiber, oder sein Verleger – sich nicht getrauten, es vollständig wiederzugeben: sie beließen es bei »per lo ... di Dio«, um die Phantasie anzuregen.[13] Ein Außenstehender zumindest ist mitteilsamer. Philip Skippon, dessen scharfsinnige Beobachtungen über die Italiener wir bereits zitiert haben, hielt seine Ohren so offen wie seine Augen. »Die Venezianer (wie alle Italiener) fluchen häufig«, bemerkte er und zählte im folgenden zwölf zumeist blasphemische Eide auf: »per Dio, per Dio santo, per Diana, Corpo di Cristo, Cospetto di Dio, Cospetto di Diana usw. Manche schlagen ein Kreuz und sagen dann per questa Croce. Andere sagen, per Catzo di Dio, per Puttano di Dio. Wenn sie etwas spöttisch und verächtlich bewundern, sagen sie Catzo, Heibo.«[14]

Andere Zeugnisse stammen aus den Gerichten, denn Kirche und Staat im frühmodernen Italien befaßten sich beide mit der weit verbreiteten Gotteslästerung. Bischöfe, die ihre Diözese visitierten, fragten Pfarrpriester häufig nach »bekannten und gewohnheitsmäßigen Gotteslästerern« im Ort. Die Regierungen gaben wiederholt Dekrete gegen Gotteslästerung heraus, in Venedig gab es ein besonderes Komitee, die »Exekutoren gegen Gotteslästerung«, dessen Kompetenzen in der Praxis freilich beträchtlich weiter gefaßt waren. Die Fälle vom Ende des siebzehnten Jahrhunderts, die aus den Akten dieser Institution überliefert worden sind, zeigen, daß die Leute im allgemeinen verhaftet wurden, weil ihre Nachbarn sie angezeigt hatten. Die benutzten den berühmten »Mund der Wahrheit«, Briefkästen in Form eines Löwenmauls, für ihre Denunziationen. Das Gericht nahm die Fälle sehr ernst und bemühte sich mit großen Anstrengungen um »bloße Worte«, wie wir sie vielleicht nennen würden. Es forderte die Zeugen auf, detailliert die verschiedenen Gelegenheiten zu beschreiben, bei denen der Angeklagte solch abgedroschene Phrasen geäußert hatte wie »corpenazo di Dio«, »cospetazzo di Dio«, »pota di Dio«, »puttana« oder »puttanazza di Dio«, »sanguenazzo di Dio« »puttana di Maria Vergine«, oder bei Gelegenheit etwas erfindungsreicher »putana di San Piero con tutte le sue chiave« (Hure des hl. Petrus mit all seinen Schlüsseln).[15]

Zwei Punkte am Verhalten der Obrigkeit verdienen es, wenigstens gestreift zu werden. Erstens: sie muß die meiste Zeit ein Auge zugedrückt, genauer ein Ohr zugehalten haben. Ein paar Unglückliche landeten vor Gericht, weil sie bei einer Gelegenheit das gesagt hatten, was sie und viele ihrer Mitbürger bei vielen anderen ungestraft geäußert hatten. Man hat das Gefühl – wie so oft, wenn man Gerichtsakten aus der frühen Neuzeit liest –, daß jemand, vielleicht die Denunzianten, darauf aus war, dem Angeklagten eins auszuwischen, indem man sich auf Gesetze berief, die nur gelegentlich praktisch angewendet wurden. Zweitens: wenn die Sache vor Gericht kam, behandelte die Obrigkeit diese verbalen Handlungen – unverständlicherweise, wie ich finde – so, als ob es sich um bewußte Aggressionen gegen Gott handelte, statt um Symptome eines chronisch schlechten Mundwerks. Damit will ich nicht leugnen, daß es einige – wenige – bewußte Akte der Gotteslästerung gab, manche waren eher parasprachlich. Es ist schwer, die Handlung eines Florentiners im sechzehnten Jahrhundert anders zu deuten, der ein heiliges Bild mit Kot bewarf und dafür hingerichtet wurde (Edgerton, 1985, S. 47 f), oder die des Römers im siebzehnten Jahrhundert, der sich am Fenster – in einer klassischen Verachtungsgeste – genau zu dem Zeitpunkt entblößte, als das Altarsakrament in einer Prozession unter ihm auf der Straße vorbeigetragen wurde.[16]

Individuen beleidigten also die Obrigkeit. Aber um diesen Überblick über das Beleidigungssystem vollständig zu machen, müssen wir die Fälle einbeziehen, in denen die Obrigkeit Individuen beleidigte. Die offizielle, öffentliche Schändung von Verrätern, Feiglingen, Bankrotteuren usw. folgte ähnlichen Linien wie die privaten Initiativen, jemandem Schande anzutun, die das zentrale Thema dieses Kapitels sind (welche Praxis auch immer der anderen nachgebildet war). Die Porträts von Kriminellen an den Wänden öffentlicher Gebäude sind bereits erwähnt worden. Nach dem Aufstand von 1585 in Neapel ließ der Vizekönig eine Art Anti-Denkmal errichten, mit den Köpfen von vierundzwanzig Rebellen und einer Inschrift. In Mailand wurde nach der Pest von 1630 eine »Schandsäule« (colonna infame) aufgestellt zur ewigen Schande des Barbiers, von dem man glaubte, er habe für die Ausbreitung der Seuche gesorgt. Sie wurde von Addison in seinem Tagebuch beschrieben und von Manzoni in seinem großen Roman »Die Verlobten« (I Promessi Sposi) berühmt gemacht, der zu dieser Zeit spielt. An der Fassade der Kathedrale von Genua kann man noch immer einige Anti-Epitaphe aus dem siebzehnten Jahrhundert ausmachen, mit anderen Worten Inschriften, welche die Namen von Verrätern des Gemeinwesens in Erinnerung rufen, um ihre Ehrlosigkeit den Nachgeborenen frisch im Gedächtnis zu halten. Solche Fälle muß man im Kopf behalten, als Teil des Zeichensystems, welches das Wertesystem des frühneuzeitlichen Italiens ausdrückte, in dem Ehre und Schande überragende Bedeutung hatten.

Dieses System war nicht statisch, aber es gibt nicht viele Anzeichen des Wandels. Bei den Höflichkeitsformen (s. o., S. 90ff) sind Trends leicht auszumachen, insbesondere wurden die gängigen Floskeln immer abgegriffener und weiter entwertet. Aber es gab keine symmetrische Entwicklung des Gegenteils. Vielleicht sind Beleidigungen zu elementar, zu eng verknüpft mit dem unwandelbaren Es, während die Höflichkeit hingegen zur Sphäre des Überichs und des Zivilisationsprozesses gehört. Die einzige These über Veränderungen während der frühen Neuzeit, die ich mit einiger Sicherheit aufstellen kann, betrifft die Bestrafung von Gotteslästerung. Die Regierenden in Kirche und Staat fingen ab Mitte des sechzehnten Jahrhunderts an, sie ernster zu nehmen, vielleicht, weil sie Gotteslästerung und Ketzerei miteinander verknüpften. In Verona zeigte sich Gian Maria Giberti, ein Modellbischof der katholischen Reformation, über diese Sünde besonders besorgt. In Venedig wurden die »Exekutoren« gegen die Gotteslästerung 1537 berufen, als Teil eines allgemeineren Versuchs, die Moral in der Stadt zu reformieren (Derosas, 1980). 1559 erließ der Senat von Mailand ein Dekret gegen Gotteslästerung, und etwas später tat der Großherzog der Toskana das gleiche, genauso Papst Pius V. im Jahre 1564. Die Regierenden waren sehr empfindsam für die Ehre Gottes geworden. Gotteslästerer riskierten von nun an nicht bloß, in einem Korb getaucht zu werden, um ihre Münder auszuwaschen (ein traditionelles mittelalterliches Heilmittel) oder eine geringe Geldstrafe zu zahlen (20 soldi für die Scuola di San Rocco in Venedig im Jahre 1493; Pullan, 1971, S. 50). Jetzt liefen sie Gefahr, daß ihnen die Zunge durchbohrt oder abgeschnitten wurde, oder daß sie eine Zeitlang auf den Galeeren dienen mußten wie ein Bauer aus der Gegend von Cremona, der zu zwei Jahren Galeere verurteilt wurde, weil er zwei Worte gesagt hatte: »Dio becco« (Politi, S. 374).

Bei Beleidigungen gewöhnlicher Sterblicher ist es dagegen schwierig, einen Trend festzumachen. In Rom erließ zum Beispiel 1599 der Gouverneur, Monsignor Ferdinando Taverna, ein Edikt gegen beleidigende Anschläge, aber es scheint wenig Wirkung gehabt zu haben. Die neunundachtzig überlieferten Fälle, welche die Stadt selbst betreffen (unter Auslassung der anderen Städte wie etwa Narni, die zur Gerichtsbarkeit des Tribunals gehörten), sind ziemlich gleichmäßig über die Zeit von 1565 bis 1666 verteilt. Aus der Zeit vorher und nachher sind wenige Akten überliefert. Es wäre besonders interessant gewesen zu sehen, ob die Zahl solcher Anschläge im achtzehnten Jahrhundert zurückging, zu einer Zeit, als die Behörden gegen die überhandnehmenden Duelle einschritten und man generell überempfindlich auf seine Ehre achtete, zumindest in einem Teil der italienischen Oberschichten, so daß ein Adliger erklären konnte, es sei eine Pflicht, sich für eine Beleidigung zu rächen.[17] Dem Tribunal ist jedoch noch nicht die Aufmerksamkeit gewidmet worden, die es verdient. Es scheint nach den Richtlinien der Inquisition gearbeitet zu haben, mit Verhören der Verdächtigen in geheimen statt öffentlichen Gerichtsverhandlungen. Die Tatsache jedoch, daß die Untersuchungen gewöhnlich begannen, wenn das Opfer vor dem Tribunal erschien, um eine Klage zu erheben, läßt vermuten, daß es bei den Laien einen gewissen Grad von Vertrauen in die Rechtsprechung des Tribunals gab.

Wenn man sich die Geschichte der Beleidigung über einen langen Zeitraum hinweg anschaut, drängt sich eine Hypothese über den Wandel geradezu auf: ein traditionelles System, in dem Schande zufügen ein wichtiges Mittel der Kontrolle von Verhalten war, das die Regeln der Gemeinschaft verletzte, machte einem moderneren Platz, in dem die Unterdrückung abweichenden Verhaltens zunehmend vom Staat übernommen wurde. Das Ergebnis dieser politischen Zentralisierung war, ironisch genug, daß traditionelle Kontrolleinrichtungen wie der *cartello infamante* (ehrabschneiderischer Anschlag) zu Formen der Abweichung wurden, die es zu unterdrücken galt, und die jetzt Verfahren vor dem Tribunal des Gouverneurs nach sich zogen. Beide Systeme standen, eigentlich unnötig zu erwähnen, der Manipulation durch die interessierten Parteien offen, allerdings in unterschiedlicher Weise. Die Gerichtsakten widersprechen dieser Hypothese nicht, aber da sie so abrupt abbrechen, reichen sie auch nicht aus, um sie zu bestätigen.

Kehren wir zur Mikrogeschichte zurück. Neunundachtzig Fälle von etwa 16 000 sind nicht gerade sehr viele (obwohl die Fälle, in denen es um Beleidigungen durch Worte und Gesten und die folgenden Gewalttätigkeiten ging, sich auf ungefähr 1400 belaufen, d. h. ungefähr ein Elftel der Gesamtzahl), aber sie reichen aus, um ein Verhaltensmuster offenzulegen.

Zu diesen Fällen ehrabschneiderischer Anschläge sollten wir vielleicht eine Handvoll nichtverbaler Beleidigungen hinzufügen, bei denen die Haustür des Opfers das Ziel war. Sie gliedern sich in zwei Gruppen. Die erste Gruppe (dreizehn Fälle) wird in den Akten als »deturpazione« oder seltener als »lordatura« (Verunstaltung bzw. Besudelung) bezeichnet: die Haustür oder manchmal die Fensterläden des Klägers werden mit Tinte, Exkrementen oder Tierblut besudelt. Dieser ziemlich vage, wenn auch unerfreuliche Ausdruck von Feindseligkeit ist wahrscheinlich die städtische Entsprechung eines traditionellen ländlichen Rituals. 1599 verurteilte der Klerus in Cremona zum Beispiel den lokalen Brauch, die Türen unverheirateter Mädchen am Vorabend des St. Blasius-Tags (3. Februar) zu beschmutzen.[18] Das Medium erlaubt nur die Übertragung der einfachsten Botschaft. Ein etwas präziseres Beispiel eines nichtverbalen Akts, der Gesichtsverlust bewirken will, ist in den römischen Akten als *apposizione di corna* bekannt; sieben Fälle sind aufgezeichnet worden. Die Tür des Opfers wird mit Hörnern geschmückt, was uns zum zentralen Thema der Anschläge zurückbringt. Die Anschläge wurden ebenfalls an der Tür angebracht, gewöhnlich nachts, gelegentlich auch während der Messe, als ob man hätte sicher sein können, daß jedermann zu dieser Zeit bei der Messe war. Wenn die beleidigte Partei vor Gericht ging, um seine oder ihre verlorene Ehre durch die Strafverfolgung des unbekannten Aggressors wiederherstellen zu lassen, wurde der beleidigende Anschlag von den Gerichtsbeamten entfernt und aufbewahrt, um *exhibit A* in der Akte des Falles zu werden. Dort kann er heute noch vom Historiker gelesen werden, in vielen Fällen immer noch mit dem Siegelwachs oder der Mehlpaste, mit der er ursprünglich angeklebt worden war, auf der Rückseite des Dokuments.

Was das Tribunal *libelli famosi* (Schmähschriften) nannte, war eine Kategorie von beträchtlicher Bandbreite. In einem Fall deuteten sie ganz einfach den Liebesbrief eines Jugendlichen, der mit obszönen Zeichnungen illustriert war, fälschlich als Beleidigung; in einem anderen Fall wurde ein Liebesbrief von einer Drohung begleitet. Zu den neunundachtzig Fällen gehören auch ein elegant geschriebenes Sonett, das sich über die Ehre des unbescholtenen Empfängers ausläßt, und eine Pasquinade – im puren Wortsinn: sie war nicht an der Tür des Betroffenen, sondern an der Pasquino-Säule angebracht worden; das Verfahren wurde niedergeschlagen, als auf die Frage, »wen saht Ihr die Pasquinade lesen«, geantwortet wurde: »ich kenne niemanden in Rom«.[19] Dieser Kreis von Ausnahmen umgibt jedoch einen harten Kern stereotypisierter Fälle. Meistens zeugen die »libelli« nicht gerade von gewandtem Stil und kunstfertiger Schrift. Die meisten sind unbeholfene Erzeugnisse, in plumpen Großbuchstaben geschrieben, zweifellos, um die Handschrift des Verfassers unkenntlich zu machen und die Lesbarkeit zu verbessern (in einem Fall wurden gedruckte Buchstaben ausgeschnitten). Stil und äußerliche Erscheinung der Mehrzahl der »libelli« sind so ähnlich, daß man fast meinen könnte, wären sie nicht über mehr als ein Jahrhundert verteilt, ein und dieselbe Person hätten sie geschrieben, in solchem Maß folgte das Genre Regeln.

Die elementare Botschaft ist brutal einfach und der »apposizione di corna« verwandt. Männliche Opfer werden als Hahnrei, weibliche als Hure bezeichnet. Eine Ausnahme muß man für einen Konvent machen, dessen Brüder kollektives Opfer einer Schmähschrift in Sonettform wurden, aber auch diese bezog sich auf ihr sexuelles Verhalten.

Die Rhetorik dieser »libelli« läßt sich vielleicht am besten als Kombination zweier sehr unterschiedlicher Stile beschreiben. Erstens, ein umgangssprachlicher Stil des Beleidigens und Bedrohens, der den Regeln der Grammatik keine große Beachtung schenkt, weitgehend das unhöfliche »tu« und verächtlich machende Suffixe verwendet (»beccone« usw.) und häufig mit einer Drohung endet: »Du wirst sehen, was Dir passiert« oder »Man wird Dir den Kopf abschneiden« oder »Wenn Du nicht Deine Zunge im Zaum hältst, wirst Du umgelegt« (*serai ammazzato*). Zweitens, ein literarischer, manchmal poetischer Stil (wie im Fall der beiden Sonette), häufig aber bürokratischer in der Form, ein Stil, der öffentliche Verlautbarungen nachahmt, zweifellos um dem Text Autorität zu verleihen, indem man ihm einen offiziellen Anstrich gibt. In einem besonders ausgeklügelten Fall ahmt die Schmähschrift ein Edikt des Gouverneurs von Rom nach. Eine andere enthält den Satz: »Ich lade Euch vor das Tribunal des Kapitols als kolossale Schwindlerin« (*solenissima buggiarona*). Wieder eine andere kopiert oder parodiert eine Exkommunikation. Gebräuchlicher sind stereotype Ausdrücke wie »Haus zu vermieten« (*est-locanda*, ein interessanter Gebrauch des Lateinischen); in einem Beispiel wird er erweitert zu: »für einen halben grosso zu mieten, Tag und Nacht«. Ein anderer Ausdruck ist »hier lebt« (*qui sta*), eine Variante für »hier lügt«. Das Thema des Spott-

Grabsteins ist einmal etwas weiter ausgearbeitet: »Hier ruht der Sodomit Broccholo/Fliehe, Leser, sein Geist pflegt die gleiche Neigung« (*Il sottomitta Broccholo qui giace/Fuggi lettor al spirito anco 'l culpiace*). Erwähnenswert sind auch die Namen, mit denen die Zeugen diese »libelli« bezeichnen. Ein häufiger Ausdruck ist »Pasquinade«, ein anderer »Epitaph«, eine Bezeichnung, die sich auf den quasi-offiziellen Stil zu beziehen scheint. Genau das war jedenfalls eine Schmähschrift: ein Epitaph auf einen gestorbenen Ruf.

Die an Ferdinando Fredini gerichtete Schmähschrift, mit der das Kapitel anfing, ist, wie man inzwischen wohl bemerkt hat, ein für seine Zeit und Ort ziemlich typisches Machwerk. Das offiziell klingende »hier lebt« und der umgangssprachliche »becco« werden in der ersten Zeile gegenübergestellt. Seine Frau wird nicht einfach als Hure, sondern als Hure im Superlativ bezeichnet (»putanissima«), und um die Überbleibsel ihres Rufs noch weiter zu schwärzen, wird sie mit zwei verrufenen Gruppen assoziiert. Sie ist »der Abfall der Juden«; für den volkstümlichen Antisemitismus gibt es eine beträchtliche Zahl von Belegen, er nahm jedes Jahr zur Karnevalszeit die Form eines Rituals an im Judenrennen, wenn alte Männer nackt durch die Straßen rennen mußten und dabei von der Menge verprügelt wurden. »Nur der Scharfrichter bleibt übrig«: Zeitgenössische italienische Graffitti erwähnen nicht selten den Henker (»boia«). Im frühneuzeitlichen Italien wie anderswo in Europa gehört der Beruf des Scharfrichters zu den »unehrenhaften« Gewerben. Die es ausübten, mußten oft am Stadtrand wohnen (so symbolisierten sie ihre Rand-, ja Grenzstellung zwischen dem Recht und dem Verbrechen, dem Leben und dem Tod) und durften ihre Kinder nicht mit ehrbaren Leuten verheiraten. Ein im sechzehnten Jahrhundert geläufiges Sprichwort hieß: »einsam wie ein Henker«.

Nach dieser Beschreibung der Frau Fredinis nimmt die Schmähschrift eine dramatische Wendung, mit einer Herausforderung, einem Triumph und einer Drohung: DAMI LA QUERELA BECCONE. Der anonyme Verfasser spielt damit, daß der Beleidigte seine Identität kennt; er fordert ihn heraus, doch etwas zu unternehmen, läßt aber zugleich durchblicken, daß dieser nichts tun wird: der Hahnrei ist also auch ein Feigling. TE HO IN CULO: die Versicherung, »ich hab Dich, wohin ich Dich haben wollte«; zugleich aber, daß sich das Opfer in der passiven, weiblichen Position befindet, bis heute eine in Spanien gängige Beleidigung (Brandes, 1981, usw.). Der »libello« endet mit einer Drohung: CHE VA SE TAGLIARA LI MOSTICCI, »ich werd' Dir den Schnurrbart abschneiden«; sie bezieht sich auf ein besonders in der Mittelmeerwelt klassisches Männlichkeitssymbol.

Wie in der Mehrheit der Fälle beschäftigt sich die Schmähschrift fast ausschließlich mit dem sexuellen Verhalten des Opfers und seiner Frau. Es wäre jedoch nicht sehr weise, diese Anspielungen zu wörtlich zu nehmen. In dieser spezifischen Kultur zerstörte man in dieser Weise einen Ruf. Ich bezweifle, ob die »libelli« uns überhaupt irgend etwas über die sexuellen Aktivitäten der Empfänger mitteilen, obwohl es vielleicht klug wäre, das Prinzip »kein Rauch ohne Feuer« auf die vergleichsweise seltenen nicht-sexuellen Anspielungen anzuwenden wie z. B. die Behauptung, der Schatzmeister einer Bruderschaft habe die Hand in der Kasse.

Wer beleidigte wen? Die zweite Hälfte der Frage ist natürlich leichter zu beantworten, weil die meisten Kläger vor dem Tribunal des Gouverneurs ihren Beruf angaben. Eine kleine Minderheit ist von hohem oder ziemlich hohem Stand: ein Kardinal, der Commendatore des Erzhospitals von Santo Spirito, die Frau eines Notabeln, eine wie es scheint wohlhabende Witwe und ein Jesuit und Lehrer. Die restlichen kommen vorwiegend aus der Schicht der Handwerker und Ladenbesitzer, darunter drei Gastwirte, zwei Apotheker, zwei Kurtisanen, ein Maler, ein Miniaturenmaler, ein Sticker, ein Schneider, ein Barbier, ein Fleischer, ein Kupferschmied und ein Kurier. In den Traktaten über die Ehre wurde diese auf die Oberschichten beschränkt (Bryson, 1935). Aber die Tatsache, daß einige Handwerker und Ladenbesitzer – welchen Anteil der Opfer sie stellten, werden wir nie erfahren – beim Tribunal des Gouverneurs wegen der Schmähschriften klagten, zeigt, daß auch sie meinten, sie hätten eine Ehre zu verlieren, die ihnen teuer genug war, den Rechtsweg zu bemühen, um sie zu verteidigen oder wiederzugewinnen. Gelegentlich wird das explizit gesagt. Der Kupferschmied zeigt ein Bild vor, auf dem sein verkrüppelter Fuß karikiert wird, verfertigt »zu meiner schweren Entehrung« (*in mio grande dishonore*), wie er sich ausdrückt. Es bestätigt die Beobachtung des piemontesischen Autors Giuseppe Baretti ein Jahrhundert später; bei seinem Versuch, Italien den Engländern zu erklären, weist er auf die »reizbare Veranlagung unseres einfachen Volkes« hin.[20] Daß die schwerttragende Schicht auf dieser Seite der Frage durch Abwesenheit glänzt, muß vielleicht damit erklärt werden, daß es für sie entehrend gewesen wäre, Beleidigungen vor Gericht zu bringen. Beleidigungen von Gleichrangigen wurden in Duellen erledigt, die von niedriger gestellten scheinen außergerichtlich geklärt worden zu sein.

Wer waren die Aggressoren? Die Identität der Beleidiger, das Tribunal konnte ein Lied davon singen, war nicht leicht zu entdecken. Man befragte die Nachbarn, ob sie von jemandem wüßten, der einen Groll gegen das Opfer hegte, und lud die Verdächtigen zum Verhör vor. Mehr als einmal wurden Berufsschreiber als Experten geholt, um die Handschrift eines »libello« zu identifizieren. Aber wie man von Leuten, die ihren Lebensunterhalt in der Nachbarschaft verdienen mußten, erwarten konnte, waren ihre Zeugenaussagen im allgemeinen nicht sehr beweiskräftig.[21] Trotz der Probleme, auch nur ein Individuum mit Sicherheit zu identifizieren, erhält man als Leser den Eindruck, daß die Aggressoren entweder ihren Opfern gleichgestellt oder von etwas geringerem Stand waren. Unter ihnen finden wir einen Wundarzt, einen Anwalt, einen Goldschmied, einen Bildhauer, zwei Maler (einer von ihnen ist Caravaggio, bekannt für seine Rechtshändel), ein Schwertmacher, ein Kornmesser, ein Verkäufer von Rosenkränzen, zwei Kurtisanen, einige Klosterbrüder und Schüler. Der Kardinal wurde von einem Kleriker von niedrigerem Stand beleidigt, der Kurier von jemandem, den er angestellt hatte, ein Meister von einem Gesellen, der Lehrer von seinen Schülern. Eine deutliche Ausnahme, wenn nicht in der Form, so doch in der Realität, bildet die Witwe. Die Angeklagten waren in ihrem Fall die Diener eines Marchese, die vermutlich den Befehl ihres Herrn ausführten. Im allgemeinen beleidigten Männer andere Männer über Frauen. Ich bin nur auf eine Verdächtige gestoßen, die keine

Kurtisane war, die Ehefrau eines Steinbrechers, die zugleich Schulmeisterin war; sie wurde beschuldigt, einen Schankwirt verleumdet zu haben. Bei Frauen war es natürlich weniger wahrscheinlich als bei Männern, daß sie des Lesens und Schreibens kundig waren, aber es nicht zu können, bildete für Schmähungen kein Hindernis. Der Rosenkranz-Verkäufer, ein lokaler Exzentriker mit dem Spitznamen »Cecco matto« (verrücktes Klatschmaul) behauptete, weder lesen noch schreiben zu können; mit der Folter bedroht, erklärte er jedoch, daß er sich die Schmähschrift von jemand anderem hatte schreiben lassen.[22]

Die Funktion dieser »libelli« ist deutlich genug, aber ihre Strategie verdient einige Bemerkungen. Sie stellen sich selbst als die Stimme der öffentlichen Meinung, *fama commune*, dar, oder zumindest als Stimme der Nachbarschaft. Ein Text verweist explizit auf sie, in anderen Fällen sagen Zeugen aus, was allgemein über das Opfer geredet wurde. In dieser Hinsicht ähneln die Schmähschriften Charivaris, auch in ihrer festlich-fröhlichen Form, mit einer zotigen Pointe am Ende. Tatsächlich wurde die zeitlich früheste der erhaltenen Schmähschriften nicht heimlich des nachts angebracht, sondern von »vielen Männern«, die einen großen Lärm veranstalteten und Beleidigungen riefen, ein Vorfall, der den Kläger an »ein Bacchanal« erinnerte.[23] Die Rhetorik der »libelli«, ihre Übernahme von Bruchstücken der offiziellen Sprache der Gerichte, der Kirche usw., diente dazu, den Eindruck zu verstärken, sie drückten das Urteil der ganzen Gemeinschaft aus. Die vom Tribunal geführten Ermittlungen bieten jedoch eine entgegengesetzte Perspektive an. Die Untersuchungsbeamten entlarven den Anspruch des »libello«, die öffentliche Meinung zu repräsentieren, indem sie zeigen, daß der Schmähende ein Einzelner war und noch dazu jemand, der einen Groll gegen das Opfer hegte. Es war natürlich die Aufgabe des Gerichts, das zu tun, und die Fragen an die Nachbarn waren bereits in diese Richtung formuliert, aber man sollte sich zumindest die Möglichkeit offenhalten, daß die Beamten recht hatten und daß man – wenn die Quellenlage es zuließe – die Charivaris in ähnlicher Weise analysieren könnte. Die Gattung repräsentiert die Anonymität der öffentlichen Meinung, die Stimme des Pueblo, wie es in einer Arbeit über Andalusien heißt (Pitt-Rivers, 1954, Kap. 11), aber sie ist offen für Manipulationen durch Einzelne oder kleine Gruppen (vgl. Ingram, 1985). Die an der Tür angebrachte Schmähschrift war das Gegenstück zum heutigen anonymen Denunziationsbrief an eine Zeitung, in dem scheinbarer Gemeinsinn auch privaten Groll verdecken kann (Boltanski, 1984). Es wäre gut, mehr darüber zu wissen, welche Haltung zu den »libelli« eingenommen wurde, ob sie von den Nachbarn befürwortet wurden oder nicht, aber die Vernehmungen teilen uns wenig darüber mit, und das wenige ist unglaubwürdig, da die Zeugen auf die Erwartungen der Beamten reagieren, die sie verhören.

Die Schmähschriften sind u. a. lebendige Zeugnisse für das Leben auf der Straße in einer großen Stadt am Beginn der Neuzeit und bestärken die Auffassung, daß die Stadt in vieler Hinsicht eine Konföderation von Dörfern war. Diese sehr stark lokal geprägten Zeugnisse sollten jedoch auch in vergleichender Perspektive betrachtet werden. Selbst die Unterschiede der Ausdrücke, mit denen sich streitende Leute gegenseitig belegen, können uns etwas über andere kulturelle Differenzen mitteilen. In Amsterdam zum Beispiel findet man in den Notariatsarchiven des frühen achtzehnten Jahrhunderts nicht nur die »pokkige Hoer« (pockige Hure), »Schelm« und »dief« wie in Rom, sondern auch den »Bankroerier« (Bankrotteur) und die »Rasphuishoer« (Raspelhaushure, was auf das bekannte Arbeitshaus und Gefängnis anspielt).[24] Verleumderische Anschläge und die Reaktionen auf sie können uns noch mehr sagen. Sie waren kein römisches, nicht mal ein italienisches Monopol in diesem Zeitraum. Man kann sie in England finden, mit Hörnern und allem drum und dran, zum Beispiel in Essex, in Wiltshire und in Somerset (Ingram, 1985; Quaife, 1979, S. 158-63). In England wie in Italien enthüllen Verleumdungsfälle »plebejische Ehrvorstellungen« und Vertrauen in den Rechtsweg (Sharpe, 1980, obwohl der Autor übersieht, daß auch die Römer nicht nur zur Gewalt griffen, sondern auch die Gerichte bemühten).

So weit zu Parallelen, die man leicht ausweiten könnte. Aber es ist vielleicht interessanter, das hervorzuheben, was an den römischen Schmähschriften ungewöhnlich ist – ihre Zahl. Das mag natürlich ein Zufall der Überlieferung sein, aber aus zwei Gründen könnte man dieses Genre als römische Spezialität bezeichnen. Der erste, den ich nicht für besonders gewichtig halte, ist die Kontinuität, in der die Praxis des siebzehnten Jahrhunderts steht: bereits im antiken Rom gab es bestimmte Standardformen der Verleumdung, vom lauten Singen vor dem Haus seines Feindes bis zum Schreiben, oder, genauer, Einritzen der Beleidigungen in Stein (Veyne, 1982). Der zweite, bereits erwähnte Grund ist die unter dem Namen Pasquino bekannte Einrichtung. Pasquino ist eine klassische Statue; der Brauch, Verse an eine Statue zu heften, hat klassische Vorgänger wie etwa die »Priapeia« (Richlin, 1983). Ursprünglich waren es klassische Verse. Dieser Brauch der Hochkultur wurde jedoch in mehr als einem Sinn vulgarisiert/popularisiert, in die Landessprache übertragen usw., so daß er uns bissige Kommentare über die Regierenden von einer Statue liefert, die – ob bei Gelegenheit von Einzelnen manipuliert oder nicht – zum Sprachrohr der römischen öffentlichen Meinung wurde und es bis in unsere Zeit geblieben ist. Man könnte die Schmähschrift als eine Art privater Pasquinade ansehen, die sich auf die Sprache Pasquinos wie auf öffentliche Meldungen bezieht. Mehr als eins dieser »libelli« beruft sich auf diesen Patron, ist mit »io Pasquino« unterzeichnet oder fragt rhetorisch »was machst Du, Pasquino?« (*Pasquino, che fai?*), während die Zeugen vor dem Tribunal die Anschläge manchmal »pasquinate« nennen. Natürlich mag Pasquino selbst aus der Überführung einer traditionellen privaten Praxis in den öffentlichen Bereich hervorgegangen sein, ähnlich wie die Politisierung des Charivaris in Frankreich im neunzehnten Jahrhundert. Man kann natürlich unmöglich beweisen, daß die Praxis, verleumderische Anschläge zu schreiben, nicht sehr viel älter ist als die Beispiele, die zufällig überliefert worden sind. Welcher Ansicht man auch ist, die Interaktion zwischen öffentlicher und privater Sphäre, zwischen den Medien des Sprechens und des Schreibens und zwischen volkstümlichen und Traditionen der Gebildeten, die diese Texte offenlegen, ist einer der interessantesten Züge dieses bemerkenswerten Quellenkorpus.

Glänzende Fassaden – Demonstrativer Konsum im Italien des siebzehnten Jahrhunderts

ICH MÖCHTE IN diesem Kapitel Konsum als Form der Kommunikation untersuchen. Im Mittelpunkt steht, was Soziologen in der Nachfolge Veblens (1899) »demonstrativen Konsum« nennen, eine Bezeichnung, die nützlich und irreführend zugleich ist. Veblen wollte zeigen, daß die »müßige Klasse«, wie er sie nannte, sich wirtschaftlich unvernünftig, ja verrückt verhielt. Es war ein vergeudendes Verhalten: er benutzte den Begriff »demonstrative Vergeudung« alternativ zum »demonstrativen Konsum«, war sich jedoch bewußt, daß diese Vergeudung einen Zweck hatte – Konkurrenzkampf oder, wie er sagen würde, »neidvoller Vergleich« oder »Wettbewerb«. Seine Studie ging bis in pittoreske Details, um zu zeigen, wie Eliten in »barbarischen« wie in »Geldkulturen« ihren Reichtum und ihre Macht in Form von Häusern, Kleidern, Festen usw. zur Schau gestellt haben.

Einige seiner beeindruckendsten Beispiele entnahm Veblen den Forschungen eines führenden Ethnologen seiner Zeit, Franz Boas, der unter den Kwakiutl in der Gegend von Vancouver arbeitete. Die Kwakiutl waren ein äußerst wettbewerbsfreudiges Volk: der »homo agonistes« war keineswegs eine Schöpfung des Kapitalismus. Bis zur Mitte des neunzehnten Jahrhunderts hatten sie ständig Krieg geführt. Nach dem siegreichen Vormarsch der Weißen gingen sie zu ritualisierter Gewalt über, zu dem, was sie »mit dem Eigentum kämpfen« nannten. Boas erklärte: »Die Rivalität zwischen Chefs und Clans findet ihren stärksten Ausdruck in der Zerstörung von Eigentum.« Der Wettbewerb der Kwakiutl wird am deutlichsten sichtbar in einem von nun an gefeierten Ritual, dem »Potlach«, einem Treffen von Rivalen, bei dem sie ihre beiden hauptsächlichen Besitztümer, Decken und Kupfergeschirr, zerstörten und dabei ihre Gegner mit Hohn und Spott aufforderten, das gleiche zu tun. Die Teilnehmer zeigten so ihre Verachtung für die zerstörten Güter, demütigten Konkurrenten, die unfähig waren, es ihnen gleich zu tun, und verwandelten Reichtum in Prestige (Boas, 1897; Codere, 1950).

Seit Boas am Ende des neunzehnten Jahrhunderts die Kwakiutl studierte, haben sie nicht aufgehört, Ethnologen, Soziologen und Historiker zu faszinieren. Marcel Mauss (1923-24) behandelte sie als Beispiel, daß es Wohlstand auch ohne Handel geben könne, Ruth Benedict (1934) sah sie als dionysische, megalomanische Kultur. David Riesman (1950) fragte sich und seine Studenten, in welchem Maße die Wettbewerbsgesellschaft der Vereinigten Staaten derjenigen der Kwakiutl ähnelte. Veblen am nächsten kam vielleicht Georges Bataille (1949), dem es darum ging, verschwenderische Verausgabung in eine allgemeine Theorie des ökonomischen Verhaltens einzubauen. Bataille war jedoch ein Veblen mit umgekehrten Vorzeichen. Veblen war ein leidenschaftlicher Verfechter der Gleichheit, der Verschwendung für unmoralisch hielt und barbarische wie Geldkulturen gleichermaßen dafür verurteilte. Bataille hingegen verachtete die Kommerzgesellschaft und verklärte die Verschwendung.

Zumindest einige dieser Arbeiten haben Historiker der frühen Neuzeit beeinflußt. Lawrence Stone (1965) hat Veblens Einfluß auf seine Forschung über den demonstrativen Konsum des englischen Adels zwischen 1558 und 1641 anerkannt. Gérard Labrot (1977) zitiert Bataille in seiner Untersuchung über das Verhalten des neapolitanischen Adels. Dieses Kapitel will in ihre Fußstapfen treten und die Geschichte des Konsums mit einem anthropologischen Ansatz untersuchen. Es wird versuchen, einen mittleren Kurs zwischen Veblen und Bataille zu steuern, die Rationalität der Luxuskonsumtion im siebzehnten Jahrhundert zu unterstreichen (das soziale und politische System berücksichtigend, in dem die Konsumenten lebten) und diese beiden Theoretiker zu ergänzen suchen: mit Norbert Elias' (1969) Gedanken über die höfische Gesellschaft, denen Erving Goffmans (1956) über die Selbstdarstellung im Alltagsleben, mit Pierre Bourdieus (1979) Darlegung der Strategien, mit denen sich Menschen von anderen abzuheben suchen, und mit denen von Mary Douglas (1978) über die Möglichkeiten, die Welt der materiellen Kultur zu lesen.

Die Kwakiutl wußten sehr gut, daß sie »mit dem Eigentum kämpften« – genauso wie jener Bürgermeister von Gdansk (Danzig), der die Inschrift »um beneidet zu werden« (pro invidia) an seinem Haus anbringen ließ. Welche Einstellung hatten Italiener im siebzehnten Jahrhundert zu dem, was wir als demonstrativen Konsum bezeichnen?

Um diesen besonderen Lebensstil zu beschreiben, stand ein – wie es sich gehört – reicher Wortschatz zur Verfügung. Zu den geläufigen Begriffen gehörten *fasto, grandezza, larghezza, liberalità, lusso, magnificenza, ostentazione, pompa* und *splendore*. Die Worte selbst erklären in aller Kürze, warum Menschen sich in die Aktivitäten stürzten, die sie beschreiben. Die auf Rang, Macht und Freigiebigkeit anspielenden Untertöne dürften hörbar genug sein und müssen nicht weiter unterstrichen werden, obwohl man ergänzen sollte, daß den Worten *lusso* und *ostentazione* der pejorative Beigeschmack fehlte, den *luxury* (Luxus) und *ostentation* (Prahlerei) im modernen Englisch (und im Deutschen) haben. Selbst *appariscente*, mit anderen Worten »über eine glänzende äußere Erscheinung verfügen«, war ein lobendes Adjektiv, das uns daran erinnert, wie wichtig in dieser Kultur die Fassade im wörtlichen und im übertragenen Sinn war. Außer der Tatsache, daß Prahlerei so normal war, daß sie für selbstverständlich gehalten wurde, bieten uns die Zeitgenossen noch etwas mehr an, um diese Frage zu klären. Die Lobrede Jacopo Soldanis auf den verstorbenen Großherzog der Toskana aus dem Jahre 1609 brachte die allgemein gängigen Annahmen explizit zum Ausdruck, wenn er Ferdinandos die anderen Fürsten übertreffende »Großherzigkeit« beschreibt, die sich im »Glanz seines Lebensstils, der Pracht seiner Bauten, seiner Großzügigkeit gegenüber Männern von Talent und seinen Wohltaten für alle« enthüllte.[1] Prachtentfaltung war das äußere Zeichen von Großherzigkeit, einer zentralen Tugend in der *Ethik* des Aristoteles. Die Parallelen zwischen dem Wertesystem des frühneuzeitlichen Italiens und dem Griechenlands zur Zeit des Aristoteles waren eng genug, um die berühmte Terminologie des Philosophen – mit einigen bewußten oder unbewußten Anpassungen – zur Rechtfertigung des ökonomischen Verhaltens von Fürsten und Patriziern benutzen zu können.

Für Familien, die bereits an der Spitze angelangt waren, galt demonstrativer Konsum als Verpflichtung, *l'obbligazione di viver con fasto*, wie es ein führender neapolitanischer Jurist, Francesco D'Andrea, bezeichnete.[2] Er war notwendig, um »Schande«, mit anderen Worten Imageverlust, zu vermeiden und eine hohe Stellung oder die Ehre des Hauses zu »erhalten« (*sostentar la splendidezza della casa*).[3] Die Funktion solchen Konsums bestand darin, ein gegebenes Individuum oder eine Familie von anderen zu unterscheiden, von Gleichgestellten (und deshalb Rivalen) wie von sozial niedriger gestellten. D'Andrea bezieht sich auf »den Drang, andere zu übertreffen, den die Adligen von Geburt an in sich spüren« (*l'appetito di soprafar gli altri che porta seco la nobiltà della nascita*).[4] Daher erklärt sich die Indignation der Decurionen oder Richter von Mailand, als ihr Erzbischof Carlo Borromeo anordnete, daß in der Kirche einheitlich schlichte Betkissen verwendet werden sollten. Sie beklagten sich beim Papst, daß »hier wie auf anderen Gebieten ein Unterschied zwischen gewöhnlichen Leuten und den Richtern und anderen von hohem Rang sein müßte« (Cattaneo, 1958, s. 70). Die Florentiner Patrizier bauten ihre prächtigen und reichgeschmückten Paläste, sagt uns ein Schriftsteller Ende des siebzehnten Jahrhunderts, »um sich von Bürgerlichen zu unterscheiden« und »um respektiert zu werden«. Darin lag, wie er zugestand, auch ein Element des Wettstreits zwischen Edelleuten (*la gara onoratissima nata fra Nobili e Nobili*).[5] Ähnlich, allerdings kritischer, äußerte sich Jacopo Soldani etwas früher über die Florentiner Villen. »Was das Bauen so unglaublich teuer macht, ist nicht der Brauch, sondern der Versuch der Reichen, sich von anderen zu unterscheiden«:

L'uso non dunque, ma la distinzione
Che 'l ricco sopra gli altri oggi pretende,
I fantastichi prezzi a'sassi impone.[6]

Kritische Kommentare dieser Art von Zeitgenossen sind keineswegs ungewöhnlich. Ein anonymer Dialog über das Wirtschaftsleben Genuas, um 1600 geschrieben, ging so weit zu behaupten, daß Pracht bewußt sadistisch sei, und daß die Patrizier – wie die Kwakiutl – »mehr ausgaben als sie brauchten, um denen weh zu tun, die es ihnen nicht gleichtun konnten, und sie todunglücklich zu machen« (*spendere cose superflue per dar pena e dolore di cuore a chi non può fare il medesimo*)[7]. Aus Neapel gibt es Geschichten von Baronen, die ihre Paläste höher und höher bauten, um einander zu übertreffen und womöglich sogar einem Rivalen die Aussicht zu nehmen (Labrot, 1979, S. 61, Anm.). In Venedig wurde eine der kunstvollsten und prächtigsten Kirchenfassaden des siebzehnten Jahrhunderts auf Kosten eines Patriziers, Antonio Barbarigo, gebaut, um einem anderen eins auszuwischen – Francesco Morosini, der ganz in der Nähe wohnte und der als Oberbefehlshaber der venezianischen Streitkräfte im kretischen Krieg Barberigo wegen Inkompetenz entlassen hatte (Haskell, 1963, S. 248-9). Laut Giovanni Botero, einem politischen und sozialen Theoretiker der zweiten Hälfte des sechzehnten Jahrhunderts, förderten die Städte dieses Verhalten. »Ein Baron gibt viel mehr in der Stadt aus auf Grund der Rivalität und des Wettstreits mit anderen« (*per la concorrenza e per l'emulazione de gl'altri*).[8] Mit den Medici, den Corner (in Venedig), den Spinola (in Genua), den Caraffa (in Neapel) und anderen großen Familien mitzuhalten, war ein außerordentlich kostspieliges Unterfangen.

Wenn etablierte Familien sich in Luxuskonsum stürzen mußten, um ihre Stellung zu halten, so waren neue Familien dazu verpflichtet, um eine Position zu erringen und so in die führenden Kreise aufgenommen zu werden. In Venedig wurde zum Beispiel ein Tuchhändler namens Polinaro im Jahre 1662 erst nach einer förmlichen Erklärung ins Patriziat aufgenommen, aus der hervorging, daß »der Antragsteller prunkvoll lebt, mit eleganten Kleidern und einer Gondel«[9]. In Vicenza wurde die Familie Montanari im Jahre 1687 in den Adel aufgenommen, gleich nachdem sie einen prächtigen Palast erbaut hatte. Es wirkte eine Art *double-bind*: Demonstrativer Konsum war den Neureichen formell durch die Luxusgesetze verboten, die einen herausragenden Teil der Gesetzgebung der italienischen Staaten in diesem Zeitraum bildeten. Gleichzeitig war dieses Verhalten informell obligatorisch für jede Familie, die danach strebte, vom Adel akzeptiert und in ihn aufgenommen zu werden. Das Haus (im Sinne von Palast) war ein äußeres Zeichen für den Glanz des Hauses (im Sinne von Familie). Falls die von einem spezifischen Gebäude getragene Botschaft nicht klar oder nicht deutlich genug war, gab es, um sie an den Mann zu bringen, Familienwappen oder sogar Namen, die in hohen Antiqualettern in die Fassade gemeißelt wurden. So hatte Kardinal Alessandro Farnese die Inschrift FARNESIUS an der Fassade der Kirche Il Gesù in Rom anbringen lassen, und Papst Paul V. hatte seine Familie BORGHESIUS am Petersdom in die gleiche Position bugsiert (obwohl er alles andere tat als für die Fertigstellung der Kirche zu zahlen). Kardinal Pietro Aldobrandinis Name erschien mit der Inschrift ALDOBRANDINIS an seiner Villa in Frascati; als Kommentar ließ er hinzufügen, daß »er sie äußerst prachtvoll erbaute« (SUMPTUOSIUS EXTRUXIT. Schwager, 1961-2, S. 371). Als der frischgeadelte Vincenzo Fini seinen Namen auf der Fassade von S. Moisè in Venedig anbringen ließ, eine Aktion, die Ruskin (1853) als ein Beispiel von »anmaßendem Atheismus« bezeichnete, tat er nach den Maßstäben des siebzehnten Jahrhunderts nichts besonderes.

Demonstrativer Konsum war natürlich ebenso öffentlich wie privat, und er wurde manchmal mit der Staatsräson gerechtfertigt. Republiken und Fürstentümer, die große Summen für Paläste ausgaben, von vergänglicheren Formen des Konsums wie den Festen ganz zu schweigen, handelten in Übereinstimmung mit Machiavellis Regeln für Herrscher, die respektiert werden wollen. Andrea Spinola, ein gnadenloser Kritiker der Extravaganz seiner Zeitgenossen in Genua, plädierte für eine prachtvollere Ausstattung des *Palazzo Pubblico* (das Rathaus), weil solcher Schmuck den Respekt für die Institution fördere (*servono alla conservazione della-maestà publica*).[10]

Es gab auch ein wachsendes Bewußtsein dafür, daß Prachtentfaltung in Form von großen öffentlichen Arbeiten der Wirtschaft zugute kam, besonders in Zeiten, wo es an Arbeit mangelte (Cipolla, 1981). Daß der Großherzog der

Toskana, Ferdinand II., den Palazzo Pitti erweitern ließ, scheint z. B. Teil seines Versuchs gewesen zu sein, die ökonomische Depression von 1629-30 zu bekämpfen (Cochrane, 1973, S. 195 f). Als Papst Alexander VII. mit dem Gedanken spielte, das Amtseinführungsritual des *possesso* zu streichen, wurde ihm erwidert, daß für ein Ritual Geld auszugeben, für sich genommen ein frommes Werk sei, weil damit Schneider und andere Handwerker bezahlt würden.[11]

Es ist an der Zeit, von der Theorie des siebzehnten Jahrhunderts zu seiner Praxis überzugehen und sich genauer anzuschauen, was so demonstrativ konsumiert wurde – wo, von wem, wieviel dafür ausgegeben wurde, und schließlich, über welchen Zeitraum hinweg. Stones Hauptkategorien für die Beschreibung der Konsumtionsmuster des englischen Hochadels in der zweiten Hälfte des sechzehnten und der ersten des siebzehnten Jahrhunderts betrafen Gebäude, Essen, Kleidung, Transport, Begräbnis und Gräber – in dieser Reihenfolge. Bei der italienischen herrschenden Klasse muß man, das ist ganz klar, ebenfalls mit Gebäuden beginnen. Es wäre schwierig, eine komplette Liste auch nur der größeren Paläste aufzustellen, die im siebzehnten Jahrhundert erbaut wurden, und eine Auswahl ist wahrscheinlich durch zwei irrelevante Faktoren präjudiziert, den Ruf des Architekten und das Überdauern des Gebäudes in spätere Jahrhunderte. Fest steht jedoch, daß die folgenden zu den bedeutendsten Palästen gehören, die im siebzehnten Jahrhundert gebaut wurden:

BOLOGNA: Daria-Bargellini (1638); Cloetta-Fantuzzi (1680).

FLORENZ: Covoni (1623); Fenzi (1634); Corsini.

GENUA: Durazzo-Pallavicino (1619); Balbi-Senarega (um 1620)

MAILAND: Visconti (1598); Annoni (1631); Durini (1644).

NEAPEL: Reale (1600); Caivano (um 1632); Donn'Anna (1642); Sigliano (um 1647).

ROM: Borghese (1590); Barberini (1628); Pamphili (1644); Falconieri (um 1645); Altieri (1650); Monto Citorio (1650); Chigi (1664).

TURIN: Carignano (1679).

VENEDIG: Pesaro (um 1663); Flangini; Morosini; Pisani.

Einige Landhäuser der Zeit gehören ebenfalls zur Klasse der Paläste: zum Beispiel die Villa Aldobrandini (1598) in Frascati; Villa Borghese (1613) und Villa Ludovisi (1622) vor den Toren Roms; die Villa da Lezze im Trivigiano (Wittkower, 1958, bleibt der beste allgemeine Führer; zu Rom vgl. Portoghesi, 1966).

All diese Häuser muß man sich mit kostspieligen Möbeln und Gegenständen vollgestopft vorstellen, mit Tapeten, Samtvorhängen, Himmelbetten, Spiegeln, Tischen und Kabinettschränken mit Einlegearbeiten, Vasen und Kerzenhaltern, Rüstungen und Waffen, Statuen usw. Schon wenn wir das Innere eines Palastes nach der erhaltenen Einrichtung beurteilen sollten, wäre der Effekt prächtig genug, aber wir wären noch weit entfernt von der Wirklichkeit, wie die Darstellungen von staunenden ausländischen Besuchern deutlich machen. Die schönsten Stücke müssen eingeschmolzen worden sein. Einem englischen

GIOVANNI VASANZIO
Villa Borhese (Ausschnitt)

Besucher Mantuas wurde berichtet, daß der Palast des Herzogs vor seiner Plünderung im Jahre 1630 »sieben verschiedene, austauschbare Sätze von Wandbehängen für jeden Raum des Palastes besaß, daneben eine ganze Welt voll rarer Porträts, Statuen, Teller, Kirchengerät, Kabinettschränke, eine Orgel aus Alabaster, sechs Tische, jeder drei Fuß lang, der erste ganz aus Smaragd, der zweite aus Türkis, der dritte aus Hyacinth, der vierte aus Saphir, der fünfte aus Bernstein, der sechste aus Jaspis.«[12] Im Palazzo Doria in Genua sah John Evelyn »Tische und Bettgestelle aus massivem Silber, viele von ihnen mit Achaten, Onyxen, Karneolen, Lapislazuli, Perlmutt, Türkisen und anderen edlen Steinen besetzt.« In Padua sah er im Palazzo Ruzzini ein mit Juwelen besetztes Bettgestell, das »auf 16 000 Kronen geschätzt wurde«, und in der Villa Ludovisi außerhalb Roms ein anderes,« »dessen Wert auf 80 oder 90 000 Kronen geschätzt wurde.«[13] Daß ausländische Besucher diese Betten sehen durften, erinnert uns daran, wie demonstrativ diese Art des Konsums sein sollte. Wieder einmal registrierten jedoch Außenstehende Eindrücke, die für die Einheimischen eher als selbstverständlich galten.

Wenn Adlige in solchen Häusern lebten, mußte das Haus Gottes ebenso prächtig sein. In Italien wurden im siebzehnten Jahrhundert viele Kirchen in Städten gebaut, die bereits voll davon waren. Zu den bekanntesten gehören:

BOLOGNA: S. Salvatore (1605).
FLORENZ: Ognissanti (1635); S. Gaetano (1645).
GENUA: Sta. Teresa (1616); S. Carlo (1629).
MAILAND: S. Alessandro (1602); S. Giuseppe (1607).
NEAPEL: S. Agostino (1603); Ascensione (1622); S. Carlo all'Arena (1631); Sta. Teresa (1650); Sta. Maria Maggiore (1653).
PALERMO: S. Giuseppe dei Teatini (1612).
ROM: Sta. Maria della Vittoria (1608); S. Ignazio (1626); Sta. Agnese (1652); S. Andrea al Quirinale (1658); Sta. Maria di Monte Santo und Sta. Maria de'Miracoli (1662); S. Carlo alle Quattro Fontane (1665).
TURIN: Cappella della SS. Sindone (1667); S. Lorenzo (1668).
VENEDIG: Salute (1631); Sta. Maria agli Scalzi (1656).

Viele andere Kirchen erhielten neue, kostspieligere, großartigere Vorderfronten, so S. Moisè (um 1667) und Sta. Maria Zobenigo (1675) in Venedig. Wie die Paläste wurden die Kirchen in immer prunkvollerem Stil ausgestattet, mit Innendekorationen aus Marmor, Porphyr und Serpentin und »jenen ungeheuren Massen von Silbergerät, mit denen ihre Altäre an Feiertagen überhäuft sind«, wie der schottische Protestant Gilbert Burnet mißbilligend beobachtete. Derselbe Besucher bemerkte, daß sich die Venezianer um Religion »nicht kümmern«, so daß der in ihren Kirchen zur Schau gestellte Reichtum nichts anderes sei als »ein Gegenstand der Prachtentfaltung oder eine Frage des Wettbewerbs zwischen Familien.«[14] Sein erster Punkt ist pures protestantisches Vorurteil. Aber was er mit dem zweiten meinte, ist sehr leicht zu sehen, wenn man vor Sta. Maria Zobenigo steht oder in den vielen neuerrichteten Familienkapellen, wie der – von Bernini entworfenen – Cornaro-Kapelle in Sta. Maria della Vittoria, oder der Kapelle, für die Papst Paul V. 1605 15 000 scudi auszugeben gedachte. Sie wurde in einem zeitgenössischen deutschen Reiseführer »diser wunderbarlichen magnificentz Burghesiorum« genannt.[15] Man denke auch an die Grabmäler, die so riesig sind, daß sie die Kirche zu beherrschen scheinen, etwa das Monument für den Dogen Giovanni Pesaro in den Frari (1669) oder das noch größere für den Dogen Silvestro Valier in SS. Giovanni e Paolo (1705) in Venedig.

Daß Bauten in vielen Gesellschaften einen der hauptsächlichen Gegenstände demonstrativen Konsums bilden, versteht sich eigentlich von selbst. Ein bezeichnenderes Objekt waren im Italien des siebzehnten Jahrhunderts Kutschen und Karossen. 1594 gab es in Rom nach einer Aufstellung, auf die ich kürzlich aufmerksam wurde (Lotz, 1973), 883 Kutschen. 1586 dieser Fahrzeuge besaß Mailand im Jahre 1666.[16] Ein zusätzliches Statussymbol bildete die Zahl der Pferde, die vor die Kutsche gespannt wurden. Sechs waren, so dachte man, die richtige Zahl für italienische Kardinäle – genau wie für Grafen und Herzöge in Deutschland – 1666 gab es jedoch in Mailand 115 solcher von sechs Pferden gezogenen Kutschen. Ein weiteres Zeichen von Prachtentfaltung war die Zahl der Kutschen, über die ein Haushalt verfügte. In Rom im Jahre 1594 (nach der bereits zitierten Liste) besaßen elf Haushalte (darunter acht Haushalte von Kardinälen) vier oder mehr Kutschen. Die äußere und innere Erscheinung der Kutsche war ebenfalls ein Zeichen für den Rang des Besitzers, oder zumindest für das Bild, das er von sich geben wollte. Vergoldete und bemalte Kutschen gab es wie Sand am Meer, aber 1628 übertraf der Herzog von Parma alle denkbaren Rivalen, als er zu seiner Hochzeit mit der Tochter des Großherzogs der Toskana in einer Karosse erschien, die aus purem Silber gewesen sein soll. Sie konnte noch in den 1660er Jahren von englischen Besuchern in Parma besichtigt werden, obwohl Philip Skippon, der zu ihnen gehörte, von der Karosse des Großherzogs der Toskana tiefer beeindruckt war, »der Kutschbock und dahinter die Räder mit Silber beschlagen und reich vergoldet; eine dicke Stickerei aus Gold, vermischt mit etwas Silber waren die Vorhänge, ausgeschlagen die Sitze, das Polster des Kutschers, und Geschirr für sechs Pferde.«[17] Subtiler und geziemender war das »impression management« von Monsignor Fabio Chigi, dem späteren Papst Alexander VII., dessen Kutsche, mit schwarzem Samt ausgeschlagen und mit Silber verziert, von einer großartigen Bescheidenheit war, die ihren Besitzer als jemanden auswies, der äußerlich der Welt entsagt hatte, aber dennoch von hohem Range war (Ciampi, 1878, S. 209 f).

In Venedig ersetzten Gondeln die Kutschen als Statussymbole. Unter Mißachtung der Luxusgesetze waren sie manchmal vergoldet oder mit Silber beschlagen (Bistort, 1912, S. 220 f, 459 f). In Genua, wo Kutschen ebenfalls ausschieden – hier, weil die Straßen so eng waren – nahmen Tragen und Sänften ihren Platz ein, ein brutal beredtes Zeichen der Herrschaft einer Minderheit. In Neapel waren Kutschen und Sänften ein normaler Anblick. 1615 bekannte ein englischer Besucher, er fände die Zahl der Kutschen in Neapel »unglaublich … genauso wie die der Karren, die Pferdewagen nicht unähnlich sind, aber von Menschen gezogen werden.«[18] Der Stadtschreiber von Neapel bestätigt diese Beobachtung; das Erstaunen des Engländers ersetzt er jedoch durch eine ethnographisch eingefärbte Bosheit: »Diese Adligen«, schreibt er, »leben so komfortabel, daß sie keine hundert Schritte tun können, ohne auf die Annehmlichkeit von Pferden, Kutschen oder Sänften zurückzugreifen, wie die Palankins, welche die Portugiesen in Indien benutzen.«[19] Man muß sich Neapel im siebzehnten Jahrhundert von Rikschas wimmelnd vorstellen.

Häuser, Kutschen und Möbel müssen als Ausstattung im theatralischen Sinn des Wortes angesehen werden. Das gilt auch für Kleider, ob in der steifen, dunklen, reichen, schweren spanischen Mode, die zu Beginn des Jahrhunderts gängig war, oder in der leichteren, weicheren, farbigeren französischen Art, die Ende des Jahrhunderts aufkam (Levi Pisetzky, 1966). Der männliche Teil der Gattung war nicht weniger kostspielig gekleidet als der weibliche. Adlige beiderlei Geschlechts trugen ihr Vermögen auf dem Körper. Sie hüllten sich in edle Materialien wie Damast, Brokat und golddurchwirkte Stoffe, ihre Körper beluden sie mit Juwelen, Ringen und goldenen Ketten. Es ist schade, daß Veblen, der einen berühmten Abschnitt der Sozialgeschichte des Korsetts

Unbek. Maler des 18. Jh.
Berninis Cornaro-Kapelle

ALESSANDRO ALGARDI
Büste des Camillo Pamphili, ca. 1644

ANGELO BRONZINO
Eleonora di Toledo und Ferdinando de'Medici

widmete, sich nicht veranlaßt fühlte, etwas über die Halskrause zu sagen. Sie schwoll am Ende des sechzehnten Jahrhunderts zu einem enormen Wagenrad an, als ob sie nicht nur den Reichtum von jemandem zur Schau stellen wollte, der es sich leisten konnte, so ein Ding täglich gewaschen und gebügelt zu haben, sondern auch noch die vornehme Distanz ihres Trägers von den praktischen Problemen des täglichen Lebens, eine Distanz, die Teil der Ideologie vieler Eliten ist (Bourdieu, 1979, S. 56 f). Wer in einer Halskrause steckte, brauchte sich offensichtlich nicht zu bücken, nicht einmal seinen oder ihren Kopf zu drehen. Halskrausen waren etwas für Leute mit Dienern, die sich um sie kümmerten und für ihre Fußvolk-Rolle im aristokratischen sozialen Drama selbstverständlich in glänzende Livreen gesteckt wurden. Ihre Aufgabe bestand nicht nur darin, im wörtlichen Sinne zu dienen, sondern auch, ihre Herren und Herrinnen zu begleiten. Auch sie gehörten zu den Requisiten, waren Zeichen von Reichtum und Macht, und als solche tauchten sie auf Porträts von Adligen auf (s. u., S. 136ff).

Da das Alltagsleben für den italienischen Adel eine einzige große Aufführung war, findet man kaum die richtigen Worte, um den theatralischen Charakter von Festen zu beschreiben, ob es sich um »ordentliche«, wiederkehrende Feste wie den Karneval oder außerordentliche handelte, wie den Empfang besonders hochgestellter Besucher oder Hochzeitsfeiern. Der Glanz des Schauspiels war nicht notwendig ein Zeichen der Freude, denn Beerdigungen wurden mindestens so raffiniert durchgeplant wie Hochzeiten. Es ging eher darum, besondere Gelegenheiten als erinnerungswürdig zu kennzeichnen, den

JACQUES CALLOT
Festaufzug in Florenz zu Ehren des Herzogs von Urbino

Rang, den Reichtum und die Macht der Gäste zu feiern, und vielleicht auch kundzutun, daß – im Gegensatz zu Individuen – Institutionen, zu denen die Familie Medici ebenso zählte wie das Papsttum, unsterblich waren.

Die verschiedenen Städte besaßen ihre eigenen charakteristischen Feste. In Rom konzentrierten sie sich auf die Kirche und den Papst.

Unter den außergewöhnlichen Feierlichkeiten gebührt den Heiligsprechungen der erste Platz, insbesondere der Carlo Borromeos (1610), der vierfachen Kanonisierung von Loyola, Xavier, Teresa und Filippo Neri (1622), der Heiligsprechung von François de Sales (1665) und der fünffachen Kanonisierung von Rosa von Lima, Luis Bertrán, Gaetano da Thiene, Francisco Borja und Filippo Benizzi im Jahre 1671. In Venedig andererseits waren die wichtigsten festlichen Ereignisse des Jahrhunderts – wenn man vom Feiern von Siegen über die Türken absieht – die Empfänge hochgestellter Besucher wie des Herzogs von Savoyen (1608), des Herzogs von Mantua (1623) und des Herzogs von Braunschweig, für den in der Villa Contarini in Piazzola eine Scherzschlacht aufgezogen wurde. Venedig entdeckte so langsam seine Berufung zur Touristenstadt (s. u., Kap. 11).

In Florenz konzentrierten sich die wichtigsten Feste auf das Leben des Hauses Medici. In der ersten Hälfte des Jahrhunderts gab es vier bedeutende

Medici-Hochzeiten, zwei männliche, zwei weibliche. Maria wurde mit Henri IV. von Frankreich verheiratet (1600), Cosimo mit Maria Maddalena von Österreich (1608), Catarina mit Ferdinando Gonzaga (1628) und Ferdinando mit Vittoria della Rovere (1637). In der zweiten Jahrhunderthälfte verlagerte sich der Schwerpunkt auf Begräbnisse, vor allem die von Ferdinando (1670), Leopoldo (1676) und von Vittoria della Rovere (1694; vgl. Gaeta Bertelà, 1969, und Rieder-Grohs, 1978).

Es wäre nützlich zu wissen, wie viel für die einzelnen Formen des Konsums im Verhältnis zueinander ausgegeben wurde (und in Italien im Verhältnis zu anderen Ländern). Bis jedoch systematische, quantitative und vergleichende Studien die Nachlaßverzeichnisse gezwungen haben, ihre Geheimnisse zu offenbaren, mögen die folgenden Zahlen, die aus zersplitterten Quellen gesammelt worden sind und sich auf besonders kostspielige Unternehmungen beziehen, noch von Nutzen sein. Die abgerundeten Zahlen sind in scudi ausgedrückt. Um eine nur sehr annäherungsweise Idee von ihrem realen Wert zu geben: gelernte Bauarbeiter verdienten in dieser Zeit ungefähr 50 oder 60 scudi im Jahr.

500 000	Palazzo Pesaro, Venedig (um 1663)
300 000	Palazzo Altieri, Rom (1650)
250 000	Palazzo Monte Citorio, Rom (1650)
200 000	Palazzo Pisani, Venedig
200 000	Baldachino, Petersdom, Rom (1624)
200 000	Altar der Gesù, Rom (1697)
150 000	Kapelle der Borghese, Sta. Maria Maggiore, Rom (1605)
106 000	Cathedra Petri, Petersdom, Rom (1657)
100 000	Medici-Hochzeit, Florenz (1608)
90 000	Bett des Fürsten Ludovisi, Rom (um 1645)
90 000	Fassade von S. Moisè, Venedig (um 1669)
60 000	Giostra del Saraceno, Rom (1634)
40 000	Palazzo Medici, Florenz (Gebrauchtpreis)
30 000	Fassade von Sta. Maria Zobenigo, Venedig (1675)
20 000	Grabmal für Silvestro Valier, Venedig (1705)
14 000	Diamantkreuz für Maria Christina von Savoyen (1646)

An dieser Stelle mag es nützlich sein, sich etwas genauer die Rechnungsbücher einer Patrizierfamilie – die den Palazzo Medici kaufte – anzuschauen, über die wir ungewöhnlich gut informiert sind: der Riccardi aus Florenz (Malanima, 1977). In den acht Jahren von 1677 bis 1684 beliefen sich ihre normalen Ausgaben für den Haushalt auf 13 000 scudi. Davon wurden 23% für Essen, 16% für Almosen ausgegeben (eine Form demonstrativer Ausgaben, die ich wegen fehlender Quellen hier eher vernachlässigt habe); 15% wurden für Kleidung, 15% für Löhne und 9% für die Stallungen verwendet. Diese ordentlichen Ausgaben müssen mit den außerordentlichen verglichen werden, zu denen ein Begräbnis im Jahre 1675 gehört (3500), eine dreimonatige Mission nach Rom 1670 (5000), eine längere Gesandtschaft in Wien im Jahre 1673 (11 500), eine »Grand Tour«, die sich über den Zeitraum 1665-6 und 1668-9 hinzog, und Erweiterungen des Palastes in den Jahren 1672 (32 000) und 1684 (58 000), die mehr als das Doppelte kosteten als das, was zunächst für das Gebäude bezahlt worden war. 1678 wurde das Familiensilber auf 44 000 scudi geschätzt, eine Summe, welche die silbernen Betten, die Evelyn so verblüfften, weniger überraschend erscheinen läßt und seine Schätzungen ihres Wertes bestätigt. Die Riccardi statteten außerdem zwei Töchter mit Mitgiften von zusammen 40 000 Dukaten aus, Maddalena (1665 verheiratet) und Camilla (1673). Dieser Verlust wurde jedoch durch eingehende Mitgiften mehr als ausgeglichen, jeweils 25 000 Dukaten mit Cassandra Capponi (1669) und Giulia Spada (1692).

Die Riccardi mögen zwar nicht ganz typisch für die Florentiner Patrizier im siebzehnten Jahrhundert gewesen sein, denn sie hatten gerade erst den Gipfel erklommen. Cosimo und Gabriello wurden 1629 zu Marchesi ernannt, Francesco wurde 1677 Stallmeister (*Cavallerizzo Maggiore*) des Großherzogs. Die Familie mag ihren Reichtum mehr als üblich zur Schau gestellt haben, um schnell einen Status zu gewinnen, wie die bekanntesten der Aufsteiger in Italien in dieser Zeit, die Finanziers, Bartolomeo d'Aquino in Neapel zum Beispiel (Musi, 1976). Dieses möglicherweise untypische Verhalten sollte jedoch nicht allzusehr betont werden. Der Luxuskonsum des siebzehnten Jahrhunderts entsprang Wertvorstellungen, die allgemein anerkannt wurden. Er war ein normaler, kein pathologischer Zug dieser Gesellschaft.

Gleichwohl herrscht darüber keine völlige Übereinstimmung – wie bei den Kwakiutl, wenn wir ihren Ethnographen Glauben schenken. Wenn es keine so artikulierte und ausgefeilte Debatte über Luxus im siebzehnten Jahrhundert gab wie es sie während der Aufklärung geben sollte, so mangelte es doch nicht an Kritik an demonstrativem Konsum. Die Kritik wurde von verschiedenen Individuen und Gruppen aus verschiedenen Gründen, insbesondere moralischen, politischen und sozialen geäußert.

1. Es gab moralische Vorwürfe gegen weltliches Zurschaustellen als Manifestation des Stolzes (von anderen Todsünden zu schweigen), Vorwürfe, welche führende Vertreter der Gegenreformation wie Carlo Borromeo – dessen Ansichten über bestickte Betkissen bereits erwähnt wurden – mit Nachdruck vorgebracht hatten und die im siebzehnten Jahrhundert wiederholt wurden. Eine Attacke auf den Karneval tadelte z. B. in echt katholisch puritanischem Stil die »überflüssigen Bankette« und »maßlosen Ausgaben« während der Karnevalssaison.[20] Papst Innozenz XI. war im Gegensatz zu seinen unmittelbaren Vorgängern ein unnachgiebiger Gegner unnötiger Ausgaben. Wie Burnet kommentierte, gab es »keine Pracht an seinem Hof«.[21] Er rügte seine Kardinäle wegen ihrer übertriebenen Ausgaben für Kutschen, und als die Jesuiten 1679 darum baten, die päpstlichen Gießereien benutzen zu dürfen, um Dekorationen für die Gesù zu gießen, antwortete er, daß »dies nicht die Zeit sei, um sich nutzlosen Luxus zu erlauben« (Haskell, 1963, S. 163). Innozenz XII., der 1694 ein Dekret gegen den Luxus herausgab, war aus demselben Holz geschnitzt. Ähnliche Ansichten wurden von Satirikern zum Ausdruck gebracht, die dieses traditionelle literarische Thema gern mit aktuellen Beispielen illustrierten. Der Florentiner Patrizier Jacopo Soldani zum Beispiel widmete eine Satire den

Kutschen, in der er behauptete, er hätte »viele Landgüter hinter einer Karosse hinterherschleifen sehen« (*molti poderi andar dietro una treggia*), eine weitere den kostspieligen Villen, die nicht bequemer seien als bescheidenere.[22]

2. Politische Einwände im Namen republikanischer Einfachheit, die Untertöne von »hartem Primitivismus«, wie man diese Haltung genannt hat, besaßen: Damit ist die Idee gemeint, daß es ein goldenes Zeitalter gegeben haben mußte, als die Menschen ein vornehmeres, einfacheres und »spartanischeres« Leben führten (Lovejoy und Boas, 1935). In Venedig geißelte im Jahre 1606 zum Beispiel ein Senator, wahrscheinlich Angelo Badoer, »unseren unerträglichen Luxus, Arroganz und Prunk, so weit entfernt von den Sitten unserer Vorfahren.«[23] Er müßte sich über die Wahl des Dogen Lunardo Donà im gleichen Jahr gefreut haben. Donà ist ein berühmtes Beispiel eines venezianischen Patriziers der alten sparsamen Schule, der seine Kutsche (zum Gebrauch auf der *terra ferma*) aus zweiter Hand kaufte und sich dadurch unpopulär machte, daß er die Freigiebigkeiten bei seiner Amtseinführung und bei den Staatsbanketten danach einschränkte (Seneca, 1959).[24] Zu Beginn des siebzehnten Jahrhunderts wurden in Genua die alten republikanischen Tugenden von dem Patrizier Andrea Spinola verteidigt, ein spektakuläres Beispiel der Kombination von privatem Reichtum und öffentlicher Armut. Spinola machte bissige Kommentare über »die Verrücktheit unseres Luxus«, kritisierte die Ausgaben für Karossen, Beerdigungen und Paläste als Beispiele einer politisch gefährlichen Eitelkeit und verteidigte die Tugend der Sparsamkeit, weil sie mit der Freiheit verbunden sei, wie das Beispiel der Schweizer, die er aus erster Hand kannte, zeigte.[25]

3. Ökonomische und soziale Einwände wurden an den beiden entgegengesetzten Enden der sozialen Stufenleiter laut. Einerseits sorgten sich die Regierungen, die alteingesessenen adligen Familien könnten ruiniert werden, wenn sie mit den Neureichen mitzuhalten versuchten. Ihr Ruin würde die soziale Ordnung bedrohen. Wenn sie auf der anderen Seite jedoch nicht mit Emporkömmlingen mithielten, war die soziale Ordnung gleichfalls bedroht. Wie es scheint, war diese Sorge einer der wichtigsten Gründe für die Luxusgesetze, die im siebzehnten Jahrhundert erlassen wurden, zumindest wenn man nach den Erklärungen in den Präambeln der Gesetze urteilt. Fünf Gesetze gegen den Luxus wurden in Rom im siebzehnten Jahrhundert erlassen, elf in Mailand, einundzwanzig in Florenz und mehr als achtzig in Venedig (Levi Pisetzky, 1966, S. 462-7), ein Übergewicht, das die Bedeutung republikanischer Opposition gegen demonstrativen Konsum im Namen bürgerlicher Gleichheit und »Mäßigung« unterstreicht.

Andererseits ärgerten sich gewöhnliche Leute über die Extravaganz, daß Geld für Luxus aus dem Fenster geworfen wurde, während sie nicht das Nötigste zum Leben besaßen. Die Reaktion Pasquinos (s. o., S. 101) auf die 1648 in Rom erhobene Steuer, um den berühmten, von Bernini entworfenen Vier-Flüsse-Brunnen auf der Piazza Navona zu bezahlen, lautete: »Wir wollen keine spitzen Kirchtürme und Brunnen, sondern Brot, Brot, Brot«:

Noi volemo altro che guglie e fontane:
Pane volemo, pane, pane, pane.[26]

Ein Jahr vorher, als Masaniello in Neapel die Erhebung gegen die Früchtesteuer anführte (s. u., Kap. 12), stürmte die Menge die Paläste der Reichen und verbrannte, was sie vorfand. Ein Zeitgenosse behauptete, manche dieser Attacken richteten sich besonders gegen Neureiche wie Francesco Basile, der früher Bäcker gewesen war. Es ist heute unmöglich zu sagen, ob es sich um den Snobismus der Aufständischen oder nur der Adligen handelte, die über den Vorfall berichteten.[27] Ein klareres Bild über die Gründe für die im Volk verbreitete Ablehnung des Luxus gewinnt man aus einem Tagebuch, das im siebzehnten Jahrhundert von einem Florentiner Schneider geführt wurde. Er war alt genug, um sich an die Republik zu erinnern und konnte die Medici sowieso nicht leiden, aber er wandte sich im besonderen gegen ihre Extravaganz. Anläßlich eines großen Begräbnisses kommentierte er trocken, daß »sie heute morgen eine Menge Wachs rausgeworfen haben«. An anderer Stelle äußert er seine Empörung darüber, daß der Großherzog die venezianischen Gesandten mit hohen Kosten unterhielt, während in der Stadt und Umgebung Menschen verhungerten.[28]

Hinter den meisten dieser moralischen, politischen oder sozialen Einwände hört man das Echo der traditionellen Ethik der »heiligen Sparsamkeit«, wie sie die Florentiner manchmal nannten (*santa masserizia*). Die Kaufmannstugend war im siebzehnten Jahrhundert noch nicht ausgestorben. Hier mag der Hinweis nützlich sein, daß Innozenz XI., einer der wenigen Päpste in diesem Zeitraum, der sich nicht in demonstrativen Konsum stürzte, aus einer Kaufmannsfamilie aus Como stammte.

Trotz dieses Protestchors ging der Luxuskonsum jedoch weiter und nahm im Laufe des siebzehnten Jahrhunderts womöglich noch zu. Man ist versucht, ihn als »barock« zu beschreiben. Das Thema des Kontrasts zwischen Schein und Wirklichkeit (*parere* und *essere*), das in Italien wie anderswo in Europa zusammen mit dem Thema der Welt als Bühne die Literatur des siebzehnten Jahrhunderts durchzieht, scheint gerade einer Zeit angemessen zu sein, in der die Konsumtion solche spektakulären Formen annahm. Fassaden machten Paläste großartiger, Paläste ihre Besitzer und Kleider diejenigen, die in ihnen steckten – das ist zuweilen ganz wörtlich zu verstehen, denn manche Kleidungsstücke für Männer sollten den, der sie trug, größer aussehen lassen als er in Wirklichkeit war (Levi Pisetzky, 1966, s. 303).

Es ist Zeit, den Veränderungsprozeß schärfer ins Auge zu fassen. Man ist versucht, den Aufstieg des Luxuskonsums mit dem zu verbinden, was Braudel (1949) »den Bankrott der Bourgeoisie« in der Mittelmeerwelt Ende des sechzehnten Jahrhunderts genannt hat, und insbesondere mit dem ökonomischen Niedergang Italiens (Cipolla, 1952-3). Unschwer lassen sich Zeitgenossen finden, die erklären, daß um das Jahr 1600 herum ein verhängnisvoller Trend zu größerer Prachtentfaltung festzustellen war.

Nehmen wir Florenz als Beispiel und rufen wir einige Zeugen auf. Genau im Jahre 1600 berichtete der Gesandte Luccas, Bartolomeo Cenami, daß die Florentiner »die traditionelle Sparsamkeit ihres privaten Lebens aufgegeben« und »den Lebensstil von Hofleuten« übernommen hätten und daß sie jetzt »mit ebenso viel Glanz in und außerhalb ihrer Häuser wie andere Adlige in Italien«

lebten. 1618 wurde eine Kommission gebildet, die den Luxuskonsum untersuchen sollte, weil befürchtet wurde, daß »Ausgaben, Luxus und Prunk so stark angewachsen sind«, daß die Stadt vor dem Ruin stünde (zitiert in Malanima, 1977, S. 125). Ein älterer Patrizier, der in den 1660er Jahren zurückblickt, äußert seine Meinung, daß es um die Jahrhundertwende mit der Extravaganz anfing: dem Aufkommen von Kutschen, der steigenden Zahl von Dienern, einer prachtvolleren Inneneinrichtung und dem Gebrauch von silbernen statt irdenen Tellern bei den Mahlzeiten; es gab auch eine Reihe verbaler Zeichen, die bereits erörtert worden sind (s. o., S. 93).[29]

Ähnliche Zeugnisse lassen sich für Venedig, Genua und Neapel finden. Der Doge Nicolò Contarini, wie Donà ein Patrizier der alten Schule, begann seine Geschichte Venedigs im Jahre 1597 und bemerkte, daß sich ungefähr zu dieser Zeit dem venezianischen Wohlstand »Bequemlichkeit und seine Begleiter, Vergnügen und Luxus« zugesellten. Der britische Botschafter Sir Dudley Carleton berichtete etwa 1612, daß die venezianischen Adligen jetzt »ihre Lebensart änderten ... Häuser und Land kauften, sich mit Kutschen und Pferden ausstatteten und sich eine gute Zeit machten, mit mehr Schauspielen und Galanterien als vorher üblich« (Cozzi, 1958, S. 311, 15 Anm.; vgl. Burke, 1974, S. 101 f). Ein Besucher Genuas im Jahre 1601, Monsignor Agucchi, war von der Pracht der Stadt und ihrer führenden Einwohner beeindruckt, obwohl er Bologna und Rom kannte. Daß diese Pracht für Genua etwas neues war, wurde im darauffolgenden Jahr von einem Veroneser Adligen behauptet, der einige Zeit in der Stadt gelebt hatte.[30] Was Neapel betrifft, so kommentierte um 1600 der Philosoph Tommaso Campanella den Prunk und die Extravaganz des Adels. 1607 machte der Stadtschreiber seine Bemerkungen über den »großen Prunk«, in dem die Adligen lebten, und um 1620 erklärte ein Bericht, daß die Adligen auf größerem Fuße lebten und sich prächtiger kleideten als früher.[31]

Man darf jedoch auf diesen Chor der Übereinstimmung nicht allzusehr bauen. »Harter Primitivismus« taucht häufiger auf, und die Leute denken immer, sie seien die letzten Überlebenden eines früheren, einfacheren und höherstehenden Lebensstils. Es wäre nicht schwer, ähnliche Zeugnisse zu finden, die auf frühere Wendepunkte verweisen. Wenn wir in den »Fahrstuhl« springen – ein Ausdruck von Raymond Williams (1973), der ein ähnliches Problem in der englischen Geschichte erörtert –, stoßen wir auf einen Genueser Patrizier, der im Jahre 1575 schreibt und den Übergang in die Jahre nach den Verfassungsänderungen von 1547 verlegt. »Der Prunk hat zugenommen, und eine neue Stufe der Ausgaben für Bauten, Kleider und Delikatessen ist in Genua eingeführt worden.«[32] Reisen wir noch etwas weiter zurück. Ein venezianischer Tagebuchschreiber glaubte, daß die venezianischen Adligen zu seiner Zeit – am Anfang des sechzehnten Jahrhunderts – begannen, der Arbeit das Vergnügen und dem Geldverdienen das Ausgeben vorzuziehen.[33] Es gibt keinen Grund, den Fahrstuhl im Jahr 1500 anzuhalten. Ein Florentiner beklagte sich im fünfzehnten Jahrhundert über die »reichen Bankette und die fürstlichen Kleider«, die sich seine Zeitgenossen gönnten.[34] Hier angelangt, finden wir bei Dante, in seinem »Inferno«, Canto XXIX, scharfe Bemerkungen über einige extravagante junge Männer in Siena im dreizehnten Jahrhundert, die als die

»Verschwender-Brigade« (*brigata spendereccia*) berüchtigt waren. Ich gebe natürlich gerne zu, daß es ziemlich waghalsig ist, eine Darstellung des sozialen Wandels allein auf literarische Quellen und Erinnerungen aufzubauen. Solange keine vergleichende Untersuchung über Nachlaßverzeichnisse durchgeführt worden ist, gibt es keinerlei gesicherte Angaben darüber, wann, wo und bei wem der Übergang von *masserizia* zu *magnificenza* stattfand. Angesichts der politischen und ökonomischen polyzentrischen oder fragmentierten italienischen Gesellschaft dieser Zeit ist es wahrscheinlich, daß der Übergang zu demonstrativeren Formen des Konsums in verschiedenen Städten zu unterschiedlichen Zeitpunkten stattfand und – was noch wichtiger ist – aus unterschiedlichen Gründen. Zumindest legen das die Beispiele von Neapel und Genua nahe.

In Neapel kann man mit gutem Grund die Jahre 1532-53 als einen entscheidenden Wendepunkt ansehen. Sie waren die Regierungsjahre des berühmtesten Vizekönigs, Pedro de Toledo, dessen Politik offenbar das Ziel verfolgte, den Hochadel, der zuvor auf seinen Ländereien gelebt hatte, an den Hof zu ziehen, um ihn politisch (indem er ihn von seiner lokalen Machtbasis abschnitt) und ökonomisch (weil das kostspielige Leben in der Stadt sie todsicher in Schulden stürzen würde) zu schwächen. Ludwig XIV. war nicht der Erfinder dieses »Versailles-Syndroms«. Auf jeden Fall zogen die hochrangigen Adligen in die Stadt, und in der zweiten Hälfte des sechzehnten Jahrhunderts brach ein wahres Palastbaufieber aus. Im siebzehnten Jahrhundert erlahmte die Bautätigkeit, aber die Adligen wetteiferten weiter miteinander im Zurschaustellen ihres Reichtums (Labrot, 1979). Während der Pest von 1656 sollen 1930 Goldschmiede und Juweliere gestorben sein, eine Zahl, nach der es mehr als einen Goldschmied pro tausend Einwohner der Stadt gegeben haben müßte.

In Genua scheint der Übergang von Sparsamkeit zu Prachtentfaltung etwa zur gleichen Zeit, in den Jahren um 1550 oder etwas später stattgefunden zu haben. Der offensichtlichste Beleg ist eine Straße voller herrlicher Paläste, die man zu diesem Zeitpunkt zu bauen begann, die *Strada Nuova*. Es ist wohl kein Zufall, daß diese Straße mit Palästen für die sogenannten »alten« Adelsfamilien genau zu der Zeit gebaut wurde, als diese nicht nur reicher als je zuvor wurden, indem sie Philipp II. von Spanien zu hohen Zinsen Geld liehen, sondern auch ängstlicher besorgt als vorher darauf achteten, sich von den neuen Familien zu unterscheiden, denen gestattet worden war, ihren Namen anzunehmen. Ein ziemlich feindseliger Bericht aus dem Jahre 1579 drückt es so aus: nachdem sie »ungeheure Profite« gemacht hatten, »wurden sie stolz und ehrgeizig und gaben den republikanischen Lebensstil auf, kauften Titel und Lehen, bauten prunkvolle, fürstlich geschmückte Paläste und lebten in unerhörtem Glanz und Pracht, die weit über das hinausgingen, was republikanische Bescheidenheit erlaubt.«[35]

Florenz, Rom und Venedig scheinen kompliziertere oder nicht so klare Fälle zu sein. Florenz war bekanntlich die Heimstatt der klassischen Formulierung der Sparsamkeitsethik oder des »unauffälligen Konsums« im frühen fünfzehnten Jahrhundert. »Jede unnötige Ausgabe ist Irrsinn«, sagt ein Sprecher im Dialog des Humanisten Leonbattista Alberti über die Familie. »Zeigt nie Euren

TORRICELLI (nach Antonio Giolfi)
Strada Nuova in Genua (zw. Hälfte 18. Jh.)

Reichtum«, riet Giovanni Morelli seinen Söhnen, »sondern halte ihn verborgen und macht die Leute durch Wort und Tat stets glauben, daß ihr nur die Hälfte von dem habt, was ihr besitzt.«[36] Genau zu dieser Zeit fing man jedoch in Florenz an, Paläste mit eindrucksvollen Fassaden zu bauen. Ungefähr hundert wurden im Laufe des sechzehnten Jahrhunderts errichtet, mit dem wirklich prachtvollen Palazzo Strozzi als Gipfelpunkt (Goldthwaite, 1980). Danach trat eine Pause ein, aber nach 1550 kam es zu einer neuen Welle privater Bautätigkeit, vom Großherzog Cosimo de'Medici bewußt gefördert, aus den gleichen Gründen wie Pedro de Toledo oder einfach dem Beispiel des Herrschers folgend. Es gibt einige Hinweise, wie verbreitet der Luxus im frühen siebzehnten Jahrhundert war, die gut mit den subjektiveren Eindrücken der oben zitierten Zeugen übereinstimmen. 1561 zählte Florenz 42 Goldschmiedeläden, 1642 waren es jedoch 48. 1561, als die Mode erst anfing, gab es keinen einzigen Kutschenmacher, aber im Jahre 1642 gab es dreizehn Werkstätten (Brown und Goodman, 1980, S. 90 f).

Rom ist ein eigener Fall, weil Herrscher mit sehr unterschiedlichen Konsumtionsmustern und Einstellungen relativ schnell aufeinander folgten. Man kann sich Prachtentfaltung kaum in größerem Maßstab als dem von Papst Julius II. geplanten vorstellen, selbst wenn seine hauptsächlichen Projekte bei seinem Tod unvollendet blieben. Auf der anderen Seite war Hadrian von Utrecht das genaue Gegenteil. Paul III. war für demonstrativen Konsum, der Palazzo Farnese, von Michelangelo und anderen für ihn und seine Familie erbaut, muß eines der größten Privathäuser gewesen sein, die je erbaut worden sind. Die Päpste in der zweiten Hälfte des sechzehnten Jahrhunderts, nach dem Konzil von Trient, waren dem Zurschaustellen privaten Reichtums weniger zugetan, aber im siebzehnten Jahrhundert lebte die Sitte wieder auf. Um 1670 erklärte ein Priester, der vierzig Jahre lang in Rom gelebt hatte, daß der »Luxus sichtlich in großem Maße gestiegen ist« (*In quarant'anni ch'io sono in Roma, il lusso è cresciuto evidentemente agran segno:* Pastor, Bd. 14.2, S. 687, Anm. 4). Die Liste der Paläste und ihrer Baukosten scheinen ihn zu bestätigen.

Der Fall Venedigs ist ebenfalls kompliziert, weil die Oberhäupter des Staates, die einander ablösten, zwar allen anderen Patriziern als Vorbild gelten konnten, aber was ihre persönlichen Konsumtionsmuster anging, sich sehr voneinander unterschieden. Von der Größe einiger Paläste aus dem sechzehnten Jahrhundert (insbesondere des Palazzo Corner) und der Aussage des britischen Botschafters aus dem Jahre 1612 abgesehen, kann man mit gutem Grund sagen, daß die bedeutendsten Veränderungen in der zweiten Hälfte des siebzehnten Jahrhunderts stattfanden. Im Gegensatz zur Zeit nach 1660 gab es in den Jahren davor keinen bedeutenden Privatbau. Ein Detail aus den Testamenten einiger Prokuratoren von S. Marco – der Crème der venezianischen Elite – mag aufschlußreich sein: die Anzahl der Messen für die Ruhe ihrer Seele, die sie verfügten, stieg im Laufe des Jahrhunderts von hunderten auf tausend an.[37]

Die Kultur Europas im siebzehnten Jahrhundert ist durch die kühnen Vergleiche und Hypothesen von V. L. Tapié (1957) und J. V. Polišenský (1971) in ein neues Licht gerückt worden. Auf verschiedene Art haben sie zwei Kulturen einander gegenübergestellt: auf der einen Seite das Europa des Barock – Katholizismus, Höfe und Aristokratien; auf der anderen das Europa des Klassizismus – Protestantismus, Republiken und die Bourgeoisie. Und wir könnten in diesem Kontext den Kontrast zwischen Prachtentfaltung als Statussymbol und Bescheidenheit als Symbol der Tugend hinzufügen. Diese weitausgreifenden Verallgemeinerungen haben ihre Grenzen. Sie nehmen eine zu große Homogenität von Gesellschaften an. Die bereits erwähnten Beispiele – Carlo Borromeo und Papst Innozenz XI. – sollten uns daran erinnern, daß es nicht nur eine protestantische, sondern auch eine katholische Opposition gegen Prachtentfaltung gab. Gleichwohl leisten Tapié und Polišenský unschätzbare Hilfestellung, um lokale Trends in eine europäische Perspektive zu stellen. Die schockierten Kommentare protestantischer britischer Besucher, insbesondere des mehr als einmal zitierten Gilbert Burnet, über das verschwenderische Zurschaustellen der Italiener scheinen die Hypothese von den zwei Kulturen zu bestätigen (man sollte vielleicht hinzufügen, daß Theodor Veblen, der ebenfalls besessen auf Verschwendung achtete, pietistischer Abstammung war). Und was die Politik angeht – ist es ein Zufall, daß der demonstrative Konsum in Italien zunahm, als die Republiken den Fürstentümern wichen?

Das Bild als Bühne
Selbstdarstellung im Porträt der Renaissance[1]

ITALIENISCHE PORTRÄTS, VOR allem der Renaissance, sollen hier nicht unter dem üblichen Aspekt – dem des Malers und seiner individuellen Leistung – diskutiert werden, sondern aus der Sicht der Porträtierten, als soziale Typen, weniger als Einzeldarstellungen. Damit wird aber nicht die Annahme verbunden, Bilder spiegelten getreu die physische oder gar die soziale Wirklichkeit wider, sie stehen zur äußeren Welt in einer sehr viel indirekteren Beziehung. Auch Porträts müssen als eine Form der Kommunikation, eine stumme Sprache, ein Theater des Status, als ein Zeichensystem betrachtet werden, das Einstellungen und Werte repräsentiert – als ein Mittel zur »Darstellung des Selbst«.

Die letzte Formulierung stammt aus dem Titel eines Buchs von Erving Goffman, in dem er das Alltagsleben als Aufführung analysiert und die Kunst des impression »management«, wie er es nennt, studiert, d. h. der vielfältigen Mittel, die zur Rettung, Wahrung oder Wertsteigerung des »Images« eingesetzt werden. Dazu ist es notwendig, wenn auch nicht ausreichend, sorgfältig auf »Haltung, Kleidung und Verhalten« zu achten. Dieses soziale »Benehmen« ist umso wirkungsvoller, wenn es von dem unterstützt wird, was Goffman »Front«, Fassade nennt, d. h. der Definition der Situation für den Beobachter durch Mittel, die er als »Szenerie«, »Kulissen«, »Requisiten« oder »Zeichenausstattung« bezeichnet (Goffman, 1959).

Goffmans Sicht ähnelt stark der Robert Parks oder W. I. Thomas', allgemeiner den Auffassungen der »Chicago School for Symbolic Interaction«, von deren leitenden Konzepten ich in diesem Buch schon mehrfach Gebrauch gemacht habe. Es mag seltsam erscheinen, daß ich gerade auf diese spezifische Gruppe von Soziologen und Anthropologen zurückgreife, weil sie sich nicht sehr, und gerade Goffman nicht, für die Besonderheiten bestimmter Gesellschaften und Epochen interessierten. Die weitgespannte Metaphorik aus der Welt des Theaters, die ihre Arbeiten durchzieht, scheint mir jedoch gerade für Italien ganz besonders angebracht zu sein, wo es – wie wir inzwischen aus den verschiedensten Zusammenhängen erfahren haben – wichtig war und ist, in der Öffentlichkeit eine gute Figur machen (*fare bella figura*). Sie paßt auch gut zur Zeit: die Metapher der Welt als Bühne war in der frühen Neuzeit womöglich noch weiter verbreitet als in anderen Epochen. Zwischen Goffmans Sicht des gesellschaftlichen Lebens und der in vielen italienischen Anstandsbüchern gibt es eine auffällige Verwandtschaft. Das gilt insbesondere für den »Hofmann« Castigliones mit seinen detaillierten Anweisungen, wie man – notfalls durch sorgfältiges Einstudieren – die Illusion der Spontaneität erzeugt.

Weder Castiglione noch Goffman haben sich über das gemalte Porträt geäußert, aber es fällt nicht schwer, die Relevanz ihrer Art der Analyse von menschlichem Verhalten für eine Semiotik dieser Bildergattung zu erkennen.

Es ist auch hier ein empfehlenswertes methodisches Prinzip, zu fragen, bevor man eine historische Quelle benutzt, wie und warum sie entstanden ist. Wir dürfen uns Porträts nicht in ihrer heutigen Umgebung vorstellen, in Museen und Gemäldegalerien, neben anderen »Kunstwerken«. Wir müssen sie an ihren ursprünglichen Ort zurückversetzen, in die Häuser oder »Paläste« der Oberschichten, zu einer Zeit, als »demonstrativer Konsum«, wie man heute sagt, nicht nur ein Vergnügen, sondern eine notwendige Pflicht für Familien war, die einen hohen Status entweder bereits genossen oder ihn anstrebten (s. o., Kap. 10). Wie Paläste, Einrichtung, Kleidung usw. war auch das Porträt ein notwendiges Requisit für die erfolgreiche Selbstdarstellung. Es wurde in Auftrag gegeben, um in der Familienresidenz neben den Abbildern der echten oder selbst fabrizierten Vorfahren zu hängen. Im frühneuzeitlichen Italien war das Porträt fast ausschließlich eine Sache der Oberschichten (einige erhaltene Ausnahmen betreffen häufig Verwandte des Malers). Die Gemälde waren für die Augen der Familie, ihrer Freunde und Gäste bestimmt. Sie gehörten selbst zu den Objekten, die demonstrativ konsumiert und im Laufe der Zeit immer teurer und prächtiger wurden und bildeten gleichfalls einen Teil der »persönlichen Frontansicht«, wie Goffman sagt. Das gemalte Antlitz leistete seinen Beitrag zum sozialen »Image«, es war oder wurde ein Mittel zur Darstellung demonstrativen Konsums (von Kleidern, Vorhängen, Uhren usw.) und damit ein Dokument des »impression management«, mit dem Vorteil für den Porträtierten – und dem Nachteil für den Historiker –, daß sich die dem Betrachter vermittelte Information mit einiger Aussicht auf Erfolg kontrollieren ließ. Wenn man sich zum Beispiel Porträts von Federigo da Montefeltro ansieht, die ihn im Profil zeigen, vor allem natürlich das von Piero della Francesca, könnte einem entgehen, daß er ein Auge verloren hatte. Oder nehmen wir das sehr viel kompliziertere Beispiel der Melancholie. Die Poesie der italienischen Renaissance läßt den Schluß zu, daß es modern war, melancholisch zu sein; Melancholie war keineswegs eine rein elisabethianische Krankheit. Menschen aber, die nicht das Glück hatten, von Natur aus melancholisch zu sein, wollten sich vielleicht in diesem Lichte präsentieren. Es schickte sich jedoch nicht, in der Öffentlichkeit melancholisch zu erscheinen; in Castigliones »Hofmann« oder in anderen Anstandsbüchern finden wir keinerlei Anweisungen, wie man diese besondere Körpersprache erlernt. Im privaten Bereich, in Goffmans Worten »backstage«, wurde erwartet, daß man den Kopf in die Hand stützte und mit leerem Blick in die Ferne starrte. Wie aber konnten die anderen davon erfahren? Hier besaß das gemalte Porträt den Vorteil, privates öffentlich zu machen.

In anderen Worten: der Maler hat es in der Hand, die Erscheinung des Modells seiner oder ihrer Rolle anzupassen. Porträts scheinen damit als brauchbare historische Quellen auszuscheiden. Gerade das Zurechtschneiden des Akteurs auf seine Rolle, das Porträts zu eher unzuverlässigen Zeugnissen für die äußere Erscheinung von Personen macht, läßt sie aber gleichzeitig zur getreuen Repräsentation der Wertvorstellungen ihrer Zeit werden.

Man sollte sich natürlich hüten, von völliger Übereinstimmung zwischen Künstler und Auftraggeber auszugehen. Das gemalte Bild war das Ergebnis

TIZIAN
Der Kaufmann Jacopo Strada, 1567

ANGELO BRONZINO
Cosimo I. de' Medici

eines Prozesses, eines »Aushandelns« zwischen den beteiligten Parteien. In mehr als nur der finanziellen Bedeutung des Worts handelte es sich um eine »Transaktion«. Wer sich porträtieren ließ, war mehr oder weniger anspruchsvoll, die Maler waren mehr oder weniger entgegenkommend und gefällig. Nur selten ist dieser Prozeß des Aushandelns überliefert. Eine Ausnahme ist der Fall Isabella d'Estes, die sich über das Ergebnis beklagt oder ein anderes Mal, schon in reiferem Alter, Tizian bittet, sie so zu malen, wie sie als junges Mädchen ausgesehen hatte. Was der Künstler gedacht hat, wissen wir nicht. Wir müssen die Möglichkeit im Kopf behalten, daß ein Maler jemanden, den er porträtierte, nicht mochte. Von Tizian wissen wir, daß er den Kunsthändler Jacopo Strada nicht ausstehen konnte; er hat ihn einmal als ›einen der aufgeblasensten Dummköpfe, die es jemals gegeben hat‹ bezeichnet. Es ist deshalb behauptet worden, daß er in dessen Porträt karikierende Züge hineingebracht habe, was man auch Goyas Porträt der spanischen Königsfamilie nachsagt. Sogar Raffael ist manchmal als der »grausamste der Porträtmaler« bezeichnet worden, mit »seinem gierig-rücksichtslosen Papst und seinen hinterlistig-gerissenen Kardinälen.«[2] Ich würde diese Interpretation nicht von vornherein abtun. Um jedoch die ins Auge springende Gefahr des subjektivistischen und anachronistischen Vorgehens von vornherein auszuschließen, brauchen wir für solche Interpretationen eine gründliche Kenntnis der lokalen Konvention des Porträtierens, der gängigen bildlichen Übertragung der Körpersprache oder der Körperrhetorik, der Gestik, Pose, des Gesichtsausdrucks. Scheinbar triviale Details erweisen sich als Fingerzeige, die uns Porträts und ihren kulturellen Umkreis, in den sie eingebettet sind, entschlüsseln helfen.

Goffman (1959) weist darauf hin, daß die Mandarine in China, gemäß ihrer Rolle als Rechtsprechende, in der Öffentlichkeit »streng und abweisend« erschienen, gleichgültig, wie ihr Charakter, ihre privaten Gedanken oder Gefühle waren. Dieses strenge Äußere, über das westliche Reisende berichten, wird auch von Porträts kaiserlicher Beamter aus der Zeit der Ming-Dynastie bestätigt. Einige italienische Herrscher-Porträts sind mindestens ebenso abweisend, oder zumindest von finsterem Ernst: Bellinis Doge Leonardo Loredan zum Beispiel oder Bronzinos Cosimo de'Medici, der die dem Fürsten angemessene *terribilità* verbreitet. Cosimo sieht aus, wie ein Herrscher aussehen sollte, wie ein Löwe, ein Vergleich, der noch deutlicher in seiner Büste von Cellini herauskommt, auf der seine Rüstung mit Löwenköpfen geschmückt ist (Summers, 1981, Kap. 15; Meller, 1963). Der Kunsttheoretiker G. P. Lomazzo sprach frank und frei aus, was gefordert wurde: Ein Herrscher muß in seinem Porträt ernst und majestätisch erscheinen, »auch und gerade, wenn er es nicht ist« (*ancora che naturalmente non fosse tale*).[3] Ein Problem bildet das ebenfalls von Bronzino geschaffene Porträt von Cosimos Gattin Eleonora. Der strenge Ernst kann bei ihr nicht in der gleichen Weise erklärt werden. Vielleicht mußte sie so aussehen, um ihrem Ehegatten ebenbürtig zu erscheinen, vielleicht war das auch ein typischer Ausdruck Bronzinos – aber wir sollten die Palette seiner Möglichkeiten nicht unterschätzen. Eine wichtige Ergänzung ist vielleicht, daß Eleonoras Vater Pedro de Toledo, spanischer Vizekönig in Neapel (s. o., S. 127), den einheimischen Hochadel mit seinen spanischen Manieren in Erstaunen versetzt hatte, insbesondere dadurch, daß er während der Audienzen bewegungs- und ausdruckslos blieb wie – mit den Worten eines Beobachters – eine »Marmorstatue«.[4] Seine Nachfolger scheinen seinem Beispiel gefolgt zu sein. Ein Italiener, der 1591 sah, wie der Vizekönig in einer Sänfte vorbeigetragen wurde, kommentierte, er sei so ernst und ohne Gefühlsregung gewesen, »daß ich nicht hätte sagen können, ob er ein Mensch oder eine hölzerne Figur war.«[5] Bronzinos eisiger Stil war ganz besonders gut geeignet, dieses ebenso eisige Benehmen wiederzugeben: ein Beispiel einer Kunst, die ein Leben nachahmt, das die Kunst nachahmt.

Der Kulturhistoriker muß nicht nur die wechselnden Gesichtsausdrücke lesen lernen, sondern auch die Accessoires des Gesichts, zum Beispiel Bärte. Die Bärte der Kleriker sind besonders interessant, denn über sie gab es eine zeitgenössische Diskussion. In dieser Kultur, in der – wie Kapitel 7 zu zeigen versuchte – die Männlichkeitswerte sehr ernst genommen wurden, waren Bärte ein Symbol männlicher Stärke: »Der Bart ist ein Zeichen der Männlichkeit ... Bartlosigkeit ist etwas für Kinder, Eunuchen, für Frauen.«[6] Der zölibatäre Klerus bildete einen schwierigen Fall: wir finden Kleriker mit und ohne Bart. Schauen wir uns zum Beispiel die Päpste an. Die berühmten Porträts von Raffael und von Sebastiano del Piombo zeigen Julius II. und Clemens VII. mit Bart, Leo X. dagegen ist glattrasiert. Ein zeitgenössischer Chronist behauptet, daß Julius II. 1510 in Bologna anfing, seinen Bart wachsen zu lassen, um »sich zu rächen«, und daß »er ihn nicht abrasieren wollte, bis er König Ludwig von Frankreich aus Italien vertrieben hätte« (Partridge und Starn, 1980, S. 43 f). Clemens ließ sich seinen Bart nach dem *sacco di Roma*, der Plünderung

Roms, im Jahre 1527 wachsen, offenbar als Zeichen der Trauer. Viele Kleriker taten es ihm gleich. Aus diesen beiden Anekdoten läßt sich ersehen, daß anders als in der orthodoxen Welt der Bart eines Klerikers eine besondere Gelegenheit markierte. Diese Ansicht wurde in dem Traktat »Zur Verteidigung der Bärte der Priester« angegriffen, der 1531 von dem Humanisten Giovanni Pietro Piero Valeriano veröffentlicht wurde. Er argumentierte, Bärte seien ein Zeichen der Frömmigkeit, des Ernstes und der Würde, das Rasieren hingegen zeuge von einem verweiblichten Wesen (Chastel, 1983, S. 184 f). Die Bärte von Paul III. und von Kardinal Bembo, gemalt von Tizian, bezeugen diese Auffassung. Andererseits befahl der selbst bartlose Carlo Borromeo – wie sein Porträt von Crespi zeigt – in der zweiten Hälfte des sechzehnten Jahrhunderts seinem Klerus, sich zu rasieren. Seine Ansicht scheint sich im großen und ganzen durchgesetzt zu haben, wenn auch nicht vollständig. Van Dycks Kardinal Bentivoglio und Innozenz X. von Velásquez sind deutliche Beispiele aus dem Klerus des siebzehnten Jahrhunderts, die Bärte zur Schau tragen, wenn auch nicht so dichte wie die ihrer Vorgänger aus dem sechzehnten; es sind Barttrachten, die eher einen Kompromiß auszudrücken scheinen.

Im Unterschied zu Bärten scheinen Posen nicht besonders viel Stoff für Kontroversen geboten zu haben, außer seltsamen Bemerkungen, daß man die goldene Mitte anstreben sollte zwischen der »Unrast von Affen« und jener »statuenhaften Bewegungslosigkeit«, die Besucher des Vizekönigs von Neapel so überraschte.[7] Interpretationsprobleme bleiben dennoch bestehen, insbesondere für Historiker aus Kulturen, in denen die sitzende Position nicht länger mit hohem sozialen Rang assoziiert, Respekt nicht mehr durch Verbeugung bezeugt wird und die lockere Haltung als Norm zumindest das Strammstehen ersetzt hat – selbst auf Porträts. Als Beispiel für diese Probleme können wir Tizians Porträt von Papst Paul III. im Kreise seiner *nipoti* nehmen. Einer von diesen, Ottavio Farnese, ist derart – man ist versucht zu sagen »kriecherisch« – gebeugt, daß man von einer Karikatur der Unterwürfigkeit sprechen kann. Aber waren die Farnese wirklich so abgestumpft, daß sie die Karikatur nicht bemerkt haben? Denn Vasari, der in diesem Kreise verkehrte, bezeugt in seiner Lebensbeschreibung Tizians, daß sie mit diesem Porträt sehr zufrieden waren. Man kann deshalb mit Recht behaupten, daß eine Pose, die in einer Epoche (oder Kultur) Unterwürfigkeit bedeutet, in einer anderen durchaus eine andere Bedeutung haben kann. Wie eine »Peinlichkeitsschwelle«, ein von dem Soziologen Norbert Elias geprägter hilfreicher Begriff, gibt es eine »Schwelle des Respekts«, die im geschichtlichen Verlauf angehoben oder gesenkt werden kann. Bei Paul III. muß man die ausgefeilten Formen der Ehrerbietung, die ins päpstliche Ritual eingebaut waren, im Hinterkopf behalten, insbesondere, daß er als einzige Person in Europa eine Stellung einnahm, die verlangte, daß ihm regelmäßig in der Öffentlichkeit der Fuß geküßt wurde, bei Gelegenheit sogar vom Kaiser. Wenn sich Karl V. ohne Schande vor dem Papst erniedrigen konnte, mochte Ottavio sich vielleicht verbeugen, ohne deshalb schon als kriecherisch zu gelten.

Für die Gestik, die kein Historiker Italiens, welcher Region auch immer, in einer Untersuchung der Körpersprache auslassen darf, sprechen die Quellen-

TIZIAN
Papst Paul III. und seine Neffen Alessandro und Ottavio Farnese

zeugnisse deutlicher, weil die Zeitgenossen sich ihrer Bedeutung bewußt waren und in Traktaten über Rhetorik, die Manieren usw., insbesondere die Beredsamkeit der Hand erörterten. »Bei allen Nationen«, erklärte Vico, »bedeutet die Hand Macht.«[8] Kunsthistoriker sind sicher auf dem richtigen Weg, wenn sie versuchen, die Gesten in Gemälden aus der frühen Neuzeit mit den im elften Buch von Quintilians berühmter »Erziehung zum Redner« in Beziehung zu setzen (Baxandall, 1972; Heinz, 1972). Man darf natürlich nicht vergessen, daß Quintilian aus einer anderen Kultur kam – er war ein im ersten Jahrhundert n. Chr. lebender Römer, der aus Spanien stammte – seine Empfehlungen im frühneuzeitlichen Italien freilich ernstgenommen wurden.

Einige Gesten in Porträts sind nicht allzu schwer zu lesen: die konventionelle Geste des Segnens in Papstporträts, dem von Pius V. zum Beispiel, oder die übliche Bußgeste Fra Gregorios in seinem von Lorenzo Lotto gemalten Porträt. Quintilian hielt es für etwas exzessiv, ja theatralisch, sich derartig auf die Brust zu schlagen, aber im Laufe des sechzehnten Jahrhunderts war gerade das zu einer liturgischen Standardgeste geworden, die mit dem ›confiteor‹ bei der Messe verknüpft wurde. Die mit der Handfläche nach oben ausgestreckte Hand Kardinal Bembos scheint die von Quintilian für den Beginn einer Rede empfohlene Geste zu sein. Bekanntlich hatte Bembo über Rhetorik geschrieben, was also könnte passender sein für die Rhetorik der Geste als die Geste eines Rhetorikers? Schwieriger zu deuten ist die Haltung vieler junger Adliger, die ihre Arme in die Hüften stemmen. Für uns riecht das nach großspurigem Auftreten, aber im Italien des sechzehnten Jahrhunderts signalisierte dies womöglich den richtigen Sinn für den eigenen höheren Status, die *sprezzatura*, die aristokratische hochmütige Lässigkeit, die Castiglione in seinem »Hofmann« empfahl.[9] Das Spreizen der Finger, wobei die beiden mittleren Finger eng beieinanderbleiben – die Geste kann man in Porträts von Lotto und Bronzino finden, bevor sie zum Erkennungszeichen von El Greco wurde – mag heute affektiert erscheinen, aber ihre Popularität legt nahe, daß sie als Zeichen der Eleganz des Porträtierten wahrgenommen wurde, ähnlich wie die übereinandergeschlagenen Beine der von Reynolds und Gainsborough porträtierten jungen Stutzer. Wir werden nie erfahren, ob es sich um die Körperrhetorik des Malers oder des Modells handelte. Aber aus der in diesem Kapitel eingenommenen Perspektive zur Rekonstruktion eines kulturellen Codes ist diese Wissenslücke nicht so wichtig.

Das in diesen Porträts in eleganter Haltung dargestellte Selbst wird durch eine Reihe von Requisiten oder Attributen unterstützt, die den Modell Stehenden sozial identifizieren. Die Sprache der Objekte muß genauso wie die Körpersprache entschlüsselt werden (Castelnuovo, 1973), denn letztendlich waren sie zweisprachig. Viele der in Porträts dargestellten Gegenstände waren Statussymbole; einige aber waren emblematischer Natur, sie identifizierten das Modell durch visuelle Wortspiele (zum Beispiel Lorbeer für Laura)* oder brachten eine Moral zum Ausdruck. Das sehr häufige Motiv einer Dame mit Hund enthält zum Beispiel – außer, daß es ein bevorzugtes Schoßhündchen unsterblich machte – eine moralische Lehre: wie die Emblembücher der Zeit überdeutlich machen, waren Hunde Symbole der Treue. Diese Lehre könnte noch differenziert werden, dahingehend, daß sich der Hund zum Herrn verhält wie die Frau zu ihrem Ehemann (oder es jedenfalls so sein sollte). Die Kleider mancher Mädchen auf Florentiner Porträts aus dem fünfzehnten Jahrhundert müssen heraldisch gelesen werden, als wahrscheinlich Porträts von Bräuten, die als Mitglieder ihrer neuen Familien durch Kleider »markiert« wurden, auf denen sich das Wappen dieser Familie befand (Klapisch, 1985, S. 225, 239 Anm.).

* A.d.Ü.: ital. Lauro = Lorbeer

Wir wollen uns hier jedoch mehr mit Accessoires befassen, die dazu bestimmt waren, die Abgebildeten im Porträt vorteilhafter zur Geltung zu bringen – wie auch im täglichen Leben: mit Symbolen des Reichtums, des Status und der Macht, ob wirklich besessen oder nur erhofft. Reiche Kleider sind offensichtliche Statussymbole, zusammen mit Ringen, Halsschmuck und goldenen Ketten wie der schweren Kette um den Hals von Tizians Aretino, die an ein Geschenk an den Porträtierten erinnert. »Nichts erniedrigt Menschen mehr als schlecht gekleidet zu sein«, drückte ein politischer Theoretiker es aus[10], und ein anderer ergänzte, daß »die Kleidung eines Fürsten Majestät ausdrücken sollten, die eines älteren Edelmannes Gravität, jene eines jungen Eleganz, die eines Klerikers würdige Bescheidenheit, die einer reiferen Frau sollte schicklich, die eines jungen Mädchens geziemend, stilvoll und modisch sein.«[11] Die Farben der Kleider sind problematischer. Ein rotes Kleid bedeutet oft, daß der Träger Bürger von Florenz ist. In Italien scheint im fünfzehnten Jahrhundert schwarz in aristokratischen Zirkeln in Mode zu kommen, vielleicht als ein Mittel, um sich von »den protzigen Neureichen« (Baxandall, 1972, S. 14 f) abzusetzen. Im sechzehnten Jahrhundert wurden Soldaten angewiesen, nie schwarz und immer einen Federbusch zu tragen, damit sich niemand über ihre Identität täuschen konnte.[12] Um 1600 wurde schwarz in manchen Kreisen mit der Unterstützung Spaniens in Verbindung gebracht, während die mit Frankreich sympathisierenden sich im farbenfroheren französischen Stil kleideten.

Aber zurück zu den Details: Handschuhe, eher gehalten als getragen, bildeten ein etwas zweideutiges Symbol, zumindest bei Damen, bei denen sie auf das häufig imitierte Gedicht Petrarcas anspielen könnten, in dem er »die schöne nackte Hand« seiner Angebeteten preist, ein hübsches Beispiel, wie ein Teil für das Ganze steht. Gesichtsschleier, die von italienischen Damen der Zeit nicht selten getragen wurden, weisen in die gleiche Richtung (Mirollo, 1984, Kap. 3 und 4). Uhren konnten moralische Symbole sein, die den Porträtierten und den Betrachter daran erinnerten, daß die Zeit dahinfliegt und das Leben kurz ist, aber manche waren mit ihrem schweren goldenen Gehäuse gleichzeitig als Statussymbole ausgewiesen.

Die Rüstung, die auf so vielen Porträts von Aristokraten der Zeit zu sehen ist, steckt offensichtlich voller symbolischer Bedeutungen. Sie ist ein Zeichen der Tapferkeit, immer noch die Herrschern und Aristokraten geziemende Tugend, ob sie nun wirklich kämpften oder nicht. Cosimo de' Medici tat es nicht, erlaubte oder beförderte es aber trotzdem, ihn im Harnisch darzustellen. In ihren stählernen Rüstungen wurden die Porträtierten zu heldenhaften Gestalten – »Arma virumque pingo«. Die symbolische Bedeutung der Rüstung wird ganz besonders deutlich im Porträt Federigo von Urbinos, das vielleicht vom spanischen Maler Berruguete, vielleicht von Justus von Ghent stammt. Das Porträt eines Mannes in seinem Harnisch, der ein Buch liest, kann offensichtlich nicht wörtlich genommen werden als Darstellung eines Augenblicks im wirklichen Leben des Abgebildeten. Das wäre absurd, obwohl Federigo wirklich auf dem Schlachtfeld gekämpft hat. Die gemalte Figur gestaltet jedoch mit wenigen, aussagekräftigen Mitteln ein Symbol der Kombination von Waffenhandwerk auf der einen und Wissenschaft und Künsten auf der anderen Seite, den beiden Bereichen, in denen der Fürst und der Hofmann sich hervortun sollten, wie Castiglione, der am Hof von Federigos Sohn schrieb, nicht müde wird zu betonen. Lomazzo zufolge ließen sich nicht nur die Adligen im Waffenschmuck porträtieren. Es ist »wirklich lächerlich«, bemerkt er, »Kaufleute und Bankiers, die nie ein gezogenes Schwert gesehen haben«, gewappnet, ja sogar »mit dem Kommandostab in der Hand wie Generäle« zu malen anstatt mit der Feder hinter dem Ohr und einem Rechnungsbuch neben sich.[13]

Die Stellung von Büchern in Porträts verdient ebenfalls eingehendere Betrachtung. Bücher symbolisierten das kontemplative Leben, sie waren deshalb die passenden Accessoires für Porträts von Klerikern und wurden gelegentlich auch bei Klerikern ins Bild gerückt, die nie in ihrem Leben studiert hatten, ebenso wie Rüstung und Waffen bei Adligen, die nie gekämpft hatten. In einer Gesellschaft, in der Lese- und Schreibfähigkeiten mehr oder weniger auf eine Elite beschränkt waren, bildeten sie vielleicht auch Symbole der Macht, etwa die Briefe und Papiere in den Händen oder auf den Pulten mancher der Abgebildeten, die zeigten, wie bedeutend und geschäftig sie waren. Nicht selten identifizierten Maler diese Bücher ganz genau, und es könnte interessant sein, eine Bibliographie zusammenzustellen. Lottos Fra Gregorio hält z. B. ein Buch des Hl. Gregorius, ein passender Band von Homilien, zugleich eine Anspielung auf den Namen des Abgebildeten. Juristen werden mit dem Korpus des römischen Rechts abgebildet, Ärzte mit den Werken von Hippokrates und Galen, den Werkzeugen ihrer hoch angesehenen Gewerbe. Elegante junge Männer und Frauen sieht man oft mit Petrarcas Liebesgedichten in der Hand, so zum Beispiel Bronzinos Laura Battiferri, in diesem Fall eine doppelt passende Wahl, weil sie den Namen von Petrarcas Angebeteter trug und selbst Gedichte schrieb. Bei ihr und gleichfalls im Porträt einer jungen Dame von Andrea del Sarto kann man sogar die Gedichte auf der aufgeschlagenen Seite erkennen, Anspielungen, die besonders Eingeweihte verstanden und genossen haben mögen. Auf dem Porträt des Gelehrten Ugolini Martelli, ebenfalls von Bronzino, sieht man drei Bücher, die als Werke von Homer, Vergil und Bembo zu erkennen sind. Die deutende Geste muß wohl so verstanden werden, daß der Betrachter daran erinnert werden soll, daß Martelli einen Kommentar zu Homer schrieb. In ähnlicher Weise weisen andere Modelle, etwa Veroneses Daniele Barbaro, auf die Titel ihrer eigenen Bücher oder halten sie aufgeschlagen in der Hand, wie Bugiardinis Francesco Guicciardini. Wer die Geste unbescheiden findet, sollte sich die Wertvorstellungen der *società spettacolo* ins Gedächtnis rufen.

Zusammen mit Büchern finden wir oft Zeichen für die künstlerischen Interessen des Modells. Statuen, Büsten, Münzen und Medaillen gehören zur üblichen Ausstattung in den Porträts der Zeit, von Botticellis Guiliano de'Medici und Lottos Odoni zu Bronzinos Martelli und Tizians Jacob Strada, der so aussieht, als ob er dem Betrachter etwas verkaufen wollte. Zu den generellen Zeichen von Reichtum, Rang und Macht gehört der samtene Vorhang. Zu denen, die ihn am geschicktesten einsetzten, gehörten Tizian, Bronzino und van Dyck, der mehrere Italiener in Genua und anderswo malte. Weiter taucht die klassische Säule auf, deutliche Anspielung auf das antike Rom und zugleich auf

138

PEDRO BERRUGUETE (?)
Herzog Federigo und Guidobaldo da Montefeltro

ANGELO BRONZINO
Ugolino Martinelli, ca. 1535

PAOLO VERONESE
Daniele Barbaro, 1565–70

prachtvolle Paläste – eine metonymische Darstellung, in der ein ganz kleiner Teil für das sehr große Ganze steht. Ein stummes, doch beredtes Rangsymbol war der Diener, etwa der schwarze Junge in Van Dycks Porträt der genuesischen Adligen Elena Grimaldi. Es ist nicht schwer, sich vorzustellen, was der strenge Republikaner Andrea Spinola von diesem Porträt gehalten hätte, denn er kritisierte die modische Vorliebe für diese kleinen Pagen oder *menini*.[14] Der Schirm in diesem Porträt ist übrigens mehr als ein Farbtupfer und Schutz für das Modell: er wird mit hohem Rang assoziiert, weil er bei Ritualen gebraucht wird, um die wichtigste Persönlichkeit, den Papst, den Fürsten, das Altarsakrament zu beschirmen.

Hunde, Pferde und Vögel konnten gelegentlich ebenfalls als Statussymbole fungieren. Der Jagdhund stand für die als männlich und aristokratisch geltende Jagd. Diese Anspielungen treten besonders deutlich hervor in einem anderen Genueser Bild van Dycks, dem Porträt von Anton Giulio Brignole Sale. Wenn man sich dieses herrliche Porträt eines Mannes mit seinem Pferd, seinem Jagdhund und seinem Falken anschaut, wird man kaum sofort auf den Gedanken kommen, daß man statt einem hochrangigen Edelmann aus alter Familie, mit ausgedehnten Besitzungen einem Patrizier gegenübersteht, der gerade erst aus der Kaufmannsschicht aufgestiegen war (und heute vor allem für seine Schriften bekannt ist); eine weitere Erinnerung daran, daß der Maler keine Kamera war, sondern jemand, der mehrere Illusionierungstechniken beherrschte, soziale Mystifikation ebenso wie *trompe l'oeuil*. Man könnte das Porträt sogar als ein Stück Mythologie bezeichnen, sowohl im metaphorischen Sinn (vgl. Barthes, 1957) als auch einfach im wörtlichen, für den Bronzinos

ANTONIN VAN DYCK
Anton Giulio Brignole Sala

Darstellung des Genueser Generals Andrea Doria als Neptun steht. Ein Mythos diente einem anderen.

Es wäre nützlich, ein Verzeichnis der in italienischen Porträts der frühen Neuzeit dargestellten Gegenstände zu erstellen, um zu sehen, wie häufig sie miteinander und mit verschiedenen Modell-Typen in bildlichen »formulae«, wie man sie nennen möchte, verwendet wurden, wann und warum Konventionen durchbrochen wurden. Caravaggios Porträt des jungen Kardinals Maffeo

Barberini gibt dem Modell beispielsweise eine Vase mit Blumen bei. Das ist unüblich, aber wir sollten uns hüten, sie als unmännlich zu deuten. Eine Generation früher hatte sich ein Erzbischof scharf gegen die Abbildung von Blumen, Tieren und Vögeln in Porträts von Männern der Kirche gewandt, aber aus einem anderen Grund. Für ihn hatten diese Accessoires einen zu weltlichen Beigeschmack.[15]

Wir haben bis jetzt in diesem Kapitel hauptsächlich ein Zeichensystem porträtiert, und Porträtieren zwingt das Modell stillzuhalten. Es ist natürlich ebenso unrealistisch wie – zeitweilig – nützlich, den Gang der Zeit auf diese Weise aufhalten zu wollen. Darin liegt die größte Schwäche des sogenannten »strukturalistischen« Ansatzes der Kulturanalyse, auf den aus diesem Grund hier nur wenig eingegangen wurde. Es ist jetzt Zeit darzulegen, wie sich Porträts zwischen dem fünfzehnten und dem achtzehnten Jahrhundert veränderten, und zu untersuchen, ob diese Veränderungen mit Entwicklungen in anderen Formen des demonstrativen Konsums oder bei anderen Zeichensystemen – vor allem der Sprache – verknüpft sind.

Wenn man die datierten italienischen Porträts chronologisch ordnet, fallen bestimmte Veränderungen auf. Porträts aus dem fünfzehnten Jahrhundert sind ziemlich schlicht und wenig beeindruckend (vom Gesichtspunkt der Selbstdarstellung zumindest; das ist kein Kommentar zu den künstlerischen Leistungen etwa von Antonello da Messina oder Botticelli). Es war möglich, das Modell »mit allen Fehlern und Schwächen« zu porträtieren (so, wie Ghirlandaio den Kaufmann Sassetti malte, obwohl diese Identifizierung umstritten ist). Nur wenige Gegenstände sind zu sehen, vom Abgebildeten werden nur Kopf und Schultern, höchstens der Oberkörper gezeigt, fast immer im Profil. Den bereits erwähnten Sonderfall Federigo von Urbinos beiseite lassend, sollten wir nicht voreilig schließen, daß Profile die Betrachter des fünfzehnten Jahrhunderts unbeeindruckt ließen, denn die Analogie zwischen gemalten Porträts und antiken römischen Münzen hatte wahrscheinlich einiges Gewicht. Auf jeden Fall war das Porträt etwas Neues. In einem Gedicht des venezianischen Patriziers Leonardo Giustinian aus dem fünfzehnten Jahrhundert erzählt der Liebende seiner Geliebten, daß er ihr Bild auf ein Stück Papier gemalt habe, »als ob Du eine von Gottes Heiligen wärst«:

Io t'ho dipinta in su una carticella
Come se fussi una santa di Dio.

Sogar noch in der zweiten Hälfte des sechzehnten Jahrhunderts vertrat der Erzbischof von Bologna, Gabriele Paleotti, die Auffassung, verrufene Leute – zu denen er Ketzer, Tyrannen, Kurtisanen und Schauspieler zählte – sollten überhaupt nicht porträtiert werden.[16]

Dennoch hat man, schaut man sich die Reihe der Porträts an, das Gefühl, daß die Menschen blasierter wurden, daß bald ausgeklügeltere Mittel nötig waren, wenn der Porträtierte den Betrachter beeindrucken wollte. Profile wichen der Abbildung von drei Vierteln oder des ganzen Gesichts. Halbfiguren wuchsen zu ganzer Größe, so daß manche Porträts beträchtlich größer sind als die Leute, die sie betrachten. Immer mehr Requisiten kamen hinzu: Stühle,

SOFONISBA ANGUISSOLA
Selbstporträt, ca. 1560

Tische, Vorhänge, Säulen, Bücher, Papiere, Uhren, Hunde, Diener usw. An der Wende vom sechzehnten zum siebzehnten Jahrhundert waren Porträts sehr viel beeindruckender und formal ausgefeilter geworden als ihre Vorgänger im fünfzehnten. Warum? Erklärungen für künstlerische Entwicklungstrends sind nie genau verifizierbar. Aber sinnvoll scheint es, sich zunächst die Veränderungen anzuschauen, die sich im gleichen Milieu etwa zur gleichen Zeit vollzogen. Auch die Gebäude wurden größer, der Konsum generell demonstrativer, und es gibt Belege dafür, daß die Anredeformen schwülstiger wurden (Kap. 7), die Höflichkeit ausgeklügelte ritualisierte Formen annahm. Für manche Historiker sind diese Entwicklungen lediglich Symptome eines tiefgreifenderen Wandels, der in einem Wort zusammengefaßt werden kann: Refeudalisierung, und zwar in dem Sinn, daß der landbesitzende Adel seine alte Vorherrschaft wieder zurückgewann, während gleichzeitig ein »Niedergang der Mittelschichten« einsetzte (Castelnuovo, 1973). Sie haben vielleicht recht. Es gab Veränderungen im Kräfteverhältnis zwischen den verschiedenen sozialen Gruppen im frühneuzeitlichen Italien. Es ist möglich, daß diese Veränderungen kulturelle Konsequenzen hatten, obwohl die Verbindungen nicht nachgewiesen werden können. Ich bin zum Beispiel nicht sicher, ob Kaufleute – selbst im Florenz des vierzehnten Jahrhunderts – kulturelle Schrittmacher gewesen sind.

Es gibt jedoch eine alternative Erklärung dafür, warum sich die Darstellung des Abgebildeten in italienischen Porträts veränderte. Sie ist eher mikro- als makrosozial, nicht sehr ambitiös und sehr viel leichter zu belegen als die mit ihr rivalisierende – obwohl beide sich eher ergänzen als widersprechen. Nach dieser alternativen Theorie war die großspurige Manier, in der Adlige im sechzehnten und siebzehnten Jahrhundert zunehmend porträtiert wurden, zumindest zum Teil eine Antwort auf die Demokratisierung des Porträts. Es gibt Belege dafür, daß auch gewöhnliche Leute, Handwerker und kleine Kaufleute, anfingen, sich porträtieren zu lassen, zum unendlichen Verdruß von sozial höherstehenden Beobachtern. »Die Schande unserer Zeit ist«, schrieb Pietro Aretino, als Sohn eines Schuhmachers selbst ein gesellschaftlicher Aufsteiger, »daß sie gemalte Porträts sogar von Schneidern und Fleischern duldet.«[17] Das Bild eines Schneiders von Morone, das jetzt in London in der National Gallery hängt, spricht dafür, daß Aretino auf einen realen Trend reagierte. Heute existieren nur noch wenige Porträts von Handwerkern und Ladenbesitzern, aber ihre Chancen, bis heute zu überdauern, waren auch geringer als die der Aristokratenporträts. Einige Jahre nach Aretino brachte der Künstler und Kulturtheoretiker Lomazzo ein ähnliches Argument vor. »Während bei den Römern nur Fürsten und siegreiche Generäle porträtiert wurden, ist die Porträtkunst jetzt so vulgarisiert (*divulgata*), daß sie buchstäblich ihre ganze Würde verloren hat.«[18] Solange die bloße Existenz eines Porträts bereits Zeichen des hohen Rangs des Porträtierten war, konnte sich das Porträt erlauben, schlicht zu sein. Aber sobald Porträts Gemeingut wurden, mußten neue Mittel der Differenzierung von denen verwendet werden, die sich aus der Masse hervorheben wollten.

Auf der anderen Seite sehen wir im achtzehnten Jahrhundert jedoch den entgegengesetzten Trend zu wachsender Schlichtheit und Ungezwungenheit –

im Werk von Ceruti, Longhi, Fra Galgario und anderen. Der Ausdruck wurde weniger steif, und es war schließlich möglich, sogar einen Dogen mit menschlichen Empfindungen darzustellen. Auf Porträts des achtzehnten Jahrhunderts wird häufiger gelächelt – eher ein Zeichen der Freundlichkeit als der Belustigung – und ein Papst konnte seinen Porträtisten auffordern, ihn sanft erscheinen zu lassen, weil er der Hirte der Völker sei (*Fa dolce: sono pastore dei popoli*. Zitiert von Andrieux, 1962). Maler durften jetzt Kardinäle im Alltagsgewand porträtieren, Edelleute beim Tabaksschnupfen, redend, mit der Brille auf der Nase statt in eleganter Pose neben einem Buch, wie es vorher üblich war. Die Longhis und andere malten Gruppenbilder von Familien. Häusliche Requisiten kamen ins Bild, Teetassen, Fächer, Paravents, Cembalos und Kinder, insbesondere auf Frauenporträts, die auch verbreiteter wurden (in den niederländischen Generalstaaten ist die Zahl von Männer- und Frauenporträts im siebzehnten Jahrhundert annähernd gleich; in Italien gibt es zur gleichen Zeit eine überwältigende Vormachtstellung des Männerporträts). Man könnte von einem Aufstieg des »Naturalismus« sprechen, angebrachter aber ist es, von einer alternativen Konvention, einer Rhetorik des Natürlichen und Häuslichen zu reden. Diese Veränderungen gehen einher mit einer wachsenden Ungezwungenheit des Sprechens (Kap. 7), einem zunehmenden Mißtrauen gegen Rituale (Kap. 14) und einem Trend zu zwangloserem Verhalten in der Oberschichtengesellschaft, ein Trend, der besonders deutlich in Frankreich und England, aber auch in Teilen Italiens zu bemerken ist. Einige anonyme venezianische Verse aus dem Jahre 1768 beschreiben das unkonventionelle Benehmen mancher adliger Frauen, darunter das sitzen *a la sultana*, mit anderen Worten mit übergeschlagenen Beinen (Molmenti, 1906-08, Bd. 3, S. 331-12). Für diesen Trend zu ungezwungenerem Verhalten kann man – im Unterschied zum entgegengesetzten – allerdings kaum eine andere als makrosoziale Erklärung anbieten.

Damit scheinen wir uns einmal im Kreis gedreht zu haben. Aber der Siegeszug der Ungezwungenheit zeigt ebenso wie die Vorherrschaft der Förmlichkeit, daß uns Porträts etwas wichtiges über die Gesellschaft im ganzen und über den Einzelnen, Abgebildeten mitteilen können. Damit setzen wir nicht die zuvor zurückgewiesene Ansicht wieder in ihr Recht, daß der Maler ein Spiegel oder eine Kamera sei. Im Gegenteil, er – oder manchmal sie – wie im Fall von Sofonisba Anguissola – war ein Rhetoriker. Der springende Punkt ist, daß die Regeln der Rhetorik sich änderten, als sich die Kultur im weiteren Sinn wandelte. Deshalb müssen auch diese Regeln als historische Quelle untersucht werden. Historiker dürfen nicht nur Porträts und andere Gemälde als Teil ihres Quellenmaterials benutzen, sie müssen es sogar, weil Bilder oft etwas mitteilen, was nicht in Worte gefaßt wird. Diese Zeugnisse können jedoch erst interpretiert werden, wenn sie in ihren Rahmen gestellt werden, den Rahmen der Kultur und Gesellschaft ihrer Zeit.

Karneval in Venedig

DIESES KAPITEL UNTERSUCHT ein Ritual als Kommunikationsform und verfolgt, wie es sich im Lauf der Jahrhunderte verändert hat. Der ganze Sinn des Rituals, hat man behauptet, bestehe darin, die Geschichte aufzuheben, die lineare Zeit des Wandels durch die zirkuläre Zeit endloser Wiederholung zu ersetzen (Eliade, 1949). Ob sie darauf abzielen oder nicht, Rituale wie der Karneval von Venedig sind, wie ich zu zeigen hoffe, kein Beweisstück gegen die Geschichte.

Dazu wird es notwendig sein, einige dieser Feste über einen sehr langen Zeitraum, vom dreizehnten bis zum neunzehnten Jahrhundert, zu betrachten, allerdings mit Schwerpunkt auf dem siebzehnten und achtzehnten Jahrhundert. Zu dieser Zeit war für Außenstehende der Karneval mit Venedig mindestens ebenso untrennbar verbunden wie die Piazza San Marco, die gemischte Verfassung oder die Gondeln. Über den Karneval von Venedig wurden Opern geschrieben, die auf französischen, deutschen und englischen Bühnen zur Aufführung gelangten.[1] Er gehörte zum sogenannten »Venedig-Mythos«, dem Bild der Republik als eines einzigartig harmonischen politischen und sozialen Systems (Gaeta, 1961; Logan, 1972). Ein zynischer Ausländer deutete an, daß der Karneval nur ein Trick zur Volksbelustigung sei: »Je pense donc que les Nobles, qui d'ailleurs ne sont pas fort aimés, sont bien aises de trouver quelques moyens adroits, de plaire au peuple et de l'amuser« (ich denke also, daß die übrigens nicht sehr beliebten Adligen ganz froh sind, ein passendes Mittel gefunden zu haben, dem Volk zu gefallen und es zu belustigen).[2] Man könnte noch hinzufügen, daß es auch den Mythos gab, der Karneval sei eine venezianische Spezialität.

Das war er zumindest bis zum siebzehnten Jahrhundert keineswegs. Bis 1600 war der Karneval für Venedig nicht charakteristischer als für Florenz, Rom, Neapel oder für andere Städte im Mittelmeerraum, zum Beispiel Montpellier, Barcelona oder Sevilla. Am Rande des offiziellen Programms war das weniger organisierte Geschehen überall ziemlich das gleiche. Es gab Eß- und Trinkgelage, man durfte Masken tragen, ungestraft seinen Nachbarn beleidigen, ihn (oder sie) mit Eiern, Orangen oder Zitronen bewerfen, sexuell oder politisch zweideutige Lieder singen. Natürlich besaß jede Stadt ihre eigene lokale Färbung der universellen Themen der Völlerei, Sexualität, Gewalt und der charakteristischen zentralen Ereignisse. In Florenz gab es einen Umzug von Festwagen. Rom hatte seine Rennen auf dem Corso. Neapels Höhepunkt war die Plünderung der *cuccagna**, eines vor dem Palast des Vizekönigs aufgetürmten Bergs von Eßwaren.

In Venedig fanden die Hauptereignisse im Natur-Freilichttheater der Piazzetta statt, und zwar nicht wie sonst allgemein am Fastnachtsdienstag, sondern

---

* it. cuccagua = Schlaraffenland, A. d. Ü.

am Donnerstag vor Aschermittwoch, dem »Fetten Donnerstag« (*Zuoba Grassa*). Der Doge schaute, in Begleitung von Senatoren und ausländischen Gesandten, von einem Fenster seines Palastes wie aus einer Königsloge zu. Was sie sahen, ist oft dargestellt worden (Muir, 1981, S. 160 f). Im ältesten erhaltenen Bericht beschreibt ein venezianischer Chronist aus dem dreizehnten Jahrhundert das Ereignis: »Da gab es Schweine, von Hunden gehetzt, ... die Schweine wurden eingefangen und vor den Dogen gebracht ... ein Mann kam mit blankgezogenem Schwert und hieb den Schweinen die Köpfe ab ... der Doge übergab die Kadaver den Adligen und Edelleuten von Venedig«.[3] Mit anderen Worten bestand das zentrale Ritual in seiner Grundstruktur aus drei Elementen: einer Scherzjagd, der Spottexekution und der Verteilung von Fleisch. Fast hundert Jahre später findet sich in Boccaccios *Decamerone* (4. Tag, 2. Geschichte) ein Hinweis auf die Jagd. Im sechzehnten Jahrhundert werden Hetzjagd, Hinrichtung und Verteilung im Tagebuch des unermüdlichen Chronisten Marin Sanudo mehrfach erwähnt.[4] Sanudos Tagebuch hat für den Historiker den großen Vorteil, daß darin über mehr als drei Jahrzehnte hinweg Jahr für Jahr über jeden einzelnen Karneval berichtet wird, auch wenn dieser für sich selbst schreibende Insider nicht mehr zu sagen hatte als »es gab die üblichen Festlichkeiten«. Nebensächliche Details änderten sich, aber das zentrale Ritual der Exekution überdauerte mehrere hundert Jahre. Ende des siebzehnten Jahrhunderts beschrieben zwei auswärtige Besucher bewundernd die Art, in der jedem Tier mit einem einzigen Hieb der Kopf abgeschlagen wurde.[5]

In der besten Tradition antiker Rituale besaß auch dieses seinen Ursprungsmythos. Seine älteste überlieferte Version verdanken wir einem Ausländer, der als kluger außenstehender Beobachter nichts einfach als gegeben hinnahm. Arnold von Harff, ein deutscher Adliger, der auf seinem Weg ins Heilige Land 1497 in Venedig Station machte, fragte einen venezianischen Patrizier über die Exekution der zwölf Schweine und eines Stiers aus und schrieb Frage und Antwort getreu nieder: »he antwert mir, hie bij Venedich lijcht eyn lant, dat heyscht dat Frijoill, die hauen eynen patriarchen zo eynem oeuerten heren gehadt ...«; Harff berichtete weiter, daß der Patriarch Venedig angegriffen hatte, daß er geschlagen und gefangengenommen worden war und daß die Tiere, die jedes Jahr als Tributzahlung nach Venedig geschickt wurden, ihn und seine zwölf Kanoniker darstellten. Der gängigste Venedig-Führer aus dem sechzehnten Jahrhundert erzählt die gleiche Geschichte und fügt noch den Namen des Patriarchen, Ulrich, und das Datum, Mitte des zwölften Jahrhunderts, hinzu.[6] Zu bedauerlich, daß die Schweine nicht vor 1222, der Stier nicht vor 1312 belegt sind (Kretschmayr, 1905, S. 251).

Der Karneval bestand natürlich aus mehr als nur diesem zentralen Ritual. Um das sechzehnte Jahrhundert, wenn nicht bereits vorher, hatten sich eine Reihe weniger zeremonieller Veranstaltungen herausgebildet, die sich um das Ritual im Mittelpunkt drängten. Diese »Semi-Peripherie«, wie man sie nennen könnte, bestand aus einer Stierhatz in den Straßen, dem Ringstechen auf dem Campo San Stefano – dem größten freien Platz nach der Piazza San Marco – und gestellten, lebenden Bildern zu verschiedenen Themen. Diese »Trionfi«, wie Sanudo sie nennt, zeigten Riesen und Nymphen (1527), einen Kampf zwischen vier jungen Männern und vier »wilden Männern« (1529), einen Teufel, der einen Pilger versucht (1531), einen Kampf zwischen Klugheit und Unwissenheit (1532), wobei die Unwissenheit rücklings auf einem Esel saß, »mit dem Schwanz in der Hand«. Neben diesen traditionellen mittelalterlichen Themen wirkt das Renaissancebild des Jahres 1528, das Neptun, Mars, Merkur und andere Götter zeigte, recht ungewöhnlich. Es war jedoch nicht das einzige dieser Art. 1587 gab es ein lebendes Bild oder Maskenspiel mit Venus und den Planeten. Als Hintergrund dieser Schaubilder muß man sich Gesang und Tanz – darunter Schwerttänze –, Theaterstücke, Bankette und Bälle in den Häusern der Patrizier vorstellen, dazu Tag und Nacht den Klang von Pfeifen und Trompeten – über all das berichtet Sanudo. Eher zur Peripherie gehören Bootswettkämpfe auf dem Canale Grande und Stierrennen über die Rialto-brücke.

Noch weiter an der Peripherie, um nicht zu sagen ganz am Rande, bewegte sich das weniger förmliche Treiben auf und um die Piazza San Marco während der gesamten Karnevalszeit, die vom Fest des hl. Stephan (26. Dezember) bis zum »Fetten Donnerstag« dauerte. Wer daran teilnahm, trug im allgemeinen eine Maske – das ist bereits 1268 bezeugt – und war häufig verkleidet. Ein junger Engländer, der sich in den 1660er Jahren in Venedig aufhielt, bemerkte »tausende von Maskierten, die zum größten Teil am Markusplatz herumlaufen«.[7] Das Kostümrepertoire war begrenzt, obwohl es sich im Lauf der Jahrhunderte erweiterte. Boccaccio erwähnt als Bären oder wilde Männer Verkleidete. Im frühen sechzehnten Jahrhundert trifft man auf Frauen, die sich als Männer verkleideten; oder man trat als Mitglied einer Geißler-Bruderschaft oder als Doge mit Gefolge auf.[8] Ab dem Ende des sechzehnten Jahrhunderts kam die Mode auf, Masken der *commedia dell'arte* zu wählen; die Straßen Venedigs füllten sich mit allen Spielarten des aufschneiderischen Soldaten (*Capitano*), des würdevollen Vaters (*Magnifico*), des Pedanten (*Gratiano*) und der Palette komischer Diener (*Zanne, Harlequin, Pulcinella* usw.). Andere weitverbreitete Figuren waren Könige, Bettler, Bauern, Narren, Türken und Juden, mit langen Nasen und manchmal weinend dargestellt.[9] Auswärtige Besucher waren beeindruckt, wie die Maskierten, trotz ihrer großen Zahl, nicht nur das Kleid ihrer Rolle überstreiften, sondern diese auch spielten.[10]

Was hatte das alles zu bedeuten? Es ist verführerisch, nicht nur die Personifizierung des Karnevals, sondern auch den Bären und den wilden Mann als Symbole für die Natur (als der Kultur entgegengesetzt) und das Es (im Gegensatz zum Ich) zu interpretieren, denn die Karnevalszeit galt in Venedig wie auch anderswo als eine Zeit »allgemeiner Freiheit« oder »Narrenfreiheit«[11]. Es war – dies der Titel eines Stücks von Goldoni –, eine »Verkehrte Welt« (*Il mondo alla rovescia*). Laut einer Schilderung aus dem siebzehnten Jahrhundert, von einem Bürger Venedigs in Versform verfaßt, »verkleidet sich ein Träger als Ritter, ein Edelmann als Bäcker ... eine Frau aus dem einfachen Volke gibt sich den Anschein einer feinen Dame, während eine Gräfin sich in eine Bauersfrau verwandelt«.[12] Das ist natürlich ein alter literarischer Gemeinplatz, der bis ins antike Griechenland, wenn nicht noch weiter, zurückgeht, aber es ist auch mehr als das, jedenfalls während des Karnevals. Zum Beispiel

Stierhatz in Venedig
(Stich aus G. Franco, *Habiti d'Homini e di Donne,* Venedig 1610)

LODOVICO OTTAVIO BURNACINI
Harlekine, verkleidet als Capitano, Koch und Kavalier (Kostümentwürfe, spätes 17. Jh.)

wurden die Luxusgesetze außer Kraft gesetzt, die Kurtisanen erschienen »mit Juwelen behängt, als ob sie Königinnen wären«.[13] Öffentliches Glücksspiel, normalerweise verboten, war jetzt erlaubt. Es war möglich, sich als Doge zu verkleiden, und man konnte den Lebensstil, die Kleidung und die Sparsamkeit der Venezianer verspotten (»ihre Bräuche, ihren Habit und ihre Ärmlichkeit«), noch dazu »direkt unter ihrer Nase«.[14] Pasquinaden – »Pasquille« nennt sie John Evelyn – waren legitim, und das Haus eines Venezianers war nicht länger seine Burg, »alle Orte waren jetzt zugänglich, man durfte überall eintreten«.[15] Karneval war eine Zeit der Ausschweifungen: Nicht nur war es erlaubt, sich den Bauch vollzuschlagen, sich zu betrinken und sexuell auszutoben vor der enthaltsamen Fastenzeit, man übte sich auch in ritualisierten Aggressionen. Eine der reizvollsten Quellen für die Geschichte des venezianischen Karnevals, eine Sammlung von kommentierten Stichen, erwähnt und zeigt die »parfümierten Eier« (*ovi odoriferi*), mit denen man im Karneval, so war es Brauch, um sich warf. Vielleicht stand persönliche Erfahrung hinter John Evelyns trockenem Kommentar über »umherfliegende, mit wohlriechendem und manchmal auch nicht so wohlriechendem Wasser gefüllte Eier«. Auch der unschätzbare Skippon berichtet von »Leuten, die ganze Körbe voller Eier mit sich herumtrugen, die sie auf die Schaulustigen an den Fenstern warfen. Manche Eier sind mit Rosenwasser gefüllt, die werfen sie auf ihre Freunde, andere aber sind mit Tinte gefüllt«.[16] Die Gewalttätigkeiten jedoch beschränkten sich beileibe nicht nur auf symbolisches. Ein englischer Besucher am Ende des sechzehnten Jahrhun-

derts zählte siebzehn Tote an einem Tag.[17] Im achtzehnten Jahrhundert pa-
trouillierten während des Karnevals Nachtwachen in allen Gemeinden, wahrscheinlich um Ausschreitungen vorzubeugen (Georgelin, 1978, S.806,
Anm. 10).

Natürlich darf man sich als Historiker nicht dazu verleiten lassen, den
Mythos des Karnevals mit der Realität zu verwechseln. Es ist unwahrscheinlich,
daß es sich viele Träger leisten konnten, sich als Adlige zu verkleiden. Die
Quelle dafür ist jedenfalls ein Gedicht über den Karneval, das ein Teil der
Festlichkeiten war, kein distanzierter Bericht. Sicherlich haben ausländische
Reisende versucht, genau zu beschreiben, was sie sahen, aber jede Beschreibung
ist zum Teil auch Interpretation. Außenstehende konnten mit Sicherheit nicht
beurteilen, ob eine bestimmte Frau eine ehrbare Dame oder Kurtisane war,
geschweige denn, wer genau sich hinter einer Maske verbarg. Kein Wunder,
daß sie einander widersprachen. Ein französischer Reisender behauptet, während des Karnevals »les gentilles Donnes rompent leurs fers, et ont la liberté de
se faire voir en public, de masquer, et se recontrer aux Bals et aux Assemblées«.
(brechen die edlen Frauen ihre Ketten und sind frei, sich in der Öffentlichkeit
sehen zu lassen, sich zu maskieren und auf den Bällen und Geselligkeiten sich
zu treffen)[18]. Dagegen versichert ein Engländer, daß den »Ehefrauen und
Töchtern nur selten erlaubt wird, maskiert auszugehen, es sei denn, in Begleitung ihrer Ehemänner und Eltern oder eines anderen Vertrauten, der auf sie
aufpaßt«.[19] Ganz klar gab es beträchtliche Unterschiede im Verhalten während
des Karnevals; es variierte wahrscheinlich je nach der Zeit oder der sozialen
Gruppe, der man angehörte. Man kann nur bedauern, daß die bruchstückhaf-
ten Quellen keine vollständige historische Ethnographie des Karnevals zulas-
sen. Diese Bruchstücke machen jedoch immerhin deutlich, daß der Karneval
eine Zeit relativer Freizügigkeit, gesteigerter Lebensfreude war und von den
Teilnehmern auch so empfunden wurde. Allgemein verbreitete sich ein Gefühl
der Macht, und die Leute meinten, ungestraft (fast) alles tun zu dürfen. Ein
Lied aus dem sechzehnten Jahrhundert faßt es zusammen: »Der Karneval
macht mich potent« (*Carneval me fa possente*).[20]

Pantalone innamorato
(Stich, 16. Jh.)

Nicht jedermann gefiel der Karneval. Die Devoten, die Prüden, die Verantwortlichen für die öffentliche Ordnung – zu ihnen gehörte der berühmte Rat der Zehn – sie alle hatten Grund, sich mit dem Herannahen der Karnevalszeit unbehaglich zu fühlen. Viele Versuche wurden unternommen, um »Exzesse« bei bestimmten Gelegenheiten oder auf lange Sicht einzudämmen; einige sind mit der Gegenreformation verknüpft. Carlo Borromeo, der in seiner Mailänder Diözese sein Bestes tat, um den Karneval zu reformieren, hatte auch in Venedig seine Anhänger. Der Jesuit Roberto Bellarmino, der 1567 zur Karnevalszeit in Venedig predigte und die Tanzvergnügen und andere »Narrheiten« anprangerte, behauptete, daß seine Predigt gut aufgenommen worden sei, eine Reihe von Senatoren hätten sogar versucht, ihm hinterher die Hand zu küssen.[21] 1581 beschloß der Rat der Zehn mit knapper Mehrheit, Theaterstücke ganz und gar zu verbieten. Die Reformer waren besonders gegen die Teilnahme von Klerikern an dem festlichen Treiben. 1616 wurde zum Beispiel der Prior der Ca'di Dio mit einer Geldstrafe belegt, weil er den »üblichen Maskenball« veranstaltet hatte (Howard, 1975, S. 118). Aber es lief bei weitem nicht alles nach dem Willen der Reformer. Noch 1663 berichtet Skippon, er habe verkleidete Frauen in Soutanen gesehen.

Auf lange Sicht wirksamer war ein Wandel in den Einstellungen der herrschenden Klasse, der allerdings nur mit Schwierigkeiten präzise charakterisiert werden kann. Sanudo zum Beispiel äußert seine Mißbilligung über jene, die sich als Doge und Gefolge verkleidet hatten. Etwa zur gleichen Zeit wurde der *tripudio* (Jauchzer), ein traditioneller Karnevalstanz, verboten, weil ihn die Regierung für unschicklich hielt. 1561 zeigt sich der Autor eines Venedigführers bei der Exekution der Schweine auf der Piazza etwas peinlich berührt.[22] 1594 wurden sie durch Stiere ersetzt. Die venezianischen Patrizier scheinen einen neuartigen oder schärferen Sinn für das, was sich schickt, erworben zu haben. Im dreizehnten Jahrhundert konnte der Doge seine Krone tragen und mit Vergnügen den Leuten zuschauen, die Schweine über die Piazzetta jagten; aber Ende des sechzehnten Jahrhunderts konnte er das offensichtlich nicht. Die Körper der Tiere waren früher dem Adel übergeben worden, als eine der drei jährlichen Verteilungen von Speisen durch den Dogen, in der frühen Neuzeit wurden die Kadaver jedoch den Klöstern oder Gefängnissen geschickt. Die »Scharfrichter«, einst Adlige, waren jetzt Hufschmiede oder Fleischer. Das Patriziat scheint sich von bestimmten Karnevalsaktivitäten distanziert und sie »dem Volk« überlassen zu haben.

Bewußte Versuche, den Karneval schicklicher zu gestalten, brachten nur durchwachsene Ergebnisse. Es gab jedoch während der frühen Neuzeit andere Veränderungen, die man in einem Wort zusammenfassen kann: Kommerzialisierung. Immer mehr Touristen kamen nach Venedig, um den Karneval zu erleben – und der wurde immer mehr zu einem Spektakel für die Touristen.

Ich benutze absichtlich das moderne Wort »Tourist«. Denn bereits seit dem Ende des Mittelalters gab es einen massiven Besucherstrom nach Venedig, als die Stadt einer der wichtigsten Häfen war, von wo aus man sich nach dem Heiligen Land einschiffte. Während die Pilger auf günstigen Wind warteten, schauten sie sich wie Arnold von Harff die Sehenswürdigkeiten Venedigs an.

Bereits im fünfzehnten Jahrhundert finden wir Schlepper, die Unvorsichtige in gewisse Tavernen drängten, offizielle Führer, die an der Rialtobrücke und auf der Piazza San Marco ihren Dienst versahen, um für Ausländer zu übersetzen und ihnen beim Geldwechseln behilflich zu sein. Für Besichtigungen des Arsenals, der Glasbläsereien auf Murano, des Dogenpalastes wurden Führungen organisiert, und wenn man Glück hatte, konnte man einen Blick auf das Bett des Dogen werfen.[23] Zu Beginn des sechzehnten Jahrhunderts wurde ein Pastor aus Norfolk, kaum daß er in Venedig angekommen war, als Engländer erkannt und auf Englisch angesprochen.[24] Im siebzehnten Jahrhundert gab es Führer, *ciceroni*, die Ausländern die Gemäldesammlungen der Stadt zeigten.

Die Touristen interessierten sich natürlich für die Feste, und die Venezianer machten es ihnen leicht, daran teilzunehmen oder ihnen zumindest zuzuschauen. Ende des fünfzehnten Jahrhunderts konnte man ein Boot mieten, um dem Galaschiff des Dogen zu folgen und der Vermählung mit dem Meer beizuwohnen.[25] In der Mitte des sechzehnten Jahrhunderts zählt Sansovinos Venedig-Führer die wichtigsten Feste auf. Es überrascht deshalb nicht, daß Ausländer extra des Karnevals wegen nach Venedig kamen. Ein Stich aus dem Jahre 1610, der Scharlatane bei der Ausübung ihres Gewerbes zeigt, identifiziert die Umstehenden mit Beschriftungen als »Grieche«, »Türke«, »Franzose«, »Spanier« und »Engländer«.[26] Skippon hielt es für erwähnenswert, daß »eines Tages fünf oder sechs reich gekleidete französische Offiziere auftauchten, die gekommen waren, um Venedig und den Karneval zu sehen, aber mehr angestarrt wurden als irgendeiner der Maskierten.«[27] Evelyn erklärt, daß sich zur Karnevalssaison »alle Welt nach Venedig begibt«, und andere Besucher am Ende des siebzehnten Jahrhunderts berichten das gleiche. »On y vient ... de toutes parts; et les plus grandes villes d'Italie sont désertes et perdent leur plus beau monde pour s'y rendre« (man kommt ... von überall; die größten Städte Italiens sind verlassen, ihre Vornehmsten kommen hierher).[28] »Les étrangers et les courtisannes accourent par milliers à Venise ... On m'assure qu'au dernier Carnaval il y avait sept princes souverains et plus de 30 000 autres Etrangers« (die Ausländer und die Kurtisanen strömen zu tausenden nach Venedig ... Man versichert mir, daß beim letzten Karneval sieben regierende Fürsten und mehr als 30 000 Ausländer waren).[29] Diese auf Hörensagen beruhende Zahl sollte man nicht zu ernst nehmen, aber es bleibt der Eindruck einer Masse von Besuchern: 1740 beklagte sich Lady Wortley Montagu über die »Flut« ihrer Landsleute, die »diesen Karneval über uns hereinbricht«.[30], und zwischen 1686 und 1791 besuchten achtzehn ausländische Fürsten Venedig während des Karnevals (Georgelin, 1978, S. 701).

Der Besucherstrom verwandelte Venedig in eine Stadt des Müßiggangs und des Vergnügens (Gaeta, 1961). »Venedig ist der Ort in der Welt, wo die Vergnügungen am raffiniertesten sind«, schrieb Gilbert Burnet 1686. 1760 pries wiederum Lady Montagu die Stadt als »Mittelpunkt des Vergnügens«.[31] Ein Indikator für die wachsende Bedeutung dieser Funktion der Stadt ist die Zahl der im Gastgewerbe Beschäftigten. 1642 arbeiteten 2818 Haushaltsvorstände (10% der arbeitenden Bevölkerung) in Gastwirtschaften. In Verona, an der wichtigsten Straße nach Venedig, gab es 1502 nur fünf Gastwirte, aber

1616 waren es bereits siebenundzwanzig (Beltrami, 1954, S. 209; Maczak, 1978, S. 72). Ein weiterer Indikator für die Bedeutung des touristischen Gewerbes ist die wachsende Zahl von Reiseführern.[32]

Dieser Strom von Touristen veränderte das Fest, das sie herbeigelockt hatte, er machte es professioneller und kommerzieller. Im frühen sechzehnten Jahrhundert waren Berufsunterhalter – Komödianten wie Cherea, Clowns wie Zanpolo, Akrobaten wie Battistin – an den öffentlichen Festlichkeiten beteiligt und wurden vom Rat der Zehn bezahlt. Sie traten auch in Privathäusern auf. Im siebzehnten und achtzehnten Jahrhundert gibt es jedoch eine wahre Flut von Belegen über die Aktivitäten aller möglichen Berufsunterhalter. Es gab die Scharlatane oder Gaukler (s. u., Kap. 13), die Puppenspieler, die Seiltänzer und anderen Akrobaten, die Wahrsager und die Feuerschlucker. Öffentliches Glücksspiel wurde ein Geschäft und fand in besonderen *ridotti* statt, den venezianischen Vorläufern des modernen Casinos. Gegen Eintritt wurden dem Publikum seltene Tiere gezeigt, insbesondere das Rhinozeros des Jahres 1751 – das von Longhi gemalt wurde – war berühmt. Die Theater, am Anfang des sechzehnten Jahrhunderts privat und zumeist Laienbühnen, wurden öffentliche, kommerzielle Berufstheater. Um 1580 gab es – trotz des Widerstands der Moralisten – zwei ständige Bühnen in Venedig. Im siebzehnten Jahrhundert wurde das Theater von der Oper überrundet. Das erste Opernhaus öffnete 1637 seine Pforten und hatte großen Erfolg. Bis zum Ende des siebzehnten Jahrhunderts waren insgesamt 358 Opern aufgeführt worden, im achtzehnten kamen 1274 dazu (Wiel, 1897; vgl. Worsthorne, 1954). Das Theater erlebte sein Comeback in der Ära Goldonis. Ende des achtzehnten Jahrhunderts gab es sieben Bühnen in Venedig: »eine für die opera seria, zwei für die opera buffa und vier Schauspielbühnen ... sie sind jeden Abend ausverkauft«.[33] Die Karnevalssaison wurde schließlich zu kurz für die Besucher und diejenigen, die an ihnen verdienen wollten; sie mußte verlängert werden. Deshalb öffneten sich die Theater im Mai zum Himmelfahrtsfestival, »eine Art Sommerkarneval, der sechs Wochen dauert«, und eine dritte Saison im Herbst mußte eingeführt werden.[34] Der richtige Karneval verleibte sich schließlich ehemals unabhängige Veranstaltungen ein, vor allem den jährlichen Krieg der Fäuste (*guerra de' pugni*) zwischen den rivalisierenden Gemeinden Nicoletti und Castellani, der jetzt für bedeutende Besucher veranstaltet wurde, die Wetten auf seinen Ausgang abschließen konnten.[35] Er wurde sogar exportiert, so etwa nach Parma zur Hochzeit des Fürsten im Jahre 1690.[36] Die »Bühnenauthentizität«, wie sie ein amerikanischer Soziologe nennt (McCannell, 1976), die man in vielen heutigen Touristenzentren antrifft, geht weit zurück, bis ins Venedig des siebzehnten Jahrhunderts. Die Kommerzialisierung wurde begleitet von Homogenisierung. Die standardisierten Begleitstücke vervielfachten sich auf Kosten des spezifisch venezianischen. Ein Reiseführer aus dem Jahre 1740 erwähnt die Spottexekution auf der Piazza San Marco nur noch als einen nebensächlichen Einfall.[37] Die Peripherie hatte das Zentrum überflutet und die Bedeutung des Karnevals hatte sich völlig gewandelt. Als das traditionelle Herzstück 1797 mit dem Fall der Republik verschwand, änderte das nicht mehr viel.

Die Madonna von Karmel und
der Aufstand Masaniellos

DIESES KAPITEL VERFOLGT zwei Ziele. Es will zum Verständnis einer der spektakulärsten unter den »Revolutionen« im Europa des siebzehnten Jahrhunderts beitragen. Trotz der grundlegenden Forschungen von Michelangelo Schipa und Rosario Villari ist das letzte Wort über den Aufstand von 1647 noch lange nicht gesagt.[1] Die allgemeinere Absicht besteht darin, einen Beitrag zu leisten zum wachsenden Korpus historischer Studien über nichtoffizielle Rituale, die als Ausdruck volkstümlicher Einstellungen oder Mentalitäten gesehen werden, und einige der intellektuellen Probleme zu erörtern, die solche Forschungen aufwerfen.

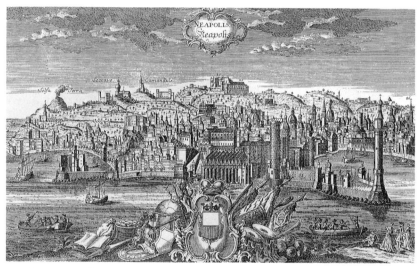

Ansicht von Neapel
(Kupferstich von Martin Engelbrecht nach F. B. Werner; ca. 1750)

Die traditionelle Sicht, welche volkstümliche Gewalt als »blinde Furie«, als einen pawlowschen Reflex auf Hunger oder den Ausdruck eines aufrührerischen Triebes interpretiert, ist heute noch lange nicht ausgestorben.[2] Sie ist jedoch in den letzten zehn Jahren häufig angefochten worden, und es ist mittlerweile ein Gemeinplatz, darauf hinzuweisen, daß diese volkstümliche Gewalt häufig der organisierte – und ritualisierte – Ausdruck bestimmter Ziele ist, ebenso, daß sie ihren eigenen Kalender besitzt und oft an den Hauptfesttagen ausbricht.[3] Jenseits dieser Feststellungen beginnt jedoch der Konsens zwischen den Herausforderern zusammenzubrechen. Die Historiker, welche die traditionelle Sicht von Volksaufständen revidiert haben, entnahmen ihre Konzepte zwei rivalisierenden soziologischen Traditionen, der Durkheims und der von Marx. Manche betonen den Klassenkonflikt, während andere den Zusammenhalt der Gemeinschaft hervorheben.[4] Was jetzt gebraucht wird, ist eine Synthese statt eines labilen Sammelsuriums einander entgegengesetzter Elemente. Zu dieser Synthese könnte eine Untersuchung Neapels im Jahre 1647 etwas anzubieten haben.

Gleich zu Beginn möchte ich darauf hinweisen, daß diese »ritualistische« Interpretation des Aufstands von Masaniello nicht so sehr beabsichtigt, die bisherigen Ergebnisse zu ersetzen als vielmehr, sie zu ergänzen. Über den erreichten Stand gab John Elliott 1970 einen klugen zusammenfassenden Überblick.[5] Es läßt sich kaum leugnen, daß die »Katalysatoren« oder »Auslöser« des napolitanischen Aufstands, wie er formulierte, »steigende Lebensmittelpreise, Hungersnot und Steuern« waren, insbesondere die Steuer auf Mehl, Früchte und Gemüse, die erhoben wurde, um den spanischen Beitrag zum Dreißigjährigen Krieg zu bezahlen, der sich in seiner Endphase befand. Ebenso schwer ließe sich leugnen, daß die »Vorbedingungen« des Aufstands »soziale und ökonomische Mißstände« waren, etwa die wachsenden Forderungen, die aristokratische Grundherren an ihre Bauern stellten, weshalb viele dieser Bauern nach Neapel flüchteten.

Obwohl die Unterscheidung zwischen »Vorbedingungen« und »Auslöser« hilfreich ist, klingen »behaviouristische« Begriffe wie »Katalysatoren« und »Auslöser« ziemlich inhuman und deterministisch. Sie riechen auch nach dem pawlowschen Reflex. Im speziellen Fall von Neapel kann eine solche Sprache das Charisma Masaniellos, seine mythischen Qualitäten, den Anklang, den er im Volk fand, nicht erfassen.[6] Der behaviouristische Ansatz muß also wenn möglich ergänzt werden durch die Diskussion der Kultur der Menge, der Hoffnungen und Ängste, Gefühle und Gedanken der Rebellen, zu denen, so scheint es, viele einfache Leute von Neapel gehörten.

Aber ist das überhaupt möglich? Ist das Quellenmaterial genügend reichhaltig und verläßlich? Wenn die Gefühle und Gedanken gewöhnlicher Napolitaner dieser Zeit überhaupt rekonstruiert werden können, dann nur, indem man versucht, kollektive Aktionen zu »lesen« und zu zeigen, daß das, was anderen als eine blinde Furie ohne weitere Bedeutung erschien, für die Teilnehmer wirklich einen Sinn hatte. Ein solcher Prozeß des Lesens wird hier versucht. Die zu untersuchenden Aktionen ereigneten sich während der ersten zehn Tage des Aufstands, vom 7. bis 16. Juli 1647, als Masaniello der Anführer war, und, zu einem geringeren Grad, während der zweiten Phase des Aufstands nach dem 21. August.[7] Die späteren Etappen, nachdem die Franzosen im Dezember interveniert hatten, verschmolzen mit dem internationalen Machtkampf zwischen den Habsburgern und den Bourbonen und enthüllen sehr viel weniger über volkstümliche Einstellungen. Deshalb wird die »königliche Republik« von 1648 trotz ihres großen historischen Interesses hier nicht erörtert.

Mehr als zwanzig zeitgenössische Berichte über den Aufstand von 1647 sind erhalten. Für die Folge der Ereignisse sind die Berichte von drei Gesandten die verläßlichsten Darstellungen: der Vertreter von Florenz, Venedig und Genua. Sie schrieben in ihre Heimatstädte, während der Aufruhr Fortschritte machte, und bevor sie wußten, welchen Ausgang er nehmen würde. Die Briefe des Erzbischofs von Neapel an den Papst haben den gleichen Vorzug.[8] Der bekannteste der restlichen Berichte ist der von Alessandro Giraffi, der 1647 veröffentlicht wurde und drei Jahre später – als die Bedingungen für einen Bericht über eine Volksrevolution günstig waren – ins Englische übersetzt wurde.[9] Von den übrigen enthalten die prospanischen Berichte von De Sanctis, Nicolai und Tontoli alles für meinen Zweck wichtige. Das gilt auch für den neutraleren »Liponari« (offensichtlich ein Pseudonym).[10] Besonders reich an »ethnographischen Details«, wie man sie nennen könnte, sind zwei antispanische Berichte, die zufällig beide aus der Feder von Ärzten stammen: der Giuseppe Donzellis, der 1647 veröffentlicht, aber von der Regierung verboten wurde, nachdem sie die Kontrolle über die Stadt wiedererlangt hatte, und der von Angelo Della Porta, der nie veröffentlicht worden ist.[11]

Die Grenzen dieser narrativen Quellen für unsere Zwecke müssen allerdings betont werden. Einige der Autoren schrieben, um die Regierenden zu rehabilitieren und den Aufstand entsprechend in Verruf zu bringen und zu »entlegitimieren«. Alle Verfasser gehörten den oberen Klassen an, und ihre eigene Sicht dieser »Tumulte« – eine ihrer bevorzugten Bezeichnungen für den Aufstand – ist mehr oder minder ein Ergebnis blinder Wut. Es muß auch daran erinnert werden, daß diese Autoren im Rahmen einer Renaissance- und Barock-Tradition der Geschichtsschreibung arbeiteten, die sich wie die klassische Tradition, aus der sie weitgehend abgeleitet war, um die Idee der »Dignität der Geschichte« rankte. Wie das Epos und die Tragödie war die Geschichte eine literarische Gattung von hohem Rang, und von den Geschichtsschreibern wurde erwartet, daß sie ein hochstehendes Thema wählten, um darüber in der Hochsprache zu schreiben, vulgäre Worte und Gegenstände wegzulassen. Wie der Literaturwissenschaftler Erich Auerbach in einer berühmten Studie über Tacitus und Ammianus Marcellinus nachwies, erlaubten es diese Konventionen Historikern nicht, in Aktionen des »niederen« Volks einen Sinn zu entdecken oder sie zu erklären. Die Patrizier-Verschwörung Catilinas fand ihren Historiker, der Sklavenaufstand des Spartacus nicht. Es gab ähnliche Regeln für »Historien«-Maler, die gleichfalls edle Themen wählen und sie in würdiger Manier abbilden sollten.[12]

Diese Konventionen waren 1647 noch sehr lebendig. Für den italienischen Raum waren sie sogar kurz zuvor von Agostino Mascardi, Professor für Rhetorik am Collegio Romano der Jesuiten, neu formuliert worden. Mascardi hatte bereits in die Tat umgesetzt, was er predigte, in einem Bericht über die Verschwörung der Fieschi in Genua, der sich an das Vorbild von Sallusts Catilina anlehnte.[13] Diese Konventionen wurden durch die bloße Existenz Masaniellos angefochten, und einige zeitgenössische Maler stellten sich dieser Herausforderung.[14] Die Historiker, im Ganzen gesehen, taten das nicht. Der Genueser Raffaello Della Torre schrieb z. B. eine lateinische Geschichte der Revolte von Neapel, in der er sein bestes tat, um sie der Verschwörung des Catilina anzugleichen.[15] Die anderen hinterlassen den Eindruck, als hätten sie mit ihrem Thema nichts richtiges anzufangen gewußt. Sie waren sich nicht sicher, ob sie den Aufstand als »Tragödie« oder als »Tragikomödie« behandeln sollten – der zweite Ausdruck wurde nicht verwendet, weil die Geschichte gut endete, sondern weil der Protagonist von niederem Stand war. Sie waren unsicher, ob Masaniello wirklich der Anführer oder nur eine Marionette war, deren Fäden vom Anwalt Genoino gezogen wurden. Und sie waren unsicher, ob das Volk eine aktive oder passive Rolle spielte. Einige der Metaphern, die gebraucht wurden, um die Aktionen des Volkes zu beschreiben, sind aufschlußreich. Für den Erzbischof Filomarino »brodelte« das Volk wie eine Flüssigkeit; für Alessandro Giraffi glich es einem Vollblutpferd, das sich gegen Sattel und Zaumzeug sperrte.[16] Auf der anderen Seite stellte Donzelli den Aufstand dar als »die heroische Entscheidung des Volks von Neapel, sich vom unerträglichen Joch der Spanier zu befreien«. Aber der genauso gegen die Spanier eingestellte Della Porta betonte die Wankelmütigkeit der Leute, ihre Passivität, bis sie von »jenen, welche den Tumult anfachten«, bearbeitet worden waren, und schließlich ihre »seltsame Verrücktheit«, als sie sich erhoben hatten. Obwohl er die Ziele der Rebellen unterstützte, betrachtete er ihre Aktionen als irrational.[17]

Trotz ihrer Abhängigkeit von diesen traditionellen Schemata sind einige der zeitgenössischen Berichte über den Aufstand so detailliert in ihren Beschreibungen der Aktionen des Volks, daß sie eine alternative Interpretation der gleichen Ereignisse ermöglichen – indem man die Texte gegen den Strich liest. Diese alternative Interpretation ist als »soziales Drama«[18] angelegt. Die jüngst von Sozialanthropologen wiederbelebte Metapher hätte Napolitanern des siebzehnten Jahrhunderts nicht mißfallen, denn sie lebten, wie ihre sizilianischen Nachbarn, in einer Gesellschaft, in der *fare bella figura* notwendig war und ist; man hatte seine soziale Rolle in der Öffentlichkeit gut zu spielen. Zeitgenössische Verweise auf die »Tragödie« Masaniellos sind bereits zitiert worden, während sogar eine Geschichte der Vizekönige von Neapel in bestem barocken Stil als »heroisches Theater« ihrer Aktionen betitelt werden konnte.[19]

Bevor sich der Vorhang für dieses Stück hebt, sind einige Worte über den Ort der Handlung angebracht. Neapel war 1647 mit ungefähr 300 000 Einwohnern eine der größten Städte Europas, ein geschäftiger Hafen mit einer beträchtlichen Zahl von Fischern, Seeleuten und Stauern. Es gab auch eine bedeutende Seidenindustrie und eine Universität mit etwa fünftausend Studenten. Darüber hinaus war Neapel auch Sitz des vizeköniglichen Hofs und so eine Stadt, in der sich der Hochadel sammelte, in mächtigen Palästen lebend, umgeben von einem Schwarm von Bediensteten. Als rechtliche und Verwaltungshauptstadt eines Königreichs mit drei Millionen Einwohnern zählte die Stadt auch viele Juristen und Beamte. Es gab jedoch nicht genügend Arbeit für all jene, die aus dem Umland in die Stadt zogen, auf der Flucht vor den Forderungen der Grundherren und Steuereintreiber und angezogen durch die doppelte Attraktion von billigen Lebensmitteln und Steuerprivilegien.[20]

Tommaso Campanella, ein Kalabrese, der in Neapel gelebt hatte und es als das ungeordnete Gegenteil seiner wohlgeordneten Utopie des *Sonnenstaats* betrachtete, schätzte Anfang des siebzehnten Jahrhunderts, daß von den 300 000 Einwohnern der Stadt nicht mehr als 50 000 arbeiteten.[21] Er übertrieb wahrscheinlich, aber zweifellos wurden um die Jahrhundertmitte die Oberschichten zunehmend auf das Problem der sogenannten *lazzari* (s. o., Kap. 6) aufmerksam, arbeitsfähige, aber untätige Männer, die man Tag und Nacht schlafend auf den Straßen liegen sehen konnte.[22] Diese *lazzari* gerieten immer mehr ins Blickfeld, weil manche Zonen der Stadt, um Piazza del Mercato, Piazza del Lavinaro und Piazza della Sellaria, im wesentlichen von einfachem Volk bewohnte Quartiere waren, um die Jahrhundertmitte gekennzeichnet durch Übervölkerung, hochhausähnliche Gebäude in unmittelbarer Nachbarschaft und – auf der Piazza del Mercato selbst – Hütten und Baracken.[23]

»Das Volk ist ein gewaltiges und unstetes Tier, das seine eigene Stärke nicht kennt«, schrieb Campanella, der selbst 1599 erfolglos versucht hatte, es gegen die spanische Herrschaft zu mobilisieren.[24] Daß es gewöhnlichen Leuten, in Neapel und anderswo, an einem gemeinsamen Bewußtsein mangelte, ist sehr wichtig für die zentrale These dieses Kapitels. Campanellas Argument hörte man im siebzehnten Jahrhundert selten, und es ist wahrscheinlich kein Zufall, daß es ein Intellektueller aus eher bescheidenen Verhältnissen vorbrachte. Beobachter der oberen Klassen fanden das Volk von Neapel nur allzu anfällig für Revolten. »Der Pöbel (*plebe*) ist wie Zerberus«, schrieb einer von ihnen, »und um sein Bellen zu stoppen, muß man es mit Brot vollstopfen« – fast ein Pawlow-Schüler der frühen Neuzeit.[25] In ähnlicher Weise erklärte der Stadtschreiber, der zu Beginn des Jahrhunderts schrieb, »jeder Tumult des Volkes und jeder Aufruhr in dieser Stadt ist das Werk dieser Kanaille (*questa canaglia*), für die es kein anderes Heilmittel außer den Galeeren gibt«.[26] Indem er den ehrbaren *popolo* von der aufrührerischen *plebe* unterschied, bot er letztendlich eine »klassenmäßige« Interpretation der vielen Rebellionen in der neapolitanischen Geschichte an. Er dachte zweifellos an den Aufstand gegen die Inquisition im Jahr 1510, an einen zweiten, 1547, gegen die Inquisition, der von einem gewissen Masaniello geführt wurde, und vor allem an die Ereignisse des Jahres 1585.

1585 war ein Hungerjahr. Zu dieser Zeit wurde Neapel von sechs *eletti*, mit anderen Worten gewählten Beamten, verwaltet, von denen fünf den Adel und einer das Volk repräsentierte. Der Vertreter des Volkes namens Giovanni Vincenzo Starace (oder Storace) wurde zum Sündenbock für die Hungersnot und die Politik der Regierung gemacht und im Anschluß an eine öffentliche Versammlung gelyncht. Das Opfer wurde ohne Hut und mit dem Gesicht nach hinten zum Platz der »Hinrichtung« geschleppt, als ob es einen Charivari zu erleiden hätte, und die Leiche wurde später durch die Straßen gezerrt – dem Ritual folgend, einen toten Verbrecher zu »schleifen«. Die Bedeutung dieser Rituale der Volksjustiz ist wohl deutlich genug.[27]

Seit den Tagen der Römer berüchtigt als chaotische und unruhige Stadt, war Neapel auch berühmt für seine Religiosität, besonders seine Volksfrömmigkeit. Für diese Volksfrömmigkeit ließen sich für die Zeit der Jesuitenmission von 1651 Belege im Überfluß finden, und mehr noch während der Pest von 1656.[28] Die Frömmigkeit konzentrierte sich auf San Gennaro, den wichtigsten der acht Schutzheiligen der Stadt, dessen Blut sich regelmäßig an seinem Namenstag verflüssigte, als Zeichen der Sorge um sein Volk. Sie richtete sich ebenfalls auf die Jungfrau Maria, insbesondere auf die von Sta. Maria del Carmine, der Karmeliterkirche an der Ecke der Piazza del Mercato. Diese Kirche besaß ein wundertätiges Bild der Jungfrau Maria in dunklen Farben, der manchmal zärtliche Kosenamen wie *Maria la Bruna* und *Mamma Schiavona* (eine Anspielung auf die Slawen, besonders die Dalmatier) gegeben wurden.[29]

Neapel erlebte 1647 einen heißen, spannungsgeladenen Sommer. Palermo hatte sich am 20. Mai gegen die spanische Herrschaft erhoben; die *gabelle* (Früchtesteuer) wurde dort am nächsten Tag abgeschafft. Im Juni hatte die Nachricht von diesem Ereignis Neapel erreicht. Am 6. Juni, Himmelfahrt, wurde das Steuerbüro auf der Piazza del Mercato angegriffen. Verschiedene Quellen weisen auf den Eindruck hin, den das sizilianische Beispiel auf die Napolitaner machte und berichten von Aussprüchen wie »sind wir etwa schlechter als Palermo?« (*Siamo noi da meno da Palermo?*).[30] Eine Reihe von Anschlägen mit außerordentlich bissiger Kritik an der Regierung tauchten an den Mauern auf und alarmierten den Vizekönig, den Herzog von Arcos.[31] Hier wie anderswo betrachtete die Obrigkeit Festtage als eine Zeit potentieller Unruhe; Ende Juni wurde die Kavalkade, die traditionell am Feiertag von Johannes dem Täufer stattfand und gewöhnlich im von einfachem Volk bewohnten Selleria-Viertel begangen wurde, vom Erzbischof, Kardinal Ascanio Filomarino, aus Furcht vor Unruhen abgesagt.[32]

Zwei der Hauptfeste der Jungfrau Maria standen jedoch im Juli vor der Tür, Santa Maria della Grazia am 7. Juli und Santa Maria del Carmine am 16. Juli. Eine gefährliche Zeit nahte heran, und es gab auch einen gefährlichen Ort, denn religiöse, ökonomische und politische Kräftefelder (die dem wundertätigen Bild, dem Obstmarkt und dem Steuerbüro entströmten) überschnitten einander zufällig auf der Piazza del Mercato. In einem hoch geladenen Moment wie einem Fest, noch dazu einem Fest, das auf die Erhebung einer unpopulären Steuer auf Lebensmittel folgte, bildeten diese drei Elemente eine potentiell explosive Mischung – und zur Explosion kam es dann auch wirklich.

Es war Brauch, zum Fest der Madonna von Karmel eine Burg aus Holz und bemaltem Papier in der Mitte der Piazza del Mercato zu errichten und diese in einer scherzhaften oder rituellen Schlacht zu belagern. Junge Männer, mit Obst und Stöcken bewaffnet, kämpften unter den Augen der Menge miteinander. Solche Schlachten und Belagerungen waren ein vertrauter Anblick bei italienischen Festen dieser Zeit, ja sogar bis ins neunzehnte Jahrhundert hinein. Die Scherzschlacht wurde in diesem wie in vielen anderen Fällen von einer Festgesellschaft organisiert, die aus jungen Männern aus dem Viertel bestand. Einige kleideten sich »wie Mohren« (*alla moresca*) und schwärzten sich die Gesichter. Deshalb trug diese Gruppe den Spitznamen »die Araber« (*la compagnia degli Alarbi*). Manche Quellen behaupten, daß vierhundert junge Männer dazu gehörten und die Anführer sich im Gasthof zum Büffel trafen.[33] Unter ihnen ragte ein Fischer in den Zwanzigern hervor, der an der Piazza del Mercato wohnte. Erst vor kurzem war er mit den Steuerbehörden in Streit geraten, die seine Frau wegen Mehlschmuggels ins Gefängnis gesperrt hatten. Dieser Mann hatte nur noch wenige Tage zu leben, aber sein Name und seine Erscheinung sollten bald in ganz Europa bekannt werden: Masaniello. Es war der gleiche

MICHELANGELO CERQUOZZI und VIVIANO CODAZZI
Der Beginn der Revolte des Masaniello auf der Piazza del Mercato

Name wie der des Anführers der Revolte von 1547, ein Zufall, der ihm vielleicht Anregungen gab.

Ob Masaniello oder sonst irgendjemand vor dem 7. Juli einen Aufstand plante wie manche Quellen behaupten, werden wir wahrscheinlich nie mit Gewißheit erfahren. Vielleicht schuf er sich seine Gelegenheit, vielleicht ergriff er sie einfach beim Schopf. Möglicherweise gab es von Beginn an eine graue Eminenz hinter ihm. Mit Sicherheit gesellte sich schon bald ein gewisser Giulio Genoino zu ihm, ein Advokat, der sich lange vorher zum Sprachrohr der Forderungen des »Volkes« (d. h. der wohlhabenderen Bürger) nach Parität mit den Adligen in der Stadtregierung gemacht hatte.[34]

Genauso wie es unmöglich ist, mit Gewißheit zu sagen, wer den Aufstand begann, genauso schwierig ist es, einen genauen Bericht darüber zu geben, was während dieser Julitage geschah. Denn die vielen verschiedenen Quellen widersprechen sich häufig in der Darstellung des Ablaufs der Ereignisse. Das Kernstück dieses sozialen Dramas ist jedoch deutlich umrissen, und diese Ereignisfolge soll im folgenden untersucht werden, um volkstümliche Einstellungen ins Licht zu rücken. Gliedern wir das Drama in vier Akte.

1. Akt: Sonntag, der 7. Juli, war ein Fest der Jungfrau Maria. Auf der Piazza del Mercato fand eine Scherzschlacht statt – vielleicht eine Probe für das Fest am 16. Juli – und gleichzeitig kam es auf dem Markt zu einem Disput darüber, wie die Last der neuen Früchtesteuer verteilt werden sollte. Auf die eine oder

andere Art vermengten sich die beiden Geschehnisse zu einem, ob vorher geplant oder nicht. Das Steuerbüro und seine Bücher wurden verbrannt, ein in Steuerrevolten seit dem Mittelalter derart übliches Vorgehen, daß man es mit einiger Berechtigung als Teil eines Rituals bezeichnen kann. Es gab die ebenfalls voraussagbaren Rufe »Lang lebe der König von Spanien« und »Tod der Mißregierung« (*Muoia il Malgoverno*), eine Sprache, die immer dann zu erwarten war, wenn diese besondere Szene gespielt wurde. Auch Rufe wie »Lang lebe Gott« und »Lang lebe die Madonna von Karmel« , die vielleicht neapolitanischer klangen, waren zu hören. An diesem Punkt tauchte Masaniello als Anführer auf. Als Banner trug er ein Wirtshausschild. »In einem Augenblick schlossen sich tausende und abertausende gewöhnlicher Leute ihm an.«[35] Ein Mehldepot wurde angegriffen, und die Menge zog zum Palast des Vizekönigs, manche mit Stöcken bewaffnet (vielleicht die »Araber«), andere trugen Piken mit aufgespießten Brotlaiben, eine traditionelle Geste ritualisierter Aggression, als Protest gegen den Brotpreis. Es hieß, daß 50 000 Menschen an dem Marsch teilnahmen, eine Zahl, der man natürlich kein Vertrauen schenken darf, aber sie zeugt vom Eindruck, den der Zug auf die am Rande stehenden machte. Forderungen nach Abschaffung der Steuer auf Früchte und Brot wurden laut. Die Rebellen errangen einen Sieg ohne Blutvergießen, denn der Vizekönig floh, ohne Widerstand zu leisten und überließ seinen Palast der Menge zur Plünderung. Aus der Scherzschlacht war bitterer Ernst geworden. Ein Konfliktritual war in handfesten Aufruhr umgeschlagen. Auf der anderen Seite könnte man mit einiger Berechtigung argumentieren, daß der Protest bisher ziemlich lockere, festliche Formen angenommen hatte (eine Typologie von Volksaufständen sollte jene, die in dieser Weise begannen, von anderen, bei denen es nicht so war, unterscheiden). Da die Aggression ritualisiert war, wurde sie unter Kontrolle gehalten. Die Gewalt blieb weitgehend symbolisch. Die Aktion des Volkes war weder blind noch rasend wie eine Furie.[36]

2. Akt. Die Obrigkeit – der Vizekönig und der Erzbischof – versuchten nun, die Ordnung wiederherzustellen. Das hauptsächliche Mittel, das dazu eingesetzt wurde, waren religiöse Rituale. Der Erzbischof ließ das Altarsakrament zusammen mit dem Blut und dem Kopf von San Gennaro ausstellen. Die Dominikaner, Franziskaner, Karmeliter, Jesuiten und Theatiner zogen in Prozessionen aus ihren Konventen. Auf Bitten des Vizekönigs zeigte sich der Fürst von Bisignano, der im Ruf stand, ein aristokratischer Freund des Volkes zu sein, mit einem Kruzifix in der Hand auf der Piazza del Mercato und sprach von der Kanzel der Carmine zur Menge. Er forderte sie auf, sich um der Liebe Gottes und der Jungfrau Maria willen zu beruhigen. Lesern, die mehr mit der protestantischen Welt in der frühen Neuzeit vertraut sind, mag dieser Gebrauch religiöser Symbole wie Kruzifix oder Altarsakrament als Mittel, eine Menge unter Kontrolle zu bringen, merkwürdig erscheinen, aber in katholischen Gegenden war er zu dieser Zeit alles anderes als unüblich. Als zum Beispiel in Neapel im Jahre 1585 die Menge anfing, Häuser zu plündern, tauchten die Jesuiten mit einem Kruzifix auf – vermutlich, weil die normale Reaktion auf dieses Symbol war, mit dem aufzuhören, was man gerade tat, und niederzuknien.[37] Genauso in Palermo im Jahre 1647: eine Menge zog zum

Haus des Marchese del Flores, um es niederzubrennen, wurde aber von Karmelitern abgehalten, die das Altarsakrament mit sich führten. Sie wandten sich stattdessen dem Haus des Herzogs von La Montagna zu, wurden aber von den Theatinern abgefangen, auch sie mit dem Altarsakrament bewaffnet und Glocken läutend, um fromme Ehrfurcht zu erzeugen. Am nächsten Tag mußten erneut Kruzifixe, Reliquien und Sakrament in Dienst genommen werden, um einen Aufruhr zu ersticken.[38]

Das Volk für seinen Teil glaubte Gott, die Heiligen und die Madonna von Karmel auf seiner Seite. Die Menge zwang die Prozession der Jesuiten, umzukehren, und es wurde sogar versucht, ein von den Dominikanern getragenes Kruzifix an sich zu bringen.[39] Im späteren Verlauf des Aufstands sollte es einer Menge gelingen, ein silbernes Bild des Hl. Antonius von Padua zu erbeuten; in ihren Augen hatten sie ihn aus den Händen der Spanier »befreit«, die ihn angeblich gefangen hielten, weil er Portugiese sei – ein außerordentlich interessanter Hinweis, denn er zeigt, daß der portugiesische Aufstand gegen Philip IV. im Volk bekannt war.[40] Man erinnert sich auch an den Streit 1646 über die Reliquien San Gennaros und die Route, auf der sie in Prozession durch die Straßen getragen werden sollten. Er gipfelte in der erbosten Behauptung des Erzbischofs, »die Reliquien gehörten ihm, und die Stadt besäße an ihnen keinerlei Anteil«.[41] Daß die Frage »wessen Reliquien« im Neapel von 1647 so aktuell und so kontrovers war, kann uns etwas bedeutsames über die Mentalität des Klerus wie der Laien, der Oberschichten wie der gewöhnlichen Leute mitteilen. Es war wichtig, die Unterstützung himmlischer Patrone zu genießen. Während des Aufstandes konnte man kleine Kinder beobachten, die den Boden der Carmine-Kirche leckten, eine traditionelle Geste der Selbsterniedrigung, die in Süditalien immer noch von Leuten praktiziert wird, die übernatürliche Hilfe erbitten.[42] Masaniellos Proklamationen trugen das Bild der Madonna von Karmel. Von den Rebellen wurden Münzen mit dem Bild von San Gennaro geprägt. In der Carmine-Kirche sahen über hundert Zeugen (sagt man uns) eine Erscheinung San Gennaros, der ein Schwert hielt, vermutlich, um sein Volk zu verteidigen.[43] Die Geschehnisse auf den Straßen von Neapel hatten also ihre Widerspiegelungen oder Gegenstücke in der übernatürlichen Welt.

3. Akt. Ein neuer Akt in dem sozialen Drama begann, als Masaniello die Bühne auf der Piazza del Mercato bestieg (eine Bühne, die für volkstümliche Gaukler errichtet worden war), um die Miliz zu alarmieren. An diesem Punkt wurde ein mehr oder weniger spontaner Aufruhr in einen organisierten Aufstand verwandelt, dessen Rückgrat nicht mehr eine Burschenschaft war, sondern die örtliche Miliz, und damit ehrbare Handwerker und Ladenbesitzer. Der Florentiner Gesandte glaubte, daß jetzt 150 000 Menschen unter Waffen standen, eine angesichts von 300 000 Einwohnern wenig plausible Zahl, aber wiederum ein Zeichen dafür, wie beeindruckt Zeitgenossen vom Ausmaß der Beteiligung waren.[44] Die Miliz war nach den Stadtbezirken (oder *ottine*, wie sie in Neapel hießen) organisiert und wurde durch die Glocken der Carmine, von San Agostino und anderer Kirchen zusammengerufen.

Einigen Zeugen zufolge handelte es sich nicht um die ordentliche Miliz, genauer gesagt, sie umfaßte einige außerordentlich Rekrutierte. Berichtet wird, daß Frauen unter ihren eigenen Hauptleuten, Standarten und Feldwebeln marschierten (*capitanesse, alfieresse, sargentesse*), einigen zufolge mit Spaten und Schaufeln bewaffnet, laut anderen Berichten jedoch mit Arkebusen und Hellebarden.[45] Wie ernst sollen wir die Erzählungen über diese »Amazonen«, wie sie ein Zeitgenosse nennt, nehmen? Die Forschungen von Natalie Davis und anderen Historikern in ihrer Nachfolge haben uns gelehrt, wachsam auf Zeichen weiblicher Beteiligung an Volksaufständen zu achten, und Neapel – obgleich wie ganz Süditalien eine Hochburg des *machismo* – scheint hier keine Ausnahme zu sein. Dem Genueser Gesandten zufolge hatten einige Tage vor dem Ausbruch des Aufstandes »viele Frauen« dem Vizekönig wegen der neuen Steuern zugesetzt, und Frauen sollen es auch gewesen sein, die das städtische Pfandhaus oder *Monte di Pietà* niederbrannten.[46]

Auf der anderen Seite gibt es Grund zu der Vermutung, daß diese weiblichen Milizionäre ein Mythos sind. Die Darstellung, daß sie Schaufeln und Spaten mit sich führten, in sich nicht unplausibel, hat Untertöne der karnevalesken Küchenschlachten in der italienischen volkstümlichen Literatur. Das gleiche gilt für das Wirtshausschild, hinter dem Masaniello seine Leute versammelt haben soll, und die Gauklerbühne, auf die er sprang. Diese Berichte könnten bewußt oder unbewußt nach dem zeitgenössischen Paradigma der »Verkehrten Welt« zurechtgeschnitten worden sein.[47] Möglich ist auch, daß die Hellebardiere als Frauen verkleidete Männer waren. So wird von einem Mann erzählt, der sich während des Aufstands in dieser Weise ausstaffiert hatte.[48] Aber auch hier zeigt sich möglicherweise das Paradigma der »Verkehrten Welt«.

Was waren zu diesem Zeitpunkt die Ziele der Rebellen? Der vielleicht beste Beleg ist eine Art »Hitparade« von etwa sechzig Palästen, die angegriffen werden sollten. Ihre Besitzer waren führende Kollaborateure der spanischen Administration – Cennamo und die Brüder Caraffa zum Beispiel – und führende Finanziers wie Bartolomeo d'Aquino, Felice Basile und Giovanni da Letizia, deren Namen eng mit dem Steuersystem assoziiert wurden.[47] Selbst dem Aufstand feindlich gegenüberstehende Zeugen berichten, daß die Plünderung dieser Paläste ziemlich geordnet vor sich ging. Religiöse Bilder wurden verschont und Plündern auf eigene Rechnung bestraft. Was man in den Palästen fand, wurde entweder zerstört oder an die Armen verteilt. Diese Angriffe inszenierten also ein Ritual, im Sinne einer stereotypisierten Abfolge von Aktionen mit im wesentlichen symbolischer Funktion. Es scheint, daß diese Unternehmen vor allem das Bewußtsein der eigenen Ausbeutung manifestieren wollten, das Gefühl, daß »diese Güter unser Blut sind«.[50]

Bei dieser Verlagerung der sozialen Basis der Revolte von einer Festgesellschaft zur Miliz, und vielleicht von der »Plebs« zum ehrbareren »Volk«, wurde die notwendige Kontinuität von der Madonna hergestellt. Der Vizekönig beschwor eine Übereinkunft mit dem Volk im Namen Gottes und der Madonna von Karmel. Daß ein Versuch scheiterte, Masaniello durch Schüsse mit einer Arkebuse zu ermorden, wurde als ein Wunder der Madonna von Karmel interpretiert, deren Skapulier Masaniello wie viele Neapolitaner trug. Der Mordversuch führte auch zu einer gewalttätigeren Reaktion, die über die Mentalität der Menge Aufschluß gibt. Die Attentäter und die Caraffa-

Brüder wurden getötet, begleitet von Ritualen der Volksjustiz, die an die Tötung von Starace im Jahre 1585 erinnern. Die Leichen wurden durch die Straßen geschleift und mit Müll beworfen. Die abgeschnittenen Köpfe wurden auf Stangen gespießt und zum Schlag der Trommeln – vermutlich der Miliz – durch die Straßen getragen. Ein Kopf wurde mit einer Krone aus »falschem Gold« zur Schau gestellt, und Masaniello verhöhnte den Kopf, indem er ihn am Bart zog. Einigen Leichen wurden die Hoden abgeschnitten.[51] Diese Rituale erlaubten der Menge, an der Bestrafung der Schuldigen teilzunehmen, führten aber auch genauere Botschaften mit sich.

Die Krone aus falschem Gold zum Beispiel sollte wahrscheinlich ein Symbol des Verrats, der Falschheit sein. Sie dem Verräter auf den Kopf zu setzen, war ein Beispiel einer Zeremonie der Degradierung oder, wie der russische Literaturwissenschaftler Michail Bachtin gesagt hätte, einer »Entthronung«.[52] Für den Fall, daß Zuschauer die Botschaft nicht entziffern konnten, wurde sie schriftlich bekräftigt, durch Plakate, auf denen etwa stand »Rebell gegen das Vaterland und Verräter am ehrlichen und gläubigen Volk«. »Verräter am Volk« – das war im siebzehnten Jahrhundert noch ein ungewöhnlicher Ausdruck, und gerade deshalb aufschlußreich.[53] Die Idee, daß Aktionen und Worte präzise Botschaften vermitteln sollten, wird durch ein Ereignis im späteren Verlauf des Aufstands bestätigt, als der Kopf eines unpopulären Beamten, Cennamo, auf der Piazza del Mercato zur Schau gestellt wurde, mit Melonen- und Orangenschalen bedeckt – zugleich eine Verhöhnung der Leiche im Stil des manieristischen Malers Arcimboldo und eine Erinnerung daran, daß er für die Früchtesteuer büßen mußte.[54]

Diese Rituale der Degradierung oder Entweihung waren von ihrem Gegenteil begleitet: Weiheritualen. Der Revolte gegen die Früchtesteuer wurde eine weltliche und eine religiöse Legitimation gegeben. Sie wurde durch den Mythos gerechtfertigt, daß Karl V. den Neapolitanern ein Privileg verliehen habe, das sie auf ewig von allen Steuern befreite. Die Menge verlangte, daß ihr das Originaldokument, Pergament und Siegel gezeigt werde.[55] In der Folge wurde Karl V. zum Volkshelden erklärt. Sein Porträt wurde zusammen mit dem des regierenden Monarchen Philipp IV. in den Straßen ausgestellt und mit ostentativer Ehrerbietung behandelt. Daß Gegner der Politik des Königs sich auf einen – mit Sicherheit toten – Vorfahren beriefen, war im frühneuzeitlichen Europa ein durchaus übliches Verfahren. Der Mythos von der Steuerbefreiung gehörte zum ideologischen Gepäck der Aufständischen in der Dauphiné im Jahre 1580, während sich 1639 die normannischen Rebellen gegen Ludwig XIII. auf Ludwig XII beriefen,[56] und das sind nur zwei Beispiele von vielen.

Ungewöhnlicher war, daß auch Masaniello in den Genuß weihevoller Verehrung kam. »Ein von Gott gesandter Mann«, sagte man, und einige behaupteten, sie hätten eine weiße Taube um sein Haupt kreisen sehen.[57] Offiziell Generalhauptmann des Volkes, wurde er einem Bericht zufolge »wie ein König« behandelt und wirkte, nach einem anderen, mit »mehr als königlicher Macht«, erhielt einen Dolch – oder eine Arkebuse – als ob es sich um ein Szepter handelte und saß auf einer Art Thron.[58] Begonnen hatte er als »König« einer Burschenschaft. Jetzt fand sich Masaniello wirklich am Kommando wieder, in einer Situation, für die es in der frühen Neuzeit nur wenige Parallelen gibt, noch am nächsten liegt vielleicht die Analogie zum Anführer der Widertäufer von Münster, Johann von Leiden. Getreu seiner Politik der Vermeidung von Konfrontation, förderte der Vizekönig die Metamorphose Masaniellos oder spielte zumindest mit, nannte ihn »meinen Sohn« (*hijo mio*), gab ihm ein Pferd und silbern durchwirkte Kleider, vielleicht in der Hoffnung, die Macht werde ihm den Kopf verdrehen und ihn seinen Anhängern entfremden. Das bringt uns zum letzten Akt des Spiels, der Ermordung.

4. Akt. Ob Masaniello durch die Macht wirklich der Kopf verdreht wurde, läßt sich heute unmöglich entscheiden. Sicher ist dies die Botschaft der Quellen, aber bevor wir sie akzeptieren, müssen wir uns selbst daran erinnern, daß alle zeitgenössischen Berichte von Mitgliedern der oberen Klassen geschrieben wurden, von denen einige die Ermordung Masaniellos gutheißen; allesamt erwarteten sie, daß ein Mann aus dem Volk in seiner Stellung sich in einer spezifischen Weise verhielt. Sie behaupteten, daß der populäre Anführer geplant habe, sich an der Piazza del Mercato einen Palast errichten zu lassen, daß er verrückt geworden und auf seine Gefolgsleute mit dem Schwert losgegangen sei, auf der Kanzel der Carmine habe er Unsinn und Ketzereien hervorgesprudelt und schließlich in der Öffentlichkeit seine Hosen heruntergelassen.[59] In der Carmine-Kirche auch wurde am Mittwoch, dem 16. Juli von Michelangelo Ardizzone, Verwalter des städtischen Kornvorrats, dem Bäcker Salvatore Cataneo und anderen der zweite Versuch unternommen, Masaniello zu ermorden; dieses Mal gelang es.[60]

Ob Masaniello verrückt wurde oder nicht, ob seine Ermordung vom Vizekönig oder von Genoino eingefädelt worden war, sind Probleme, die – obwohl sie für sich genommen interessant sind – uns hier nicht beschäftigen sollen. Wichtig für die Zielsetzungen dieses Kapitels ist die Reaktion des Volkes auf seinen Tod. Diese Reaktion durchlief zwei Phasen. In der ersten wurden Rufe laut wie »Tod dem Tyrannen Masaniello!«; jetzt wurde sein Kopf auf eine Lanze gespießt durch die Stadt getragen, und seine Leiche von den Kindern der Stadt durch die Straßen geschleift.[61] Seine Herrschaft währte wie die eines Karnevalkönigs nur einige Tage. Wenn er auch nicht Opfer eines Ritualmords wurde wie einer von Sir James Frazers Königen, geopfert, um die Gemeinschaft von ihren Sünden zu befreien, so erfuhr er doch nach seinem gewaltsamen Tod die regelrechte Behandlung eines Sündenbocks.[62]

An diesem Punkt jedoch war die Regierung unvorsichtig genug, das Gewicht des Brots auf 18 Unzen zu reduzieren. In Neapel wie in anderen Städten in der frühen Neuzeit schwankte normalerweise nicht der Preis eines Brotlaibs, sondern sein Gewicht, manchmal auch seine Qualität. Als der Aufstand begann, wog ein napolitanischer Brotlaib 22 oder 24 Unzen. Das Gewicht wurde dann vom Vizekönig auf 32 oder 33 Unzen erhöht. Dieses Thermometer für den Erfolg des Volkes erreichte kurz vor Masaniellos Tod mit 42 Unzen seinen höchsten Stand.[63] Der Neuigkeit von der Reduzierung des Brotgewichts folgte, nichts natürlicher als das, eine Reaktion zugunsten Masaniellos. Seine Leiche wurde jetzt »im Triumphzug« durch die Stadt getragen, begleitet vom Ruf »Viva Masaniello«. Er erhielt ein prachtvolles Begräbnis mit allen militärischen Ehren, gesenkten Standarten, umgedrehten Waffen, gedämpftem Trommelschlag. Über sechstausend Leute, so wird uns berichtet, folgten der Totenbahre. »Er hätte nicht mehr Ehrungen empfangen können«, erklärte der venezianische Gesandte, »wenn er der König selbst gewesen wäre«.[64] Das Volk, das von einer stereotypen Reaktion zur anderen wechselte, betrachtete ihn jetzt als Heiligen und Märtyrer. Der Erzbischof hörte sogar Leute von Masaniello als »unserem Vater« und »unserem Erlöser« sprechen. Seine Haare wurden ausgerissen, als Reliquien. Es gab Geschichten über seine Wundertaten. Ziemlich unorthodox fügte man zur Litanei hinzu: »Heiliger Masaniello, bete für uns« (*Sancte Masanelle, ora pro nobis*). Es war sogar davon die Rede, daß er wiederauferstehen würde. Kurz, Masaniello war bereits zu einem Mythos geworden.

Der Aufstand selbst endete erst 1648, aber von diesem Zeitpunkt an zersplitterte er. An einem Tag marschierten die Seidenweber durch die Straßen und forderten das Verbot der Seidenweberei auf dem Lande, an einem anderen gab es eine Demonstration von dreihundert bewaffneten Studenten, die gegen steigende Preise für den Doktortitel protestierten.[66] Die Einheit der Julitage war dahin.

Zusammengefaßt lassen sich im wesentlichen drei Funktionen des Rituals in diesen zehn Tagen erkennen. Erstens die expressive Funktion: Indem man zum Palast des Vizekönigs marschierte, mit auf Piken aufgespießten Brotlaiben, oder in disziplinierter Weise die Häuser von Finanziers plünderte, vermittelte man den Regierenden eine klare Botschaft. Traditionelle Rituale dieses Typs signalisierten Beschwerden, aber auch, daß die Leute keineswegs von blinder Wut getrieben, sondern stark kontrolliert handelten.

Zweitens hatten Rituale eine legitimierende Funktion. Die Ritualisierung der Lynchmorde verwandelte diese in Hinrichtungen. Durch die Straßen schleifen, mit falschem Gold krönen und andere Schandmale gehörten zum Instrumentarium der offiziellen Justiz und wurden hier von der Volksjustiz nachgeahmt. Die demonstrative Ehrerbietung vor den Porträts von Karl V. zeigte, und sollte sicher auch zeigen, daß nicht die Menge die Ordnung der Dinge auf den Kopf stellte, sondern eher jene, die unrechtmäßige Steuern erhoben hatten. Die Berufung auf die Madonna von Karmel hatte eine ähnliche Legitimationsfunktion. Merkwürdigerweise wurde genau dieser Ausdruck – »legitimieren« – von einem Chronisten der Ereignisse gebraucht – 250 Jahre vor Max Weber –, der festhielt, als der Erzbischof Masaniellos Schwert segnete, hätten sich die Spanier schockiert gezeigt, daß »er den Volksaufstand legitimieren wolle« (*legittimare la mossa popolare*).[67]

Drittens erfüllten Rituale eine organisierende Funktion. Ob Masaniello oder Genoino die Ereignisse des 7. Juli vorher geplant hatten oder nicht, wir dürfen sicher sein, daß die Volksmenge als ganze nicht wußte, was da stattfinden sollte. Es ist darauf hingewiesen worden, daß die Kohärenz der Aktion einer Menge von den »gemeinsamen Erwartungen« abhängt, welche die Teilnehmer aneinander stellen.[68] Wie können Leute lernen, was andere von ihnen erwarten? Wenn eine Menge irgendeine spontane Aktion beginnt, wie weiß jedermann, was als nächstes zu tun ist? Ein volkstümliches Ritual ist genau das, was unter diesen Umständen gebraucht wird, weil es eine koordinierte, halbspontane Gruppenaktion ist. Weil es vertraut ist, weiß ein jeder, was er zu tun hat. In diesem Sinne folgte die Aktion der Menge, so spontan sie war, einem Drehbuch.

Mit anderen Worten, die Rituale drückten den Zusammenhalt der Gemeinschaft aus und stellten ihn zugleich her. Von einer »Gemeinschaft«[*] zu sprechen, bringt uns jedoch zurück zu den Problemen des Durkheimschen Ansatzes, den wir zu Beginn des Kapitels erwähnt und dann beiseitegelassen haben. Was am Begriff einer moralischen Gemeinschaft im frühneuzeitlichen Neapel problematisch ist, tritt deutlich in einer kürzlich aufgebrochenen Kontroverse zwischen den Historikern Rosario Villari und Giuseppe Galasso hervor; sie dreht sich um die Bedeutung eines oben zitierten Vorfalls, des Lynchmordes an Starace im Jahre 1585. Villari, angeregt von Le Roy Laduries Analyse des Karnevals von Romans (in der ursprünglichen Version aus dem Jahre 1966), interpretierte den Lynchmord als Inszenierung des volkstümlichen Wunsches, die Welt auf den Kopf zu stellen. Galasso erwiderte, daß das Volk von Neapel, darunter viele frisch Zugewanderte, aus ihrer ländlichen Heimat gerissene Menschen, gar nicht über die gemeinsamen Einstellungen und Werte verfügen konnte, die Villari unterstellt.[69] Das Jahr 1647 stellt uns in größerem Maßstab ein ähnliches Problem. Die Zersplitterung des Aufstands nach dem Tod Masaniellos spricht für Galassos Argumentation. In dieser großen Stadt gab es verschiedene Berufsgruppen, etwa Studenten und Seidenarbeiter, deren Interessen und Klagen wenig miteinander gemein hatten. In den ersten Tagen des Aufstands verhielt es sich jedoch anders. Die Quellen, die sich auf jene frühen Tage beziehen, vermitteln den Eindruck einer echten kollektiven Aktion, zusammengehalten durch die enge Verbindung mit einem bestimmten Stadtviertel. Das Mercato-Lavarino-Sellaria-Gebiet war eine Gemeinschaft, auch wenn die Stadt Neapel selbst keine war. Was es zu einer Gemeinschaft machte, war die Dominanz einer Klasse, oder jedenfalls einer sozialen Gruppe; in diesem Sinn drücken sowohl »Klassen«- wie »Gemeinschafts«-Interpretationen des Aufstands wichtige Einsichten aus. Neapel bietet also eine Illustration dafür, was an der sogenannten »Entwurzelungs-Theorie des Protests« falsch ist. Wie in Paris und in London im achtzehnten Jahrhundert scheinen es auch in Neapel im siebzehnten nicht die Entwurzelten gewesen zu sein, die sich an die Spitze des Aufstands setzten, sondern die alteingesessenen Bewohner bestimmter Viertel.[70] Die Madonna von Karmel war ein mächtiges Symbol dieses Gemeinschaftsgefühls.

Der Aufstand von 1647 war natürlich nicht der einzige, in dem die Jungfrau Maria eine bedeutsame Rolle spielte. Tatsächlich könnte man von einer Art »Viva-Maria«-Syndrom sprechen, für das die berühmtesten Beispiele die Tumulte und Aufstände in der Toscana und in Süditalien in den 1790er Jahren sind. In Arezzo und in Livorno half 1796 die Jungfrau Maria zum Beispiel (wie Gabriele Turi gezeigt hat), den Protest des Volkes zu legitimieren[71], und wie 1647 in Neapel sehen wir auch hier das Volk und die Obrigkeit religiöse Symbole für ihre eigenen Ziele manipulieren.

[*] A.d.Ü.: im Orig. community ≙ Gemeinde und Gemeinschaft.

Es wäre jedoch irreführend, mit einem Hinweis auf Manipulation zu enden. Die Reaktionen der Neapolitaner auf die Mission der Jesuiten im Jahre 1651 ebenso wie auf die Pest von 1656 zeigen, wie ernst sie ihren Glauben nahmen.[72] Sie erwarteten, daß die Jungfrau Maria und San Gennaro sie vor ungerechten Steuern ebenso beschützten wie vor der Pest. Die Regierenden für ihren Teil benutzten, denke ich, das Kruzifix und das Altarsakrament nicht wie die Polizei heute Tränengas, als bloßes Mittel, um eine Menschenansammlung zu zerstreuen, oder gar einfach, um die Legitimität volkstümlichen Protests zu leugnen. Sie versuchten auch, die Teufel auszutreiben, die in die Aufrührer gefahren waren, ein Schluß, den die Briefe des Erzbischofs an den Papst über die Rolle des Teufels in der ganzen Affäre nahelegen, wie auch die feierliche Segnung der Stadt Palermo, nachdem der Aufstand, der dem in Neapel vorausging, niedergeschlagen worden war.[73] Die Ordnung mußte sowohl in der übernatürlichen wie in der natürlichen Welt wiederhergestellt werden. Kurz, die Regierenden nahmen Zuflucht beim Ritual, um gleichermaßen Gott wie das Volk zu besänftigen. Der Vizekönig brachte der Madonna von Karmel ein silbernes Bild zum Geschenk dar, während vom Klerus, der in den ersten Tagen des Aufstands in Prozessionen auszog, gesagt wurde, er hätte es nicht nur getan, um das Volk zu beruhigen, sondern auch, »um göttliche Hilfe zu erflehen«. In diesem sozialen Drama spielten alle Akteure nicht für ein Publikum, sondern für zwei: eins in dieser, eins in der nächsten Welt.

Eine Gefahr der Betonung des Rituals – die notwendig ist, wenn wir volkstümliche Einstellungen rekonstruieren wollen – liegt darin, ein allzu archaisches Bild von 1647 zu entwerfen, ein Bild »primitiver Rebellen« und weiter nichts. Als ein Korrektiv gegen diese Versuchung könnte eine Interpretation der Ereignisse von 1647 im Lichte derer von 1789 dienen. Diese Sicht wird durch pittoreske Details gefördert wie die auf Stangen gespießten Köpfe, die Trommeln und die Figur Masaniellos, der auf Porträts etwas auf dem Kopf hat, was wie eine Freiheitsmütze aussieht. Auch überrascht es kaum, daß zu Beginn der französischen Revolution tatsächlich ein Stück über Masaniello geschrieben worden ist.[75] Wir müssen jedoch im Kopf behalten, daß die herrschende Klasse am Aufstand Masaniellos nicht teilnahm. Seine Tragödie, so können wir mit nachträglicher Einsicht sagen, bestand darin, daß er ein Sansculotten-Führer ohne aristokratische oder bürgerliche Unterstützung war.

Quacksalber, weise Frauen, Scharlatane – Heilrituale

IN DIESEM KAPITEL sollen Krankheit und Gesundheit, insbesondere aber Heilversuche unter dem Blickwinkel von Wahrnehmung und Kommunikation betrachtet werden. Die Modelle für diese Untersuchung kommen von der Sozialanthropologie. Dazu gehören ein berühmter Aufsatz über die »Wirksamkeit von Symbolen« von Claude Lévi-Strauss (1949) und Arbeiten über Heilrituale in Zentralafrika (Turner, 1968), Marokko (Crapanzano, 1973) und Sri Lanka (Kapferer, 1983). Auch in Italien haben Heilrituale die Aufmerksamkeit von Wissenschaftlern auf sich gezogen, die sich für das heutige Süditalien interessieren. Der berühmte sizilianische Volkskundler Giuseppe Pitré (1896) hat eine Menge Informationen gesammelt. Für ihre Interpretation mußte man auf Ernesto De Martino warten, ein wichtiger, außerhalb Italiens noch zu wenig bekannter Denker; das gilt auch für seine klassische Studie über die von der Tarantel gebissenen (1961). De Martino setzt sich über Klassifizierungen hinweg, sein Buch könnte gleichermaßen als anthropologische, psychologische oder soziologische Studie bezeichnet werden. Dasselbe gilt für die Arbeiten seiner Schüler wie Rossi (1969) und Di Nola (1976).

In Italien und anderen Ländern ist seit einigen Jahren ein zunehmendes Interesse an der Geschichte der Medizin zu beobachten. Ein herausragender Beitrag kam von Carlo Cipolla, einem Historiker, dessen Interessen von Gewehren zu Uhren, von Schiffen zu Münzen, von der Demographie bis zur Alphabetisierung reichen. In den Siebzigerjahren wandte er sich der Geschichte der medizinischen Berufe und der öffentlichen Gesundheitsvorsorge zu, insbesondere den Versuchen, die Pest zu bekämpfen, vor allem die verheerende und ziemlich gut dokumentierte Pest von 1630 (Cipolla, 1973, 1976, 1977, 1979). Er hat darauf aufmerksam gemacht, daß im frühmodernen Italien eine relativ große Zahl von professionellen Ärzten und Feldschern praktizierten und sich schon ziemlich früh eine Gesundheitsbürokratie mit entsprechenden Formularen, Pässen und Zertifikaten entwickelte. Um diese Sozialgeschichte der Medizin von oben zu ergänzen und abzurunden, befassen sich neuere Arbeiten von jüngeren Wissenschaftlern mit offiziellen wie nichtoffiziellen Heilern, in Pisa, dem Piemont, in Florenz und anderen Gegenden (Pesciatini, 1982; Naso, 1982; Park, 1985). Dennoch klafft eine Lücke zwischen der Sozialgeschichte und der Sozialanthropologie der Krankheit, der Gesundheit und der Medizin – trotz der Arbeiten von Carlo Ginzburg (1966) über heilkundige Männer und weise Frauen, seiner Kollegen und Gefährten Piero Camporesi (1983) und Giovanni Levi (1985) über die Geschichte der Einstellungen zum Körper, bzw. über die Karriere eines Exorzisten im siebzehnten Jahrhundert. Es gibt für Italien keine Untersuchung darüber, wie Krankheit kulturell konstruiert wurde, wie z. B. für Japan (Ohnuki-Tierney, 1984). Trotz einer Flut von Monographien bleibt es schwierig, das Heilsystem als ganzes zu überblicken. Es gibt keine allgemeine Untersuchung über das rituelle Element im Heilprozeß oder das heilende Element im Ritual.

Mit dem zweiten Problem, dem Ritual, wird sich dieses Kapitel befassen, weshalb ich lediglich im Vorübergehen auf die professionellen Ärzte eingehen werde. Manche ihrer Praktiken, von der Anwendung von Blutegeln bis zur Untersuchung des Urins, mögen zwar von jemandem, der an ihrer Wirksamkeit zweifelt, als »bloße Rituale« bezeichnet werden, ähnlich wie Skeptiker manche der heutigen medizinischen Praktiken beschreiben (Illich, 1976). Aber das ist ein metaphorischer Gebrauch. Mir geht es hier wie in den vorangegangenen Kapiteln um das Ritual als eine Abfolge von Handlungen, die auf Kommunikation gerichtet sind, auf einer Ebene mit übernatürlichen Kräften, auf einer anderen mit dem Kranken. Das bedeutet, daß ich mich auf nichtoffizielle medizinische Spezialisten außerhalb der Ärztezunft konzentrieren werde. Ob diese Spezialisten den Ausdruck »Ritual«(ceremonie) gebrauchten – wie die Exorzisten – oder nicht, auf jeden Fall zeigen die Quellen, daß sie mit übernatürlichen Kräften kommunizierten. Diese Quellen sind so fragmentiert und voreingenommen wie Quellen für die Geschichte der Volkskultur es – zumindest vor 1800 – gewöhnlich sind. Ob es sich um die Verhandlungen und Beschlüsse kirchlicher Gremien, die Beschreibung lokaler Bräuche durch ausländische Reisende, die Verhöre von der Ketzerei Verdächtiger durch Inquisitoren oder die Denunziationen von Praktiken am Rande der Medizin durch die offiziellen Mitglieder der Zunft handelt – die Quellen drücken im allgemeinen die Einstellungen, Stereotype und Vorurteile der Oberschichten aus. Inoffizielle Heiler konnten jedoch nicht selten lesen und schreiben und einige ihrer Aufzeichnungen sind erhalten; sie wurden beschlagnahmt, um gegen sie verwendet zu werden. Das Bild, das sich ergibt, hat einiges mit den noch heute im Süden gängigen Praktiken – zumindest bis in die Fünfziger- und Sechzigerjahre dieses Jahrhunderts – gemein, ebenso wie mit dem heutigen Marokko, Zaïre, Nigeria, Sri Lanka und anderen Teilen der Dritten Welt.

Ein gemeinsamer Zug ist der medizinische Pluralismus. Wenn gewöhnliche Leute, Mann, Frau oder Kind, in dieser Zeit krank wurden, konnten sie auf eine beträchtliche Auswahl von Heilkundigen zurückgreifen. Für bestimmte, klar definierte Leiden gab es einen passenden, nicht- oder halboffiziellen Spezialisten, den Zahnreißer (cavadenti), den Knochen-Einrenker (concia-ossi), den Wundarzt (ceruscio) oder Barbier; Frauen in den Wehen riefen die Hebamme (comare oder allevatrice), die auch zu Rat gezogen wurde, wenn Mutter oder Kind nach der Geburt krank wurden.[1] Von Schlangen gebissene wandten sich an die wandernden pauliani, die behaupteten, vom heiligen Paulus abzustammen, in Anspielung auf seine Erlebnisse auf Malta: dort »kam eine Otter von der Hitze hervor und fuhr Paulus an seine Hand ... Er aber schlenkerte das Tier ins Feuer, und ihm widerfuhr nichts übles« (Apostelgeschichte 28,3-5). Die pauliani verkauften »Maltesererde«, wie sie von ihnen genannt wurde, dazu Kräuter (etwa Wacholder) und eine Heilformel.[2] In anderen Gegenden Italiens wirkten Spezialisten für Schlangenbisse unter anderen Bezeichnungen (serpari, sandomenicani, cirauli usw.), aber mit ähnlichen Methoden.[3]

Ein Kranker hatte aber auch die Möglichkeit, sich in einer Art do-it-yourself-Methode direkt an die Heiligen zu wenden. In Italien wie in anderen Gegenden Europas gab es therapeutische Heilige, von denen man glaubte, daß sie Spezialisten für bestimmte Leiden seien. Wie sich der hl. Paulus um Schlangenbisse kümmerte und diese Verantwortung mit San Domenico von Sora teilte (daher der Name »sandomenicani«), so waren San Rocco und San Sebastiano auf die Pest spezialisiert, der hl. Antonius der Einsiedler auf das Antoniusfeuer, San Biagio auf Rachenkrankheiten, Santa Lucia auf Augenprobleme und Santa Margherita auf schwierige Entbindungen. Tiere wurden nicht vergessen. Um zum Beispiel einen Esel zu kurieren, sollte der Besitzer zu San Erasmo beten. Die Heiligen Cosimo und Damiano, die in ihrem irdischen Leben Ärzte gewesen waren, praktizierten weiterhin Allgemeinmedizin. Die Jungfrau Maria war eine allgemeine Zuflucht, was immer einem auch fehlte (Pitré, 1896; vgl. Rossi, 1969, S. 36 f, 100 f, 173 f). San Filipo und San Liberale werden weiter unten ebenfalls auftauchen.

Wenn man einen Heiligen um Hilfe anrief, mußte man nicht nur ein besonderes Gebet sprechen – manche wurden vom sechzehnten Jahrhundert an als lose Blätter gedruckt –, sondern auch ein Gelübde ablegen und erfüllen. Es war nicht unüblich, ein Abbild des betroffenen Körperteils am Schrein des Heiligen anzubringen, eine sehr alte Tradition in Italien, die sicher aus vorchristlicher Zeit stammt und heute noch lebendig ist. Im »Hofmann« Castigliones (2. Buch, Kap. 10) wird die Geschichte eines Streichs, einer »beffa«, erzählt, bei dem zwei Reisende einen dritten überzeugen, daß er blind geworden sei. Seine sofortige Reaktion ist, Unserer Frau von Loreto ein paar silberne Augen zu stiften, falls sie seine Sehkraft wiederherstellt. Die Alternative war, ein Bild des Kranken und des Heiligen zu hinterlassen. Als Montaigne 1580 Loreto besuchte, äußerte er sich über die Zahl der »ex votos« (Votivbilder) dort. Er hinterließ selbst eins; der Brauch war noch nicht ausschließlich auf die einfachen Leute beschränkt. Ein englischer Edelmann, der 1594 in Florenz weilte, beschreibt die Votivbilder in der Kirche der Annunziata in ihren Einzelheiten: »rundherum sind die Mauern mit Bildern von Menschen und vielen Füßen und Armen behängt, manche aus Holz, andere aus Metall, die der Madonna, einem Gelübde folgend, von denen gestiftet wurden, die ihre körperliche Gesundheit wiedererlangt hatten«.[4] Eine Reihe gemalter Votivbilder aus dieser Zeit sind erhalten, zum Beispiel im Sanktuarium der Madonna del Monte in Cesena (Novelli und Massaccesi, 1961).

Das Gelübde für einen heilkräftigen Heiligen läßt sich jedoch nicht auf die Stiftung eines Objekts, so wichtig das auch sein mochte, reduzieren. In der Geschichte Castigliones versprach das Opfer der Madonna von Loreto nicht nur silberne Augen, sondern auch, ihr zu Ehren »am Mittwoch kein Fleisch, und am Freitag keine Eier zu essen, und jeden Samstag bei Wasser und Brot zu fasten«. Er versprach außerdem, »nackt« eine Wallfahrt zu ihrem Schrein zu unternehmen. Die Wallfahrt war ein wichtiger Teil des Prozedere, wenn man einen Heiligen um Hilfe bat. Es war keine gewöhnliche Reise zu einer speziellen heiligen Stätte, es war eine Form des Rituals, zu dem oft gehörte, das Fleisch zu kasteien, indem man barfuß ging, die Stufen zum Sanktuarium auf den Knien

IO AGOSTINO
FILIOLO·DE
GIVANI·STA
GO·DA·RE·CH
N·NATI·ESE
J·O·FIRITO·DA
·NOSASO·CO

Votivtafel
spätes 16. Jh.

erklomm oder den Boden leckte (s. o., S. 163). Wie viele andere Rituale kann
man die Wallfahrt als eine Art Drama ansehen, in dem eine Reihe von
Handlungen eine nach der anderen vollzogen werden müssen und der Akteur
sich in einer »Schwellen«-Lage befindet, im Übergang von einem Zustand zu
einem anderen (van Gennep, 1908; Turner und Turner, 1978). Insbesondere
die Wallfahrt nach Rom, der Besuch des heiligen Zentrums, der ein schrittwei-
ses Eindringen ins Allerheiligste bedeutete, ist als eine Art Initiationsritual
beschrieben worden (Labrot, 1978, S. 260). Eine andere ritualisierte Form, die
Jungfrau Maria und die Heiligen anzurufen, diesmal von oben organisiert, war
die Prozession, etwa um das Ende der Heimsuchung durch die Pest zu erflehen.
Im Dezember 1630 wurde zum Beispiel in Florenz zu diesem Zweck eine
Prozession zum Dom veranstaltet, bei der man den Körper eines lokalen
Schutzpatrons, Antonino, mitführte, und drei Jahre später wurde ein wundertätiges Madonnenbild, Santa Maria Impruneta, nach Florenz gebracht, um zu
verhindern, daß die Pest erneut ausbrach.[5] In Venedig, das 1630 ebenfalls von
der Pest heimgesucht wurde, gelobte der Senat, als Dank für die Errettung der
Stadt eine der Madonna geweihte Kirche zu erbauen. Er hielt sein Versprechen,

173

CANALETTO
Sta. Maria della Salute (Ausschnitt)

denn Sta. Maria della Salute ist tatsächlich ein gigantisches Ex voto. Als 1656 in Neapel die Pest zuschlug, sagte man, sie sei von himmlischen Zeichen begleitet worden: das Bild des hl. Franz Xavier verblich, während das Blut von San Gennaro nicht flüssig wurde. Hier absolvierten die Leute in einer Reihe von Kirchen die Kreuzwegstationen, »um göttliche Barmherzigkeit zu erflehen... junge Mädchen gingen barfuß, mit blutigen Füßen, Dornenkronen auf ihren Häuptern, während die Männer schwere Steine um ihren Hals trugen und sich heftig geißelten. Andere gingen mit schweren Kreuzen auf ihren Schultern und Totenschädeln in den Händen, dicke Stricke um die Taille und lange Ketten an ihren Füßen, die Gesichter und Kleider mit Asche eingerieben«. Prozessionen mit wundertätigen Bildern folgten ihnen.[6] Ein wahrhaftiges Theater der Buße, auf den Spuren des von der jesuitischen Mission einige Jahre vorher organisierten Spektakels.

Der therapeutische Heilige ist von einem Historiker des frühneuzeitlichen Italien als ein »christlicher Schamane« bezeichnet worden (Sallmann, 1979, S. 855). Die Rolle des Schamanen läßt sich nur schwer mit einiger Sicherheit definieren, aber insbesondere zwischen Heilritualen in Zentralasien und den beiden Amerika gibt es oft enge Parallelen (Eliade, 1951). Ohne die Analogie zwischen Heiligen und Schamanen überzustrapazieren, mag es doch hilfreich sein, sie im Kopf zu behalten, wenn man sich insbesondere die wundertätige Kraft von Santa Margherita anschaut. Hatte eine Frau eine schwierige Geburt, so bestand die normale Prozedur darin, die Legende von Santa Margherita laut vorzulesen oder das Buch auf den Bauch der Patientin zu legen. Ein interessantes Zeugnis für die Macht des Worts – aber warum gerade Santa Margherita? San Rocco als Schutzpatron gegen die Pest zu wählen, war klar, weil er sich auf Erden um die von der Pest Befallenen gekümmert hatte. Santa Lucia war eine akzeptable Augenspezialistin, weil ihr bei ihrem Märtyrertod die Augen ausgestochen worden waren. Santa Margherita, von der nicht berichtet wird, daß sie je ein Kind geboren hätte, ist ein größeres Problem. Ein vergleichender Ansatz bietet jedoch eine mögliche Lösung. In ihrer Legende, in Form von Balladenbüchern im sechzehnten Jahrhundert verbreitet, wurde sie von einem Drachen verschlungen, kam aber unbeschadet wieder heraus, so wie man es von einem Neugeborenen erhoffte. Die Identifikation mit dieser Heiligen half vielleicht, die Aufmerksamkeit von Frauen in Wehen auf den eigenen Körper zu konzentrieren, wie Lévi-Strauss in einem Essay über »die Wirksamkeit des Symbols« (1949) vertrat. Lévi-Strauss beschäftigt sich darin ebenfalls mit schwierigen Geburten und einer Legende, welche die Schamanen des Stamms der Cuna (Indianer in Panama) erzählten, um die Niederkunft zu erleichtern. »Der Schamane versorgt die Leidende«, schließt der Ethnologe, »mit einer Sprache... der Übergang zu diesem verbalen Ausdruck... löst den physiologischen Prozeß aus.« Mit anderen Worten: weil das Ritual mit der Patientin kommuniziert, hilft es ihr. Wenn die Legende vom Abstieg in die Tiefen bei den Cuna-Indianern als eine »Besprechungskur« funktioniert, warum sollte dies im Italien des sechzehnten Jahrhunderts nicht ebenso gewirkt haben?

Eine deutlichere Parallele besteht natürlich zwischen den Schamanen und jenen italienischen Heilkundigen, die behaupteten, übernatürliche Kräfte zu besitzen, vom offiziellen Exorzisten zu den nicht offiziellen Wunderheilern und weisen Frauen, die nicht nur für Krankheiten, sondern auch für andere persönliche Probleme zuständig waren, von Enttäuschung in der Liebe bis zum Verlust von Wertsachen.

Beginnen wir mit den Exorzisten. Jeder Kranke konnte die Jungfrau Maria und die Heiligen anrufen, aber der Exorzist wurde geholt, wenn die Krankheit übernatürliche Ursachen hatte. Lepida ist krank und der Vater will den Arzt rufen. Ihre Amme besteht jedoch darauf, daß sie »ammaliata«, d. h. verhext sei. »Sobald Frauen eine ungewöhnliche Krankheit sehen«, brummt der Vater, »denken sie an Hexerei« (credono che sieno malie). Aber er zieht trotzdem den Exorzisten zu Rate.[7] Freunde und Verwandte der Patienten waren nur allzu rasch mit dem Verdacht des bösen Blicks bei der Hand (malocchio oder jettatura), besonders wenn ein junger Ehemann an Impotenz litt oder einer jungen Mutter die Milch versiegte.

Der Kranke konnte auch als fatturato verhext, spiritato, von Geistern besessen, oder oppresso da demoni, von Teufeln besessen, bezeichnet werden. Nur in Sardinien habe ich einen Hinweis auf von Heiligen Besessene gefunden: eine Kirchensynode erwähnt Praktiken, die eher an Haiti gemahnen als an eine Gegend in Europa.[8] Epilepsie wurde oft als dämonische Besessenheit angesehen, aber eine Vielzahl anderer Leiden wurde ebenfalls so diagnostiziert. Die Besessenen konnten sich an einen Heiligen wenden. In Sizilien gingen sie zum Beispiel am 12. Mai zur Kirche von San Filippo in Argira. Ein Dominikaner beschreibt als Augenzeuge, wie im Jahre 1541 über zweihundert Frauen, alle von Teufeln besessen, rufen und schreien, in Zungen reden (Latein, Griechisch und »Sarazenisch«), und sich »schamlos« ihrer Kleider entledigen, ein sicheres Zeichen, daß sie außer sich waren. In Gegenwart der Reliquie zitterten und stöhnten sie.[9]

Die gebräuchlichste offizielle Kur war jedoch ein von einem Priester durchgeführtes Ritual der Teufelsaustreibung (die Laien, auch »fromme Frauen« konnten segnen, aber nur ein Kleriker konnte den Teufel austreiben). Der Exorzist las die von der Kirche für diesen Zweck bestimmten Gebete (neben formellen Exorzismusritualen sollten auch das Evangelium und das Glaubensbekenntnis »sehr wirkungsvoll bei der Vertreibung von Dämonen« sein); außerdem schlug er das Zeichen des Kreuzes, benutzte Weihwasser und heiliges Öl usw.[10] Es war jedoch selbst für Priester schwierig, zwischen offiziellen und inoffiziellen Exorzismen eine Grenzlinie zu ziehen. Nach dem Konzil von Trient findet man nicht selten Exorzisten, die von der Inquisition oder dem örtlichen Bischof des »Aberglaubens« bezichtigt werden. Don Teofilo Zani zum Beispiel exorzierte nicht nur einen kranken Patienten, sondern verteilte auch Heilkräuter und ungeweihte Hostien. Als der Patient starb, fand er sich 1582 vor der Inquisition von Modena wieder, angeklagt, den Tod des Mannes durch okkulte Praktiken verursacht zu haben (O'Neil, 1984). Don Giovan Battista Chiesa aus Santena in Piemont wurde 1647 aufgefordert, sich vor dem erzbischöflichen Gericht von Turin zu rechtfertigen, weil er viele von Teufeln besessene Leute exorziert hatte, und zwar nicht nur durch Wiederholung der geziemenden lateinischen Formeln, sondern auch, indem er Geige spielte und die Leidenden aufforderte, wie es im Gerichtsprotokoll heißt, »zu Ehren des heiligen Antonius und anderer Heiliger zu tanzen und zu springen« (Levi-Strauss, 1985, dt. Berlin 1986, S. 19f).

Es war nicht leicht, eine Grenze zu ziehen zwischen offiziellen und nichtoffiziellen, »legitimen« und »abergläubischen« Heilmitteln, zwischen kirchlichen und Heilmitteln der Laien (in den Augen der »Kirche«, d. h. hier des höheren Klerus). Das Repertoire der verschiedenen Arten nichtoffizieller heilkundiger Laien jedenfalls, die bereits erwähnt worden sind, bildeten Kräuter, Musik und ungeweihte Hostien. Zu ihnen gehörten auch Texte, ein wichtiges Zeugnis für die Macht des geschriebenen Worts, ob sie nun als »Gebete« oder »Zaubersprüche« angesehen wurden, auf Papier, Blätter oder Mandeln geschrieben waren, ob sie verbrannt wurden oder am Hals des Patienten hingen (s. o., S. 85).

Nicht sehr viel, aber immerhin etwas wissen wir über die von diesen Heilern praktizierten Rituale. Nehmen wir zum Beispiel die »benandanti«, die vor einiger Zeit von Carlo Ginzburg entdeckt worden sind (1966). Außer ihren nächtlichen Kämpfen mit Hexen, die das Interesse der Inquisition auf sie zogen, übten einige von ihnen, Männer und Frauen, auch den Beruf des Heilers aus. In ihren Kuren verwendeten sie Salz und geweihtes Brot, bestimmte Pflanzen, insbesondere Knoblauch und Fenchel, bestimmte Gesten wie das Zeichen des Kreuzes, und gewisse Formeln, die Zeugen manchmal als »Zaubersprüche« *(incanti)* bezeichneten. Eine Frau behandelte einen Patienten mit Knochen und

176

einem Ei, das an einem Faden hing (Ginzburg, 1966, dt. 1980), aber es ist nicht klar, welche Rituale sie dabei anwandte. Im Fall der bereits erwähnten *pauliani* wissen wir nicht viel mehr, als daß sie das Kreuz über dem von der Schlange gebissenen schlugen und sagten: »Caro caruzet reparat sanum et manuel paraclitum«.[11] In einigen Beschreibungen heißt es jedoch, daß sie mit Schlangen hantierten, was an die lange Geschichte von Kulten denken läßt, in denen Schlangen eine Rolle spielen, vom antiken Griechenland bis zum heutigen Amerika, vor allem Südamerika (La Barre, 1962). Da Rituale häufig bedeutende Ereignisse wiederholen, ist erwähnenswert, daß die *pauliani* behaupteten, ihre Schlangen stammten von der Schlange des heiligen Paulus ab wie sie von ihm selbst. Ihre Heilung war eine Art Neuinszenierung, ein heiliges Drama.

Einige Prozesse vor der venezianischen Inquisition geben uns weitere Details über Heilrituale. Beispiele sind die Fälle zweier Griechinnen, die 1620 verhaftet wurden (die Griechen bildeten eine beträchtliche Minderheit der venezianischen Bevölkerung). Im Fall von Serena erklärte ein Zeuge, der zu ihr ging, nachdem die Doktoren nichts gegen seine Krankheit tun konnten (so als ob eine weise Frau die letzte Rettung war), daß sie über seiner Brust und seinem Kopf das Zeichen des Kreuzes schlug und einige Worte sagte, die er nicht verstehen konnte. Seine Mutter ergänzte, daß Serena Artischockenblätter zerstieß und den Brei auf seinen Bauch strich, »wo die Krankheit war«, nachdem sie das Kreuz geschlagen und einige Worte in griechischer Sprache gesprochen hatte, was die Kunden zweifellos beeindruckte. Von Marietta, die angeklagt war, ein Mädchen mit Weihwasser, heiligem Öl und Worten, die einem Zeugen »Griechisch zu sein schienen«, geheilt zu haben, besitzen wir ihre eigene Aussage: »Ich sagte drei Vaterunser und drei Ave Maria und drei Salve Regina zum Preise Gottes, der Muttergottes, der hochheiligen Dreifaltigkeit und San Liberales, der uns von jeder Krankheit befreit.« Sie schlug auch mit Öl das Kreuz über dem Patienten und sagte dabei »Ehre sei dem Vater...«. Das Öl sei zwar kein heiliges Öl, »aber ich nenne es heilig, weil es sehr wirksam gegen viele Krankheiten ist«; es enthält ein Pulver aus Majoran, Gartenraute und anderen Kräutern. Behexte heilte sie nicht. Die Angeklagte war klug genug zu erraten, was die Inquisition wissen wollte; sie wußte, daß die Inquisition es nicht duldete, wenn Laien von heiligen Dingen ohne Vermittlung des Klerus Gebrauch machten. Jedenfalls zeichnen Angeklagte und Zeugen gemeinsam ein ziemlich klares Bild des praktizierten Rituals.[12]

Bis jetzt haben wir wenig zur Musik gesagt, aber der Priester von Santena mit seiner Geige war keineswegs so außergewöhnlich, wie er geklungen haben mag. Heilrituale werden im allgemeinen – von Zentralafrika (Turner, 1968) bis Sri Lanka (Kapferer, 1983) – mit Musik begleitet, vor allem mit Trommeln und Gesang. Musik fördert die Loslösung aus der gewohnten, alltäglichen Wirklichkeit (Kapferer 1983, S. 185) und hilft den Kranken – oder den Heilern –, sich in Trance zu versetzen, die häufig als für die Heilung notwendig gilt. Im Fall Italiens ist es interessant, daß der Autor eines Traktats über die Heilung Behexter den gleichen Namen, Floriano Canale, trägt, wie ein Kanoniker aus Brescia, der ein bekannter Organist war. Handelte es sich um die gleiche Person und, wenn ja, fand er seine Musik hilfreich bei seinen Heilungen?[13] Festeren

Boden betreten wir mit den »tarantati«, Leuten, die von der Tarantel gebissen worden waren. Ein Sprecher in Castigliones »Hofmann« (1528) bemerkt, daß »in Apulien alle möglichen Musikinstrumente bei jenen angewendet werden, die von der Tarantel gebissen wurden« (1. Buch, Kap. 8). Diese Information vom Hörensagen wird aus persönlicher Erfahrung von einem professionellen Arzt in einem vier Jahre später veröffentlichten Buch bestätigt.[14] Krankheit und Musik waren in den Köpfen der Leute so eng verknüpft, daß eine Darstellung betrügerischer Bettler aus dem fünfzehnten Jahrhundert auch jene umfaßte, die vorgaben, von der Tarantel gebissen worden zu sein, und »mit dem Kopf wackeln, mit den Knien schlottern und oft zu den Klängen von Musik tanzen.«[15] Die vollständigsten Beschreibungen kommen jedoch wie so oft von Außenstehenden. Wieder einmal hilft uns Skippons scharfer Blick. »Im Palast eines Adligen«, erzählt er, »sah ich einen Kerl, der von einer Tarantel gebissen worden war; er tanzte ganz grotesk, mit gezogenem Schwert, zu einer Melodie, die auf einem Instrument gespielt wurde«.[16] Die meisten Details liefert aber ein anderer britischer Reisender, der Philosoph George Berkeley, der 1717 in Apulien war. Berkeleys medizinisches Interesse ist wohlbekannt und nach seinem Tagebuch zu urteilen, nahm die Tarantel einen großen Teil seiner Aufmerksamkeit in Beschlag. In Bari notiert er zunächst, was er anscheinend vom Hörensagen weiß: »Die Zahl der Tage, die sie tanzen, nicht auf drei beschränkt/verschiedene Musikinstrumente für verschiedene Patienten/Sie sehen die Tarantel im Spiegel, der ihre Bewegungen steuert«. Dann folgt die persönliche Beobachtung »des Tarantato, den wir in einem Kreis tanzen sahen«, »seine Wangen hohl und die Augen etwas gespenstisch, das Aussehen einer fiebernden Person«; »er starrte ab und zu in den Spiegel, faßte ein blankes Schwert am Griff und tanzte in einem Kreis, die Spitze auf die Zuschauer gerichtet und ihnen oft sehr nahekommend, besonders mir, der ich nahe beim Spiegel saß; mal hielt er es an der Spitze, mal stach er sich mit der Spitze in die Seite, verletzte sich aber nicht, dann wieder tanzte er vor den Musikern und hieb mit dem Schwert seltsame Schnörkel in die Luft; für einen Verrückten schien mir all dies zu genau und vorsichtig ausgeführt«.[17] Man könnte sogar noch weitergehen: was er bezeugte, war nicht so sehr eine spontane Reaktion als vielmehr eine Aufführung, die *tarantella*, die man lernen mußte. Ich meine damit nicht, daß es sich hierbei um Schwindelei handelte, wie ein früherer Zeuge es von den Tänzen in der Gegend von Urbino behauptete; der Tanz mag sehr gut in einem Trancezustand vollführt worden sein. Ich meine, er war ritualisiert.

Musik hatte auch ihren Platz in den Aufführungen der bekanntesten italienischen Heilkundigen der Zeit, der sogenannten »Scharlatane«. Es ist Zeit für ihren Auftritt. Tatsächlich operierten sie von einer Bühne, einem Gerüst oder zumindest einer Bank aus, ob die Szenerie Piazza San Marco in Venedig, Piazza Navona in Rom – einer ihrer Lieblingsplätze –, Bologna (Ginzburg und Ferrari, 1978), oder ein ländlicher Jahrmarkt war wie der von Santa Maria Impruneta in der Umgebung von Florenz, für den ihre Anwesenheit auf einer Radierung aus dem Jahre 1620 belegt ist.[18] So wurden sie als »Gaukler« *(monta'inbanchi)* bekannt. Scharlatane waren im wesentlichen Leute ohne ärztlichen Titel, die Arzneien – und manchmal andere Artikel – öffentlich, vor einem Publikum verkauften. Sie begleiteten den Verkauf mit einer Art Vorführung, um die Aufmerksamkeit der Zuschauer auf sich zu ziehen. Diese Vorführung war weitgehend ein Vortrag (der Ausdruck »Scharlatan« leitet sich vom Verb »ciarlare« her, gewandt reden, mit Untertönen des Schmeichelns oder große-Reden-Schwingens). Einzelne Scharlatane brachten es in ihrer Zeit zu beträchtlichem Ansehen: zum Beispiel Marco Bragadin im sechzehnten Jahrhundert, Buonafede Vitali (De Francesco, 1937) und »Orvietan«, der in Paris wirkte, im siebzehnten; nicht zu vergessen Rosacchio, den Skippon in Venedig besuchte, um seine »Raritätensammlung« zu besichtigen – darunter u. a. ein Salamander und ein Chamäleon, zweifellos Stücke von großem Wert für Rosacchios Selbstdarstellung.[19] Eine der reichsten und vollmundigsten Beschreibungen von Scharlatanen stammt aus dem Ende des sechzehnten Jahrhunderts. Sie schildert eine Szene an einer Ecke der Piazza, wo zwei Männer Geschichten erzählen, diskutieren, singen, übereinander in Wut geraten, in Lachen ausbrechen – bis sie schließlich auf den Punkt kommen: den Verkauf; einmal mehr ein Hinweis auf die fortdauernde Bedeutung der mündlichen Kultur im frühmodernen Italien. An der nächsten Ecke, fährt die Darstellung fort, wird eine andere Szene aufgeführt, von »Burattino« und »Gratiano«, Figuren aus der *commedia dell'arte,* in Wirklichkeit aber verkleidete Scharlatane. Außerdem ist da »Maestro Paolo da Arezzo... mit einer großen, entrollten Fahne, auf der man den hl. Paulus sehen kann, begleitet von einer Tarantel, einer Otter und einem Krokodil. Einer verkauft ein Pulver gegen Blähungen, ein anderer »Philosophenöl«, die Quintessenz, mit der man zum reichen Mann wird, Gedächtnissalbe oder Rattengift. Andere betätigen sich als Feuerschlucker oder gaukeln vor, »jemandem mit einem Trick-Messer die Nase abzuschneiden«.[20] Ein Stich aus dem Jahre 1609 bestätigt, daß Scharlatane auf der Piazza San Marco die Masken der commedia dell'arte benutzten, zumindest während des Karnevals.[21]

Eine weitere lebendige Darstellung stammt aus der Feder eines englischen Besuchers, dieses Mal nicht Skippon, sondern Thomas Coryate, der selbst Berufsunterhalter war und sich deshalb aus gutem Grund die Methoden genau anschaute. Er berichtet, was sich auf der Piazza San Marco abspielte: »Zweimal täglich, das heißt am Morgen und am Nachmittag, kann man sehen, wie fünf oder sechs verschiedene Bühnen für sie errichtet werden... Danach steigt der ganze Mob auf die Bühne, manche von ihnen tragen Masken und sind verkleidet wie Narren in einem Stück... die Musik setzt ein. Mal wird gesungen, mal werden Instrumente gespielt, und manchmal beides zusammen... nachdem die Musik verklungen ist, hält er (der Anführer) eine Ansprache ans Publikum, die eine halbe Stunde, manchmal fast eine Stunde dauert. Darin preist er die Wirksamkeit seiner Drogen und Pillen in den höchsten Tönen an... Wenn die erste Ansprache des Obergauklers beendet ist, verteilt er seine Artikel, einen nach dem anderen; der Narr spielt unterdessen weiter seine Rolle, und die Musiker singen und spielen ihre Instrumente. Die wichtigsten Sachen, die sie verkaufen, sind Öle, Heilwässer, gedruckte Liebeslieder, Apothekerdrogen und ein Haufen anderer Krimskrams... Einige Gaukler habe ich wunderbare und seltsame Dinge tun sehen. Denn ich sah einen, der eine Otter in der Hand hielt und eine Viertelstunde lang mit ihrem Giftzahn spielte, aber sich dabei nicht verletzte, obwohl ein anderer sofort einen tödlichen Biß erhalten hätte. Er machte uns alle glauben, daß diese Otter direkt von der Generation jener Otter abstammte, die sich aus dem Feuer auf die Hand des heiligen Paulus stürzte, auf der Insel von Melita, die jetzt Malta genannt wird, und ihm kein Leid zufügte; weiter erzählte er uns, daß sie nur manche beißen würde, andere nicht. Ich habe auch einen Gaukler gesehen, der seinen nackten Arm mit einem Messer zerstach und aufschlitzte, daß ihm das Blut in Strömen floß, es war gar traurig anzuschauen; nach und nach rieb er ein gewisses Öl darauf, mit dem er mit einem Mal sowohl das Blut gestillt und die Risse und Wunden so vollständig geheilt hatte, daß wir, als er uns danach erneut seinen Arm zeigte, nicht die leiseste Spur eines Schnitts entdecken konnten.«[22]

Die Parallele zwischen manchen Scharlatanen wie Paolo d'Arezzo, die mit Schlangen hantierten und den *pauliani* sticht ins Auge, wir werden auf sie zurückkommen müssen. Ich möchte jedoch behaupten, daß die Scharlatane Rituale übernahmen und für ihre Zwecke anpaßten, die sich aus einer älteren Tradition herleiten.

Diese kurze Darstellung der Struktur des Heilsystems im frühneuzeitlichen Italien hat seine Mannigfaltigkeit, seinen Pluralismus hervorgehoben. Aus dem Blickwinkel des Patienten ist diese Betonung wahrscheinlich angemessen, denn aus den Gerichtsakten spricht nicht selten, daß sie zu einem anderen Heiler gingen, wenn der erste keinen Erfolg gehabt hatte. Andererseits trifft der moderne Begriff »Pluralismus« nicht ganz den Standpunkt der Heilkundigen, insbesondere der offizielleren – der Ärzte und Exorzisten –, die nur allzu schnell die Aktivitäten ihrer Rivalen verdammten. Das System war nicht harmonisch, sondern von Konflikten gekennzeichnet, die im Laufe der Zeit zu Veränderungen führten. Um zwei Konflikte handelte es sich hauptsächlich: erstens, die Ärzte gegen den Klerus; zweitens, Ärzte und Klerus gegen den Rest.

Wir sollten unbedingt vermeiden, diese Auseinandersetzungen in anachronistischen Begriffen zu beschreiben. Unsere modernen Unterscheidungen – zwischen rational und irrational, natürlich und übernatürlich, religiös und abergläubisch – bildeten sich in diesem Zeitraum erst heraus; sie insbesondere auf die Zeit vor 1650 anzuwenden, lädt zu Mißverständnissen ein.

Erstens gab es eine Auseinandersetzung über die Mittel zur Bekämpfung der Pest, die für das Thema dieses Kapitels zentral ist, weil sie die Frage nach der Wirksamkeit des Rituals impliziert. Das traditionelle Heilmittel des Klerus, religiöse Prozessionen, rief wachsenden Widerstand von Seiten der Ärzte hervor, die alle Gelegenheiten zur Ansteckung eindämmen wollten (Cipolla, 1977, Kap. 1). Es wäre jedoch falsch, diesen Konflikt einfach durch die Brille der Gegensätze Glaube gegen Vernunft oder Klerus gegen Laien zu sehen. Durchaus gab es Kleriker, die sich vom Argument der Ansteckungsgefahr überzeugen ließen, ohne ihre religiöse Weltsicht, ihre therapeutischen Heiligen, ihre Votivbilder aufzugeben. 1656 in Neapel verbot zum Beispiel der Kardinal und Erzbischof öffentliche Bußrituale – wie wir gesehen haben, fanden sie inoffiziell trotzdem statt.[23]

GABRIELE BELLA
Scharlatane auf der Piazzetta San Marco in Venedig, (18. Jh.)

GABRIELE BELLA
Scharlatane auf dem Markusplatz in Venedig, (18. Jh.)

Der zweite Konflikt stellte die beiden anerkannten Gruppen, den Klerus und die Ärzte, den inoffiziellen Heilkundlern gegenüber. Auch hier müssen wir vermeiden, die auf dem Spiel stehenden Fragen zu vereinfachen und zu modernisieren. An den Aktivitäten heilkundiger Männer und weiser Frauen verurteilte der Klerus, daß sie »abergläubisch« seien. Aber dieser Ausdruck wurde nicht im modernen Sinne gebraucht. Er bezog sich nicht auf den unkritischen Glauben an nicht vorhandene übernatürliche Kräfte, sondern auf Versuche, übernatürliche Wesen über inoffizielle Kanäle zu erreichen, welche die Kirche nach Luthers Bruch mit Rom immer seltener zu dulden bereit war. Die Kleriker, insbesondere der höhere Klerus, die Dominikaner und die Franziskaner – aus deren Rängen die Inquisitoren stammten – versahen schließlich diese inoffiziellen Kanäle mit dem Etikett der »Hexerei«; wer sie benutzte, galt als »Hexe/r«. Die Gebete des heilkundigen Volks wurden als Zaubersprüche aufgefaßt, ihr Gebrauch des Kreuzes und der Oblate, ob geweiht oder nicht, als Gotteslästerung interpretiert. Die theatralische Selbstdarstellung der Scharlatane machte sie beim Klerus auch nicht gerade beliebt. Manche Kleriker, zu denen Carlo Borromeo gehörte, hielten Theaterstücke für »die Liturgie des Teufels«. Die Berufsmediziner hingegen verurteilten an den Aktivitäten weiser Männer und Frauen sowie der Scharlatane, daß sie mit wirkungslosen, ja betrügerischen Heilmitteln handelten. Aber sie unterschieden zwischen den Mitgliedern ihrer Zunft, die als ehrenwert angesehen wurden, und Außenseitern, die als unglaubwürdig galten, nicht jedoch zwischen dem kurieren mit natürlichen und übernatürlichen (oder rituellen) Mitteln.[24] Im Zeitraum zwischen 1300 und 1650 »eroberten sich die Ärzte den Status einer ehrbaren und respektierten Berufsgruppe« (Cipolla, 1976, S. 1). Dazu mußten sie sich natürlich schärfer als früher von anderen Heilkundigen abgrenzen. In Italien wie in anderen Teilen Europas unternahmen die Ärzte wachsende Anstrengungen, ihr Monopol auf dem Feld der Medizin zu errichten und zu legitimieren und ihre Konkurrenten gleichzeitig zu marginalisieren (vgl. Garcia Ballester, 1976). Die Ärzte benutzten pejorative Ausdrücke wie »Scharlatan«, »Gaukler« und (in England und Deutschland) »Quacksalber« oder »Kurpfuscher«, um ihre Konkurrenten zu bezeichnen (und abzuqualifizieren). Das Publikum der Kranken drehte den Spieß um und benutzte die gleichen Ausdrücke für die Berufsmediziner. Erst nach 1650 begannen italienische Ärzte, die neue mechanistische Philosophie zu übernehmen, insbesondere die Ideen von Descartes und Gassendi, und an der Wirksamkeit traditioneller Heilrituale wie Musik und Tanzkuren für die »tarantati« zu zweifeln (De Martino, 1961). In dem Maße wie Krankheiten nicht mehr als Besessenheit von Geistern oder Teufeln wahrgenommen wurden, betrachtete man die Heilung nicht länger als eine Form der Kommunikation. Diese neuen Einstellungen betrafen jedoch nur eine Minderheit von Italienern. Auf dem Lande, besonders im Süden, haben traditionelle Heilrituale bis in die heutige Zeit überlebt. Die Trennung zwischen verschiedenen Arten von Heilkundigen verläuft heute entlang kulturellen wie sozialen Grenzlinien.

Trotz der feindseligen Einstellung des Klerus und der Ärzte erlebten das sechzehnte und siebzehnte Jahrhundert den Aufstieg der Scharlatane, wie man sie wohl zutreffend nennt, die auf der Piazza San Marco, der Piazza Navona u. a. auftraten. Vom Ende des sechzehnten Jahrhunderts an wimmeln die Quellen von ihnen, besonders in Venedig und Rom. Das ist wahrscheinlich kein Zufall. Venedig und Rom verwandelten sich um diese Zeit in Städte, die davon lebten, eine große Zahl von Besuchern zu beherbergen und zu bewirten, die erste als Hauptstadt des Karnevals, die zweite als Hauptstadt der Päpste. Von Natur aus waren sie beliebte Aufenthaltsorte für Schausteller, ob Gauner oder Komödianten. Die Scharlatane waren wahrscheinlich eine Mischung aus beiden. Sie waren Gaukler und Heilkundler zugleich, wobei eine Rolle die andere ergänzte, zogen eine Menge Leute an und hielten sie bei Laune. Dieses Theater der Medizin war eine Art Werbung, eine Reklame für die Medizin und ihren Erfinder, gut angepaßt den Bedingungen der Großstadt in einer immer stärker kommerzialisierten Gesellschaft. Man sollte jedoch nicht vergessen, daß die Verbindung zwischen Heilung und dramatischen Aufführungen ihre Tradition hat. So gehen Schamanen vor. Lévi-Strauss hatte dafür einen Ausdruck parat: »die Wirksamkeit von Symbolen«. Aristoteles besaß dafür ebenfalls ein Wort: »Katharsis«, die Reinigung der Leidenschaft durch das Drama; dieses Wort für »Reinigung« hatte sowohl religiöse wie medizinische Untertöne. Das Hantieren mit Schlangen war ein guter Trick, aber es war auch Teil einer Tradition, die, wie wir gesehen haben, mit den *pauliani* verbunden war. Sich selbst Wunden zuzufügen, war ebenfalls ein Trick, wird aber auch mit Schamanen und ihren Ekstasen assoziiert. Was genau man an einer typischen Aufführung als »Ritual« bezeichnen könnte, läßt sich nicht fest umreißen; es handelte sich um eine stereotype Abfolge von Aktionen, aber nicht diese Handlungen waren wirksam – das sagten auch die Scharlatane selbst –, sondern die Pillen und Salben. Im Unterschied zu den weisen Frauen und heilkundigen Männern, verkauften sie etwas »zum Mitnehmen«. Das Schlangenritual war traditionell, nicht aber seine Bedeutung. Der Heiler, eine Figur mit religiösen Kräften, verwandelte sich in einen Unterhalter, einen Verkäufer. Kurz, die Scharlatane verdeutlichen den Prozeß kulturellen und sozialen Wandels im frühneuzeitlichen Italien, insbesondere die »Verzahnung« zwischen den wachsenden Möglichkeiten einer marktmäßig betriebenen Medizin in den großen Städten und bestimmten lokalen Heiltraditionen. Sie waren kommerzialisierte Schamanen.

DIE VORANGEGANGENEN KAPITEL dieses Buches folgten der Tendenz nach einem Muster. Sie begannen damit, eine Struktur oder ein System zu rekonstruieren, das System der Beleidigungen, der Konsumtion usw., und endeten mit der Diskussion von Veränderungsprozessen. Die verschiedenen Darstellungen und Erklärungen des Wandels in unterschiedlichen Bereichen der italienischen Kultur hatten zwar einiges miteinander gemein, aber bisher ist noch nicht versucht worden, sie zusammenzufügen. Obwohl das letzte Kapitel eine weitere Fallstudie ist, wird es sich durchgängiger als seine Vorgänger mit der Erklärung der Veränderungen beschäftigen. Auch wird es darin um ganz Europa gehen, zur Erinnerung, daß die Entwicklungen in Italien keineswegs isoliert dastanden. Es befaßt sich mit dem Ritual, einer Kommunikationsform, die moderne Leser sehr wahrscheinlich als fremdartig empfinden, und versucht, historisch zu erklären, warum das so ist.

Heilige Kommunion
englischer Stich um 1624

Die Ablehnung des Rituals im Europa am Beginn der Neuzeit

>»In unserer Zeit sind Zeremonien so gekünstelt
>und überflüssig geworden, daß sie den Klügeren
>das Hirn ermüden und Zeit vergeuden für eine
>ausgeklügelte Form des Lügens, die bedeutungs-
>los ist, weil sie zu viel bedeutet.« (Fra Fulgenzio
>Micanzio)

>»Der gesellschaftliche Umgang war – wie die
>Römische Religion – so mit äußerem Schein und
>Förmlichkeiten überladen, daß er unbedingt ei-
>ner Reformation bedurfte, um seine Auswüchse
>zu beschneiden und ihm wieder seine natürliche
>Schönheit und Vernunft zu geben.« (Addison)

ES IST OFT gesagt worden, daß Rituale in modernen Gesellschaften an Bedeutung verloren haben – als Ergebnis des Siegeszuges des Rationalismus oder der
Technik, oder weil man den Individualismus, die Spontaneität, Authentizität
und Aufrichtigkeit zunehmend höher bewertete, »die wahre Stimme des Ge-
fühls«, wie Keats sagte (vgl. Trilling, 1972). Diese Feststellung ist – oder war
zumindest – ein soziologischer Gemeinplatz. Für Herbert Spencer zum Beispiel
war das Ritual mit dem »militanten Gesellschaftstypus« (ob Stammes- oder
feudale Gesellschaft), wie er sich ausdrückte, verknüpft. »Bräuche«, so meinte
er, »schwächen sich in dem Maße ab, wie der Industrialismus stärker wird«
(1876-85, S.218-19). Eine Generation später assoziierte Max Weber Ritual
und Magie; er behauptete, daß alle beide in der modernen, »entzauberten«,
rationalen Welt an Bedeutung verlieren. In jüngerer Zeit hat der Ethnologe
Max Gluckman (1962) die Aufmerksamkeit auf den allgemeinen Niedergang
der »Ritualisierung sozialer Beziehungen« gelenkt (abgesehen von seltsamen
Überbleibseln der Stammesgesellschaft in Oxford, Cambridge u. a.). Ähnlich
argumentierte der Soziologe Edward Shils (1975).»Niedergang« ist implizit ein
quantitativer Begriff, aber Shils ist auf diesen Einwand vorbereitet und argumentiert, daß »es sehr wahrscheinlich ist, daß heutzutage weniger rituelle
Handlungen pro Kopf vollzogen werden als vor einigen Jahrhunderten«.

Diese Sicht, einst soziologische Lehrmeinung, ist in den letzten Jahren
zunehmend unter Beschuß geraten. Es wird jetzt behauptet oder angenommen,
daß alle Gesellschaften gleich ritualisiert seien; sie praktizierten lediglich
unterschiedliche Rituale. Wenn die meisten Leute in Industriegesellschaften
nicht länger regelmäßig zur Kirche gingen oder ausgearbeitete Initiationsrituale
pflegten, bedeute das nicht den Niedergang des Rituals. Es seien nur neue
Typen des Rituals – politische, sportliche, musikalische, medizinische, akademische usw. – an die Stelle der traditionellen getreten (vgl. Bocock, 1974; Lane,
1981). Wenn wir denken, daß eine andere Gesellschaft – Schweden oder Japan
zum Beispiel – in höherem Grad ritualisiert sei als unsere, zeige das – so das

gängige Argument – nur unseren eigenen Ethnozentrismus. Es ist sicher schwierig, über diese Fragen objektiv zu urteilen. Ein holländischer Historiker, der die Engländer gut kannte, behauptete vor über fünfzig Jahren, sie »gingen durchs Leben, als ob jeder Augenblick Teil eines vorgeschriebenen und feierlichen Rituals sei« (Renier, 1931, S. 167). Vielleicht bemerken wir ganz einfach nur die Rituale unserer Nachbarn, während unsere eigenen uns entgehen. Da uns eine Skala fehlt, um rituelle Handlungen pro Kopf zu messen, wäre es vielleicht klug, sich eines Urteils zu enthalten. Wenn die Historiker jedoch das Terrain wechseln, von den Ritualen selbst zu den Einstellungen zu ihnen übergehen, haben sie eine Geschichte zu erzählen, die genauso dramatisch ist wie die alte von Spencer und Weber, Gluckman und Shils.

Mary Douglas zufolge (1966, S. 34) »hat das Ritual immer etwas von einem häßlichen Wort gehabt«. Es wäre genauer, zu sagen, daß – wie die Rhetorik, mit der es nicht wenig gemein hat – das Ritual in Teilen Westeuropas während der frühen Neuzeit zu einem häßlichen Wort wurde. Aus einer komparativen Perspektive ist einer der auffallendsten Züge der modernen westlichen Kultur ihre ablehnende Haltung zum Ritual. »Bloßes Ritual«, sagen wir oft. »Bloßer leerer Prunk«, schrieb Gilbert Burnet im siebzehnten Jahrhundert über die öffentlichen Rituale der Republik Venedig. »Nur eine Zeremonie«, schrieb Thomas Cranmer ein Jahrhundert vorher; er bezog sich auf die Krönung in England.[1] Viele Leute über den britischen protestantischen Klerus hinaus haben das Ritual eher mit der Erscheinung statt dem Wesen, dem Buchstaben statt dem Geist, der äußeren Schale statt dem inneren Kern in Verbindung gebracht. Dieses Merkmal kennzeichnet die westliche Kultur nicht weniger als die anderen Züge, die von Max Weber in seinen berühmten Gegenüberstellungen des Westens und der übrigen Welt erörtert werden; es verdient einige Aufmerksamkeit von Seiten der Historiker. Natürlich wäre die Behauptung vorschnell, in Asien oder Nord- und Südamerika zum Beispiel hätte es keine gegen Rituale gerichteten Bewegungen gegeben. Im alten China zum Beispiel beschrieb der taoistische Klassiker »Der Weg und seine Macht« »Riten« als »die bloße Hülse der Loyalität und des Einlösens von Versprechen«, während die realistische oder legalistische Schule so hieß, weil sie versuchte, das Ritual durch das Recht zu ersetzen (Welch, 1957, S. 31; Waley, 1939, S. 158 f). Die herrschende Lehrmeinung in China war jedoch zweitausend Jahre lang weder der Taoismus noch der Legalismus, sondern der Konfuzianismus, und Konfuzius und seine Anhänger maßen dem Ritual einen sehr hohen Wert bei. Der Brahmane Ram Mohun Roy griff in Indien zu Beginn des neunzehnten Jahrhunderts den Ritualismus an, mit anderen Worten die Auffassung, das Ritual sei ein Weg zur Erlösung. Obwohl er sich auf die hinduistische Tradition berief, war Roy jedoch von modernen westlichen Ideen beeinflußt (Bayly, 1981). Der Peyote-Kult, der in diesem Jahrhundert von den Navajos praktiziert wurde, ist als Reaktion gegen das Ritual bezeichnet worden, aber auch diese Bewegung stand unter dem Einfluß des Christentums (dazu Douglas 1970, Kap. 1, und die Gegenposition von Aberle, 1966). Diese kurzen Hinweise sind kein Ersatz für ernsthafte vergleichende Untersuchungen, aber sie veranschaulichen zumindest meinen Widerspruch gegen die Auffassung, der Kampf gegen das Ritual sei ausschließlich für die westliche Kultur zentral gewesen. Der Kampf geht sehr weit zurück, aber die frühe Neuzeit war, wie ich versuchen werde zu zeigen, äußerst wichtig in der Artikulation und Entwicklung der Neigung, das Ritual abzulehnen.

Hier stellen sich einige knifflige begriffliche Probleme. Moderne Autoren definieren ein »Ritual« auf unterschiedliche Weise. Ich selbst habe in diesem Buch derjenigen den Vorzug gegeben, die das Ritual als eine Form der Kommunikation mittels einer Handlung ansieht, die öffentlich, stereotypisiert und symbolisch ist. In diesem Kapitel jedoch kommt es darauf an, wie frühneuzeitliche Autoren definierten, was sie »caeremoniae«, »cultus«, »ritus« oder ihre landessprachlichen Entsprechungen nannten. Wie wir sehen werden, waren auch sie nicht einer Meinung. Der Begriff der »Ablehnung des Rituals« ist meiner, nicht ihrer; er ist so etwas wie ein Oberbegriff, der eine Reihe frühmoderner Einstellungen abdeckt, die unterschieden werden müssen, vor allem die Zurückweisung bestimmter, traditionell zugunsten des Rituals vorgebrachter Ansprüche, die Weigerung, bestimmte Rituale zu vollziehen, und der Versuch, überhaupt ohne sie auszukommen. Derartige Unterscheidungen werden jedoch ganz von selbst im Laufe des historischen Berichts über die Ablehnung auftauchen.

Kritik am Ritual reicht weit in die jüdisch-christliche Tradition zurück, bis zu den Propheten des Alten Testaments. »Wer einen Ochsen schlachtet, ist eben als der einen Mann erschlüge... wer Weihrauch anzündet, ist als der das Unrecht lobt« (Jesaja 66.3). In ähnlichem Stil tadelte Christus die Pharisäer, sie nähmen Rituale zu ernst. Seine Betonung des inwendigen Glaubens führte Paulus zu den Worten: »Denn das ist nicht ein Jude, der auswendig ein Jude ist, auch ist das nicht eine Beschneidung, die auswendig am Fleisch geschieht; sondern das ist ein Jude, der's inwendig verborgen ist, und die Beschneidung des Herzens ist eine Beschneidung, die im Geist und nicht im Buchstaben geschieht« (Römer 2.28-29). Die griechischen und römischen Stoiker kritisierten Rituale (»eusebia«, »hierourgiai«, »nomoi«, »pietas« usw.) als unnatürlich und jenem Seelenfrieden hinderlich, der das Ziel des weisen Mannes sein sollte. Bestenfalls war das Ritual überflüssig, eines jener »Mitteldinge« (adiaphora), die weder in der einen oder anderen Richtung einen Einfluß auf das Glück nehmen können. Seneca und Plutarch lehrten, daß die Absicht zählt, nicht die äußere Form. Plutarch glossierte den Ausdruck »threskuein« (wörtlich: sich verhalten wie die thrakischen Frauen) als »das Feiern extravaganter und abergläubischer Zeremonien« (»Leben Alexanders«; vgl. Babut, 1969, S. 489 f). Der Stoiker-Kaiser Marc Aurel lebte umgeben von Ritualen, aber seine »Meditationen« zeigen, daß er sich bemühte, sie nicht ernst zu nehmen. Stoische und christliche Traditionen verschmolzen bei einigen Kirchenvätern. Für Augustin zum Beispiel war das Abendmahl nur eine Gedächtnisfeier (»sacramentum memoriae«) und er erklärte, daß Begräbnisriten »mehr ein Trost für die Lebenden als eine Hilfe für die Toten« seien (Rowell, 1977, S. 18); Johannes Chrysostomos attackierte äußere Religiosität als »judaisierend«.

Im Mittelalter wurde das Ritual hingegen sehr viel ernster genommen; von Theologen wie vom Volk wurde ihm eine sehr viel größere Bedeutung beigemessen. Der Zeitpunkt, mit dem eine Darstellung der Ablehnung des Rituals beginnen muß, ist also offenbar der Beginn des sechzehnten Jahrhunderts. Die Reformation war unter anderem eine große Debatte, die in Ausmaß und Intensität ihresgleichen sucht, über die Bedeutung des Rituals, seine Funktionen, die ihm angemessenen Formen. Die Reformatoren verdammten verschiedene traditionelle religiöse Rituale als »nichtssagend«, »tot«, »nutzlos«, »müßig«, »überflüssig«, »äußerlich« oder »fleischlich«, als »Schein und Schatten« oder, um ihren bevorzugten, wenn auch schwer faßbaren Begriff zu nehmen, als »Idolatrie« oder »Aberglauben«.

Diese Verurteilung des Rituals war natürlich verbunden mit der Kritik an den traditionell zuständigen Spezialisten, der katholischen Priesterschaft, und mit der Kritik an den »Werken«. Luther beschrieb als traditionelle Einstellung, gegen die er sich wandte, »daß man solchen gottis dienst als eyn werck than hatt, da mit gottis gnade und selickeyt zu werben«.[2] In diesem Punkt ähnelten Europäer des Mittelalters den Tikopia (Firth, 1940, S. 1). Die Ablehnung des Rituals bildete selbstverständlich nur einen Teil einer generellen Kritik der äußerlichen Religion. Ihr berühmtester Exponent war Erasmus, der sich Johannes Chrysostomos' Ausdruck »judaisierend« zu eigen machte.[3] Eine weitere äußere Form, die von manchen Reformatoren abgelehnt wurde, waren Bilder. Sogar die Sprache war suspekt, zumindest wenn sie »wörtlich« anstatt »spirituell« interpretiert wurde. Einige der nachdrücklichsten und beredtesten Kritiken der mittelalterlichen Religion konzentrierten sich jedoch auf das Ritual, so etwa Miltons Klage: »die ganze innere Verehrung, die aus der natürlichen Stärke der Seele entspringt, ergießt sich in einem Schwall an die Oberfläche der Haut und verhärtet sich dort zu einer Kruste der Förmlichkeit«.[4]

In dieser großen Debatte stand natürlich mehr als nur ein Thema zur Diskussion. Drei weitere möchte ich unterscheiden:

Das erste drehte sich um Schlichtheit versus Überfluß in Ritualen. Man diskutierte, ob die Rituale der mittelalterlichen Kirche nicht zu sehr ablenkten, zu ausgeklügelt, zu teuer, zu unklar und dunkel seien, ob ein Wandel des rituellen »Idioms« notwendig sei. Das grundlegende Argument wurde mit besonderer Klarheit von einem schottischen Geistlichen des siebzehnten Jahrhunderts vorgebracht; er behauptete, »eine wahre Kirche... wahrt die Schlichtheit der Zeremonien«, weil »äußerlicher Glanz und Pracht... die Seelen der Menschen ablenkt«.[5] Martin Bucer brachte die geographische These vor, daß »die Griechen und andere östliche Völker, die ein wärmeres Temperament haben, an der Fülle von Zeremonien Gefallen finden«.[6] Cranmer – neben anderen – äußerte die historische These, daß »das Übermaß und die Vielzahl« von Zeremonien »in letzter Zeit so zugenommen haben, daß ihre Last unerträglich wurde«.[7] Noch präziser registrierten die Magdeburger Zenturien das schrittweise Aufkommen des Kreuzzeichens bei der Taufe usw.[8]

Wie weit man bei der Rückkehr zur Einfachheit gehen sollte, war natürlich umstritten. Luther dachte, es sei ausreichend, die Messe von dem zu reinigen, was er als klerikale und von Gewinnsucht diktierte Auswüchse ansah – wie Präfation und Kollekte – und die Liturgie in die Landessprache zu übersetzen, damit die Teilnehmer verstehen konnten, »was gesprochen und getan wird«.

Um nicht »yemands gewissen damit [zu] verstricken«, behielt seine Deutsche Messe von 1526 Introitus, Kyrie, Evangelium, Epistel und die Segnung von Brot und Wein bei.[9] Andere waren radikaler und erhoben nicht nur Einspruch gegen das Kreuzzeichen bei der Taufe, sondern auch gegen das Knien beim Empfangen der Kommunion, den Ring bei der Eheschließung und das Tragen von Chorgewändern, ein Punkt, der in Cambridge in den 1560er Jahren zu scharfen Auseinandersetzungen führte, als die Radikalen ihre Chorröcke wegwarfen (Porter, 1958, S. 122). Manche, wie etwa die Anabaptisten, wären am liebsten ganz und gar ohne Rituale ausgekommen.

Der zweite Streitpunkt drehte sich um Einheitlichkeit oder Freiheit der Glaubenspraxis. Nach Luther zum Beispiel »sollen wyr der liebe nach, wie S. Paulus leret, dernach trachten, was wyr eynerley gesynnet seyn und, auffs beste es seyn kann, gleycher weyse und geberden seyn«.[10] Andere klagten hingegen, daß einheitliche Zeremonien eine unnötige Last, ein »schweres Joch« seien, zerstörerisch für die »christliche Freiheit«.[11] Ein Kompromiß zwischen diesen beiden Positionen war möglich, aber ein derartiger Kompromiß war in gewissem Sinne die radikalste, d. h. am entschiedensten gegen die Tradition gerichtete Position von allen. Sie wurde u. a. von Erasmus vorgeschlagen, als er schrieb, »zuviel Aufhebens ist um Rituale und Ornate gemacht worden, aber wenn wir wollten, könnten wir den brauchbaren Teil von ihnen bewahren«.[12] Sie wurde von dem humanistischen Reformator Philipp Melanchthon – anläßlich von Verhandlungen um einen Religionsfrieden im Reich im Jahre 1548 – in seiner berühmten Charakterisierung der Zeremonien – zu denen er die Messe und die Heiligenverehrung zählte – mit dem stoischen Begriff der »adiaphora«, der Mitteldinge, auf die es nicht ankommt, zusammengefaßt (Maschreck, 1958, Kap. 21).[13] In ähnlichem Stil brachte ein englischer Traktat aus der Mitte des sechzehnten Jahrhunderts eine rein pragmatisch-politische Rechtfertigung für Zeremonien vor; es wurde argumentiert, daß sie bloß »von denen, die an der Macht sind, für eine sittsame Ordnung, Ruhe und Frieden erdacht« worden sind.[14] Diese Ansicht, die sich unter dem Druck der Umstände nach der Reformation herausbildete, sollte in der Zukunft große Bedeutung erlangen. Wenn wir Gluckmans Unterscheidung (1962) zwischen Ritual und Zeremonie übernehmen, wonach mit jenem »mystische Vorstellungen« verbunden sind, können wir den Übergang von einem zum anderen zeitlich auf das frühe sechzehnte Jahrhundert festlegen. Wir sind im Kontext der Religion bei der Idee der »bloßen« Zeremonie angelangt.

Der dritte Punkt, bei dem es am schwierigsten war, einen Kompromiß zu erzielen, betraf die Wirksamkeit des Rituals. Die Reformatoren wiesen Behauptungen einer »materiellen Wirksamkeit« des Rituals, wie man sie nennen könnte, zurück, seine Macht also, Veränderungen in der physischen Welt zu bewirken, seine »Kraft«, wie die Zeitgenossen sagten. Sie hätten auch für die oben diskutierten Heilrituale (Kap. 13) nichts übrig gehabt. Die der Messe und dem Exorzismus innewohnende Kraft, Kranke zu heilen, leugneten sie ebenso wie die der Konsekration, Brot und Wein zu verwandeln. Manche unter ihnen verglichen derartige Ansprüche mit den falschen Anmaßungen von Zauberern. Bucer schilderte die katholische Auffassung der Transsubstantiation als »eine mehr oder weniger magische Verwandlung«[15] *(quasi magica... mutatio)*, während ein calvinistischer Pamphletist gegen »die Zaubereien der Priester« wetterte (vgl. Thomas, 1971, S. 41 f).

Die Reformatoren wiesen auch die mittelalterliche Theorie zurück, religiöse Rituale besäßen eine spirituelle Wirksamkeit, es stünde zum Beispiel in ihrer Macht, Sünden zu vergeben. Ebenso wandten sie sich gegen die Auffassung, Rituale seien Vehikel der Gnade, die durch den Vollzug derselben ihren Weg nehme, »automatisch, unabhängig vom inneren Zustand des Empfängers« *(ex opere operato sine bono motu utentis)*. Das war einer der Hauptpunkte in Erasmus' Attacke auf den »judaisierenden« Glauben. »Denkst Du wirklich«, schrieb er über die Taufe, »daß Dich die Zeremonie von selbst zum Christen macht?... Du bist mit Weihwasser besprengt worden, aber das bewirkt nichts, solange Du nicht Deine Seele von ihrem inneren Schmutz reinigst«.[16] Luther stimmte damit überein. »Die Sakramente werden nicht durch das Ritual erfüllt, sondern nur, wenn sie geglaubt werden«. Calvin argumentierte ähnlich, hob aber anstelle des Glaubens den Bund mit Gott hervor. »Die ganze Kraft und Wirksamkeit der Sakramente hängt nicht von sichtbaren Zeichen ab, sondern von der Verheißung Gottes«.

Für einige radikalere Reformatoren, vor allem Zwingli, besaßen die Sakramente weder spirituelle noch materielle Wirksamkeit. Sie waren ausschließlich symbolische Akte, bloße Rituale, vollzogen als eine Erinnerung, ein *Wiedergedächtnis*.[17] Tyndale definierte Zeremonien als »Zeichen, die Menschen zum Gedenken bringen«.[18] Sie konnten auch mit ihrer psychologischen oder sozialen Wirksamkeit oder ihrer Wirkung auf die Teilnehmer gerechtfertigt werden, wie etwa die Gebete bei Beerdigungen, die – wie die Presbyterianer, Augustin folgend, bei der Savoyer Konferenz 1661 ausführten – »nicht zum Besten des Toten, sondern nur den Lebenden zur Belehrung und zum Trost« gesprochen werden (Rowell, 1977, S. 91).

Die Reformatoren denunzierten traditionelle katholische Rituale nicht nur als spirituell wirkungslos, sondern als schädlich, als Mittel der Täuschung. Viret baute einen seiner satirischen Dialoge um die Metapher der katholischen Kirche als einer großen Apotheke auf; Weihwasser, Messen und andere »cérémonies papales«, wie er sie nannte, bezeichnete er als psychologisch wirksam, aber schädlich, wie so viele Drogen (»drogues«), ein irrationales Mittel der Überredung. Der Katholizismus, darauf schien er hinaus zu wollen, ist Opium für das Volk.[19]

Bis jetzt haben wir uns nur mit den Auffassungen der Gebildeten befaßt. Da die volkstümliche Beteiligung ein wesentliches Element bei der Ausbreitung der Reformation darstellt, ist es nur natürlich, zu fragen, ob Leute aus dem einfachen Volk in dieser Zeit sich ebenfalls gegen Rituale wandten. Wie so oft bei der Geschichte der Volkskultur in der frühen Neuzeit sind die Quellenzeugnisse zwiespältig. Da Texte, die direkt von einfachen Leuten stammen, zumeist fehlen, müssen wir uns auf die Interpretation von Verhalten stützen (s. o., Kap. 11). Bilder kann man zerbrechen, wenn man sie verwirft, aber Rituale kann man nur unterbrechen oder parodieren. Die Unterbrechung mag sich eher gegen den richten, der zelebriert als gegen das, was er zelebriert, während

»Parodien« – ein Wort, das über den schwierigen Punkt bereits im voraus urteilt – höchst vieldeutig sind. Die Bauern des Languedoc im vierzehnten Jahrhundert, so erzählt man uns, ahmten die Elevatio der Hostie nach, indem sie Rübenschnitze hochhielten (Le Roy Ladurie, 1975, S. 230; dt. 1980, S. 186). Die Geste mag eine Kritik an der Wirksamkeit des Konsekrationsakts sein, aber sicher ist das nicht. Eine »Scherztaufe« oder »Spottprozession« kann bedeuten, daß sich die Teilnehmer über Taufe und Prozession lustig machen, aber sie können genausogut Beispiele des Gebrauchs dieser rituellen Formen sein, um etwas anderes zu verspotten. Der Historiker kann zwar versuchen, diese Probleme zu lösen, indem er sich zeitgenössischen Deutungen von Parodien zuwendet, aber selbst die sind nicht unfehlbar. Manchmal interpretierte der katholische Klerus Parodien heiliger Rituale durch Laien in einem Sinn, manchmal in einem anderen. 1538 zogen zum Beispiel ein paar junge Bauern im spanischen Guadalajara ein Kreuz am Wegesrand aus dem Boden und organisierten eine Spottprozession, bei der sie statt der Litanei komische Lieder sangen. Als die Inquisition von diesem Vorfall hörte, behandelte sie ihn lediglich als einen jugendlichen Streich (Bennassar, 1979, S. 251). Auf der anderen Seite verurteilte 1655 ein Komitee von Doktoren der Theologie an der Sorbonne ein heimisches Initiationsritual von Gesellen (mit dem Wasserguß über den Kopf des Neulings) als Verspottung des Taufsakraments.[20] Wer von beiden hatte die richtige Hermeneutik, der spanische oder der französische Klerus?

Inmitten dieser ganzen Unsicherheit bleibt gewiß, daß uns die große Debatte der Reformation eine Palette von gelehrten und subtilen Interpretationen des Rituals aus der Sicht von »Insidern« bietet. Viele dieser Interpretationen hatten eine lange Geschichte. Man könnte sogar argumentieren, daß die monolithische Tradition der Rechtgläubigkeit nur in den Köpfen der Reformatoren existierte, die sie angriffen – wie es nicht selten in der Geschichte von Traditionen geschieht. Nehmen wir das Beispiel der Wirksamkeit des Rituals. Im elften Jahrhundert bestritten Häretiker die Wirksamkeit des Taufakts und der Konsekration. Selbst orthodoxe Theologen des dreizehnten und vierzehnten Jahrhunderts wie Aquin und Scotus waren unterschiedlicher Meinung darüber, ob die Sakramente die »Ursachen« der Gnade oder bloße »Zeichen« sind. Das frühe sechzehnte Jahrhundert bleibt jedoch der Zeitpunkt einer außergewöhnlich radikalen und außerordentlich weitverbreiteten Kritik an traditionellen Ansprüchen, die zugunsten des Rituals ins Feld geführt wurden. Damit verbunden war das Bemühen, das Ritual zu vereinfachen oder gar, in einigen Fällen, ganz darauf zu verzichten.

Wie auch immer, die Reformatoren fühlten bald die Notwendigkeit, einen Ersatz für das zu finden, was sie abgeschafft hatten; das hinausgeworfene Ritual kam durch die Hintertür wieder herein. Das galt sogar für die erste Phase der Reformation, die des Protests. Als Luther die päpstliche Bulle verbrannte, vollzog er ein Ritual (wenn nicht in seinem, dann zumindest in meinem Sinn des Worts); das gleiche taten die Männer in Cambridge, die ihre Chorgewänder wegwarfen. Rituale wurden in der zweiten Phase der Reformation sogar noch wichtiger, als es darum ging, die Gemeinden der Gläubigen zusammenzuhalten. Wenn das Ritual den Reformatoren auch »leer« erschienen sein mag, das Fehlen eines Rituals erzeugte eine noch größere Leere. Also versammelten sich Lutheraner und Calvinisten zu formellen Gottesdiensten. Sogar die calvinistische »Heckenpredigt« entwickelte stereotype Formen: über der Versammlung wurde eine Kirchenfahne gehißt, nach der Predigt Brot und Wein ausgeteilt (Crew, 1978, S. 167f). Selbst die Anabaptisten hatten ihr Abendmahl und die Quäker ihre Versammlungen, ganz zu schweigen von wiederkehrenden symbolischen Akten wie etwa, »nackt herumzulaufen, um ein Zeichen zu setzen« (Bauman, 1983). Spontaneität erstarrt leicht zum Ritual. Die »Communitas« – eine Beziehung zwischen Einzelnen, welche die Grenzen ihrer normalen sozialen Rollen durchbricht – kann die tägliche Routine nicht überleben: »es ist das Schicksal jeder spontanen communitas in der Geschichte, das zu durchlaufen, was die meisten Leute als ›Niedergang und Rückfall‹ in Struktur und Gesetz ansehen« (Turner, 1969, S. 132). Die hauptsächliche Konsequenz dieser langandauernden und intensiven Debatte über Form, Funktion und Sinn von Ritualen war aber gewiß nicht beabsichtigt: nämlich das Bewußtsein der Westeuropäer für dieses Thema außerordentlich zu schärfen und es zu einer ausdrücklich diskutierten Frage zu machen.

Denn die Protestanten waren nicht die einzigen, die diesen Fragen Aufmerksamkeit schenkten. Es stimmt, das Konzil von Trient endete damit, die Doktrin der Transsubstantiation zu bekräftigen; die Anrufung der Heiligen behielt ihren Wert, der Gebrauch von Meßgewändern, Kerzen, Weihrauch usw. ebenso, weil es dem Menschen nicht möglich sei, »ohne äußere Hilfsmittel« *(sine adminiculis exterioribus)* über göttliches zu meditieren.[21] Es gibt jedoch Belege für eine zunehmend kritische Haltung innerhalb der katholischen Kirche gegenüber einigen traditionell zugunsten des kirchlichen Rituals ins Feld geführten Behauptungen. Wie im letzten Kapitel dargelegt, hat Carlo Cipolla auf die Auseinandersetzung aufmerksam gemacht, die in Italien über die Frage stattfand, ob Rituale gegen die Pest helfen. Manche Kirchenleute empfahlen immer noch die traditionellen Prozessionen, aber einige Laien waren zu der Überzeugung gelangt, daß diese Rituale nicht nur ineffektiv, sondern auch schädlich seien, weil sie der Seuche gestatteten, sich weiter auszubreiten (Cipolla, 1977). Bereits im vierzehnten und fünfzehnten Jahrhundert war die Kommune von Florenz gespalten »zwischen der Verschärfung hygienischer Vorschriften und dem Rückgriff auf die Solidarität der Prozessionen« (Trexler, 1980, S. 363). Im siebzehnten Jahrhundert gab es jedoch in Frankreich wie in Italien auch Kleriker, die von Prozessionen in Zeiten der Pest abrieten. Ein Domherr aus Reims bemerkte 1668: »Seit der Prozession ist die Seuche deutlich schlimmer geworden, denn Gott will den Menschen zeigen, daß er irrationale Verehrung *(les dévotions inconsidérées)* nicht mag und daß man sich auf eine kluge Art an ihn wenden soll *(qu'il faut le prier avec sagesse)*«. Man glaubte zunehmend weniger an die materielle Wirksamkeit des Rituals.

Die Ausbreitung dieser »rationalistischen« Auffassung des Rituals im Frankreich von Ludwig XIV. läßt sich mit einer Serie erstaunlicher Werke katholischer Priester dokumentieren, v. a. von Jean-Baptiste Thiers, Claude de Vert und Pierre Lebrun. Thiers, ein Doktor der Theologie, der ein Leben als

Curé auf dem Lande wählte, ist am besten als Autor eines gelehrten Traktats über »Aberglauben«, wie er es nannte, bekannt. Er versuchte, die Verkrustungen volkstümlicher, nicht offizieller Glaubensvorstellungen und Zeremonien aufzubrechen, die sich um Theologie und Ritual der Kirche gelegt und angesammelt hatten. Zum Beispiel wies er die Vorstellung zurück, die Messe zu hören würde Kranke heilen, oder daß eine schwangere Frau während der Entbindung nicht leiden würde, wenn sie einige Tage vorher beim Evangelium sitzen bliebe. Das waren Beispiele für – um einen seiner Lieblingssätze zu zitieren – »un faux culte, un culte superflu, une vaine observance« (einen falschen Kult, einen überflüssigen Kult, einen leeren Brauch).[22] Er wollte eine Verringerung der Rituale und die Beseitigung überflüssiger populärer Zutaten, obgleich er gegen die offiziellen Rituale der Kirche nichts einzuwenden hatte.

Claude de Vert war Benediktiner; er wurde von Bischof Bossuet aufgefordert, den calvinistischen Angriffen auf die Messe entgegenzutreten und Argumente zu wählen, von denen er meinte, daß sie bei frisch vom Calvinismus Konvertierten Anklang fänden. Folglich betonte de Vert utilitaristische oder »funktionalistische« Erklärungen des Rituals auf Kosten von – wie er sie nannte – »mystischen und symbolischen«. Wenn Kerzen angezündet und auf den Altar gestellt werden, so nicht deshalb, erklärt er, weil Christus das Licht der Welt ist – wie frühere Kommentatoren behauptet hatten –, sondern weil die ersten Christen Licht bei ihren nächtlichen Gottesdiensten brauchten. Wenn wir jetzt bei Tage Kerzen auf dem Altar sähen, liege das ganz einfach daran, daß sich die Zeit für den Gottesdienst geändert habe. Der Symbolismus wird so einfach wegerklärt, eine Theorie, die wir als Funktionalismus oder Theorie der »Kulturretardierung« bezeichnen könnten, tritt an ihre Stelle.[23]

Ob de Verts Argumente bei den neuen Katholiken, die gerade vom Calvinismus konvertiert waren, Anklang fanden oder nicht – ganz sicher mißfielen sie einigen der alten, vor allem Pierre Lebrun. Lebrun war ein Oratorianer, und sein Werk verdankt einiges seinen beiden berühmten Mitbrüdern, dem Philosophen Nicole Malebranche und dem Philologen Richard Simon. Seine 1702 anonym veröffentlichte *Histoire critique des pratiques superstitieuses* steht Malebranche darin nahe, daß sie sich mit der Frage beschäftigt, ob scheinbar übernatürliche Phänomene wie die Suche nach Wasseradern mit der Wünschelrute eine natürliche Erklärung finden könnten. Das Buch erweist jedoch nicht nur im den »kritischen Geschichten« der Bibel nachempfundenen Titel Simon seine Reverenz, sondern auch, und das ist wichtiger, in seiner historischen Methode.

Lebrun kritisierte de Vert wegen seiner Vorliebe für Mutmaßungen und Systeme, die ihn dazu geführt hätten, Rituale falsch zu interpretieren, weil er sie zu wörtlich nahm. Im Gegensatz zu ihm las Lebrun Rituale wie Simon die Bibel und achtete auf Bilder und Sprachfiguren. Die wahre Bedeutung eines Rituals, so meinte er, sei die von seinem Urheber beabsichtigte, diese Bedeutung sei aber häufig eine symbolische. Dieser wichtige, vernachlässigte Beitrag zur Hermeneutik verlegte die Bedeutung ins Ritual zurück; nicht durch die Rückkehr zu den von de Vert verworfenen mittelalterlichen Autoren, die Symbole als der Handlung inhärent behandelten, sondern indem er die Fabrikation von Symbolen von Menschenhand hervorhob. Mit anderen Worten, Lebrun gab ebenso endgültig wie sein Gegner traditionelle Ansprüche des Rituals auf.[24] Es gab in der französischen Kirche noch eine Gruppe, welche die Liturgie vereinfachen wollte. Manche Jansenisten hätten möglicherweise der protestantischen Ansicht zugestimmt, daß »eine wahre Kirche... die Einfachheit der Zeremonien wahrt.« Sie kritisierten »äußerliche Frömmigkeit«, gekennzeichnet durch »verrückte und höfische Ehrerbietung« *(inanibus et aulicis submissionibus)*.[25]

Bis jetzt hat sich dieses Kapitel auf religiöse Rituale konzentriert. Aber auch weltliche wurden von Zeit zu Zeit in Frage gestellt. In diesem Bereich gab es keine großen Debatten, wohl aber sporadische Diskussionen, die zumindest zu Beginn dem religiösen Vorbild folgten.

Im protestantischen Europa zum Beispiel gibt es drei bekannte Fälle, in denen die Kritik am Ritual von der Kirche auf die Universität ausgeweitet wurde. In Wittenberg attackierte in den 1520er Jahren Andreas Bodenstein von Karlstadt akademische Rituale, das Niederknien, die Festbankette und sogar die Verleihung akademischer Grade als aufgeblasene Prahlereien. Akademische Grade verschwanden eine zeitlang aus der Stadt, aber einige Jahre später wurden sie von Dr. Luther wieder eingeführt (Sider, S. 177). In den 1650er Jahren brachte William Dell in Cambridge, ob bewußt oder zufällig, ähnliche Kritikpunkte wie Karlstadt vor, in seinen bekannten Attacken auf die akademischen Gewänder und ganz allgemein auf die, wie er sagte, »äußerlichen und unchristlichen Formen und Narrheiten«. Am Ende des siebzehnten Jahrhunderts kritisierten die Pietisten in Leipzig und an der neuen Universität von Halle in ähnlicher Weise die äußerlichen akademischen Formen (Hinrichs, 1971).

Man stellte auch die Qualitäten in Frage, die traditionell königlichen Ritualen zugesprochen wurden, und manche Rituale selbst. Cranmers Zurückweisung des Glaubens in die Wirksamkeit der Krönungsriten folgte der von den Reformatoren vorgezeichneten Argumentation, als sie die Effektivität der Sakramente zurückwiesen. Das war selbstverständlich genug, hatte man doch manchmal die Krönung als achtes Sakrament angesehen. Cranmer wandte sich insbesondere gegen die dem heiligen Öl zugesprochene Kraft. »Das Öl«, sagte er zu Edward VI., »gehört nur zum feierlichen Brauch... wenn man so will, ist der König auch ohne es bereits ein vollkommener Monarch und von Gott gesalbt, als wärs mit jenem Öl«. Die »feierlichen Krönungsriten«, erklärte er, sind nur »gute Mahnungen« für den König (Schramm, 1937, S. 139). Coke argumentierte 1609 ähnlich, nur in noch stärkeren Worten, als er die Krönung »nur einen königlichen Zierat« nannte (zitiert in Kantorowicz, 1957, S. 317). Die Praxis des königlichen Handauflegens zur Heilung der Skrofulösen wurde ebenfalls in Frage gestellt. James I. war sich im Zweifel, ob er dieses Ritual vollziehen sollte, aus guten protestantischen Gründen: er wollte sich nicht anmaßen, göttliche Kräfte zu besitzen. Das House of Commons verurteilte 1647 diesen »Aberglauben«, William III. weigerte sich überhaupt, an diesem Ritual teilzunehmen (Bloch, 1924).

Weiterhin gab es Kritik an den normalen Ritualen des Alltagslebens. »Das Grüßen«, schrieb 1607 ein britischer Verfasser von Anstandsbüchern, »ist so förmlich, leer und eitel geworden«, daß eine Reform notwendig sei; »jene äffischen Spielereien, sich zu jedermanns Schuhen hinabzubeugen« seien zu verurteilen.[26] Radikale Protestanten, vor allem die Quäker, gingen so weit, im Namen der Aufrichtigkeit und der »Innerlichkeit« die Konventionen des Grüßens ganz und gar zurückzuweisen. Einer von ihnen bezeichnete sie 1663 als »gekünstelte, vortäuschende und überzogene Kunst des Kompliments, die aus einem Haufen Affigkeiten, übertriebenen Förmlichkeiten, verrückten Windungen, Drehungen und Bücklingen mit dem Körper besteht«, während ein anderer erklärte, es sei falsch, »andere überhöflich zu grüßen, vor ihnen den Hut zu lüften, sich zu verbeugen und sie mit schmeichelnden Titeln anzureden«.[27]

Auch in der katholischen Welt trifft man auf religiös begründete Kritik an weltlichen Ritualen. Es mag seltsam erscheinen, in diesem Zusammenhang Giovanni Della Casa zu zitieren, denn man könnte sein berühmtes Anstandsbuch, das zu Beginn der 1550er Jahre geschrieben wurde, als eine Anleitung zur Ritualisierung des gesellschaftlichen Lebens bezeichnen. Gleichwohl hat Della Casa kritische Bemerkungen vorzubringen über die »ceremonie«, wie er sie nennt; er verurteilt sie als »unnützen Schein« (sembianti senza effetto), eitel und überflüssig, oder gar als Lügen. Zum Teil übte er moralische Kritik im Namen der Aufrichtigkeit. »Wir spielen etwas vor«, schreibt er voller Abscheu, »wenn wir Personen Ehre erweisen, die wir ganz und gar nicht respektieren, ja sogar verachten mögen«. Sein besonderer Vorwurf ist jedoch, daß religiöse Formen für weltliche Zwecke in Anspruch genommen werden; ein Beispiel ist, Adligen die Hand zu küssen, als wäre sie die geweihte Hand eines Priesters oder die Reliquie eines Heiligen. Es ist seine gegenreformatorische Weltanschauung, sein neuartiger, geschärfter Sinn für die Trennung zwischen religiösem und weltlichem Bereich, die Della Casa zu einem so harten Kritiker weltlicher Rituale machte. Seiner Ansicht nach gehörten Zeremonien in die Kirche.[28]

In Frankreich treffen wir ebenfalls auf Kritiker weltlicher Rituale. 1609, zwei Generationen nach Cranmer, argumentierte A. Du Chesne, daß die Salbung den Status von Königen nicht verändere, sie sei lediglich eine Botschaft an ihre Untertanen (une declaration à leurs sujets).[29] Während der Regierungszeit von Ludwig XIV. wurden manche Aspekte des Königskults angegriffen: daß die Höflinge in der Kapelle von Versailles ihm zugewandt standen, mit dem Rücken zum Altar, oder daß vor seinem Standbild auf der Place des Victoires Lichter brannten.[30] Für manche roch das nach Blasphemie oder »politischer Idolatrie«. Etwa zur gleichen Zeit formulierten Pascal und La Rochefoucauld eine sehr viel weiter reichende Kritik des Rituals als Vorspiegelung und Täuschung (ihr Ausdruck ist »mystère«). Wie Goffman (1956) betont Pascal die Bedeutung von Requisiten, Gewändern und Palästen der Magistratsbeamten – »tout cet appareil auguste« (diese ganze feierliche Aufmachung, wie er es nennt – als Mittel, um die Zuschauer zu beeindrucken. La Rochefoucauld hingegen hebt stärker die »Körpersprache«, wie wir sagen würden, hervor: »La gravité est un mystère du corps inventé pour cacher les défauts de l'esprit« (die Würde ist eine körperliche Täuschung, erfunden, um die Mängel des Geistes zu verbergen).[31]

Mit dem letzten Beispiel sind wir bei der Kritik an weltlichen Ritualen aus weltlichen Gründen, in der stoischen Tradition, angelangt. Stoische Wertvorstellungen hatten im frühneuzeitlichen Europa beträchtlichen Einfluß. Erasmus, der für die stoischen Auffassungen große Sympathie empfand, kritisierte zum Beispiel sowohl weltliche Rituale (vor allem politische, die Könige zu irdischen Göttern machten, und die Jagdrituale des Adels) als auch kirchliche.[32] In den 1560er Jahren in Frankreich bewunderte Etienne de La Boétie die Stoiker, vertrat republikanische Ideen und kritisierte gleichzeitig die, wie er sagte, »Wunder« und »Mysterien« der französischen Könige. Er bezeichnete öffentliche Rituale als »Drogen«, um das Volk untertan zu halten und stellte Virets Äußerungen aus den 1550er Jahren in einen weltlichen Kontext.[33] Stoische und republikanische Werte bewegten auch eine Reihe italienischer Kritiker der sozialen Verhältnisse. Der im sechzehnten Jahrhundert lebende venezianische Patrizier Alvise Cornaro erklärte zum Beispiel, daß »in unserer Zeit Lobhudeleien und Förmlichkeiten die Aufrichtigkeit des bürgerlichen Lebens untergraben haben« *(hanno tolti... a deprimere la sincerità del viver civile).*[34] In Venedig gab es im siebzehnten Jahrhundert Versuche, Zusammenkünfte von Intellektuellen zu organisieren, deren Teilnehmer nichts auf Förmlichkeiten geben durften, zum Beispiel im Haus von Andrea Morosini oder von Gianfrancesco Loredan, von dem man sagte, daß »er gegen nichts mehr Widerwillen hegte, als förmlich und mit Ehrerbietung behandelt zu werden« *(con ceremonie e ossequii).*[35] Spinola assoziierte Rituale mit absoluten Monarchien, die er verabscheute. Das Fehlen von Zeremonien in der republikanischen Schweiz, schrieb er, gehört zu dem, was ihr Glück ausmacht, und die zunehmende Förmlichkeit, die er zu seiner Zeit in seiner Heimatstadt Genua zu entdecken meinte, kritisierte er als »lächerlich« und den Traditionen dieser Republik nicht angemessen.[36] La Boéties Freund Montaigne war kein Republikaner und entfernte sich schrittweise von den stoischen Idealen seiner Jugend, aber in seinen Essays äußerte er eine Kritik des Rituals (»les loix cérémonieuses de nostre civilité« [die umständlichen Gesetze unserer Höflichkeit]) mit stoischen Anklängen. Er bezeichnete diese Bräuche als »niederträchtig«, »wohlfeil«, eine Form der »Erbötigkeit«, nur äußeren Schein, bloße Verpackung. »Nous ne sommes que cérémonie: la cérémonie nous importe, et laissons la substance des choses« (wir sind bloße Form: die Förmlichkeit ist uns wichtig, die Substanz der Dinge vergessen wir 2. Buch, Kap. 17). Montaigne nimmt nur selten gegenüber etwas eine einfache und eindeutige Haltung ein, aber seine Kritik des Rituals nimmt sich aus wie die negative Seite seines Versuchs, von sich ein so wahrheitsgetreues Bild wie möglich zu zeichnen. Diese Haltung gehört zu jenem »Aufstieg der Aufrichtigkeit«, den Trilling (1972) auf das Ende des sechzehnten Jahrhunderts datierte, oder, um auf den Kontrast, der an anderer Stelle dieses Buchs skizziert wird, zurückzukommen, zum schrittweisen Anheben der »Schwelle der Aufrichtigkeit«. Die »Theater-Kultur« oder »Kultur der Ehre« wird durch eine »Kultur der Aufrichtigkeit« ersetzt (s. o., S. 20). Montaignes Schüler Charron vertrat ebenfalls die Auffassung, daß der kluge Mann das »Gefängnis« der Förmlichkeit meiden solle.[37]

Es ist natürlich schwer zu beurteilen, ob die Auffassungen Montaignes, Pascals oder La Rochefoucaulds zu ihren Lebzeiten von vielen Menschen geteilt wurden. Der Trend zur Ablehnung des Rituals wird besser belegt durch beiläufig geäußertes, Sätze, die eher allgemein unausgesprochen existierende Annahmen als bewußte Argumente zum Ausdruck bringen. 1469 beschrieb zum Beispiel ein Florentiner Patrizier eine formelle Beratung anläßlich des Todes von Piero de'Medici als »eine Zeremonie, der man wenig Gewicht beimaß« (una ceremonia, estimasi atto di poco pondo; zitiert in: Rubinstein, 1966, S. 174). 1558 urteilte der Schriftsteller Annibale Caro über einige seiner Briefe, sie beständen nur aus Höflichkeitsformeln und seien unwichtig (sono di cerimonie, che sono di poco momento).[38] Ein Freund erinnerte Michelangelo daran, daß sie untereinander »von Herzen und nicht in höfischen Floskeln« (di core et non per cerimonie cortigiane) sprächen.[39] 1577 schrieb Philipp II., der im allgemeinen als jemand gilt, der Formen sehr ernst nahm: »Jetzt ist nicht die Zeit, darüber zu diskutieren, wem vor wem der Vortritt gebührt oder mit Belanglosigkeiten Zeit zu vergeuden, wo es andere Angelegenheiten von so großer Bedeutung gibt« (Lovett 1977, S. 99); Philipp IV. hingegen wurde als König kritisiert, der nichts zustandebrachte, ein reiner Zeremonienkönig (es V. M. un Rey por ceremonia).[40] Bei Shakespeare wird – obgleich er »Riten« ernstnimmt – und als »heilig«, »recht« und »edel« bezeichnet – »der Götze Prunk« abgelehnt, nicht nur von Timon von Athen (1. Akt, 2. Szene), sondern auch von Heinrich V. (4. Akt, 1. Szene). Spenser äußerte in seinen Gedichten ebenfalls sein Mißtrauen gegen »den äußeren Schein von Dingen«, »Schauspiele« eingeschlossen (Giamatti, 1975). Auch Addison machte keinen Hehl aus seiner Abneigung gegen »gezwungene Ehrerbietung, gönnerhafte Herablassung und untertänige Erbötigkeit, samt den vielen äußerlichen Formen und steifen Ritualen, die damit verbunden sind.« Er stellt fest, daß die tonangebende Gesellschaft seiner Zeit »die meisten von ihnen verworfen hat.«

Veränderungen in diesen mehr oder weniger unausgesprochenen Annahmen sind nicht ohne weiteres nachzuweisen, aber ich habe den Eindruck, daß eine ablehnende Haltung zum Ritual mehr und mehr zum Gemeinplatz wurde, ganz besonders im achtzehnten Jahrhundert. Von unserer Zeit aus betrachtet, erscheint das »Ancien Régime« des achtzehnten Jahrhunderts steif, gezwungen, in hohem Maße ritualisiert, ein nicht enden wollendes Menuett. Gegenüber dem siebzehnten Jahrhundert waren die Menschen jedoch lockerer, auf jeden Fall fanden sie Förmlichkeit ärgerlicher. Ein berühmter Ausdruck dieser Einstellung ist Swifts Kritik des »nutz- und endlosen Wegs, immer mehr Förmlichkeiten einzuführen«. »Es herrscht eine Pedanterie in den Manieren... Ich sehe Geiger, Tanzmeister, Herolde, Zeremonienmeister usw., die größere Pedanten als Lipsius oder der alte Scaliger sind«.[41] Lord Chesterfield scheint Swifts Auffassung geteilt zu haben, denn er bemerkte einmal zum »King of Arms« des Hosenbandordens, »Du verrückter Mann, Du beherrscht Dein eignes verrücktes Geschäft nicht«.[42] In Frankreich verspottete Montesquieu das königliche Handauflegen bei den Skrofulösen, indem er einen imaginären persischen Besucher sich darüber wundern ließ, daß der König als »großer Zauberer« angesehen wurde.[43] In Italien war Scipione Maffeis Attacke auf Duell und Rache zum Teil ein Angriff auf das Ritual; er stritt ab, daß »eine Beleidigung die Kraft eines Symbols hat« (ha forza di segno). Gozzi, den wir bereits als einen Gegner formelhafter Höflichkeit bei der Anrede kennengelernt haben, war der Ansicht: »Je schlichter die Zeremonie, desto näher ist sie der Aufrichtigkeit und Rechtschaffenheit« – und umgekehrt.[44] Es mag verlockend sein, diese Zurückweisung des Rituals mit dem sogenannten »Aufstieg der Bourgeoisie« zu verknüpfen; aber die Kritik am Ritual, das ist wichtig festzuhalten, kam oft von Adligen, manchmal sogar von Monarchen. Im Unterschied zu Ludwig XIV. scheint es Ludwig XV. zum Beispiel als Strapaze empfunden zu haben, ein Leben in der Öffentlichkeit führen zu müssen; nach dem formellen *coucher du roi* stand er wieder auf und beendete den Tag in seinen Privaträumen (Shennan, 1977). Das englische Hofzeremoniell wurde nach den Wünschen von Georg I. verändert, der Schlichtheit vorzog (Beattie, 1967, S. 258 f). Ein britischer Besucher in Wien bemerkte, daß Maria Theresia viele der ärgerlichen Zeremonien beschnitt, die vorher in Gebrauch waren«, und ihr Nachfolger zeigte »völlige Geringschätzung von Pomp und Paraden«.[45] Derselbe Zeuge berichtet, daß einer der zuletzt amtierenden Päpste »die ganze pompöse Zurschaustellung, die seine Stellung erforderte, nicht ohne Widerwillen und Zeichen des Abscheus auf sich nahm«.[46] Benedikt XIII. weigerte sich, seine ausgedehnten Räumlichkeiten im Vatikan zu bewohnen, und entsetzte die Zeremonialkongregation, indem er ohne Eskorte in der Öffentlichkeit auftauchte. Benedikt XIV. bekannte, es mangele ihm an »feierlichem Ernst«; er liebte es, sich zwanglos zu unterhalten und aus dem öffentlichen Leben in Rom in die private Abgeschlossenheit von Castel Gandolfo zu entfliehen. Seinen Freunden gestattete er nicht, seinen Fuß zu küssen (Pastor, Bd. 15, S. 422, 474; Bd. 16.1, S. 23-30). Gegen das ausgeklügelte Ritual, das für das sechzehnte und siebzehnte Jahrhundert charakteristisch war, entwickelte sich eine Gegenbewegung. Wie die Gärten wurden auch die Manieren weniger geordnet und förmlich. In Frankreich, England und Italien kann man zumindest eine Rhetorik der Ungezwungenheit, die auf Förmlichkeiten nichts gibt, erkennen. Ein Kult der Spontaneität entstand, der am lebendigsten in den Schriften Diderots und Rousseaus zum Ausdruck kommt. Diderot zum Beispiel konfrontierte im *Neveu de Rameau* die Menschen aus Fleisch und Blut mit den von ihnen gespielten sozialen Rollen. Rousseau kritisierte im *Lettre à D'Alembert* die Rituale des gesellschaftlichen Lebens als unecht – die Position der Quäker, aber mit weltlicher Begründung (Sennett, 1977, S. 115 f; dt. Frankfurt/M 1983). Die Formen der Anrede und die Konventionen der Porträtmalerei änderten sich, zumindest in den Oberschichten Italiens, Frankreichs und Englands. Gegen Ende des »Ancien Régime«, im Jahre 1775, diskutierten Condorcet, Turgot und andere die Kosten des Krönungsrituals und bezeichneten es als »närrisch«, »lächerlich«, »eine sinnlose Spielerei« (zitiert in Haueter, S. 339 f). Die Führer der Französischen Revolution ähnelten in ihrem Kult der Aufrichtigkeit Rousseau; sie betrachteten die Feinde der Republik als Scheinheilige und Heuchler, denen man die Maske vom Gesicht reißen mußte. Wie vor ihnen die Anabaptisten und Quäker entdeckten die Antiritualisten jedoch den Wert dessen, was Marat das »Theater des Staates« nannte, und schufen eine Reihe neuer Festlichkeiten. (Butwin, 1975; Ozouf, 1976).

Die Französische Revolution enthüllte jedoch auch die Gefahren der Entmystifizierung eines Regimes. Die Uhr der Zeremonien wurde, etwas zumindest, unter Napoleon und nach der bourbonischen Restauration zurückgestellt. In der Anglikanischen Kirche war die Mitte des neunzehnten Jahrhunderts eine Zeit zunehmenden »Ritualismus«. Die Zeit von 1870-1914, hat man jüngst argumentiert, ist gekennzeichnet durch die »Erfindung von Traditionen« – Rituale eingeschlossen –, zum Teil, um neue Regimes wie das Zweite Kaiserreich und die Dritte Republik zu legitimieren (Hobsbawm und Ranger, 1983). Die Uhr des Bewußtseins kann jedoch nicht zurückgestellt werden. Selbst wenn viele Menschen Rituale weiterhin ernst nehmen und es möglich ist, daß neue Medien – insbesondere das Fernsehen – auf ihre Art zur Mystifikation von Autorität beitragen, so steht dennoch fest, daß eine distanzierte, ja ablehnende Einstellung zu »bloßen« Ritualen in der westlichen Kultur feste und tiefe Wurzeln geschlagen hat.

Anmerkungen

Einleitung

Italien in der frühen Neuzeit aus der Sicht des historischen Anthropologen

1. G. Pallavicino, *Inventione di scriver tutte le cose accadute alli tempi suoi,* hrsg. von E. Grendi (Genua 1975), S. 73.
2. Diese »wetting sports«, wie er sie nennt, beschreibt R. Lassels, *A Voyage of Italy* (Paris 1670), zitiert von Shearman (1967), S. 130.
3. F. D'Andrea, *Ricordi,* hrsg. von N. Cortese (Neapel 1923), S. 216, 67.
4. Eine lebendige Schilderung in: Amelot de la Houssaie, *Histoire de gouvernement de Venise* (Paris 1676), S. 17.
5. S. Paolucci, *Missioni de'padri della Compagnia di Giesù nel Regno di Napoli* (Neapel 1651), S. 10 f.
6. Pallavicino (wie Anm. 1), passim; F. Casoni, »Costumi delli Genovesi«, ASCG, fondo Brignole Sale, ms 110 E, fol. 7vo.
7. Zwei ziemlich typische Beispiele in: ASR, TCG, Processi, 17 sec., busta 517 (1659), fol. 430 et seq. und fo. 1004.
8. ASR, TCG, Processi, 17 sec., busta 140.
9. J. Addison, *Remarks on Several Parts of Italy* (1705; ND London 1890), S. 378. Einige besonders blumige Petitionen findet man in ASV, Esecutori contra la Bestemmia, buste 1-2, um 1700.
10. Bryson (1935) diskutiert ungefähr fünfzig Renaissancetraktate über diese Thema.

Die Quellen – der fremde und der eigene Blick

1. Etwas über sechzig Berichte führt Schudt (1959) auf, der keinen Anspruch auf Vollständigkeit erhebt und mit Sicherheit einige Engländer ausgelassen hat. Die an die Wahrnehmungen reichste Studie über sie ist Venturi (1973); für die englischen Reisenden ist Stoye (1952) zu empfehlen.
2. G. Baretti, *An Account of the Manners and Customs of Italy* (London 1768-9).
3. T. Coryate, *Crudities* (1611; ND Glasgow 1905, 2 Bde.), Bd. 2, S. 36.
4. R. Lassels, *The Voyage of Italy* (Paris 1670), S. 124; G. Burnet, *Some Letters* (Rotterdam 1686), S. 108; J. Addison, *Remarks on Several Parts of Italy* (1705; ND LOndon 1890), S. 34 f.
5. Coryate (wie Anm. 3), S. 408, 399; J. Moore, *A View of Society and Manners in Italy,* (Dublin 1781, 3 Bde.), 50. Brief.
6. M. de Montaigne, *Journal de Voyage en Italie,* hrsg. von M. Rat (Paris 1955), S. 68, 125-6 (dt. Ausw. Stuttgart 1948, S. 76 [Rom]).
7. P. Skippon, »An Account of an Journey«, in: *A Collection of Voyages,* hrsg. von A. und J. Churchill, Bd. 6 (London 1732), S. 534, 589. Über die Reise siehe Raven (1942), S. 52 f.

8. Pius II., *Commentarii* (Frankfurt 1614). In den 1460er Jahren geschrieben, Erstdruck 1584 (in der dt. Ausw. Basel 1960 ist das Zitat nicht enthalten). B. Cellini, *Vita,* hrsg. von E. Camesasca (Mailand 1954); dt. in der Übertragung von Goethe z. B. München 1963 (dtv nach der Artemis-Ausgabe) Bd. 35-6. G. Cardano, *De vita propria* (Paris 1643). Geschrieben 1575 (dt. Jena 1914).
9. Pius II. (wie Anm. 8), S. 219; er spielt auf Plutarchs Leben des Artaxerxes an, 5. Buch, 1. Abschnitt.
10. Cellini (wie Anm. 8), S. 159 (dt. Bd. 35, S. 135).
11. G. Della Casa, *Galateo,* hrsg. von D. Provenzal (Mailand 1950), Kap. 3. Geschrieben 1551-4, posthum 1558 veröffentlicht.
12. P. Belmonte, *Institutione della sposa* (Rom 1587). Über Barbara Spinola: ACG, fondo Brignole Sale, Ms. 709.
13. ASR, TCG, Processi, sec. 17, busta 50, fol. 883 et seq.

Wahrnehmungen

Zählen, Schätzen, Klassifizieren – der Zensus als Kollektivvorstellung

1. Mehr als üblich stehe ich bei der Vorbereitung dieses Kapitels, das sich auf frühere Arbeiten über die Florentiner und venezianischen Volkszählungen bezieht, bei anderen in der Schuld. Ich danke Natalie Davis, Rudolf Dekker, John Henderson, Martha Howell, Frederick Lane, Richard Mackennay, Lotte van de Pol und Nicolai Rubinstein für ihre Hilfe.
2. *Anagrafi di tutto lo stato della serenissima Republica di Venezia* (Venedig 1768, 5 Bde.).
3. ASF, »Miscellanea Medici«, 224; BNF, II.I.120.
4. Die Stichproben betreffen die Via Pentolini (über die Text A mehr Daten bringt) und den Corso de'Tintori (für den Text B informationsreicher ist).
5. Das berichtet der venezianische Gesandte Bartolomeo Comino in einer Depesche vom 27. September 1591.
6. ASF, Strozziana, ser. 1, Bd. 19; ASR, Camerale, Sanità, busta 4, fascio 12.
7. Zu Genua: ASG, fondo B. Senarega, Nr. 1073; zu Venedig: Rapp (1976), Kap. 3.
8. G. B. Tebaldi, »Relazione sopra la città e il Capitanato di Pistoia«, in: *Rivista Storica Italiana* 10 (1892). Zu Venedig siehe Anm. 2.
9. ASF, Strozziana, ser. 1, Bd. 24, fol. 131ro.
10. Campanella, zitiert in: Bock (1974), S. 141, Anm.
11. G. Franchi, *Poveri homini,* hrsg. von G. Bertozzi (Rom 1976), S. 331.
12. Für den Zensus von 1632 habe ich das Manuskript in der BNF, Magl. II.I.240, benutzt; zu Venedig siehe Anm. 2.
13. Zur Zahl und Klassifizierung der »Seelen« in Rom im siebzehnten Jahrhundert siehe ASR, Camerale

II, Popolazione 7; vgl. F. Cerasoli, »Censimento della popolazione di Roma dall'anno 1600 al 1739«, in: *Studi e documenti di storia e diritto* 12 (1891), S. 169-99.

14. Die hier diskutierten Volkszählungen findet man in: ASV, Provveditori della Sanità, 568-72.
15. N. Machiavelli, *Discorsi*, 1. Buch, Kap. 55 (dt. Stuttgart [2]1977).
16. ASV, Dieci Salvi alla Decima, condizioni de'decime, 1581, buste 143-72, und 1711, buste 267-82. Zu diesen Quellen siehe Canal (1908).
17. Anagrafi (wie Anm. 4), Bd. 1, S. III.
18. G. B. Marino, *donna che cuce* [Köchin]; B. Morando, *bellissima filatrice di seta* [Seidenspinnerin]; P. Zazzaroni, *bella lavandaia* [Wäscherin]; Ciro di Pers, *bella ricamatrice* [Stickerin], *bella che cuce*, *bella dipanatrice* [Wicklerin]; A. Agostini, *bella pollarola* [Geflügelhändlerin], *bella sartora* [Schneiderin], *bella ciarlatana* [Scharlatan, Quacksalberin]; G. Salomoni, *bella astrologa* [Wahrsagerin]; G. F. Maia Materdona, *bella libraia* [Buchhändlerin]. Man denkt an manche Gemälde vom Ende des sechzehnten Jahrhunderts, v. a. an die Serie für Francesco de'Medici, Großherzog der Toskana.
19. ASV, Sant'Ufficio, Processi, Bd. 75 (1620). Fälle von Serena Greca und Marietta Greca.
20. Wenn sie nur die Witwe eines Seemanns gewesen wären, wäre *vedova* die normalere Bezeichnung gewesen, als Boots- oder Fährfrauen *barcaiola*. Es ist natürlich immer möglich, daß sie ein Gewerbe besaßen, das von anderen ausgeübt wurde. Andererseits ließ die venezianische Flotte – darin bildete sie eine Ausnahme – Ehefrauen an Bord, und in diesem Milieu könnten weibliche Seeleute weniger ungewöhnlich erschienen sein.
21. L. Ghetti meinte (um 1445), daß »der natürlichen Vernunft gemäß« ein Mann fünf Münder repräsentiere, »mit Frauen, Kindern und den Alten« (zitiert in Roscoe (1796), Appendix 6). Genauso argumentierte man im siebzehnten Jahrhundert: »gewöhnlich steht ein Haushaltsvorstand für fünf Münder« (ASF, Strozziana, ser. 1, Bd. 24, fol. 111ro).
22. Die römischen Daten findet man in ASF, Strozziana, ser. 1, Bd. 24, laut der Titelseite von Luigi Strozzi im Jahre 1677. gesammelt.

mich auf diese Dissertation aufmerksam gemacht hat.
5. *Prime visite pastorali*, hrsg. von R. Putelli (Mantua 1934).
6. *Atti della Visita Pastorale des vescovo D. Bollani*. hrsg. von P. Guerrini (Brescia 1915-40, 3 Bde.). Vgl. Cairns (1976), S. 176-79.
7. *Aspetti della Controriforma a Firenze*, hrsg. von A. D'Addario (Rom 1972), S. 518.
8. *Atti della Visita apostolica di S. Carlo Borromeo in Bergamo*, hrsg. von A. G. Roncalli (dem späteren Papst Johannes XXIII.) (Florenz 1936-58), Bd. 1, S. 401.
9. P. Fuschus, *De visitatione* (Rom 1581), S. 377-95; M. Timotheus, *Institutio visitandi ecclesias* (Venedig 1586), S. 193-208; F. Ninguarda, *Manuale Visitatorum* (Venedig 1592), S. 138-42.
10. Die Antworten selbst auf diese Fragen wurden aus der modernen Edition der Visitationsakten gestrichen: *Atti della visita pastorale di Feliciano Ninguarda*, hrsg. von S. Monti (Como 1898, 2 Bde.). Sie werden diskutiert in Baratti (1981-2), 2. Teil, Kap. 2.
11. V. M. Orsini, »Istruzioni«, in: G. Crispino, *Trattato della visita pastorale* (Rom 1844), S. 69-119. Über ihn vgl. Pastor (Freiburg 1891-1933) S. 18 f
12. Crispino (wie Anm. 11), S. 22 f, bes. die Fragen 37-39. Über ihn vgl. De Rosa (1971), S. 277 f.
13. De Rosa (wie Anm. 12), Kap. 1.
14. *La visita pastorale di Ludovico Flangini*, hrsg. von B. Bertoli und S. Tramontin (Rom 1969).
15. *La visita pastorale di G. L. Pyrker*, hrsg. von B. Bertoli und S. Tramontin (Rom 1971).
16. *La visita pastorale di G. Grasser*, hrsg. von L. Pesce (Rom 1969).
17. *La visita pastorale di Federico Manfredini nella diocesi di Padova*, hrsg. von M. Piva (Rom 1971).
18. *Die Akten der Visitation des Bistums Münster aus der Zeit Johanns von Hoya*, hrsg. von W. E. Schwarz (Münster 1913), S. 15.
19. Pérouas (1964); *T. Secker's Articles of Enquiry*, hrsg. von H. A. L. Jukes (Oxford 1957), S. 4-5.
20. *Arti e tradizioni popolari*, hrsg. von G. Tassoni (Bellinzona 1973). Vgl. Moravia (1970), S. 187 f.

Die Fragen des Bischofs nach der Religion des Volkes

1. S. Paolucci, *Missioni de'Padri della Compagnia de Giesù* (Neapel 1651); vgl. Levi (1945).
2. A. Boschet, *Le parfait missionaire* (Paris 1697), S. 96. Die Missionare von St. Vincent de Paul stellten 1652 im Tal von Niolo auf Korsika die Frage nicht ganz so eng: »s'il y a un Dieu, ou s'il y a plusieurs« [ob es einen oder mehrere Götter gibt]; L. Abelly, *La vie de St Vincent de Paul* (Paris 1664), Bd. 2, S. 76.
3. Regino von Prum, *De synodalis causis*, hrsg. von F. G. A. Wasserschleben (Leipzig 1840), S. 19-26.
4. Seit der Veröffentlichung dieses Aufsatzes ist zumindest eine Forschungsarbeit durch ihn angeregt worden: Baratti (1981-2). Mein Dank gilt Adriano Prospetti – unter dessen Leitung sie entstand – der

Wie wird man ein Heiliger der Gegenreformation?

1. J. Moore, *A View of Society and Manners in Italy* (Dublin 1781, 3 Bde.), 42. Brief.
2. Erasmus, »Enchiridion Militis Christiani«, in: *Ausgewählte Schriften*, Bd. 1, (Darmstadt 1968), S. 179.
3. Ursprünglich als Vorwort zu seiner Ausgabe der Werke von Hieronymus erschienen, ist es in seine *Opuscula*, hrsg. von W. K. Ferguson (Den Haag 1933) aufgenommen worden. Zu den Bollandisten siehe Delehaye (1959).
4. Ich folge der Liste, die G. Low aus den Archiven der Kongregation für die Riten zusammengestellt und in seinem Artikel »Canonizzazione« in der *Enciclopedia Cattolica* (Rom 1948-54, 12 Bde.) abgedruckt hat. Andere Historiker geben etwas höhere

Zahlen an, vielleicht, weil sie nichtoffizielle Heilige mitgezählt haben.

5. A. Rocca, *De canonisatione sanctorum* (Rom 1610), S. 5.
6. P. Lambertini, *De canonizatione* (Rom 1766). Pastor (Freiburg i. Br. 1891-1933, 16 Bde.) ist natürlich für die verschiedenen Päpste von unschätzbarem Wert. Über Urban VIII. siehe Bd. 13.1 und 2; über Benedikt XIV., Bd. 16.1.
7. Einzelheiten in *Bibliotheca Sanctorum* (Rom 1961-70), s. v. »Rocco«.
8. G. Gigli, *Diario romano,* hrsg. von G. Ricciotti (Rom 1958), S. 311.
9. P. Crasset, *Histoire de l'eglise du Japon* (Paris 1715). S. 1; S. Razzi, *Vita di santa Caterina de' Ricci (1594;* hrsg. von G. M. di Agresti, Florenz 1965), *S. 133, 129.*
10. G. B. Possevino, *Discorsi della vita di Carlo Borromeo* (Rom 1591), S. 121; A. Valier, *Vita del beato Carlo Borromeo* (Mailand 1602), S. 53.
11. S. Di S. Silverio, *Vita di Andrea Corsini* (Florenz 1683), S. 54 f.
12. J. Addison, *Remarks on Several Parts of Italy* (1705; London, Ed. von 1890), S. 369.
13. G. Burnet, *Some Letters* (Amsterdam 1686), S. 106; Montesquieu, »Voyages en Europe«, in seinen *Œuvres complètes,* hrsg. von D. Oster (Paris 1964), S. 253; er fügt hinzu: »Peu de fripons ont tant coûté à leur famille, que ce saint« [nur wenige Hallodris haben ihre Familie so viel gekostet wie dieser Heilige]. Aber manche Italiener gaben ähnliche Kommentare ab. Im fünfzehnten Jahrhundert berichtete der römische Jurist Stefano Infessura über die Kanonisierung des hl. Leopold durch Innozenz VIII.: »ex quo fertur recepisse ab imperatore summam 15m ducatorum« (*Diario,* hrsg. von O. Tommasini, Rom 1890, S. 177) [dafür soll Innocenz, wie es heißt, vom Kaiser die Summe von 15 000 Dukaten erhalten haben; übers. von H. Hefele, Jena 1913, S. 160]. Kein Geringerer als Benedikt XIV. ist die Quelle für die Geschichte, daß die Heiligsprechung von François de Sales 32 000 kostete (Delooz, 1969, S. 435.

Anhang: Neue Heilige, 1588-1767.

Zu beachten ist, daß Gregor VII. (Nr. 4) in den Untersuchungskorpus, der in diesem Kapitel analysiert wird, nicht einbezogen ist.

1. Diego von Alcalà (gest. 1463). Spanischer Franziskaner-Missionar. Kanonisiert von Sixtus V. (1588). [Didacus von Alcalà].
2. Hyacinthus Odrovaz (gest. 1257). Adliger polnischer Dominikaner. Kan. von Clemens VIII. (1594). [Hyacinthus von Polen).
3. Raimundo Peñaforte (gest. 1275). Spanischer Dominikaner-Missionar. Kan. von Clemens VIII. (1600).
4. Gregor VII. (gest. 1085). Deutscher Papst. Kan. von Paul V. (1606).
5. Francesca Ponziani (gest. 1440). Römische Adlige. Kan. von Paul V. (1608). [Franziska von Rom].
6. Carlo Borromeo (gest. 1584). Erzbischof von Mailand. Kan. von Paul V. (1610).

7. Teresa von Avila (gest. 1582). Spanische Karmelitin. Kan. von Gregor XV. (1622). [Theresia].
8. Ignatius Loyola (gest. 1556). Adliger spanischer Jesuit. Kan. von Gregor XV. (1622). [Ignatius von Loyola].
9. Filippo Neri (gest. 1595). Florentiner. Kan. von Gregor XV. (1622).
10. Franz Xavier (gest. 1552). Adliger spanischer Jesuit und Missionar. Kan. von Gregor XV. (1622). [Francisco de Jassu y Javier].
11. Isidor (gest. 1130). Spanischer Bauer. Kan. von Gregor XV. (1622). [Isidor von Madrid).
12. Isabella (gest. 1336). Königin von Portugal. Kanonisist von Urban VIII. (1625). [Elisabeth von Portugal].
13. Andrea Corsini (gest. 1373). Adliger Florentiner Karmelit und Bischof. Kan. von Urban VIII. (1629). [Andreas].
14. Tomaso von Villanueva (gest. 1555). Spanischer Augustiner und Erzbischof. Kan. von Alexander VII. (1658). [Thomas von Villanova].
15. François de Sales (gest. 1622). Adliger französischer Bischof. Kan. von Alexander VII. (1665). [Franz von Sales].
16. Pedro von Alcántara (gest. 1562). Spanischer Franziskaner. Kan. von Clemens IX. (1669). [Petrus von Alcántara].
17. Maria Maddalena de'Pazzi (gest. 1604). Adlige Floretiner Karmelitin. Kan. von Clemens IX. (1669). [Maria Magdalena].
18. Rosa von Lima (gest. 1617). Peruanische Dominikaner-Terziarin. Kan. von Clemens X. (1671).
19. Luis Bertrán (gest. 1581). Spanischer Dominikaner-Missionar. Kan. von Clemens X. (1671). [Ludwig Beltran].
20. Gaetano da Thiene (gest. 1547). Adliger aus Vicenza. Kan. von Clemens X. (1671). [Kajetan von Tiene].
21. Francisco Borja (gest. 1572). Adliger spanischer Jesuit. Kan. von Clemens X. (1671). [Franz von Borja y Aragon].
22. Filippo Benizzi (gest. 1285). Florentiner Servit. Kan. von Clemens X. (1671).
23. Lorenzo Giustinian (gest. 1455). Adliger Patriarch von Venedig. Kan. von Alexander VIII. (1690).
24. Juan de Sahagún (gest. 1479). Spanischer Benediktiner (Augustiner-Eremit). Kan. von Alexander VIII. (1690). [Johannes González a S. Facundo].
25. Pascual Baylón (gest. 1592). Spanischer Schafhirte und Franziskaner-Laienbruder. Kan. von Alexander VIII. (1690). [Paschalis Baylon].
26. Johannes von Gott (gest. 1550). Portugiesischer Schafhirte. Kan. von Alexander VIII. (1690).
27. Giovanni Capistrano (gest. 1476). Adliger italienischer Franziskaner. Kan. von Alexander VIII. (1690). [Johannes von Capistrano].
28. Pius V. (gest. 1572). Italienischer Dominikaner; Papst. Kan. von Clemens XI. (1712).
29. Andrea Avellino (gest. 1608). Adliger italienischer Theatiner. Kan. von Clemens XI. (1712). [Andreas].
30. Felice da Cantalice (gest. 1587). Italienischer Bauer und Kapuziner-Laienbruder. Kan. von Clemens XI. (1712). [Felix].
31. Caterina von Bologna (gest. 1463). Italienische

arme Klarissin [Hofdame bei Margherita d'Este in Ferrara]. Kan. von Clemens XI. (1712).

32. Turibio Alfonso (gest. 1606). Adliger Spanier; Erzbischof. Kan. von Benedikt XIII. (1726). [Turibius Alfonso von Lima].

33. Giacomo della Marca (gest. 1476). Italienischer Franziskaner. Kan. von Benedikt XIII. (1726). [Jacobus de Marchia].

34. Agnese Segni (gest. 1317). Adlige toskanische Dominikanerin. Kan. von Benedikt XIII. (1726). [Agnes von Montepulciano].

35. Pellegrino Laziosi (gest. 1345). Adliger italienischer Servit. Kan. von Benedikt XIII. (1726). [Peregrinus Laziosi].

36. Johannes vom Kreuz (gest. 1591). Spanischer Karmelit. Kan. von Benedikt XIII. (1726). [Juan de la Cruz].

37. Francisco Solano (gest. 1610). Spanischer Franziskaner-Missionar. Kan. von Benedikt XIII. (1726).

38. Aloysius Gonzaga (gest. 1591). Adliger italienischer Jesuit. Kan. von Benedikt XIII. (1726).

39. Stanislaus Kostka (gest. 1568). Adliger polnischer Jesuit. Kan. von Benedikt XIII. (1726). [Stanislas].

40. Margherita von Cortona (gest. 1297). Italienische Bäuerin, Franziskaner-Terziarin. Kan. von Benedikt XIII. (1728).

41. Jan Nepomuk (gest. 1393). Tschechischer Priester. Kan. von Benedikt XIII. (1729).

42. Vincent de Paul (gest. 1600). Französischer Priester. Kan. von Clemens XII. (1736).

43. Jean-François Régis (gest. 1640). Französischer Jesuiten-Missionar. Kan. von Clemens XII. (1736).

44. Caterina von Genua (gest. 1510). Adlige Genueserin. Kan. von Clemens XII. (1736).

45. Giuliana Falconieri (gest. 1340). Adlige Florentiner Servitin [Serviten-Terziarschwester]. Kan. von Clemens XII. (1736).

46. Fidelis von Sigmaringen (gest. 1622). Schwäbischer Kapuziner-Missionar. Kan. von Benedikt XIV. (1746).

47. Camillo de Lelis (gest. 1614). Italiener. Kan. von Benedikt XIV. (1746).

48. Pedro Regalado (gest. 1456). Adliger spanischer Franziskaner. Kan. von Benedikt XIV. (1746).

49. Giuseppe da Leonessa (gest. 1612). Adliger italienischer Kapuziner-Missionar. Kan. von Benedikt XIV. (1746). [Joseph].

50. Caterina de'Ricci (gest. 1590). Adlige Florentiner Dominikanerin. Kan. von Benedikt XIV. (1746).

51. Jan Kanty (gest. 1473). Polnischer Professor [der Theologie]. Kan. von Clemens XIII. (1767).

52. Giuseppe da Copertino (gest. 1663). Italienischer Franziskaner. Kan. von Clemens XIII. (1767).

53. José de Calasanz (gest. 1648). Spanischer Piarist. Kan. von Clemens XIII. (1767). [Joseph von Calasanza].

54. Girolamo Miani (gest. 1537). Adliger Venezianer, Gründer der Somasken. Kan. von Clemens XIII. (1767). [Hieronymus Aemiliani].

55. Serafino da Montegranaro (gest. 1640). Italienischer Kapuziner-Laienbruder. Kan. von Clemens XIII. (1767).

56. Jeanne de Chantal (gest. 1641). Französische Adlige. Kan. von Clemens XIII. (1767). [Johanna Franziska Frémyot de Chantal].

[Namen in eckigen Klammern nach: Otto Wimmer/Hartmann Melzer, Lexikon der Namen und Heiligen, Innsbruck usw. ⁴1982; Max Heimbucher, Die Orden und Kongregationen der Katholischen Kirche, Paderborn, ³1933 (ND ⁴1980), 3 Bde.]

Bettler, Diebe, Gauner – die Wahrnehmung einer Gegenkultur

1. Der Text ist mehrfach gedruckt worden. Die beste und am leichtesten zugängliche Edition ist Il libro dei vagabondi, hrsg. von P. Camporesi (Turin 1973), S. 351-4.

2. Ibid. S. 355-60.

3. Liste der Editionen ibid., S. 89-91; der Text ist auf S. 93-165 abgedruckt.

4. J. Callot, Etchings, hrsg. von H. Daniel (New York 1974).

5. M. Alemán, Guzmán de Alfarache, 1 (1599; ital. übers. Venedig 1606), 3. Buch, Kap. 2. Die Geschichte mit Cervantes wurde 1613 in spanischer, 1626 in italienischer Sprache veröffentlicht.

6. Abgedruckt in Figures de la gueuserie, hrsg. von R. Chartier (Paris 1982), S. 107-31.

7. Nachdruck von Harman und Greene in: Cony-Catchers und Bawdy Baskets, hrsg. von G. Salgado (Harmondsworth 1972), S. 79-263.

8. T. Garzoni, La piazza universale di tutte le professioni del mondo (Venedig 1585), Kap. 251-2, nachgedr. in Camporesi (wie Anm. 1), S. 293-9.

9. Ich danke Dr. Charles Melville von der Fakultät für orientalische Studien, der den Sinn der arabischen Zitate für mich entzifferte.

10. Das wurde von Camporesi gezeigt, der Pinis Text, der vorher nie veröffentlicht worden war, in seiner Anthologie abdruckt (wie Anm. 1), S. 3-77.

11. Harman, Kap. 11 (wie Anm. 7), S. 110-118.

12. B. Pullan, Rich and Poor in Renaissance Venice (Oxford 1971), S. 301 f; er stützt sich auf ASV, Provveditori alla Sanità, Notatorio, Bd. 72930. Zu London s. Aydelotte (1913), S. 95.

13. »Technas, dolos, fraudes et machinas exhibet, ut caveas ut discas«; zitiert aus der »Approbation« des Theologen J. B. Magnavacca, das Vorwort von Barezzis italienischer Übersetzung des Lazzarillo de Tormes (Venedig 1621) bildet (dt. Ausgabe Lazzarillo von Tormes, neu durchgesehen und kommentiert von Fritz Rudolf Fries; Berlin 1985).

14. Il ballo delle zingare (1614).

15. Die Texte sind fünfmal gedruckt worden. A. Massoni, »Gli accattoni in Londra nel secolo xix e in Roma nel secolo xvi«, in: La Rassegna Italiana (1882), S. 20 f, folgte der Abschrift im Vatikan; M. Lopelmann, in: Romanische Forschungen 34 (1913), S. 653-64, folgte der Berliner Kopie. Auf Massoni stützte sich Delumeau (1955-7, S. 405 f), Lopelmann folgten Camporesi (wie Anm. 1) und Geremek (1980), S. 205-12. Geremek ist der einzige, der Zweifel an der Echtheit der Dokumente äußert…

16. ASR, TCG, Processi, 1593, busta 262, fols. 630-757.

17. *Ricordi* (Venedig, Ed. von 1554), Nr. 5.
18. B. Arditi, *Diario di Firenze e di altre parti della Cristianità*, hrsg. von R. Cantagalli. (Florenz 1970), S. 126.
19. Montesquieu, *Ouevres complètes*, hrsg. von D. Oster (Paris 1964), S. 280; S. Sharp, *Letters from Italy in the Years 1765 and 66* (London 1766), 24. Brief; T. Martyn, *The Gentleman's Guide in his Tour through Italy* (London 1787), S. 264.

Kommunikationsformen

Sprachen und Antisprachen

1. Diese Frage wird ausführlicher und auf allgemeinerem Niveau in meiner Einleitung diskutiert zu: *Words, Words, Words*, hrsg. von P. Burke und R. Porter (Cambridge 1986).
2. *Le prediche volgare di San Bernardino di Siena*, hrsg. von L. Banchi (Siena 1880-88). Sie wurden im Jahre 1427 auf dem Hauptplatz von Siena gehalten und von einem Handwerker namens Benedetto di Maestro Bartolomeo aufgezeichnet.
3. E. Masini, *Sacro Arsenale* (Bologna, Edition von 1665), S. 157.
4. T. Rinuccini, *Usanze fiorentine del secolo XVII* (Florenz 1863).
5. Deutliche Beispiele sind M. Bandello, *Novelliere* (1554), 2. Buch, Nr. 51 (die Heldin ist die Kurtisane Isabella de Luna) und A. F. Grazzini, *Le Cene* (Ende des sechzehnten Jahrhunderts geschrieben, aber erst im achtzehnten veröffentlicht), Nr. 4.
6. A. Rospigliosi, *Ricordi*, S. 3; A. Giuffredi, *Avvertimenti cristiani* (um 1585 geschrieben; hrsg. von L. Natali, Palermo 1896), S. 84.
7. J. Moore, *A View of Society and Manners in Italy* (Dublin 1781, 3 Bde.), 60. Brief.
8. M. Sanudo, *La città di Venezia*, hrsg. von A. Caracciolo Aricò (Mailand 1980), S. 205-6.
9. S. Guazzo, *La civil conversatione* (Venedig 1575, fol. 40ʳᵒ.
10. F. Barbaro, *De re uxoria* (um 1450; ich habe die Pariser Ausgabe von 1513 benutzt), 2. Buch, Kap. 8.
11. V. Nofri, *Ginipedia overo avvertimenti civili per donna nobile* (Venedig 1631); vgl. die in Casali (1982), S. 112 f., diskutierten Traktate.
12. Zitiert in Petrucci (1982), Nr. 178; der Text wurde 1666 in einem römischen Gefängnis beschlagnahmt. Zur Besorgnis der Kleriker wegen dieser Form der Magie siehe G. Menghi, *Compendio dell' arte essorcistica* (Bologna 1576), 3. Buch, Kap. 11, und *Documenti etnografici e folkloristici nei sinodi diocesani italiani*, hrsg. von C. Corrain und P. L. Zampini (Bologna 1970), S. 84, 201.
13. Daß der Adlige oder Hofmann wortkarg sein soll, wird empfohlen in D. Caraffa (gest. 1487), *Instrutione del bon cortesano*, hrsg. von E. Mayer (Rom 1937), Kap. 17-18, und in Saba da Castiglione, *Ricordi* (1549; Venedig, Ausgabe von 1554), Nr. 42.

14. Diese Beispiele stammen aus Sanudo (wie Anm. 8).
15. G. P. Lomazzo, *Rabisch dra Academigli dor Compa Zavargna* (1589; ich habe die Mailänder Ausgabe von 1627 benutzt). Vgl. Lynch (1966).
16. *Il libro dei vagabondi*, hrsg. von P. Camporesi (Turin 1973), S. 183 f, 189 f, 203 f.
17. Zitiert von Vianello (1957), S. 69, Anm. Die vollständigste mir bekannte Untersuchung dieses Themas ist G. B. de Luca, *Discorso della stile legale* (Rom 1697).
18. Über diese »linguaggi settoriali« in Italien scheint wenig geforscht worden zu sein; ein Anfang wurde aber gemacht von Beccaria, (1969) Kap. 2, und ders., 1973.
19. *Il tumulto dei Ciompi*, hrsg. von G. Scaramella (Bologna 1934), S. 14.
20. ACG, fondo Brignole Sale, 106 B, fols. 11-12.
21. P. Adami, *Regole che s'osservano nelle schuole de' padri della Comapgnia di Giesù nel loro collegio di Sta. Lucia in Bologna*, hrsg. von N. Fabrini (Rom 1946), S. 27, 32.
22. F. Moryson, *An Itinerary* (Glasgow 1907, 4 Bde.), Bd. 1, S. 338; T. Coryat, *Crudities* (Glasgow 1905, 2 Bde.), Bd. 2, S. 59; J. Ray, *Observations* (London 1673), S. 393.
23. T. Boccalini, *La bilancia politica* (Châtelaine 1678, 3 Bde.), Bd. 1, S. 38. Boccalini starb 1613.
24. *Gazzeta Veneta* Nr. 17, 2. April 1760; P. Verri, »Il Tu, Voi e Lei«, in: *Il Caffè* 2 (1765-6), ND Mailand 1960, S. 302-4.
25. P. Aretino, *Sei Giornate*, hrsg. von G. Aquilecchia (Bari 1975), S. 82 [dt. *Gespräche*, (Hamburg 1962-3), 2 Bde.].
26. G. B. Gelli, »Ragionamento« (1551), in: ders., *Opere*, hrsg. von A. C. Alesina (Neapel 1970), S. 495-522.
27. V. Borghini, *Scritti inediti or rari sulla lingua*, hrsg. J. R. Woodhouse (Bologna 1971).

Beleidigungen und Gotteslästerung

1. *Scrittura e popolo nella Roma barocca, 1585-1721*, hrsg. von A. Petrucci (Rom 1982), Nr. 78. Es handelt sich um den Katalog zur Ausstellung, die mich auf das hier untersuchte Material aufmerksam gemacht hat.
2. ASR, TCG, Processi. Es gibt zwei Serien, für das sechzehnte bzw. siebzehnte Jahrhundert, zusammen ungefähr 15 000 Fälle. Fälle, bei denen es um Schmähschriften ging, sind im Katalog vermerkt.
3. C. Baldi, *Delle mentite et offese di parole come possino accomodarsi* (Bologna 1623).
4. ASR, TCG, Processi, 17. Jahrhundert, busta 580 bis (1666), fol. 332 et seq.; busta 581 (1666), fol. 137 et seq.
5. G. Bonifacio, *L'arte de'cenni* (Vicenza 1616), S. 60, 79, 188, 229, 335. *Short Italian Dictionary* (Cambridge 1923), s. v. »ficha«.
6. M. Bandello, *Novelle*, 4. Buch, Nr. 16 (der Autor starb 1561). Ich habe diesen Fall in den Akten des Tribunals des Gouverneurs nicht finden können, aber aus der Zeit vor 1550 ist nur wenig erhalten.

7. J. Evelyn, *Diary*, hrsg. von E. S. de Beer (Oxford 1955, 5 Bde.), Bd. 2, S. 57. 1606 in Rom klagte ein Vater, sein Sohn hätte ihn beleidigt, indem er »den Finger in den Mund steckte, eine böse und häßliche Geste gegen einen Vater, der ihn so gut behandelt hat« (ASR, TCG, Processi, 17. Jahrhundert, busta 50, fol. 885vo).

8. Inschrift an der Kirche San Clemente in Rom, um 1084, in: *Le origini*, hrsg. von A. Viscardi et al. (Mailand – Neapel 1956), S. 510.

9. ASM, Notarile, busta 28, 544 (M. Bossi), 7. März 1629.

10. G. Priuli, *I Diarii*, Bd. 2, hrsg. von R. Cessi (Bologna 1937), S. 254, 394.

11. Die Literatur über Pasquino ist bisher ziemlich enttäuschend. Eine Anthologie seiner Äußerungen mit einer historischen Einleitung ist Silenzi (1932). Dr. Anne Reynolds bereitet eine stärker analytische Studie vor.

12. *La Venexiana*, hrsg. von L. Zorzi (Turin 1965); Ruzzante, *L'Anconitana*, hrsg. von L. Zorzi (Turin 1965); Ruzzante, *Due Dialoghi*, hrsg. von L. Zorzi (Turin 1968). Die Geschichte des Fluchens in Italien scheint vernachlässigt worden zu sein, obwohl eine Schülerin Jean Delumeaus, Signora Piozza-Donati, offenbar eine Dissertation über dieses Thema schreibt. Zum heutigen Italien siehe Averna (1977).

13. B. Cellini, *Vita*, hrsg. von E. Camesasca (Mailand 1954), S. 71 (dt. in der Übertragung von Goethe München 1963 [dtv-TB nach der Artemis-Ausgabe] Bd. 35, S. 54). Eine Textkritik würde »culo« oder »cazzo« ergänzen.

14. P. Skippon, »An Account of a Journey«, in: *A Collection of Voyages*, hrsg. von A. und J. Churchill (London 1732, 6 Bde.), S. 520.

15. ASV, Esecutori contra la bestemmia, Processi, buste 1 und 2.

16. ASR, TCG, Processi, 17. Jahrhundert, busta 69 (18), fol. 171vo.

17. S. Maffei, *Della scienza chiamata cavalleresca* (2. Ed., Venedig 1712).

18. *Documenti etnografici e folkloristici nei sinodi diocesani italiani*, hrsg. von C. Corrain und P. L. Zampini (Bologna 1970), S. 90.

19. ASR, TCG, Processi, 16. Jahrhundert, busta 278 (1594), fol. 1243 et seq. Dies ist wahrscheinlich die einzige erhaltene handschriftliche Pasquinade; dagegen sind viele aufbewahrt, die bereits in ihrer Entstehungszeit gedruckt wurden.

20. ASR, TCG, Processi, 17. Jahrhundert, busta 442 bis (1651), fol. 614ro. G. Baretti, *An Account of the Manners and Customs of Italy* (London 1751), S. 65.

21. ASR, TCG, Processi, 17. Jahrhundert, busta 114 (1613), fol. 765 et seq., ein hübsches Beispiel für kunstfertig gehandhabte verbale Ausflüchte und Vorwände; vgl. busta 167 (1620), fol. 695.

22. ASR, TCG, Processi, 17. Jahrhundert, busta 69 (1608), fol. 751.

23. ASR, TCG, Processi, 16. Jahrhundert, busta 108 (1565), fol. 255 et seq.

24. Mein Dank gilt Dr. Rudolf Dekker von der Erasmus-Universität Rotterdam, der mich mit einem aus den Archiven Amsterdams gewonnenen Wortschatz von Beleidigungen versorgte.

Glänzende Fassaden – demonstrativer Konsum im Italien des 17. Jahrhunderts

1. J. Soldani, *Delle lodi di Ferdinando Medici, Granduca di Toscana* (Florenz 1609), sig. Aiii^{vo}.

2. F. D'Andrea, *Ricordi*, hrsg. von N. Cortese (Neapel 1923), S. 208, 219. D'Andrea schrieb diesen Rat an seine Neffen im Jahre 1696.

3. ASV, testamenti, Testament von Giovanni Bembo, procurator di San Marco, 1617. Diese Formulierung findet man in den Testamenten venezianischer Patrizier der Zeit häufig.

4. D'Andrea, op. cit. S. 168.

5. F. Del Migliore, *Firenze Città Nobilissima* (Florenz 1684), S. 464.

6. J. Soldani, *Satire* (Florenz, Edition von 1751), S. 189.

7. »Genovese e Romano«: Paris, Bibliothèque Nationale, Mss Ital. 751, fol. 83vo.

8. G. Botero, *Delle cause della grandezza delle città* (Venedig 1589), 2. Buch, Kap. 10.

9. ASV, Aggregazioni, Polinaro, 1662.

10. ACG, fondo Brignole Sale, ms 106B, s. v. »Palazzo Pubblico«.

11. G. Gigli, *Diario Romano (1608-70)*, hrsg. von G. Ricciotti (Rom 1958), Eintragung am 8. April 1655.

12. R. Lassels, *A Voyage of Italy* (Paris 1670), S. 442.

13. J. Evelyn, *Diary*, hrsg. von E. S. de Beer (Oxford 1955, 6 Bde.), Bd. 2, S. 174, 236, 471. Evelyn hielt sich 1644-45 in Italien auf.

14. F. Burnet, *Some Letters* (Amsterdam 1686), S. 178, 146.

15. H. Bavinck, *Wegzeiger* (Rom 1625), in: *Documenti sul barocco in Roma*, hrsg. von J. A. F. Orbaan (Rom 1920), S. iv, Anm.

16. G. Gualdo Priorato, *Relatione di Milano* (Mailand 1666), S. 131.

17. P. Skippon, »An Account of a Journey«, in: *A Collection of Voyages*, hrsg. von A. und J. Churchill (London 1732, 6 Bde.), Bd. 6, S. 567, 639.

18. G. Sandys, *A Relation of a Journey* (London 1615), S. 259.

19. G. C. Capaccio, »Napoli« (geschrieben um 1607), in: *Archivio Storico per le Provincie Napolitane* 7 (1882), S. 534.

20. »Discorso contra carnevale« (geschrieben um 1607), in: *La commedia dell'arte e la società barocca*, hrsg. von F. Taviani (Rom 1970), bes. S. 81.

21. G. Burnet (wie Anm. 14), S. 185.

22. Soldani (wie Anm. 6), S. 104, 188-9.

23. »Rengo di Senatore«, in: *Paolo V e la Repubblica Veneziana*, Hrsg. E. Cornet (Venedig 1859), S. 313.

24. A. Cutolo, »Un diario inedito del doge Leonardo Donà«, in: *Nuova Antologia* 1953, S. 270-81.

25. A. Spinola, *Scritti scelti*, Hrsg. C. Bitossi (Genua 1981), ist eine gute Einführung zur Person und seinen Ideen; die hier zusammengefaßten Bemerkungen stammen aus seinen unveröffentlichten Reflexionen (wie Anm. 9), s. v. »Carozze«, »Essequie Private«, »Palazze Private«, »Simie di Principi«, »Svizzeri« etc.

26. Gigli (wie Anm. 11), S. 323.

27. T. De Santis, *Storia del Tumulto di Napoli* (Leiden 1652), S. 64.

28. B. Arditi, *Diario,* Hrsg. R. Cantagalli (Florenz 1970), S. 109, 217.
29. T. Rinuccini, *Le usanze fiorentine,* Hrsg. P. Fanfani (Florenz 1863).
30. G. B. Agucchi, »Passaggio del cardinale Pietro Aldobrandini nel Genovesato«, in: *Giornale Ligurtico* 4 (1877), S. 273; B. Paschetti, *Del conservare la sanità* (Genua 1602), S. 114.
31. T. Campanella, *De Monarchia Hispanica* (Amsterdam 1640), Kap. 14 (dt. *Von der spanischen Monarchy,* Zweite verb. Auflage, o. O. 1623); G. C. Capaccio (wie Anm. 19), S. 534; und ein anonymer Bericht, zitiert in Villari (1967), S. 165-6.
32. G. Lomellino, »Relatione della Repubblica di Genova«, in: Genua, ACG, ms. 120, S. 173.
33. G. Priuli, *Diarii,* hrsg. von A. Segre und R. Cessi (Città di Castello und Bologna 1912-37, 3 Bde.), Bd. 3, S. 50.
34. G. Cavalcanti, *Istorie fiorentine,* Hrsg. G. di Pino (Mailand 1944), S. 25.
35. G. B. Lercari (?), *Le discordie e guerre civili dei Genovesi,* Hrsg. A. Olivieri (Genua 1857), S. 17.
36. L. B. Alberti, *I libri della famiglia,* Hrsg. R. Romano und A. Tenenti (Turin 1969), S. 195 ff (dt. Vom Hauswesen, Zürich 1962); G. Morelli, *Ricordi,* hrsg. V. Branca (Florenz 1956), S. 241.
37. ASV, Testamenti, Z. Contarini (500 Messen, 1600); G. da Lezze (300 Messen, 1624); D. Contarini (1000 Messen, 1674); N. Venier (1000 Messen, 1688); F. Corner (3000 Messen, 1706).

Das Bild als Bühne – Selbstdarstellung im Renaissanceportrait

1. Dieses Kapitel verdankt eine Menge sowohl früheren allgemeinen Untersuchungen über italienische Porträts, insbesondere Hill (1925), Pope-Hennessy (1966) und Castelnuovo (1973) als auch Monographien über einzelne Maler, unter ihnen Hope (1980) und Hirst (1981), der auf den Quellenreichtum hinweist für »eine immer noch ungeschriebene Untersuchung: die Soziologie des Renaissanceporträts« (S. 94, Anm.).
2. Tizians Bemerkung ist zitiert in: Hope (1980), S. 160; die Beschreibung Raffaels von Vernon Lee, etwa 1898, wird zitiert von Ormond (1970), S. 53.
3. G. P. Lomazzo, *Trattato dell'arte della pittura* (1583; ND, hrsg. von R. P. Ciardi, Florenz 1974), 6. Buch, Kap. 51.
4. F. Caraffa, »Memorie«, in: *Archivio Storico per le Provincie Napoletane* 5 (1880), S. 242 f.
5. T. Boccalini, *La bilancia politica* (Châtelaine 1678, 3 Bde.), Bd. 1, S. 215.
6. G. Bonifacio, *L'arte de'cenni* (Vicenza 1616), S. 78.
7. S. Guazzo, *La civil conversazione* (Venedig 1575), 2. Buch, fol. 43ro.
8. G. B. Vico, *Scienza Nuova* (1744), Paragraph 1027 (dt. *Die neue Wissenschaft über die gemeinschaftliche Natur der Völker,* München 1924).
9. Einige Zeigenossen mißbilligten es; etwa Bonifacio: »Tenir le mani alla cintola, ò al fianco... è atto d'ocio e di pigritia« (S. 306) [die Hände am Gürtel zu haben oder in die Hüften zu stützen ... zeugt von Müßiggang und Faulheit].

10. G. Botero, *Ragione di stato* (Vendig 1589), 5. Buch, Kap. 4.
11. Boccalini, S. 196.
12. B. Pelliciari, *Avvertimenti militari* (Modena 1600), S. 5.
13. Lomazzo (wie Anm. 3).
14. A. Spinola, »Riccordi Politici«, ACG, fondo Brignole Sala, ms 106B, s. v. »Simie di Principi«.
15. G. Paleotti, *Discorso intorno alle immagini sacre e profane* (1582), 2. Buch, Kap. 2.
16. Ibid.
17. Aretino an Leoni (1545), in: *Lettere sull'arte,* hrsg. von E. Camesasca (Mailand 1957-60, 3 Bde.), Bd. 2, Nr. 237.
18. Lomazzo (wie Anm. 3).

Karneval in Venedig

1. J.-F. Reynard, *Carneval de Venise* (1699); M. Cuno, *Carneval von Venedig* (1723); R. Tickell, *The Carnival of Venice* (1781).
2. M. Misson, *Nouveau voyage d'Italie* (Den Haag 1691), S. 182 f. Misson war 1688 in Venedig.
3. M. da Canal, *Les Estoires de Venise,* hrsg. von A. Limentani (Florenz 1972), S. 260 f.
4. M. Sanudo, *Diarii,* hrsg. von F. Stefani et al. (Venedig 1879-1903, 58 Bde.), Bd. 9, S. 516; Bd. 17, S. 574.
5. A. Jouvin, *Le voyageur d'Europe* (Paris 1972), S. 726; W. Bromley, *Remarks on the Grand Tour* (London 1692), S. 89.
6. A. von Harff, *Pilgerfahrt,* hrsg. von E. von Groote (Köln 1860), S. 52; F. Sansovino, *Venetia città nobilissima* (1561).
7. P. Skippon, »An Account of a Journey«, in: *A Collection of Voyages,* hrsg. von A. und J. Churchill (London 1732, 6 Bde.), Bd. 6, S. 506 f.
8. Sanudo (wie Anm. 4), Bd. 57, S. 548 und Bd. 49, S. 422.
9. Außer Beschreibungen gibt es gute Illustrationen in G. Franco, *Habiti d'homini e donne* (Venedig 1610) und F. Bertelli, *Il carnevale italiano mascherato* (Venedig o. J., ca. 1642).
10. Misson (wie Anm. 2), S. 188.
11. Bromley (wie Anm. 5), S. 83; J. Evelyn, *Diary,* hrsg. von E. S. de Beer (Oxford 1955, 5 Bde.), Bd. 2, S. 473 f.
12. G. F. Busenello, »Carneval«, in: Livingston (1913), S. 357.
13. W. Thomas, *The History of Italy* (1549; ND Ithaca 1961), S. 83.
14. Ibid.
15. Evelyn (wie Anm. 11).
16. Bertelli (wie Anm. 9); Evelyn (wie Anm. 11); Skippon (wie Anm. 7).
17. R. Dallington, *A Survey of Tuscany* (London 1605), S. 65. Sir Robert Dallington war 1596 in Italien.
18. *Les voyages de M. Payen* (Paris 1667), S. 170 f.
19. Bromley (wie Anm. 5), S. 83.
20. A. Calmo, *Opere,* hrsg. von V. Rossi (Rom 1888), S. 438 f.
21. R. Bellarmino, *Vita... quam ipsemet scripsit* (Löwen 1753), S. 17. Ein lebhafter Ausdruck der mora-

lischen Vorwürfe gegen den Karneval ist der anonyme *Discorso contro il carnevale* (Venedig
1607), nachgedr. in: *La commedia dell'arte e la
società barocca*, hersg. von F. Taviani (Rom 1970),
S. 70-81.

22. Sansovino (wie Anm. 6: »Io la sento molto biasimar
come debile e di poca importanza« [ich mißbillige
sie sehr, sie ist dumm und wertlos].

23. W. Wey, *Itinerary* (London 1857), S. 85 (Besuch im
Jahre 1458); S. Brasca, *Viaggio*, hrsg. von A. L.
M. Lepschy (Mailand 1966), S. 49 f (Besuch 1480);
Harff (wie Anm. 6).

24. R. Torkington, *Pilgrimage* (London 1883), S. 7.

25. F. Fabri, *Evagatorium*, hrsg. von C. D. Hassler
(Stuttgart 1843), fol. 31ro, 211ro, vgl. Brasca (wie
Anm. 23), S. 48, und Torkington (wie Anm. 24),
S. 9. Lady Arundel war 1622 Zeuge der Vermäh-
lung mit dem Meer. Als Souvenir brachte sie eine
Gondel mit (Hervey, 1921, S. 208, 227).

26. Franco (wie Anm. 9).

27. Skippon (wie Anm. 7), S. 506.

28. Evelyn (wie Anm. 11), S. 473; Payen (wie Anm. 18),
S. 170.

29. Misson (wie Anm. 2), S. 184.

30. M. W. Montagu, *The Complete Letters*, hrsg. von
R. Habsband (Oxford 1965-7, 3 Bde.), Bd. 2,
S. 177.

31. G. Burnet, *Some Letters* (Amsterdam 1686), S. 149;
Montagu (wie Anm. 30), Bd. 3, S. 235.

32. Der Vorreiter war Sansovino (wie Anm. 6). Eine
bibliographische Studie dieses Führers wäre ebenso
nützlich wie schwierig, da die folgenden Auflagen
unter anderen Namen erschienen, etwa Bardi, Do-
glioni, Goldioni, Martinioni, Stringa, Zotti. Ihm
folgte um 1700 V. Coronelli, *Guida de'forestieri*,
die Edition von 1744 gibt sich als 38. Auflage an,
und G. B. Albrizzi, *Il forestiere illuminato* (Venedig
1740).

33. T. Martyn, *The Gentleman's Guide on his Tour
through Italy* (London 1787), S. 373.

34. G. F. Coyer, *Voyages* (Paris 1775), Bd. 2, S. 18.

35. Coronelli (wie Anm. 32, Ausgabe von 1744), S. 32.

36. *Distinta relazione delle sontuose feste... nella città
di Parma per celebrare le nozze di quel serenissimo
principe* (Venedig 1690).

37. Albrizzi (wie Anm. 32, Ausg. von 1792), S. 464:
»oltre a certi funzioni simboliche di tagliare con un
colpa la testa ad alcuni tori ...« [außer gewissen
symbolischen Funktionen, einigen Stieren mit einem Hieb den Kopf abzuschlagen ...].

Die Madonna von Karmel und der Aufstand Masaniellos

1. M. A. Schipa, La mente di Masaniello, in: *Archivio
storico per le provincie napoletane* IX (1913);
M. A. Schipa, La cosi detta rivoluzione di Masaniello, in: *Archivio storico per le provincie napoletane*, neue Ser., II-III (1916-17); R. Villari, *La rivolta antispagnola a Napoli: le origini, 1585-1647*
(Bari 1967). Vgl. auch V. I. Comparato, *Uffici e
società a Napoli, 1600-1647* (Florenz 1974), Kapitel 10.

2. R. Mousnier, *Fureurs paysannes: les paysans dans
les révoltes du 17e siècle (France, Russie, Chine)*
(Paris 1967).

3. F. P. Thompson, »The Moral Economy of the English Crowd in the Eighteenth Century«, in: *Past and
Present* 50 (1971), S. 76-136 (dt. ›die moralische
Ökonomie der englischen Unterschichten im
18. Jahrhundert‹, in: *Plebeische Kultur und moralische Ökonomie* (Frankfurt a. M. – Berlin – Wien
1980); N. Z. Davis, »The Rites of Violence: Reli-
gious Riot in Sixteenth-Century France«, in: *Past
and Present* 59 (1973), S. 51-91; W. M. Reddy,
»The Textile Trade and the Language of the Crowd
at Rouen, 1752-1871«, in: *Past and Present* 74
(1977), S. 62-89.

4. Die Schüler Mousniers, R. Pillorget, *Les mouvements insurrectionnels de Provence entre 1596 et
1715* (Paris 1975), und Y. M. Bercé, *Histoire des
croquants: ètude des soulèvements populaires au
XVIIe siècle dans le sud-ouest de la France* (Genf
1974), beziehen sich beide auf die Durkheimsche
Tradition.

5. J. H. Elliott, »Revolts in the Spanish Monarchy«,
in: R. Forster und J. P. Greene (Hrsg.), *Preconditions of Revolution in Early Modern Europe* (Baltimore und London 1970); Zitate auf den S. 111,
126.

6. Es fehlt eine Studie des Masaniello-Mythos; aber es
ist klar, daß er Intellektuelle in einer Reihe europäi-
scher Länder faszinierte, in England, Frankreich,
den Niederlanden und im Reich. Spinoza soll ein
Selbstportrait in der Verkleidung des Masaniello
gezeichnet haben: Jean Colerus, *Vie de Spinosa*
(Brüssel 1731), S. 43.

7. Schipa scheint der erste gewesen zu sein, der zwischen der frühen »rivolta proletaria« und den
späteren Entwicklungen unterschied.

8. Vincenzo de'Medicis Berichte an den Großherzog
der Toskana sind abgedruckt in: »Documenti sulla
storia economica e civile de regno [di Napoli]«,
hrsg. von F. Palermo, in: *Archivio storico italiano*
IX (1846), S. 348-53; die Briefe des Erzbischofs
Ascanio Filomarino an Papst Innozenz X. in: »Sette
lettere del Cardinal Filomarino al papa«, hrsg. von
F. Palermo, *ibid.*, S. 379-93. Ottaviano Sauli, Relazione dei tumulti napolitani del 1647, hrsg. von
L. Correra, in: *Archivio storico per le provincie
napoletane* XV (1890), S. 355-87; Andrea Rosso,
»La rivoluzione di Masaniello visto dal residente
veneto a Napoli«, hrsg. von A. Capograssi, in: *Ar-
chivio storico per le provincie napoletane*, neue
Ser. XXXIII (1952), S. 167-235.

9. Alessandro Giraffi, *Le rivoluzioni di Napoli* (Venedig 1647).

10. Tommaso de Santis, *Storia del tumulto di Napoli*
(Leiden 1652, ND Triest 1858), geschrieben von
einem Offizier der spanischen Armee und Philipp
IV. gewidmet; Agostino Nicolai, *Historia, o vera
narrazione giornale dell'ultime revolutioni della
città e regno di Napoli* (Amsterdam 1648), von
einem Mitglied des Staatsrats des Herzogs von Lo-
thringen, dem Sohn von Philipp IV., Don Juan,
gewidmet; Gabriele Tontoli, *Il Masaniello* (Neapel
1648), von einem Juristen, ebenfalls Don Juan gewidmet; Nespicio Liponari, *Relatione delle rivolutioni popolari di Napoli* (Padua 1648).

11. Giuseppe Donzelli, *Partenope liberata* (Neapel 1647), Henri Duc de Guise gewidmet, ein rares Werk, von dem die Bibliothèque Nationale in Paris ein Exemplar besitzt; Angelo Della Porta, »Giornale istorico di quanto più memorabile è accaduto nelle rivoluzioni di Napoli«: Bibliothèque Nationale, Paris, fonds italien, Nr. 299. Es gibt andere Berichte, die für die Ziele dieses Artikels weniger nützlich, und noch andere, die zur Zeit in Neapel nicht zugänglich sind.

12. E. Auerbach, *Mimesis* (Bern 1947), Kap. 3.

13. Agostino Mascardi, *Dell'arte historica trattati cinque* (Rom 1636); ders., *La congiura del Conte Gio. Luigi de'Fieschi* (Venedig 1629).

14. F. Saxl, »The Battle Scene without a Hero: Aniello Falcone and his Patrons«, in: *Journal of the Warburg and Courtauld Institute* III (1939-40); F. Haskell, *Patrons and Painters: A Study in the Relations between Italien Art and Society in the Age of the Baroque* (London 1963), S. 139.

15. Raffaele Della Torre, *Dissidentis Neapolis* libri XVI (Genua 1651).

16. Als Tragödie: Rosso (wie Anm. 8), S. 185; Tontoli (wie Anm. 10), S. 4. Als Tragikomödie: Sauli (wie Anm. 8), S. 377; Liponari (wie Anm. 10), S. 267; Tontoli (wie Anm. 10), S. 5. Tragödien über das Thema schrieben Thomas Asselijn (1668) und Christian Weise (1683), von Opern im achtzehnten und neunzehnten Jahrhundert ganz zu schweigen. Zum Bild des »Brodelns« vgl. Filomarino an Innozenz X., am 8. Juli 1647 (wie Anm. 8), S. 381; zum Pferd vgl. Giraffi (wie Anm. 9), S. 3.

17. Donzelli (wie Anm. 11), Frontispiz; Della Porta (wie Anm. 11), fol. 3ro, 7ro, 32ro. Vgl. auch seinen alternativen Titel, »Causa di stravaganze«, in anderen Worten »Die Gründe für das exzentrische Verhalten des Volks von Neapel«.

18. V. Turner, *Schism and Continuity in an African Society* (Manchester 1957), der den Begriff des »sozialen Dramas« prägte, unterscheidet vier Phasen: Bruch, Krise, Abhilfe schaffen und Wiedereingliederung. Die Geschichte Neapels in der Mitte des siebzehnten Jahrhunderts könnte zweifellos dieser Einteilung folgend erörtert werden. Dieser Artikel konzentriert sich jedoch nur auf die Phase des »Abhilfe schaffens«, meine Unterscheidung von vier Akten entspricht also nicht der Turners.

19. Über das Leben als Drama im heutigen Neapel vgl. T. Belmonte, *The Broken Fountain* (New York 1979); über die »Theater-Gesellschaft« Siziliens im siebzehnten Jahrhundert vgl. V. Titone, *La società siciliana sotto gli Spagnoli* (Palermo 1978), Kap. 3; zu den Vizekönigen vgl. Domenico Antonio Parrino, *Teatro eroico e politico de'governi de'vicerè del Regno di Napoli* (Neapel 1692-4,3 Bde.).

20. C. Petraccone, *Napoli dal '500 al '800: problemi di storia demografica e sociale* (Neapel 1974); R. Romano, *Napoli dal viceregno al regno* (Turin 1976).

21. Tommaso Campanella, *La città del sole*, hrsg. von B. Widmar (Mailand 1963), S. 47 (dt. in *Der utopische Staat*, hrsg. von K. J. Heinisch (¹⁵Hamburg 1980), S. 136 [mit falschen Zahlenangaben, A. d. Ü.]).

22. Ein Beleg, daß man sich des Problems zunehmend bewußt wurde, ist die Prägung des Ausdrucks *lazzari* in dieser Zeit. Siehe B. Migliorini, *Storia della*

lingua italiana (Mailand 1960), S. 492, und Della Porta (wie Anm. 11), fol. 10ro.

23. Zu Gebäuden mit sechs oder sieben Stockwerken in Neapel siehe Giulio Cesare Capaccio, *Il forastiero* (Neapel 1634), S. 851, und Coppolas Gemälde der Kapitulation der Stadt im Jahre 1648, abgebildet in: *Storia di Napoli* (Neapel 1967-78, 11 Bde.), Bd. 5, S. 232. Belege für die Baracken findet man später im siebzehnten Jahrhundert: C. de'Seta, *Storia della città di Napoli* (Bari 1973), S. 268.

24. Tommaso Campanella, Sonnett »Della plebe«, in: ders., *Poesie filosofiche*, hrsg. von A. d'Ancona (Turin 1854), S. 79-80.

25. Marino Frezza (1623), zitiert in Comparato (wie Anm. 1), S. 418.

26. Giulio Cesare Capaccio, Descrizione di Napoli (ca. 1607), Hrsg. B. Capasso, in: *Archivio storico per le provincie napoletane* VII (1882), S. 535.

27. Villari (wie Anm. 1), S. 136. Zu den Kosenamen vgl. G. Doria, *Le strade di Napoli* (²Mailand und Neapel 1971), S. 104-5.

28. Scipione Paolucci, *Missioni de'padri della Compagnia di Gesù nel regno di Napoli* (Neapel 1651), ein rares Werk, von dem die Biblioteca Nazionale in Rom ein Exemplar besitzt; über die Pest vgl. Angelo Della Porta, »Descrizione del contagio del 1656«, mit seinem Bericht über den Aufstand von 1647 zusammengebunden, Bibliothèque Nationale, Paris, fonds italien, Nr. 299.

29. Tontoli (wie Anm. 10), S. 4-5; Donzelli (wie Anm. 11), S. 136. Zu den Kosenamen vgl. G. Doria, *Le strade di Napoli* (²Mailand und Neapel 1971), S. 104-5.

30. Giraffi (wie Anm. 9), S. 9. Vgl. Rosso (wie Anm. 8), S. 178-80; Sauli (wie Anm. 8), S. 355-6.

31. Giraffi (wie Anm. 9), S. 8. Die meisten Darstellungen berichten über die Anschläge (cartelli).

32. Ibid., S. 7.

33. Francesco Capelatro, *Diario dei tumulti del popolo napoletano*, hrsg. von A. Grantio (Neapel 1850-4, 3 Bde.). 1, S. 15-16; Tontoli (wie Anm. 10), S. 5; Donzelli (wie Anm. 11), S. 7; Della Porta (wie Anm. 11), fol. 5vo.

34. Die Bedeutung von Genoino wurde von Schipa hervorgehoben. Vgl. das Urteil von Vincenzo de'Medici, daß »alles mit großer Umsicht von einem gewissen Don Giulio Genoino geleitet wird«: Medici an den Großherzog der Toskana, am 13. Juli 1647 (wie Anm. 8), S. 348.

35. Tontoli (wie Anm. 10), S. 7.

36. Diese Erörterung ritualisierter Aggression verdankt viel R. Fox, »The Inherent Rules of Violence«, in: P. Collet (Hrsg.), *Social Rules and Social Behaviour* (Oxford 1977), und P. Marsh, E. Rosser und R. Harré, *The Rules of Disorder* (London 1978).

37. Costo (wie Anm. 27), fol. 66ro.

38. Andrea Polici, *Delle rivolutioni della città di Palermo* (Verona 1648), S. 10-11, 16-17, 23.

39. Donzelli (wie Anm. 11), fol. 11vo; De Santis (wie Anm. 10), S. 54.

40. Donzelli (wie Anm. 11), S. 81; Della Porta (wie Anm. 11), fol. 42ro; De Santis (wie Anm. 10), S. 59.

41. »...le reliquie esser sue, e la citta non aver parte in esse«: Della Porta (wie Anm. 11), fol. 2ro.

42. Donzelli (wie Anm. 11), S. 90, 13; Liponari (wie Anm. 10), S. 277. Über Selbsterniedrigung in der volkstümlichen Glaubenspraxis im heutigen Süditalien vgl. A. Rossi, *Le feste dei poveri* (Bari 1971), S. 20, 92, 256-7.
43. Donzelli (wie Anm. 11), S. 130; Liponari (wie Anm. 10), S. 277.
44. Medici an den Großherzog der Toskana, am 13. Juli 1647 (wie Anm. 8), S. 348. Dieser Punkt stimmt nicht mit seiner »klassenmäßigen Interpretation« des Aufstands überein als das Werk »des gemeinsten plebs«, während das »ehrbare Volk« loyal blieb: ibid., S. 350. Ein Weg, die beiden Feststellungen miteinander in Einklang zu bringen, bestände darin, Rossos (wie Anm. 8) Darstellung zu folgen, daß die »wohlhabenderen Ladenbesitzer« *(i bottegari benestanti)* tatsächlich zur Teilnahme am Aufstand gezwungen wurden (S. 180). Ich persönlich bezweifle das aber, weil die Miliz in den zeitgenössischen Beschreibungen zu begeistert erscheint.
45. Giraffi (wie Anm. 9), S. 70; vgl. Donzelli (wie Anm. 11), S. 39, ihm folgt Liponari (wie Anm. 10), S. 55, ein Abschnitt, der Giraffi verdächtig ähnlich ist.
46. N. Z. Davis, »Women on Top«, in: dies., *Society and Culture in Early Modern Europe* (London 1975), S. 124-5; als neuere Arbeit in dieser Traditionslinie siehe R. Dekker, *Holland in beroering: oproeven in de 17de en 18de eeuw* (Baarn 1982), S. 51-60; Sauli (wie Anm. 8), S. 355; Donzelli (wie Anm. 11), S. 75.
47. G. Cocciara, *Il mondo alla rovescia* (Turin 1963); *Libro di carnevale,* hrsg. von L. Manzoni (Bologna 1881).
48. De Santis (wie Anm. 10), S. 100.
49. Giraffi (wie Anm. 9), S. 51.
50. Über die geordnete Art der Zerstörungsaktionen vgl. Filomarino an Innozenz X., am 12. Juli 1647 (wie Anm. 8), S. 382; Sauli (wie Anm. 8), S. 362; Tontoli (wie Anm. 10), S. 5-3. »Queste robbe sono il sangue nostro«: Giraffi (wie Anm. 9), S. 52, dem (wieder) Liponari (wie Anm. 10) folgt, S. 74.
51. Donzelli (wie Anm. 11), S. 33-7; Liponari (wie Anm. 10), S. 141-2; De Santis (wie Anm. 10), S. 87-9; Tontoli (wie Anm. 10), S. 105-6.
52. M. Bakhtin, *Rabelais and his World* (Moskau 1965), übers. von H. Iswolsky (Cambridge, Mass. 1968), S. 197; vgl. H. Garfinkel, Conditions of Successful Degradation Ceremonies, in: *American Journal of Sociology* (LXI (1955-6). Zum Gebrauch einer Krone aus falschem Gold in einer offiziellen Degradierung, der eines Priesters und Banditen in Rom im Jahre 1585, siehe L. von Pastor, *Geschichte der Päpste seit dem Ausgang des Mittelalters,* Bd. 10 (⁷Freiburg i. Br. 1926), S. 59.
53. Als noch früheres Beispiel siehe Shakespeare, *Coriolanus,* III.iii.88.
54. Donzelli (wie Anm. 11), S. 93; Liponari (wie Anm. 10), S. 141; De Santis (wie Anm. 10), S. 196-7.
55. Sauli (wie Anm. 8), S. 358.
56. Zur Dauphiné siehe E. Le Roy Ladurie, *Carnaval de Romans* (Paris 1979), S. 58 (dt. Stuttgart 1982); zur Normandie M. Foisil, *La révolte des nu-pieds* (Paris 1970), S. 192.
57. Comparato (wie Anm. 1), S. 420; Sauli (wie Anm. 8), S. 361.
58. Filomarino an Innozenz X., am 12. Juli 1647 (wie Anm. 8), S. 385; Tontoli (wie Anm. 10), S. 47; Liponari (wie Anm. 10), S. 185, 255.
59. Nicolai (wie Anm. 10), S. 86; Liponari (wie Anm. 10), S. 270; De Santis (wie Anm. 10), S. 113-14, 135.
60. Nicolai (wie Anm. 10), S. 88; Liponari (wie Anm. 10), S. 273; De Santis (wie Anm. 10), S. 138.
61. Giraffi (wie Anm. 9), S. 185-7; Liponari (wie Anm. 10), S. 273; Rosso (wie Anm. 8), S. 185; De Santis (wie Anm. 10), S. 138-9.
62. J. Frazer, *The Golden Bough* (³London 1913, 12 Bde.), Bd. IV [d. i. Teil 3], »The Dying God«, Kap. 2. Als generelle Kritik an Frazer siehe E. Leach, »Golden Bough or Gilded Twig«, in: *Daedalus* XC (1961), S. 371-84.
63. Rosso (wie Anm. 8), S. 185; De Santis (wie Anm. 10), S. 141.
64. Della Porta (wie Anm. 11), fol. 33ʳᵒ; Rosso (wie Anm. 8), S. 185; vgl. Sauli (wie Anm. 8), S. 380.
65. Filomarino an Innozenz X., am 12. Juli 1647 (wie Anm. 8), S. 385; Sauli (wie Anm. 8), S. 380; Donzelli (wie Anm. 11), S. 67; Tontoli (wie Anm. 10), S. 154-5.
66. Della Porta (wie Anm. 11), fol. 38ᵛᵒ, 40ᵛᵒ.
67. De Santis (wie Anm. 10), S. 110; vgl. S. 53.
68. Reddy (wie Anm. 3), S. 82.
69. Villari (wie Anm. 1), S. 42-6; G. Galasso, *Intervista sulla storia di Napoli,* hrsg. von P. Allum (Bari 1978), S. 91.
70. G. Rudé, *The Crowd in the French Revolution* (Oxford 1959) (dt. München und Wien 1961); ders., *Hanoverian London* (London 1971); vgl. C. Tilly, The Chaos of the Living City, in: C. Tilly (Hrsg.), *An Urban World* (Boston, Mass. 1974), S. 87.
71. G. Turi, »Viva Maria«: la reazione alle riforme leopoldine, 1790-1799 (Florenz 1969).
72. Paolucci (wie Anm. 28); Della Porta (wie Anm. 28).
73. Filomarino an Innozenz X., am 12. und am 16. Juli 1647 (wie Anm. 8), S. 383, 387; Pocili (wie Anm. 38), S. 211. Die gängigen Mittel, die beim Exorzismus benutzt werden, sind Wasser, Salz und Öl; für ein früheres Beispiel des Gebrauchs des Altarsakraments für diesen Zweck siehe D. P. Walker, *L'exorcisme en France et en Angleterre à la fin du XVIᵉ siècle,* in: J. Lafond und A. Stegmann (Hrsg.), *L'automne de la Renaissance, 1580-1630* (Paris 1981), S. 299.
74. Giraffi (wie Anm. 9), S. 36.
75. Johann Friedrich Ernst Albrecht, *Masaniello von Neapel* (Berlin 1789).

Quacksalber, Priester, Scharlatane – Heilrituale

1. S. Mercurio, *La commare* (1604; ich habe die venezianische Ausgabe von 1621 benutzt), Teil 3.
2. F. Ponzetti, *Libellus de venensis* (1521), 2. Buch, 1. Traktat, Kap. 5. Ponzetti war ein Arzt, Geistlicher und später Bischof wurde; er behauptet, seine Informationen durch Befragung der Heilkundigen selbst erhalten zu haben. Vgl. De Martino (1961), S. 106 f, und Di Nola (1976), S. 75 f.

3. Über die »cirauli« des Noto-Tals in Sizilien: N. Ser-
petro, *Il Mercato delle meraviglie della natura*
(1658), zitiert von Camporesi (1978), S. 158.
4. M. de Montaigne, *Journal de Voyage*, hrsg. von
M. Rat (Paris 1955), S. 142-3 (dt. *Tagebuch einer
Badereise*, Stuttgart 1963); F. Moryson, *An Itinerary* (Glasgow 1907, 4 Bde.), Bd. 1, S. 324.
5. G. Baldinucci, »Ricordi«, Manuskript in Venedig,
Biblioteca Marciana, Ital. VI. 94 (= 5898), 5. Dezember 1630, 21. Mai 1633.
6. A. Della Porta, »Della peste di Napoli«, Manuskript in Paris, B. N., fonds italien, Nr. 299,
fols. 139ro, 145vo.
7. G. Bargagli, *La Pellegrina* (Urauff. 1564), 1. Akt,
4. Szene.
8. Synode von Ales und Terralba, 1696: »fingen, qual
el tal Santo o Santa les viene a visitar, y que les
entra dentro del cuerpo, y ablan en nombre del
Santo« [sie geben vor, diese(r) oder jene(r) Heilige
besuche sie und schlüpfe in ihren Körper; und sie
besänftigen dann im Namen des Heiligen. J.
C. Corrain und P. J. Zampini, *Documenti etnografici e folkloristici nei sinodi diocesani italiani* (Bologna 1970), S. 286, Anm.
9. T. Fazello, *Historia die Sicilia* (Venedig 1573),
S. 314 f.
10. Details in G. Menghi, *Compendio dell'arte essorcistica* (Bologna 1576). Das Buch, Werk eines berühmten Franziskaner-Exorzisten, erlebte bis zum
Ende des Jahrhunderts eine Reihe von Auflagen, in
italienischer und lateinischer Sprache. Das 10. Ka-
pitel des 3. Buchs, das beschreibt, wie man es anfängt, ist äußerst vage – zweifellos mit Absicht. Vgl.
F. Canale, *Del modo di conoscer e sanare i malefi-
ciati* (Mailand 1663).
11. Ponzetti (wie Anm. 2).
12. ASV, Santo Ufficio, busta 5, Fälle von Serena Greca
und Marietta Greca, 1620.
13. S. o., Anm. 10.
14. A. de Alessandro, *Genialium Dierum libri vi* (Paris
1532), 2. Buch, Kap. 17. Der Autor lebte eine Zeitlang in Süditalien.
15. T. Pini, »Speculum Cerretanorum«, in: *Il libro dei
vagabondi*, hrsg. von P. Camporesi (Turin 1973),
S. 39.
16. P. Skippon, »An Account of a Journey«, in: *A
Collection of Voyages*, hrsg. von A. und J. Churchill (London 1732, 6 Bde.), Bd. 6, S. 607. Er bereiste Italien im Jahre 1663.
17. G. Berkeley, Journal, Manuskript in London, BL,
Add. Ms 39, 308, fols. 51-5. Ich danke Ed Chaney,
der mich auf dieses Manuskript aufmerksam gemacht hat.
18. *Callot's Etchings*, hrsg. von H. Daniel, (New York
1974), Nr. 98-100. Zu Callot s. o., S. 69f.
19. Skippon (wie Anm. 16), S. 517 f.
20. G. Garzoni, *La piazza universale di tutte le professioni del mondo* (Venedig 1585), Kap. 104.
21. G. Franco, *Habiti d'huomeni et donne venetiane*
(Venedig 1609).
22. T. Coryat, *Crudities* (Glasgow 1905, 2 Bde.), Bd. 1,
S. 410-12. Coryat war 1608 in Venedig.
23. Della Porta (wie Anm. 6), fol. 145vo.
24. S. Mercurii, *De gli errori popolari d'Italia* (Venedig
1603), 4. Buch, ist ein gutes Beispiel dafür, was
Ärzte gegen die Scharlatane vorbrachten.

Schluß

Die Ablehnung des Rituals in Europa der Neuzeit

1. T. Cranmer, zitiert in Schramm (1937), S. 139;
G. Burnet, *Some Letters* (Amsterdam 1686), S. 143.
2. M. Luther, »Von Ordnung Gottesdienst in der Gemeine« (1523), in: *Werke* (Weimar 1883-1980, 60
Bde.), Bd. 12, S. 35.
3. Erasmus veröffentlichte Johannes Chrysostomos'
Rede gegen judaisierende Christen im Jahre 1527.
4. J. Milton, »Of Reformation in England« (1641), in:
ders., *Areopagitica and other Prose Works*, hrsg.
von K. M. Burton (London 1927), S. 56.
5. G. Gillespie, *A Dispute against the English-Popish
Ceremonies obtruded upon the Church of Scotland*
(o. O. 1637), sig. B2vo und S. 19.
6. M. Bucer, *Loci communes* (engl. übers. Abingdon
1972), S. 202.
7. T. Cranmer, »Of Ceremonies« (1549).
8. M. Flacius et al., *Centuriae Ecclesiasticae Historie*
(Basel 1564-), 3. Jh., Kap. 6.
9. M. Luther, *Werke*, Bd. 19, S. 72.
10. Ibid.
11. Gillespie (wie Anm. 5), S. 1, 7.
12. Brief von Erasmus vom 18. März 1528.
13. Melanchthon bestimmte seine Position in einer
Kontroverse mit Flacius (dem Organisator der
»Magdeburger Zenturien«) über das Leipziger Inte-
rim. Siehe seine *Opera*, Bd. 7, hrsg. von C. G. Bret-
schneider (Halle 1840), S. 259 f und M. Flacius, *De
veris et falsis adiaphoris* (1549).
14. *The Rationale of Ceremonial*, hrsg. von C. S. Cobb
(London 1910).
15. *Martin Bucer and the Book of Common Prayer*,
hrsg. von E. C. Whitaker (Great Wakering 1974),
S. 56-7; P. Viret, *La necromancie papale* (Genf
1553), S. 28.
16. Erasmus, *Enchiridion Militis Christiani* (dt. Erst-
ausgabe 1520) (dt.-lat. Ausg. Darmstadt 1968).
17. U. Zwingli, »Auslegen und Gründe der Schlußre-
den« (1523), in: *Werke*, Bd. 2, hrsg. von E. Egli und
G. Finsler (Leipzig 1908), S. 111 f.
18. W. Tyndale, *The Practyse of Prelates* (»Marborch«
1530), fol. 64ro.
19. P. Viret, *La physique papale* (o. O. 1552).
20. *Collection des meilleurs dissertations*, hrsg. von
C. Leber (Paris 1826), Bd. 9, S. 472.
21. Sessio 22.
22. J. B. Thiers, *Traité des superstitions* (Paris 1679-97,
2 Bde.), Bd. 2, S. 18, 147.
23. C. de Vert, *Explication simple, littérale et historique des cérémonies de l'Eglise* (Paris 1706-13, 4
Bde.), insbes. das Vorwort. Verts Polemik mit den
Calvinisten geht zurück bis 1690. Vgl. L. A. Boc-
quillot, *Traité historique de la liturgie sacrée* (Paris
1701).
24. P. Lebrun, *Histoire critique des pratiques superstitieuses* (o. O. 1702), bes. das Vorwort und S. 66 f.
25. [A. Widenfeld], *Monita salutaria* (Gent 1673), S. 9,
12.
26. J. Cleland, *Heropaideia, or the institution of a
young nobleman* (London 1607), S. 176-7. Cleland
gehört zu den Autoren, die von Anna Bryson in

einer interessanten Doktorarbeit über »civility« diskutiert werden (D. Phil., Oxford 1983).

27. Furly (London 1663), S. 7; W. Caton, *The Moderate Enquirer Resolved* (London 1671), S. 27.

28. G. Della Casa, *Galateo*, hrsg. von D. Provenzal (Mailand 1950), Kap. 14-17 (dt. *Das Büchlein von erbaren/höflichen und holdseligen Sitten*, Frankfurt 1607).

29. A. Du Chesne, *Les Antiquitez et recherches de la grandeur et majesté des roys de France* (Paris 1609), 2. Buch, S. 416.

30. J. La Bruyère, »de la cour«, in: ders., *Caractères* (1688), hrsg. von G. Mongrédien (Paris 1960), bes. S. 214-5 (dt. Auswahl Göttingen 1968).

31. B. Pascal, *Pensées*, hrsg. von L. Lafuma (Paris 1962), Nr. 44 (alte Numerierung: 82); La Rochefoucauld, *Maximes*, Nr. 257 (Hrsg. F. C. Green, Cambridge 1946/dt. Auswahl Bremen 1962, S. 31).

32. Erasmus, *Encomium Moriae* (in: Ausgew. Schriften. Bd 2, Darmstadt 1975).

33. E. La Boétie, *Oeuvres politiques*, hrsg. von F. Hinkker (Paris 1971), S. 65, 67, 68.

34. A. Cornaro, *Della vita sobria* (1558; Edition Florenz 1946, S. 39).

35. F. Micanzio, *Vita del padre Paolo* (Leiden 1646), S. 68. Micanzio, ein Paolo Sarpi nahestehender und des Calvinismus verdächtigter Servit, bezeichnete weltliche Zermonien als »cosa affettata e superflua, che stanca il cervello de'più perspiaci, e consuma vanamente tanto tempo in un mentir artificioso, e non significante per troppo significare« (ibid.) [zur Übers. siehe Motto am Anfang des Kapitels]. Reli-

giöse Rituale lehnte er ebenfalls ab: »tutto va in ceremonie... Tutta la religione in ceremonia« [alles löst sich in Zeremonien auf... Die ganze Religion ist in der Zeremonie] (*Storici e politici veneti*, hrsg. von G. Benzoni und T. Zananto, Mailand/Neapel 1982, S. 844-5); A. Lupis, *Vita di G. F. Loredano* (Venedig 1663), S. 56.

36. A. Spinola, »Ricordi Politici«, in: ACG, fondo Brignole Sale, ms 106 B. 11-12, s. v. »Cerimoniale«.

37. P. Charron, *De la sagesse* (Bordeaux 1601), 2. Buch, Kap. 8.

38. A. Caro, *Lettere familiare*, hrsg. von A. Greco (Florenz 1957-61, 3 Bde.), Nr. 528.

39. Beccadelli, zitiert in Torbarina (1931), S. 49.

40. CODOIN 69 (Madrid 1878), S. 76.

41. J. Swift, *On Good Manners*. Vgl. die Satire auf die britischen Ritterorden im 3. Kapitel von Gullivers Reisen.

42. J. H. Jesse, *Memoirs of the Court of England* (London 1843, 3 Bde.), S. 353.

43. Montesquieu, *Lettres persanes* (1721; hrsg. von G. Truc, Paris 1946), 24. Brief (dt. Frankfurt/M, Hamburg 1964); *Spectator* Nr. 119, 17. Juli 1711.

44. S. Maffei, *Della scienza chiamata cavalleresca* (Venedig 1710), 1. Buch, Kap. 3; G. Gozzi, *Gazzetta Veneta*, Nr. 17, 2. April 1760.

45. J. Moore, *A View of Society and Manners in France, Switzerland and Germany* (London 1779, 2 Bde.), 82., 86., 91. Brief.

46. J. Moore, *A View of Society and Manners in Italy* (Dublin 1781, 3 Bde.), 49. Brief.

Bibliographie

D. F. Aberle, *The Peyote Religion among the Navaho* (Chicago, 1966).
S. H. Alatas, *The Myth of the Lazy Native* (London 1977).
L. Allegra, »Il parroco«, *Storia d'Italia, Annali* 4 (Turin, 1981), 897-947.
G. W. Allport und L. Postman, »The Basic Psychology of Rumour«; in: W. Schramm (Hrsg.), *Mass Communications*, (Urbana, 1960), 141-55.
M. Andrieux, *La vie quotidienne à Rome an 18ᵉ siècle* (Paris, 1962).
S. Ardener (Hrsg.), *Perceiving Women* (London, 1975).
P. Ariès, *L'enfance et la vie familiale sous l'ancien regime* (Paris, 1960).
E. Auerbach, *Mimesis* (Bern, 1947).
G. Averna, »Italian and Venetian Profanity«, *Maledicta* (1977).
F. Aydelotte, *Elizabethan Rogues and Vagabonds* (Oxford, 1913).
D. Babut, *Plutarque et le stoicisme* (Paris, 1969).
M. Bakhtin, *Rabelais and his World*, (Cambridge Mass. 1968).
V. Baldo, *Alunni, maestri e scuole in Venezia alla fine del xvi secolo* (Como, 1977).
D. Baratti, *Bestemmiatori, superstiziosi, violatori de'giorni di festa: le domande sui laici nelle visite dei vescovi di Como* (tesi di laurea, Bologna 1981-2).
M. Barbagli, *Sotto lo stesso tetto: mutamenti della famiglia in Italia dal xv al xx secolo* (Bologna, 1984).
F. Barth, »On the Study of Social Change«, *American Anthropologist* 69 (1967), 661-9.
R. Barthes, *Mythologies* (Paris 1957); dt.: *Mythen des Alltags* (Frankfurt a. M. 1961).
K. Basso, »To Give Up on Words« (1970) in: P. P. Giglioli (Hrsg.), *Language and Social Context*, (Harmondsworth, 1972).
K. Basso, »The Ethnography of Writing« in R. Baumann and J. Sherzer (Hrsg.) *Explorations in the Ethnography of Speaking,* (Cambridge, 1974).
G. Bataille, *La part maudit* (Paris, 1949).
R. Bauman, *Let Your Words be Few. Symbolism of Speaking and Silence among 17th-century Quakers* (Cambridge, 1983).
M. Baxandall, *Painting and Experience in Renaissance Italy* (Oxford, 1972), dt.: *Die Wirklichkeit der Bilder. Malerei und Erfahrung im Italien des 15. Jahrhunderts* (Frankfurt a. M., 1977).
C. Bayly, »Death Ritual in Hindu North India since 1600«, in J. Whaley (Hrsg.), *Mirrors of Mortality*, (London, 1981).
J. M. Beattie, *The English Court in the Reign of George I* (London, 1967).
C. Bec, *Les marchands écrivains* (Paris und Den Haag, 1967).
G. L. Beccaria, *Spagnolo e spagnoli in Italia* (Turin, 1969).
G. L. Beccaria (Hrsg.), *I linguaggi settoriali in Italia* (Milano, 1973).
H. Becker, *Outsiders* (New York, 1963).
D. Beltrami, *Storia della popolazione di Venezia* (Padua, 1954).
R. Benedict, *Patterns of Culture* (London, 1934).
B. Bennassar et al., *L'inquisition espagnole* (Paris, 1979).
Y. Bercé, *Histoire des Croquants* (Genf, 1974).
P. Berger, »On the Obsolescence of the Concept of Honour«, *European Journal of Sociology* 9 (1970), 339-47.
S. Bertelli, *Erudizione e storia in L. A. Muratori* (Napoli, 1960).
S. Bertelli, »L'egemonia linguistica come egemonia culturale«, *Bibliothèque d'humanisme et Renaissance* (1976).
E. Bishop, »Leaves from the Diary of a Papal Master of Ceremonies« (1892), in ders., *Liturgica historica* (Oxford, 1918), 434-43.
G. Bistort, *Il magistrato alle pompe nella repubblica di Venezia* (Venezia, 912).
M. Bloch, *Les rois thaumaturges* (Paris, 1924).
A. Blok, »Rams and Billy-Goats: a Key to the Mediterranean Code of Honour«, *Man* 16 (1981), 427-40.
F. Boas, *Kwakiutl Ethnography,* (Chicago und London, 1966).
K. Bocock, *Ritual in Industrial Society* (London, 1974).
M. Bogucka, »Les bourgeois et les investissements culturels: l'exemple de Gdansk«, *Revue historique* 259 (1978), 429-40.
L. Boltanski, »La dénonciation«, *Actes de la Recherche en sciences sociales* 51 (1984), 3-40.
N. Borsellino, *Gli anticlassicisti del 500* (Milano, 1973).
J. Bossy, »The Mass as a Social Institution«, *Past and Present* 100 (1983).
P. Bourdieu, »The Sentiment of Honour in Kabyle Society« in J. G. Peristiany (Hrsg.), *Honour and Shame* (London, 1969).

P. Bourdieu, *La distinction: critique social du jugement* (Paris, 1979) dt. *Die feinen Unterschiede* (Frankfurt a. M. 1982).

S. H. Brandes, »Like Wounded Stags: Male Sexual Ideology in an Andalusian Town«, siehe Ortner und Whitehead (1981) Kap. 7.

F. Braudel, *La méditerranée* (Paris, 1949).

G. P. Brizzi, *La formazione della classe dirigente nel 600-700* (Bologna, 1976).

J. C. Brown and J. Goodman, »Women and Industry in Florence«, *Journal of Economic History* 40 (1980), 73-80.

P. Brown, *The Cult of the Saints* (Chicago und London, 1981).

P. Brown und S. Levinson, »Universals in Language Usage: Politeness Phenomena« in E. W. Goody (Hrsg.) *Questions and Politeness* (Cambridge, 1978), 56-289.

R. Brown and A. Gilman, »The Pronouns of Power and Solidarity« (1960), in P. P. Giglioli (Hrsg.) *Language and Social Context,* (Harmondsworth, 1972), ch. 12.

J. Brunet, »Le paysan et son langage« in A. Rochon (Hrsg.) *Ville et campagne dans la littérature italienne de la Renaissance* (Paris, 1976).

J. Brunet, »Un ›langage colakeutiquement profane‹ ou l'influence de l'Espagne sur la troisième personne de politesse italienne« in *Presence et influence de l'Espagne dans la culture italienne de la Renaissance* (Paris, 1978), 251-315.

F. R. Bryson, *The Point of Honour in Sixteenth-Century Italy* (New York, 1935).

A. Buratti et al., *La città rituale* (Milano, 1982).

J. Burckhardt, *Kultur der Renaissance in Italien* (Basel, 1860).

P. Burke, *Venice and Amsterdam: a Study of 17th-century Elites* (London, 1974).

P. Burke, *Popular Culture in Early Modern Europe* (London, 1978/dt.: Stuttgart 1981).

J. Butwin, »The French Revolution as Theatrum Mundi«, *Research Studies* 43 (1975), 141-51.

C. Cairns, *Domenico Bollani* (Nieuwkoop, 1976).

G. Calvi, »La peste fiorentina del 1630«, *Quaderni Storici* 56 (1984), 35-64.

F. Cancellieri, *Storia dei solenni processi da Leone III a Pio VII* (Roma, 1802).

A. M. Canepa, »From Degenerate Scoundrel to Noble Savage. The Italian Stereotype in Eighteenth-Century British Travel Literature«, *English Miscellany* 22 (1971), 107-46.

D. Cannadine, »The British Monarchy and the Invention of Tradition«, siehe Hobsbawm und Ranger (1983), 101-64.

C. Caro Lopez, »Gli Auditori Nuovi e il dominio di terraferma« in G. Cozzi (Hrsg.) *Stato società e giustizia nella repubblica veneta,* (Roma, 1980), 259-316.

E. Casali, *Il villano dirozzato: cultura società e potere nelle campagne romagnole della Controriforma* (Florenz, 1982).

E. Castelnuovo, »Il significato del ritratto pittorico nella società, *Storia d'Italia* 5 (1973), 1035-94.

E. Cattaneo, »Carnevale e Quaresima nell'età di San Carlo Borromeo«, *Ambrosius* 34 (1958), 51-66.

N. Caturgeli, »Le condizioni della chiesa di Pisa«, *Bollettino storico pisano* 19 (1950), 19-124.

R. Chartier, »Les élites et les gueux«, *Revue d'histoire moderne* 21 (1974), 376-88.

A. Chastel, *Le Sac de Rome. Du premier manierisme a l'art de la Contre Reforme* (Paris 1984).

H. J. Chaytor, *From Script to Print* (Cambridge, 1945).

W. Christian, *Local Religion in Sixteenth-Century Spain* (Princeton, 1981).

I. Ciampi, *Innocenzo X Pamphili e la sua corte* (Roma, 1878).

C. M. Cipolla, »The Decline of Italy«, *Economic History Review* 5 (1952-3), 178-87.

C. M. Cipolla, *Literacy and Development in the West* (Harmondsworth, 1969).

C. M. Cipolla, »The Professions«, *Journal of European Economic History* 2 (1973), 37-52.

C. M. Cipolla, *Public Health and the Medical Profession in the Renaissance* (Cambridge, 1976).

C. M. Cipolla, *Chi ruppe i rastrelli a Monte Lupo?* (Bologna, 1977).

C. M. Cipolla, »Economic Fluctuations, the Poor and Public Policy« in T. Riis (Hrsg.) *Aspects of Poverty in Early Modern Europe* (Florenz, 1981), 65-77.

M. T. Clanchy, *From Memory to Written Record: England, 1066-1307* (London, 1979).

F. Clemente, *Il carnevale romano* (Roma, 1899).

W. A. Coates, »The German Pidgin-Italian of the Sixteenth-Century Lanzichenecchi«, *Papers from the Fourth Annual Kansas Linguistics Conference* (1969), 66-74.

G. Cocchiara, *Il linguaggio del gesto* (Turin, 1932).

G. Cocchiara, *Il mondo alla rovescia* (Turin, 1963).

E. Cochrane, *Florence in the Forgotten Centuries* (Chicago, 1973).

H. Codere, *Fighting with Property* (New York, 1950).

A. Cohen, »Political Anthropology: the Analysis of the Symbolism of Power Relations«, *Man* 4 (1969), 215-35.

S. Cohen, *Folk Devils and Moral Panics* (London, 1972).

N. Cohn, *Europe's Inner Demons* (London, 1975).

G. G. Coulton, *The Medieval Village* (Cambridge, 1925).

G. Cozzi, *Il doge Nicolò Contarini* (Venezia e Roma, 1958).

V. Crapanzano, *The Hamadsha* (Berkeley, 1973).

P. M. Crew, *Calvinist Preaching and Iconoclasm in the Netherlands* (Cambridge, 1978).

B. Croce, »I lazzari« (1895), in ders. *Anedotti,* 3 (Bari, 1954), 198-211.

B. Croce, »Le ceremonie spagnuole in Italia« in ders., *La Spagna nella vita italiana durante la rinascenza* (Bari, 1917).

J. F. D'Amico, *Renaissance Humanism in Papal Rome* (Baltimore and London, 1983).

J. C. Davis, *The Decline of the Venetian Nobility as a Ruling Class* (Baltimore, 1962).

N. Z. Davis, »The Rites of Violence«, *Past and Present* 59 (1973), 51-91.

N. Z. Davis, »Women on Top«, in dies., *Society and Culture in Early Modern France* (London, 1975), 124-52.

J. P. Dedieu, »Christianisation en nouvelle Castille«, *Mélanges de la Casa de Velazquez* 15 (1979), 269-94.

G. De Francesco, *Die Macht des Charlatans* (Basel, 1937).

R. Dekker, *Holland in beroering* (Baarn, 1982).

R. Dekker und H. Roodenburg, »Humor in de zeventiende eeuw«, *Tijdschrift voor Sociale Geschiedenis* 10 (1984), 243-66.

P. Delooz, »Towards a Sociological Study of Canonized Sainthood in the Catholic Church« (1962), in S. Wilson (Hrsg.) *Saints and their Cults*, (Cambridge, 1983), ch. 6.

P. Delooz, *Sociologie et canonisation* (Liège, 1969).

J. Delumeau, *Vie économique et sociale de Rome dans la seconde moitié du 16e siècle* (2 Bde., Paris 1957-9).

R. De Maio, »L'ideale eroico nei processi di canonizzazione della Controriforma«, *Ricerche di storia sociale e religiosa* 2 (1972), 139-60.

E. De Martino, *Terra di rimorso* (Milano, 1961).

T. De Mauro, *Storia linguistica dell'Italia unita* (Bari 1976²).

G. De Rosa, *Vescovi, popolo e magia nel sud* (Napoli, 1971).

R. Derosas, »Moralità e giustizia a Venezia nel 500-600: gli esecutori contra la bestemmia«, in G. Cozzi (Hrsg.) *Stato, società e giustizia nella repubblica veneta*, (Roma, 1980), 431-528.

A. M. Di Nola, *Gli aspetti magico-religiosi di una cultura subalterna italiana* (Milano, 1976).

D. Dolci, *Inchiesta a Palermo* (Turin, 1956).

G. Doria, *Uomini e terre di un borgo collinare* (Milano, 1968).

G. Doria, *Le strade di Napoli* (Milano e Napoli, 1971).

M. Douglas, »The Contempt of Ritual«, *New Society* 31 March 1966.

M. Douglas, *Natural Symbols* (London 1970).

M. Douglas und B. Isherwood, *The World of Goods* (London, 1978).

H. Driessen, »Male Sociability and Rituals of Masculinity in Rural Andalusia«, *Anthropological Quarterly* 56 (1983), 125-32.

A. Dundes, J. Leach und B. Özkök, »The Strategy of Turkish Boys Verbal Dueling Rhymes«, in J. J. Gumperz und D. Hymes (Hrsg.) *Directions in Sociolinguistics*, (New York, 1972), 130-60.

A. Dundes and A. Falassi, *La terra in piazza* (Berkeley and Los Angeles, 1975).

S. Edgerton, *Pictures and Punishment* (Ithaca, 1985).

D. Eggan, »Hopi Dreams in Cultural Perspective« in G. E. von Grunebaum und R. Caillois (Hrsg.) The Dream and Human Societies, ed. (Berkeley, 1966), 237-63.

M. Eliade, *Le mythe de l'éternel retour* (Paris, 1949/dt. Düsseldorf 1953).

M. Eliade, *Le shamanisme* (Paris, 1951/dt. Zürich 1954).

N. Elias, *Über den Prozess der Zivilisation* (2 Bde., Basel 1939).

N. Elias, *Die höfische Gesellschaft* (Darmstadt und Neuwied, 1969).

J. H. Elliot, »Revolts in the Spanish Monarchy«, in R. Forster and J. P. Greene (Hrsg.) *Preconditions of Revolution in Early Modern Europe*, ed. (Baltimore und London, 1970).

R. Finlay, *Politics in Renaissance Venice* (London, 1980).

R. Firth, *The Work of the Gods in Tikopia* (2 Bde., London 1940).

J. Fishman, »Who Speaks What Language to Whom and When« (1965), repr. in J. B. Pride und J. Holmes (Hrsg.) *Sociolinguistics*, (Harmondsworth, 1972), ch. 1.

M. Foisil, *La révolte des nu-pieds* (Paris, 1970).

G. F. Folena, »Introduzione al veneziano ›de là da mar‹«, *Bollettino dell'Atlante Linguistico Mediterraneo* 10-12 (1968-70), 331-76.

M. Fortes, »Inauguration Rituals«, *Proceedings of the Royal Anthropological Society* (1966).

M. Foucault, *Histoire de la folie* (Paris, 1961); dt. *Wahnsinn und Gesellschaft* (Frankfurt/M. 1969).

R. Fox, »The Inherent Rules of Violence«, in P. Colett (Hrsg.) *Social Rules and Social Behaviour*, (Oxford, 1977), 132-49.

C. O. Frake, »How to Ask for a Drink in Subanun« (1964), in P. P. Giglioli *Language in Social Context*, (Harmondsworth, 1972), ch. 5.

C. O. Frake, »How to Enter a Yakan House« (1975), in ders. *Language and Cultural Description* (Stanford, 1980), 214-30.

J. Frazer, *The Golden Bough* (12 Bde., London 1913³).

M. Gaborieau, »The Cult of the Saints among the Muslims of Nepal« (1978), siehe Wilson (1983), 291-306.

F. Gaeta, »Alcune considerazioni sul mito di Venezia«, *Bibliothèque d'humanisme et renaissance* 23 (1961), 58-75.

G. Gaeta Bertalà, *Feste e apparati medicei* (Florenz, 1969).

G. Galasso, *Intervista sulla storia di Napoli*, ed. P. Allum (Bari, 1978).

V. H. Galbraith, *Studies in the Public Records* (London, 1948).

V. H. Galbraith, *The Making of Domesday Book* (London, 1961).

M. Gambier, »La donna e la giustizia penale veneziana nel xviii secolo«, in G. Cozzi (Hrsg.) *Stato società e giustizia nella repubblica veneta*, (Roma, 1980), 529-75.

L. García Ballester, *Medicina, ciencia y minorías marginadas: los moriscos* (Granada, 1976).

H. Garfinkel, »Conditions of Successful Degradation Ceremonies«, *American Journal of Sociology* 61 (1955-6), 420-4.

C. Geertz, *The Interpretation of Culture* (New York, 1973).

C. Geertz, *Negara* (Princeton, 1980).

E. Gellner, *Saints of the Atlas* (London, 1969).

A. van Gennep, *The Rites of Passage* (1908).

K. George and C. H. George, »Sainthood and Social Status« (1953), in R. Bendix und S. M. Lipset (Hrsg.) *Class Status and Power*, (2. Aufl. New York, 1967). 394-401.

J. Georgelin, *Venise au siècle des lumières* (Den Haag, 1978).

B. Geremek, »Renfermement des pauvres en Italie: xive-xvii siècles«, *Mélanges Braudel*, 1 (Toulouse, 1973), 205-25.

B. Geremek (Hrsg.), *Truands et misérables dans l'Europe moderne (1350-1600)*, (Paris, 1980).

A. B. Giamatti, *Play of Double Senses* (1975).

S. Giedion, *Space, Time and Architecture* (1941, Cambridge, Mass., 1967⁵/dt. Ravensburg 1964).

M. Gilsenan, »Lying, Honor and Contradiction« in B. Kapferer (Hrsg.) *Transaction and Meaning*, (Philadelphia, 1976), 191-214.

C. Ginzburg, *I Benendanti* (Turin 1966/dt.: Frankfurt/M. 1980).

C. Ginzburg, *Il Formaggio e i Vermi* (Turin 1975/dt.: Frankfurt/M. 1979).

C. Ginzburg and M. Ferrari, »La colombara ha aperto gli occhi«, *Quaderni Storici* 38 (1978), 631-9.

V. E. Giuntella, »Documenti sull'istruzione popolare in Roma durante il' 700«, *Studi Romani* 9 (1961), 553-60.

M. Gluckman (Hrsg.), *Essays on the Ritual of Social Relations* (Manchester, 1962).

E. Goffman, »Techniken der Imagepflege«, in: ders. *Interaktionsrituale*, Frankfurt/M. 1986, S. 10 ff.

E. Goffman, *The Presentation of Self in Everyday Life* (New York, 1959).

E. Goffman, »Territorien des Selbst«, in: ders. *Das Individuum im öffentlichen Austausch*, Frankfurt/M. 1971.

R. Goldthwaite, »Schools and Teachers of Commercial Arithmetic in Renaissance Florence«, *Journal of European Economic History* 1 (1972), 418-33.

R. Goldthwaite, *The Building of Renaissance Florence* (Baltimore, 1980).

E. H. Gombrich, *Art and Illusion* (London, 1960/dt. Köln 1967).

M. Goodich, »A Profile of Thirteenth-Century Sainthood«, *Comparative Studies in Society and History* 18 (1976), 429-37.

J. Goody und I. Watt, »The Consequences of Literacy«, *Comparative Studies in Society and History* 5 (1962-3), 304-45; (dt. in »Literarität in traditionalen Gesellschaften«, Frankfurt/M. 1981; wieder abgedruckt in: *Entstehung und Folge der Schriftkultur*, Frankfurt/M. 1986, S. 63-122)

J. Goody, »Restricted Literacy in Northern Ghana« in J. Goody (Hrsg.) *Literacy in Traditional Societies* (Cambridge, 1968), 198-241.

J. Goody, *The Domestication of the Savage Mind* (Cambridge, 1977).

J. Goody, »Against Ritual« in S. F. Moore and B. G. Meyerhoff (Hrsg.) *Secular Ritual* (Assen and Amsterdam, 1977), 25-35.

R. Q. Gray, *The Labour Aristocracy in Victorian Edinburgh* (Oxford, 1976).

C. Grayson, *A Renaissance Controversy, Latin or Italian?* (Oxford, 1960).

S. J. Greenblatt, *Renaissance Self-Fashioning from More to Shakespeare* (Chicago and London, 1980).

E. Grendi, »Profilo storico degli alberghi genovesi«, *Mélanges de l'école française de Rome* 87 (1975), 241-302.

E. Grendi, »Pauperismo e Albergo dei Poveri nella Genova del' 600«, *Rivista storica italiana* 87 (1975), 621-56.

P. Grendler, *The Roman Inquisition and the Venetian Press, 1540-1605* (Princeton, 1977).

M. Guglielminetti, *Memoria e scrittura* (Turin, 1977).

E. T. Hall, *The Silent Language* (New York, 1959).

R. A. Hall, *La questione della lingua* (New York, 1942).

M. A. K. Halliday, »Antilanguages« (1976), repr. in ders. *Language as Social Semiotic* (London, 1978), ch. 9.

A. I. Hallowell, »The Role of Dreams in Ojibwa Culture« in *The Dream and Human Societies* (Berkeley, 1966).

U. Hannerz, *Exploring the City* (New York, 1980).

F. Hartog, *Le miroir d'Hérodote: essai sur la représentation de l'autre* (Paris, 1980).

F. Haskell, *Patrons and Painters* (London, 1963).

A. Haueter, *Die Krönungen der französischen Könige im Zeitalter des Absolutismus und in der Restauration* (Zürich, 1975).

D. Hay, *The Church in Italy in the Fifteenth Century* (Cambridge, 1977).

J. Heers, *Le clan familial au Moyen age. Etude sur les structures politiques et sociales des milieux urbains* (Paris 1974).

G. Heinz, »Realismus und Rhetorik im Werke des Bartolomeo Passarotti«, *Jahrbuch Kunsthistorischen Sammlung in Wien* 68 (1972), 153-69.

D. Herlihy und C. Klapisch-Zuber, *Les toscans et leurs familles* (Paris, 1978).

M. F. S. Hervey, *Thomas Howard Earl of Arundel* (Cambridge, 1921).

G. F. Hill, »Italian Portraiture of the Fifteenth Century« *Proceedings of the British Academy* (1925).

C. Hinrichs, *Preussentum und Pietismus* (Göttingen, 1971).

E. Hobsbawm und T. Ranger, (Hrsg) *The Invention of Tradition* (Cambridge, 1983).

R. Hofmann, *Die heroische Tugend* (München, 1933).

R. Hoggart, *The Uses of Literacy* (London, 1957).

216

C. Hope, *Titian* (London, 1980).

D. Howard, *Jacopo Sansovino* (New Haven and London, 1975).

D. Hymes, »Toward Ethnographies of Communication« (1964), in P. P. Giglioli (Hrsg.) *Language and Social Context* (Harmondsworth, 1972).

I. Illich, *Limits to Medicine* (London, 1976).

M. Ingram, »Ridings, Rough Music and Mocking Rhymes in Early Modern England« in B. Realy (Hrsg.) *Popular Culture in Seventeenth-Century England* (London, 1985).

J. T. Irvine, »Strategies of Status Manipulation in the Wolof Greeting«, in R. Bauman and J. Sherzer (Hrsg.) *Explorations in the Ethnography of Speaking* (Cambridge, 1974), 167-89.

R. Isaac, »A Discourse on the Method«, in ders. *Transformation of Virginia, 1740-1790* (Williamsburg, 1982).

R. A. Jackson, *Vive le roi!* (Chapel Hill and London, 1984).

R. Jakobson, »Two Aspects of Language«, repr. in ders. *Selected Writings*, 2 (Den Haag und Paris, 1971), 239-59.

E. Johansson, »Literacy Studies in Sweden« (1973), in H. Graff *Literacy and Development in the West* (Cambridge, 1981), ch. 8.

M. Join-Lambert, »La pratique religieuse dans le diocèse de Rouen sous Louis XIV«, *Annales de Normandie* 3 (1953), 247-54.

D. Julia, »La réforme post-tridentine en France«, in *La società religiosa* (Napoli, 1973), 311-97.

E. M. Jung-Inglessis, »La porta santa«, *Studi Romani* 23 (1975), 473-85.

E. H. Kantorowicz, *The King's Two Bodies* (Princeton, 1957).

B. Kapferer, »Introduction«, to *Transaction and Meaning*, (Philadelphia, 1976).

B. Kapferer, *A Celebration of Demons* (Bloomington, 1983).

E. Kemp, *Canonisation and Authority in the Western Church* (Oxford, 1948).

G. Klaniczay, »Le culte des saints dans la Hongrie médiévale«, *Acta Historica* 29 (1983), 57-77.

C. Klapisch-Zuber, »Le chiavi fiorentine di Barbablu«, *Quaderni storici* 57 (1984), 765-92.

C. Klapisch-Zuber, »Compérage et clientélisme à Florence (1360-1520)«, *Ricerche storiche* 15 (1985), 61-76.

C. Klapisch-Zuber, *Women, Family and Ritual in Renaissance Italy* (Chicago, 1985).

E. von Kraemer, *Le type du faux mendiant dans les littératures romanes* (Helsinki, 1944).

H. Kretschmayr, *Geschichte von Venedig*, 1 (Gotha, 1905).

W. La Barre, *They Shall Take Up Serpents* (Minneapolis, 1962).

W. Labov, »Rules for Ritual Insults«, in D. Sudnow (Hrsg.) *Studies in Social Interaction* (New York, 1972), 120-68.

G. Labrot »Le comportement collectif de l'aristocratie napolitaine du 16e au 18e siècle«, *Revue Historique* 523 (1977), 45-71.

G. Labrot, *Un instrument polémique: l'image de Rome au temps du schisme: 1534-1667* (Lille and Paris, 1978).

G. Labrot, *Baroni in città* (Napoli, 1979).

C. Lane, *The Rites of Rulers* (Cambridge, 1981).

J. Larner, *Italy in the Age of Dante and Petrarch* (London, 1980).

H. Lasswell, *Politics: Who gets What, When, How* (New York, 1936).

E. Leach, »Anthropological Aspects of Language: Animal Categories and Verbal Abuse« (1964), in P. Maranda (Hrsg.) *Mythology* (Harmondsworth, 1972).

E. Leach, »Ritual« in D. Sills (Hrsg.) *International Encyclopaedia of the Social Sciences* (New York, 1968).

G. Le Bras, *Etudes de sociologie religieuse* (2 Bde., Paris 1955-6).

D. Lerner, *The Passing of Traditional Society* (Glencoe, 1958).

E. Le Roy Ladurie, *Montaillou* (1975; dt.: Berlin 1983).

E. Le Roy Ladurie, *Carnival de Romans* (1979; dt.: Stuttgart 1982).

G. Levi, *L'eredità immateriale* (Turin, 1985), dt. *Das immaterielle Erbe. Eine bäuerliche Welt an der Schwelle zur Moderne* (Berlin 1986).

R. Levi Pisetzky, *Storia del costume in Italia* 3 (Milano, 1966).

C. Lévi-Strauss, »Symbolic Efficacity« (1949), in ders. *Structural Anthropology* (New York, 1963; dt.: Frankfurt/M. 1969).

C. Lévi-Strauss, »The Structural Study of Myth« (1955), in ders. *Structural Anthropology* (New York, 1963).

C. Lévi-Strauss, »The Story of Asdiwal« (1958), in E. Leach (Hrsg.) *The Structural Study of Myth and Totemism* (London, 1967), 1-40.

O. Löfgren, »On the Anatomy of Culture«, *Ethnologia Europea* 12 (1981), 26-46.

G. Löw, »Canonizazzione« in *Enciclopedia Cattolica* (12 Bde., Roma 1948-54).

O. Logan, *Culture and Society in Renaissance Venice* (London, 1972).

W. Lotz, »Gil 883 cocchi di Roma del 1594«, *Studi offerti a Giovanni Incisa della Rocchetta* (Roma, 1973), 247-66.

A. Lovejoy and G. Boas, *Primitivism and Related Ideas in Antiquity* (Baltimore, 1935).

A. Lovett, *Philip II and Mateo Vázquez* (Genf, 1977).

A. Luzio, *I precettori d'Isabella d'Este* (Ancona, 1887).

J. B. Lynch, »Lomazzo and the Accademia della Valle di Bregno«, *Art Bulletin* 48 (1966), 210-11.

F. McArdle, *Altopascio: a Study in Tuscan Rural Society, 1587-1784* (Cambridge, 1978).

D. McCannell, *The Tourist* (London, 1976).

M. McIntosh, »Changes in the Organisation of Thieving«, in S. Cohen (Hrsg.) *Images of Deviance* (Harmondsworth, 1971), 98-131.

A. Mączak, *Zycie codzienne w podrozach* (Warschau, 1978).

T. Magnuson, *Studies in Roman Quattrocento Architecture* (Stockholm, 1958).
T. Magnuson, *Rome in the Age of Bernini* (Stockholm, 1982).
P. Malanima, *I Riccardi di Firenze* (Florenz, 1977).
E. Mâle, *L'art religieux après le Concile de Trente* (Paris 1951²).
M. E. Mallett und J. R. Hale, *The Military Organisation of a Renaissance State* (Cambridge, 1984).
C. L. Manschreck, *Melanchthon, the Quiet Reformer* (New York and Nashville, 1958).
C. Marcilhacy, *Le diocèse d'Orléans au milieu du 19e siècle* (Paris, 1964).
P. Marsh, E. Rosser und R. Harré, *The Rules of Disorder* (London, 1978).
J. R. Martin, *The Ceiling Paintings for the Jesuit Church in Antwerp* (London and New York, 1968).
G. L. Masetto Zannini, *L'educazione femminile.*
M. Mauss, *The Gift* (1923-4; dt.: Frankfurt/M. 1968).
J. M. Mecklin, *The Passing of the Saint* (Chicago, 1941).
F. Melis, *Aspetti della vita economica medievale* (Siena, 1962).
P. Meller, »Physiognomical Theory in Renaissance Heroic Portraits«, in I. M. Rubin (Hrsg.) *Renaissance and Mannerism,* ed (New York, 1963), 53-69.
R. Merzario, *Il paese stretto: strategie matrimoniali nella diocesi di Como, secoli xvi-xviii* (Turin, 1981).
A. Métraux, *Voodoo in Haiti* (1958: Eng. trans., London, 1959).
B. Migliorini, *Storia della lingua italiana* (Milano, 1960).
G. Millunzi, »Un processo di stregoneria nel 1627«, *Archivio storico siciliano* 25 (1900), 253-377.
J. V. Mirollo, *Mannerism and Renaissance Poetry* (New Haven, 1984).
B. Mitchell, *Rome in the High Renaissance* (Norman, 1973).
P. Molmenti, *Storia di Venezia nella vita privata* (3 Bde., Venezia 1906-8).
S. Moravia, *La scienza dell'uomo nel 700* (Bari, 1970).
D. Morris, *Gestures* (London, 1979).
R. Mousnier, *Fureurs paysannes: les paysans dans les révoltes du 17e siècle* (France, Russie, Chine), (Paris 1967).
E. Muir, *Civic Ritual in Renaissance Venice* (Princeton, 1981).
E. Muir, »The Cannibals of Renaissance Italy«, *Syracuse Scholar* 5 (1984), 5-14.
A. Murray, *Reason and Society in the Middle Ages* (Oxford, 1978).
A. Musi, *Finanze e politica nella Napoli del 600* (Napoli, 1976).
I. Naso, *Medici e strutture sanitarie nella società tardo-medievale* (Milano, 1982).
C. Nicolet, *Le métier du citoyen* (Paris, 1976).
A. Niero, »I santi padroni«, in S. Tramontin (Hrsg.) *Culto dei santi a Venezia,* (Venezia, 1965), 77-95.
L. Novelli und M. Massaccesi, *Ex voto del santuario della Madonna del Monte di Cesena* (Forlì, 1961).
F. Oakley, »Jacobean Political Theology«, *Journal of the History of Ideas* 29 (1968), 323-46.
E. Ohnuki-Tierney, *Illness and Culture in Contemporary Japan* (Cambridge, 1984).
J. O'Malley, *Praise and Blame in Renaissance Rome* (Durham. N. C., 1979).
M. O'Neil, »Ecclesiastical and Superstitious Remedies in Sixteenth-Century Italy« in S. Kaplan (Hrsg.) *Understanding Popular Culture,* (Berlin, 1984), ch. 4.
J. F. Orbaan, *Sistine Rome* (Roma, 1910).
S. Orgel, *The Illusion of Power: Political Theatre in the English Renaissance* (Berkeley and Los Angeles, 1975).
I. Origo, *The Merchant of Prato* (1957: Harmondsworth, 1963/dt. München 1985).
R. Ormond, *Sargent* (London, 1970).
G. Ortalli, *La pittura infamante nei secoli xiii-xvi* (Roma, 1979).
S. B. Ortner und H. Whitehead (Hrsg.), *Sexual Meanings: the Cultural Construction of Gender and Sexuality* (Cambridge, 1981).
M. Ozouf, *La fête révolutionnaire, 1789-99* (Paris, 1976).
K. Park, *Doctors and Medicine in Early Renaissance Florence* (Princeton, 1985).
R. E. Park, »The City« (1916), in ders. *Human Communities* (Glencoe, 1952), 13-51.
F. Parkin, *Class Inequality and Political Order* (London, 1971).
L. Partridge und R. Starn, *A Renaissance Likeness: Art and Culture in Raphael's Julius II* (Berkeley 1980).
L. von Pastor, *Geschichte der Päpste seit dem Ausgang des Mittelalters,* Freiburg i. Br. 1891-1933, 16 Bände.
J. B. Payne, *Erasmus: his Theology of the Sacraments* (Richmond, Va, 1970).
S. L. Payne, *The Art of Asking Questions* (Princeton, 1951).
P. Pecchiai, »Il secolo xvi«, in L. Fiorani et al. (Hrsg.) *Riti, ceremonie, feste e vita di popolo nella Roma dei papi* (Bologna, 1970), 123-73.
L. Pérouas, *Le diocèse de La Rochelle de 1648 à 1724* (Paris, 1964).
L. Pesce, *Ludovico Barbo vescovo di Treviso* (2 Bde., Padua 1969).
D. Pesciatini, »Maestri, medici, cerusici nelle comunità rurali pisani« in P. Zambelli (Hrsg.) *Scienze, credenze occulte, livelli di cultura,* (Florence, 1982).
C. Petraccone, *Napoli dal 500 al 800* (Naples, 1974).
A. Petrucci (Hrsg.), *Alfabetismo e cultura scritta* (Sondernummer, *Quaderni storici,* 1978).
A. Petrucci, »La scrittura tra ideologia e rappresentazione« *Storia dell'arte italiana* 9 (Turin, 1980), 5-123.
A. Petrucci, *Scrittura e popolo nella Roma barocca* (Roma, 1982).
G. Pieraccini, *La stirpe dei Medici* (Florenz, 1924).
R. Pillorget, *Les mouvements insurrectionels de Provence* (Paris 1975).
J. Pitt-Rivers, *The People of the Sierra* (London, 1954).

T. Polhemus (Hrsg.), *Social Aspects of the Human Body* (Harmondsworth, 1978).

J. V. Polisensky, *The Thirty Years War* (London 1971).

G. Politi, *Aristocrazia e potere politico nella Cremona di Filippo II* (Milano, 1976).

J. Pope-Hennessy, *The Portrait in the Renaissance* (Princeton, 1966).

P. Portoghesi, *Roma barocca* (Roma, 1966).

S. Price, *Rituals and Power* (Cambridge, 1984).

V. Prinzivalli, *Gli anni santi* (Roma, 1899).

P. Prodi, *Il cardinale Gabriele Paleotti*, vol. 2 (Bologna, 1967).

P. Prodi, *Il sovrano pontefice* (Bologna, 1982).

A. Prosperi *Tra evangelismo e Controriforma: G. M. Giberti* (Roma, 1969).

A. Prosperi, »Intellettuali e chiesa all'inizio dell'età moderna«, *Storia d'Italia, Annali* 4 (1981), 161-252.

B. Pullan, »The Famine in Venice and the New Poor Law«, *Studi Veneziani* 5-6 (1963-4), 141-94.

B. Pullan, *Rich and Poor in Renaissance Venice* (Oxford, 1971).

G. R. Quaife, *Wanton Wenches and Wayward Wives* (London, 1979).

D. E. Queller, *The Office of the Ambassador in the Middle Ages* (Princeton, 1967).

R. Rapp, *Industry and Economic Decline in Seventeenth-Century Venice* (Cambridge, Mass., 1976).

C. E. Raven, *John Ray* (Cambridge, 1942).

W. M. Reddy, »The Textile Trade and the Language of the Crowd at Rouen, 1752-1871«, *Past and Present* 74 (1977), 62-89.

G. J. Renier, *The English: Are They Human?* (London, 1931).

A. Richlin, *The Garden of Priapus* (Cambridge, Mass., 1983).

B. Riederer-Grohs, *Florentinische Feste des Spätbarock* (Munich, 1973).

P. J. A. N. Rietbergen, *Pausen, Prelaten, Bureaucraten* (Diss., Nijmegen, 1983).

R. Romano, *Napoli dal Viceregno al Regno* (Turin, 1976).

R. de Roover, *The Rise and Decline of the Medici Bank* (New York, 1966²).

W. Roscoe, *Lorenzo de'Medici called the Magnificent* (London, 1796).

A. S. C. Ross, »Linguistic Class-Indicators in Present-Day English«, *Neuphilologische Mitteilungen* 55 (1954), 20-56.

A. Rossi, *Le feste dei poveri* (Bari, 1971).

A. Rotondò, »la censura ecclesiastica e la cultura«, *Storia d'Italia* 5 (Turin, 1973), 1397-1492.

D. P. Rotunda, *Motif-Index of the Italian Novella* (Bloomington, 1942).

G. Rowell, *The Liturgy of Christian Burial* (London, 1970).

N. Rubinstein, *The Government of Florence under the Medici* (Oxford, 1966).

G. Rudé, *The Crowd in the French Revolution* (Oxford, 1959; dt.: München und Wien 1961).

G. Rudé, *Hanoverian London* (London, 1971).

G. Ruggiero, *Violence in Early Renaissance Venice* (New Brunswick, 1980).

J. Ruskin, *The Stones of Venice* (1851-3; 3 Bde., London, 1886; dt.: Leipzig 1903-4).

G. Sadoul, *Callot miroir de son temps* (Paris, 1969).

J. M. Sallmann, »Il santo e le rappresentazioni di santità, *Quaderni Storici* 41 (1979), 584-602.

J. M. Sallmann, »Image et fonction du saint dans la région de Naples«, *Mélanges de l'Ecole française de Roma* 91 (1979), 827-73.

J. M. Sallmann, »Il santo patrono cittadino nel 600« in G. Galasso und C. Russo (Hrsg.) *Per la storia sociale e religiosa del Mezzogiorno*, (Napoli, 1982), 187-208.

J. M. Sallmann, »La sainteté mystique féminine à Naples au tournant des 16e et 17e siècles« in S. Boesch Gajano and L. Sebastian (Hrsg.) *Culto dei santi*, (Roma, 1984), 683-701.

A. Salmond, »Rituals of Encounter among the Maori«, in R. Bauman und J. Sherzer (Hrsg.) *Explorations in the Ethnography of Speaking* (Cambridge, 1974), 192-212.

F. Saxl, »The Battle Scene without a Hero: Aniello Falcone and his Patrons«, *Journal of the Warburg Institute* 3 (1939-40), 70-87.

M. A. Schipa, »La mente di Masaniello«, *Archivio storico per le provincie napoletane* 9 (1913).

M. A. Schipa, »La così detta rivoluzione di Masaniello«, *Archivio storico per le provincie napoletane, new ser.*, 2-3 (1916-17).

R. S. Schofield, »The Measurement of Literacy in Preindustrial England« in J. Goody (Hrsg.) *Literacy in Traditional Societies*, (Cambridge, 1968), 311-25.

L. Schudt, *Italienreisen im 17. und 18. Jahrhundert* (Vienna und Munich, 1959).

J. T. Schulenburg, »Sexism and the Celestial Gynaeceum«, *Journal of Medieval History* 4 (1978), 117-33.

A. J. Schutte, »Printing, Piety and the People in Italy«, *Archiv für Reformationsgeschichte* 71 (1980), 5-19.

K. Schwager, »Kardinal Pietro Aldobrandinis Villa«, *Römisches Jahrbuch für Kunstgeschichte* 9-10 (1961-2).

S. Scribner und M. Cole, »Unpackaging Literacy« in M. F. Whiteman (Hrsg.) *Variation in Writing*, (Hillsdale, 1981), 71-87.

C. Segre, »Edonismo linguistico nel 500« (1953), in ders. *Lingua, stile e società* (Milano, 1963), 355-82.

F. Seneca, *Il doge Leonardo Donà* (Padua, 1959).

R. Sennett, *The Fall of Public Man* (Cambridge, 1977; dt.: Frankfurt/M 1983).

C. de'Seta, *Storia della città di Napoli* (Bari, 1973).

J. A. Sharpe, *Defamation and Sexual Slander in Early Modern England* (York, 1980).

J. Shearman, *Mannerism* (Harmondsworth, 1967).

J. Shearman, »The Florentine *Entrata* of Leo X, *1515*«, *Journal of the Warburg and Courtauld Institutes* 38 (1975), 136-44.

J. Shennan, »Louis XV: Public and Private Worlds«, in A. G. Dickens (Hrsg.) *The Courts of Europe,* (London, 1977), ch. 14.

E. Shils, »Ritual and Crisis« in ders., *Center and Periphery* (Chicago and London, 1975), 153-63.

R. J. Sider, *Andreas Bodenstein von Karlstadt* (Leiden, 1974).

R. and F. Silenzi (Hrsg.), *Pasquino* (Milano, 1932).

L. Simeoni, »Una vendetta signorile nel 400 e il pittore Francesco Benaglio«, *Nuovo Archivio Veneto* 5 (1903), 252-8.

P. A. Sorokin, *Altruistic Love* (Boston, 1950).

H. Spencer, *The Principles of Sociology* (4 Bde., London, 1876-85).

L. Stone, *The Crisis of the Aristocracy, 1558-1641* (Oxford, 1965).

J. Stoye, *The English Traveller Abroad* (London, 1952).

B. V. Street, *Literacy in Theory and Practice* (Cambridge, 1984).

D. Summers, *Michelangelo and the Language of Art* (Princeton, 1981).

J. Szwed, »The Ethnography of Literacy« in M. F. Whiteman (Hrsg.) *Variation in Writing* (Hillsdale, 1981), 13-23.

V. L. Tapié, *The Age of Grandeur* (London, 1960).

E. Tas, *De vrouw in het economisch leven van Amsterdam tot 1700* (Diss. Amsterdam 1938).

J. Tazbir, »Die gesellschaftlichen Funktionen des Kultus des heiligen Isidor des Pflügens in Polen«, *Acta Poloniae Historica* 10 (1969), 120-37.

K. V. Thomas, *Religion and the Decline of Magic* (London, 1971).

K. V. Thomas, »The Place of Laughter in Tudor and Stuart England«, *Times Literary Supplement,* 21. January 1977.

E. P. Thompson, »The Moral Economy of the English Crowd in the Eighteenth Century«, *Past and Present* 50 (1971), S. 76-136; (dt.: Berlin 1980).

E. P. Thompson, »Class Struggle without Class«, *Journal of Social History,* 1978.

S. Thompson, *Motif-Index of Folk Literature* (revised ed., 6 vols, Copenhagen 1955-8).

H. Thurston, *The Holy Year of Jubilee* (St. Louis, 1900).

C. Tilly, »The Chaos of the Living City« in C. Tilly (Hrsg.) *An Urban World,* (Boston, 1974).

V. Titone, *La società italiana sotto gli spagnuoli* (Palermo, 1978).

M. R. Toynbee, *St. Louis of Toulouse and the Process of Canonisation* (London, 1929).

R. Trexler, *Public Life in Renaissance Florence* (New York, 1980).

R. Trexler, »Correre la terra: collective insults in the late Middle Ages«, *Mélanges de l'école française de Rome* 96 (1984), 845-902.

L. Trilling, *Sincerity and Authenticity* (London, 1972, dt. München 1980).

V. Turi, *Viva Maria: la reazione alle reforme leopoldine, 1790-99* (Florenz, 1969).

V. Turner, *Dramas, Fields and Metaphors* (Ithaca, 1974).

V. Turner, *The Drums of Affliction* (Oxford, 1968).

V. Turner, *The Forest of Symbols* (Ithaca, 1967).

V. Turner und E. Turner, *Image and Pilgrimage in Christian Culture* (Oxford, 1978).

V. Turner, *The Ritual Process* (London, 1969).

V. Turner, *Schism and Continuity in an African Society* (Manchester, 1957).

W. Ullmann, *The Growth of Papal Government* (Cambridge, 1955).

D. Underdown, »The Taming of the Scold« in A. Fletcher und J. Stevenson (Hrsg.) *Order and Disorder in Early Modern England,* (Cambridge, 1985).

A. Vauchez, *La sainteté en occident aux derniers siècles du moyen âge* (Rom, 1981).

T. Veblen, *Theory of the Leisure Class* (New York, 1899/dt. Frankfurt/M. 1986).

F. Venturi, »L'Italia fuori d'Italia«, *Storia d'Italia* 3 (1973), 987-1482.

P. Veyne, »L'obscenité et le ›folklore‹ chez les romains«, *l'Histoire* 46 (1982).

N. Vianello »Il veneziano, lingua del foro veneto«, *Lingua Nostra* 18 (1957), 67-73.

R. Villari, *La rivolta antispagnuola a Napoli* (Bari, 1967).

R. Villari, »Masaniello: Contemporary and Recent Interpretations«, *Past and Present* 103 (1985).

M. Vitale, *La questione della lingua* (Milano, 1960).

A. Waley, *Three Ways of Thought in Ancient China* (London, 1939).

A. Warburg, »Sandro Botticellis ›Geburt der Venus‹ und ›Frühling‹« (1893), in ders. *Gesammelte Schriften* (2 vols, Leipzig und Berlin, 1932).

D. Weinstein and R. F. Bell, *Saints and Society* (Chicago, 1982).

G. Weise, *L'ideale eroico del Rinascimento* (Napoli, 1961).

R. F. E. Weissman, *Ritual Brotherhood in Renaissance Florence* (New York, 1982).

H. Welch, *Taoism* (Boston, 1957).

M. West, *Children of the Sun* (London, 1957).

K. Whinnom, »Lingua Franca: Historical Problems« in A. Valdman (Hrsg.) *Pidgin and Creole Linguistics,* (Bloomington-London, 1977), 295-310.

T. Wiel, *I teatri musicali veneziani del 700* (Venezia, 1897).

M. Wilks, *The Problem of Sovereignty in the Later Middle Ages* (Cambridge, 1963).

R. Williams, *The Country and the City* (London, 1973).

S. Wilson, (Hrsg.), *Saint and Their Cults* (Cambridge, 1983).

K. A. Wirth, »Imperator pedes papae deosculatur«, *Festschrift H. Keller* (1963).

R. Wittkower, *Art and Architecture in Italy 1600-1750* (1958; Harmondsworth, 1975³).

M. W. Wood, »Paltry Peddlars or Essential Merchants?«, *Sixteenth-Century Journal* 12 (1981), 3-13.

P. Wormald, »The Uses of Literacy in Anglo-Saxon England«, *Transactions of the Royal Historical Society.*

S. T. Worsthorne, *Venetian Opera in the Seventeenth Century* (Oxford, 1954).

J. M. Yinger, »Contraculture and Subculture«, *American Sociological Review* (1960), 625-35.

J. Young, »The Role of the Police as Amplifiers of Deviancy, Negotiators of Reality and Translators of Fantasy« in S. Cohen (Hrsg.) *Images of Deviance,* (Harmondsworth, 1971), 27-61.

T. C. P. Zimmermann, »Confession and Autobiographie in the Renaissance«, in A. Molho und J. Tedeschi (Hrsg.) *Renaissance Studies in Honor of Hans Baron,* (Dekalb, 1971), 121-40.

KUNST, KULTUR, GESCHICHTE

JOACHIM SCHUMACHER
Leonardo da Vinci
Maler und Forscher in anarchischer Gesellschaft
Das Buch bricht sowohl mit dem Kult um das ›Renaissance-Genie‹ als auch mit der
Unterwerfung des Individuellen unter allgemeine Inhalts- und Stiltheorien – Leonardo da
Vinci: ein Antitypus zur Kaufmannsgesellschaft der Zeit um 1600.
»Schumacher räumt auf mit dem Bild vom gefeierten Genie.«
WESTDEUTSCHER RUNDFUNK
Englische Broschur. 288 Seiten mit vielen Abbildungen. DM 39.80

CARLO GINZBURG
Erkundungen über Piero
Piero della Francesca, ein Maler der frühen Renaissance
»Mein Buch wendet sich an Liebhaber der Malerei. Ziel war es, Auftraggeber und
Ikonographie von einigen der berühmtesten Werke Pieros zu entziffern.«
CARLO GINZBURG
Englische Broschur. 192 Seiten mit 95 Abbildungen. DM 38.–

GIOVANNI LEVI
Das immaterielle Erbe
Eine bäuerliche Welt an der Schwelle zur Moderne
»Wir entdecken mit Levi eine Politik des Alltags, in deren Mittelpunkt der strategische
Umgang mit den sozialen Regeln steht. Ein Buch von großer methodologischer Bedeutung,
ein begeisterndes Buch.«
CARLO GINZBURG
Broschur. 224 Seiten. DM 29.80

PETER BURKE
Die Renaissance in Italien
Sozialgeschichte einer Kultur zwischen Tradition und Erfindung
»Ein Standardwerk für Renaissanceforscher und Liebhaber, und doch keine wissenschaftlich-
trockene Abhandlung sondern ein unterhaltsames, oft spannendes Buch.«
ART
Englische Broschur. Großformat. 336 Seiten mit über 100 Abbildungen. DM 48.–

GEORGES DUBY
Wirklichkeit und höfischer Traum
Zur Kultur des Mittelalters
Mit einer wissenschaftlichen Eleganz, die zugleich analysieren
und erzählen kann, breitet der große französische Historiker
ein neues und umfassendes Bild der Kultur des Mittelalters aus.
Englische Broschur. 160 Seiten mit zahlreichen Abbildungen. DM 29.80

GEORGES DUBY
Der Sonntag von Bouvines. 12. Juli 1214
Das Buch handelt von der Schlacht bei Bouvines am 12. Juli 1214 zwischen König Philipp II.
August von Frankreich und dem vereinigten welfisch-englisch-flandrischen Heer, das sich
unter dem von Papst Innozenz III. exkommunizierten Gegenkönig Otto IV. von Braunschweig
versammelt hatte. Es ist die exemplarische Untersuchung eines Ereignisses, das zum
nationalen französischen Mythos wurde.
»Alle, die sich leidenschaftlich für das Mittelalter interessieren, werden dieses Buch lieben.«
EMMANUEL LE ROY LADURIE
Englische Broschur. 208 Seiten mit Abbildungen, DM 29.80

NATALIE ZEMON DAVIS
Frauen und Gesellschaft am Beginn der Neuzeit
Die zentralen Aufsätze der berühmten amerikanischen
Historikerin liefern überraschende Einsichten in die
gesellschaftlichen Erschütterungen der Neuzeit.
Broschur. 160 Seiten. DM 26.80

NATALIE ZEMON DAVIS
Der Kopf in der Schlinge
Gnadengesuche und ihre Erzähler
Wie erzählt man eine Geschichte, um den Kopf aus der Schlinge zu ziehen?
Wie erzählt sie eine Frau, wie ein Mann? Die große Historikerin berichtet aus Archiven
von Lebensgeschichten unterm Strang.
»Ihr anschaulicher, oft essayistischer Stil vermag vielleicht auch deutschsprachige
Geschichtsschreiber davon zu überzeugen, daß Wissenschaftlichkeit nicht trocken
und langweilig zu sein braucht.«
NEUE ZÜRCHER ZEITUNG
Broschur, 176 Seiten mit Abbildungen, DM 29.80

PETER BROWN
Die letzten Heiden
Eine kleine Geschichte der Spätantike
Vorwort von Paul Veyne
»Ein großartiges Buch über die allmähliche Auflösung der
heidnischen Gemeinschaften.« Ulrich Raulff im NDR
Englische Broschur. 160 Seiten mit über 100 Abbildungen. DM 29.80

SALVATORE SETTIS
Giorgiones ›Gewitter‹
Auftraggeber und verborgenes Sujet eines Bildes in der Renaissance
»Settis' Buch, das alle Möglichkeiten einer formalen wie historisch-sozialen
Kunstbetrachtung nutzt, wird ein klassisches Werk der neuen
Kunstgeschichtsschreibung bleiben.«
FRANKFURTER ALLGEMEINE ZEITUNG
Englische Broschur. 208 Seiten mit 69 Abbildungen. DM 38.–

MARSHALL SAHLINS
Der Tod des Kapitän Cook
Geschichte als Metapher und Mythos als Wirklichkeit
in der Frühgeschichte des Königreichs Hawaii
Der bekannte Kulturanthropologe untersucht hier Umstände, Zusammenhänge und
Bedeutung des Todes von Kapitän Cook, der am 14. Februar 1779 am Strand von Hawaii von
den Inselbewohnern erschlagen wurde – als Opfer des Zusammenstoßes zweier Kulturen.
Aus dem Amerikanischen von Hans Medick und Michael Schmidt
Englische Broschur. 144 Seiten mit vielen Abbildungen. DM 29.80

ITALIENISCHE KUNST
Eine neue Sicht auf ihre Geschichte
Über die großen Zusammenhänge zwischen Künstler und Gesellschaft, Erfindung und
Auftrag, Absicht und Wirkung, Stil und Ökonomie.
Mit einem Vorwort von Willibald Sauerländer
»Ein befreiendes Buch, notwendig für die gesamte
geistes- und gesellschaftswissenschaftliche Diskussion.«
Christa Dericum im WDR
»Es ist das höchste Lob, das wir Wagenbachs Ausgabe zollen können,
wenn wir nach der Lektüre empfinden,
es hätten ruhig ein paar Aufsätze mehr sein können.
Ein aufregender Rösselsprung durch die italienische Kunst!«
Wieland Schmied, DIE ZEIT
Englische Broschur, Großformat. 384 und 480 Seiten mit 588 Abbildungen, im Schuber.
DM 148.–

Unsere Bücher finden Sie bei Ihrem Buchhändler.
Schreiben Sie uns eine Postkarte – dann schicken wir Ihnen unseren jährlichen
Verlagsalmanach ZWIEBEL:
Verlag Klaus Wagenbach, Ahornstraße 4, 1000 Berlin 30